O LIVRO DOS MISTÉRIOS

JONATHAN CAHN

O LIVRO DOS MISTÉRIOS

Vida

Editora Vida
Rua Conde de Sarzedas, 246 — Liberdade
CEP 01512-070 — São Paulo, SP
Tel.: 0 xx 11 2618 7000
atendimento@editoravida.com.br
www.editoravida.com.br
@editora_vida /editoravida

O LIVRO DOS MISTÉRIOS
© 2023, by Jonathan Cahn

Todos os direitos desta edição em língua portuguesa são reservados e protegidos por Editora Vida pela Lei 9.610, de 19/02/1998.

É proibida a reprodução desta obra por quaisquer meios (físicos, eletrônicos ou digitais), salvo em breves citações, com indicação da fonte.

▪

Exceto em caso de indicação em contrário, todas as citações bíblicas foram extraídas da *Nova Versão Internacional* (NVI)
© 1993, 2000, 2011 by International Bible Society, edição publicada por Editora Vida.
Todos os direitos reservados.

Todas as citações bíblicas e de terceiros foram adaptadas segundo o Acordo Ortográfico da Língua Portuguesa, assinado em 1990, em vigor desde janeiro de 2009.

▪

Editora-chefe: Sarah Lucchini
Editora responsável: Eliane Viza B. Barreto
Tradução: Lilian Jenkino
Revisão de tradução: Josemar S. Pinto
Preparação: Jacqueline Mattos e Judson Canto
Revisão de provas: Eliane Viza B. Barreto
Revisor de línguas originais: Prof. Marcos de Ameida
Projeto gráfico: Claudia Fatel Lino e Marcelo Alves
Diagramação: Claudia Fatel Lino, Marcelo Alves e Williams Rentz
Capa: Justin Evans

As opiniões expressas nesta obra refletem o ponto de vista de seus autores e não são necessariamente equivalentes às da Editora Vida ou de sua equipe editorial.

Os nomes das pessoas citadas na obra foram alterados nos casos em que poderia surgir alguma situação embaraçosa.

Todos os grifos são do autor, exceto os indicados.

1. edição: jan. 2024

Dados Internacionais de Catalogação na Publicação (CIP)
(Câmara Brasileira do Livro, SP, Brasil)

Cahn, Jonathan
  O livro dos mistérios / Jonathan Cahn. -- São Paulo : Editora Vida, 2023.

  ISBN 978-65-5584-477-1
  e-ISBN: 978-65-5584-475-7

  1. Cristianismo 2. Redenção - Cristianismo - Meditações 3. Sacerdócio 4. Santíssima Trindade I. Título.

23-186684   CDD-248.4

Índice para catálogo sistemático:
1. Redenção : Cristianismo 248.4
Eliane de Freitas Leite - Bibliotecária - CRB 8/8415

Esta obra foi composta em *Vollkorn*
e impressa por Gráfica Corprint sobre papel
Lukscream 60 g/m² para Editora Vida.

NOTA DO AUTOR: Ao fim de cada mistério, há um título que identifica um ensinamento ou mensagem completa que se aprofunda ou dá mais informações do que é possível caber em uma página. Você pode encontrar informações para fazer pedidos em relação a esses ensinamentos e mensagens no fim deste livro.

*Para Renata, minha amada e meu tesouro,
por seu amor, incentivo, paciência e fidelidade,
sem os quais este livro não poderia ter sido escrito.*

*Para Eliel e Dael, joias preciosas
e alegria da nossa vida.*

*Para minha mãe e meu pai, pelo dom da vida
e por todas as bênçãos que me deram.*

*E para Ele, que é o Mistério de todos os mistérios,
o Doador de todos os dons, o Dom de todos os dons.*

SUMÁRIO

O COMEÇO	11
O INFINITO EM UMA JARRA	15
O EU SOU DE TODOS OS EU SOU	16
O *SHĀNÂ*	17
O *RÛAḤ*	18
RESERVANDO SEUS DIAS	19
O MISTÉRIO DA NOIVA	20
O PODER DO *YODH*	21
O *MIDBĀR*	22
O *SHĀMĀYIM* E A *'ERETS*	23
O SANGUE DA SERPENTE	24
O ROSTO NA ÁGUA	25
O AMOR CÓSMICO	26
O CONTÍNUO LESTE--OESTE	27
BEIJANDO DEUS	28
O PARADIGMA DA NOITE E DO DIA	29
O *ṬĀLEH*	30
COMO MUDAR O PASSADO	31
YEHÔSHÛ'A	32
'ĀLÂ	33
O MUNDO DO ESCABELO	34
O PULSAR MILAGROSO	35
O MISTÉRIO DE *ELOHIM*	36
AQUELE CUJO NOME É COMO PERFUME	37
O LUGAR SECRETO	38
O SENHOR DO ÉDEN	39
O PODER DE *'ĔMÛNÂ*	40
OS *'IVERÎ*	41
O MISTÉRIO DE MASSADA	42
OS IDÊNTICOS	43
O NÃO POSSUIR DIVINO	44
O PORTAL	45
A TRINDADE DO AMOR	46
O DIA DO *RĒ'SHÎT*	47
A CASA DO PÃO	48
AS ESTRADAS DO SIÃO	49
O *ḤĀTĀN*	50
O MISTÉRIO DO *ZERÔA'*	51
A PORTA DO MAL	52
A SEMENTE CELESTIAL	53
O MISTÉRIO DOS ANJOS SECRETOS	54
O MISTÉRIO DO NAZARENO	55
COMO MULTIPLICAR O PÃO	56
O *'ASHĀM*	57
O MISTÉRIO DAS CHUVAS	58
A ESPADA DE AMALEQUE	59
LEITE DO CÉU	60
O SEXTO DIA	61
NAS PROFUNDEZAS	62
O MISTÉRIO DO *TĀMÎD*	63
O MUNDO É UMA TENDA	64
A DESCIDA DO CÉU	65
YĀMĀYN: OS DIAS DO TEMOR	66
GAT-SHEMĀNÎM	67
A NAÇÃO MISTERIOSA	68
OS POÇOS DE *YESHÛ'Â*	69
RĀḤĂMÎM	70
O MANTO DO MESSIAS	71
O *DĀBĀR* E O *'ÔLĀM*	72
O FATOR ÊXODO	73
O SEGREDO DE *YOMA*	74
A TERRA DA REVELAÇÃO	75
O PARADOXO DE JONAS	76
EM *SUA* MORTES	77
OS *TALMÎDÎM*	78
A TUMBA DO NASCIMENTO	79
O SACERDOTE MISTERIOSO	80
O MISTÉRIO DA *HAFTÔRÂ*	81
O MISTÉRIO DO SOL POENTE	82
A CASA DOS ESPÍRITOS	83
O LIVRO DO DEUS NÃO MENCIONADO	84
A FELICIDADE ÔMEGA	85
A OUTRA ÁRVORE	86
AS DUAS ÁGUAS	87
O POEMA DE DEUS	88
'IMĀNÛ 'ĒL	89
ALÉM DA VELOCIDADE DA LUZ	90
OS SACERDOTES DO SACRIFÍCIO	91
REBANHO SEM PASTOR	92
O MISTÉRIO DA *'ĂQĒYDAT*	93
A VISITA DO NOIVO	94
A CONVERSÃO MONETÁRIA CELESTIAL	95
O CAMINHO DO *YĀSHĀR*	96
A IMPOSSIBILIDADE DA EXISTÊNCIA	97
DEUS AJOELHADO	98
O MISTÉRIO DE EFRATA	99
NISÃ	100
A SEMELHANÇA	101
O PICO PORTÁTIL	102
O MISTÉRIO DO OITAVO DIA	103
A TERRA DE *GETZĒRÂ*	104
A SOMBRA	105
O ISRAEL SECRETO	106
A NOIVA NA TENDA	107
A LEI DO TERRENO ALQUEIVADO	108

OS CORDEIROS DO NISÃ		109
A VILA DO CONFORTO DIVINO		110
AONDE VOCÊ VAI		111
O ALIMENTO DOS SACERDOTES		112
CANÇÃO DA PEDRA		113
O MISTÉRIO DOS TRIÂNGULOS		114
O MISTÉRIO CALDEU		115
O MISTÉRIO DE MIRIÃ		116
YÔM RI'SHÔN: O INÍCIO CÓSMICO		117
O HOMEM-SOMBRA		118
O HOMEM QUE NASCEU PARA PARAR E PERGUNTAR		119
A SAFIRA AUDÍVEL		120
O OUTRO *'ĔLŌHÎM*		121
A VIAGEM DOS MAGOS		122
A MAGNITUDE DO SOL		123
OS 3 MIL		124
ḤAYÎM		125
O MISTÉRIO DO QUERUBIM		126
AMARRADO À MENTE		127
A QUARTA CRIATURA		128
O PERGAMINHO DOS DIAS		129
'ŌHEL MÔ'ED		130
O *HYPOGRĀMÓS*		131
A CÂMARA NUPCIAL CÓSMICA		132
A ALIANÇA DOS ALQUEBRADOS		133
O MISTÉRIO DA *SEMÎKÂ*		134
SHÔRESH		135
A ANTITESTEMUNHA		136
O MISTÉRIO DA PRIMAVERA		137
O SÉTIMO DIA		138
OS CORDEIROS DO TEMPLO		139
AS COLHEITAS MISTERIOSAS		140
DIAS DO PASSADO FUTURO		141
DÝNAMAI: O PODER DO EU POSSO		142
A PROMESSA		143
REINO DO CORDEIRO		144
AS INESCRITURAS		145
A *BEŚÔRÂ*		146
O SOLDADO E O GENERAL		147
A PROFECIA DOS OSSOS SECOS		148
O ANTECIPADOR		149
VIDA DO CÉU PARA A TERRA		150
SHĀLÔM 'ALEÎKEM		151
O REI LEPROSO		152
O *APOKALÝPSIS*		153
O SEGREDO DAS CORES		154
O SEGREDO DO MACHADO		155
REḤEM E RAḤAM		156
TSEMAḤ: O HOMEM-GALHO		157
O MANDAMENTO DO RAIAR DO SOL		158
O SILÊNCIO DA VERDADE		159
AS ASAS DO MESSIAS		160
O MISTÉRIO DOS *YEÛDÎM*		161
O *'AVĀNÎM*: OS PESOS DA BALANÇA		162
OS FRUTOS DE VERÃO		163
MOVENDO O UNIVERSO		164
O MISTÉRIO DO LUTADOR		165
O SEGREDO DOS LÍRIOS		166
OS SACERDOTES NAS ÁGUAS		167
OS FILHOS DE EVA		168
A CASA DO NOIVO		169
BĒRAK ĀTÂ		170
O RESPONSÁVEL		171
O MISTÉRIO DA *'ĀFÎQÔMĀN*		172
YERÛSHÂLAIM		173
A CONFISSÃO CÓSMICA		174
O MISTÉRIO DO SEGUNDO PERGAMINHO		175
O PRESENTE DO *LĀMED*		176
O ESCOLHIDO		177
ZACARIAS: DEUS SE LEMBROU		178
A *LÛLĀV*		179
O SEGREDO DA VIDA ABENÇOADA		180
OS TEMPLOS DE PROFANAÇÃO		181
A LEI CÓSMICA DO MOVIMENTO		182
A NOIVA LUNAR		183
A COBRA E O MURO		184
A SEPARAÇÃO DO SACERDOTE		185
O NOME DA PROFECIA		186
OS *PERUŚÎM*		187
O EVANGELHO EM ATO CONTÍNUO		188
O MISTÉRIO DO VERÃO		189
HĀ MĀQÔM: O LUGAR		190
O HOMEM ALFA-ÔMEGA		191
O ALTAR FORA DO LUGAR SANTO		192
OS *BE'ĀLÎM*		193
O MISTÉRIO DO PÃO		194
O *MĀZMERĀ*		195
O MISTÉRIO DA *QEHÎLÂ*		196
O QUIASMO		197
O MISTÉRIO IDUMEU		198
A IMAGEM DO SEU REI		199
O AGENTE		200

A NOITE DE ADÃO	201	
O PODER DE ARREMESSAR UMA FLORESTA	202	
OS DADOS CÓSMICOS	203	
NIGLĀTÂ: O DESNUDADO	204	
VENDO AS CORES DO PARAÍSO	205	
O SEGREDO DO *MAHZUR*	206	
A SOLUÇÃO DE EMANUEL	207	
O *SHABĀT*: O CESSAR DE DEUS	208	
'ĂNĀNYÂ	209	
NEḤUŠTÂ: A REDENÇÃO DO DUPLONEGATIVO	210	
O ARCO DE TITO	211	
A SOLUÇÃO DO INFINITO	212	
A *EUCHARISTÍA*	213	
YÔVEL	214	
O *'ADERET*	215	
YARDĒN: O DESCENDENTE	216	
A DANÇA DOS CÍRCULOS	217	
A CRISÁLIDA	218	
ZEKARYÂ, ĔLÎSHEVA' E YÔḤĀNĀN	219	
O MISTÉRIO DE EUROPA	220	
A ESCADA DO CÉU	221	
'ĂNÎ LO'	222	
A REDENÇÃO ESCARLATE	223	
A GALILEIA DOS DESVALIDOS	224	
O MISTÉRIO DO NONO DIA DE ABE	225	
O SEGREDO DA RESISTÊNCIA	226	
A MATRIZ	227	
A REDENÇÃO GREGA	228	
DEUS NA IMAGEM DE HOMEM	229	
DÔDĒQĀ: O DIVINO AMA	230	
MULHER-ESTRELA	231	
O *PIDYÔN HABĒN*	232	
DOS DIAS DE SEMPRE	233	
O DIA DO *MATTĀN*	234	
A CASA DO DESAPROPRIADO	235	
O MISTÉRIO DE ḤAWÂ	236	
O IMPULSO-CHAVE	237	
O PARADOXO DE JACÓ	238	
A *BRÎT ḤĂSĀSHÂ*	239	
PANELAS DO PARAÍSO	240	
TĀMÎM: O IMACULADO	241	
A PROCISSÃO DOS NOIVOS	242	
A CAMINHO DO DO MONTE	243	
SYNERGÓS	244	
OS SOLDADOS DAS TREVAS E DA LUZ	245	
A *RO'SH PINNÂ*	246	
ḤATTĀ'T: O NOME EM SEU PECADO	247	
SEGREDO DA CATRACA	248	
O VALE DE HINOM	249	
O PROJETO DO ESPÍRITO	250	
O *MISHKĀN*	251	
A IMERSÃO PASCAL	252	
O GAROTO DA PROFECIA	253	
A LEI DIVINA DOS ADJETIVOS	254	
GERADO DE NOVO	255	
ALTARES NOS LUGARES ALTOS	256	
TEAR DO CÉU	257	
O MISTÉRIO DO *GĀ'AL*	258	
NÃO TER NEM PÃO	259	
OS MESSIAS ESPECTRAIS	260	
O PARADOXO DO CALENDÁRIO DUPLO	261	
O HOMEM *ANATOLE*	262	
O MISTÉRIO DE AZENATE	263	
A DESCONHECIDA NO POÇO	264	
O MUNDO MILAGROSO	265	
O MISTÉRIO DO LOBO	266	
RECONSTRUINDO AS RUÍNAS	267	
DÔDÎ LÎ	268	
A OBRA MAGISTRAL	269	
O MISTÉRIO DO ZIGOTO	270	
PODE A SI MESMO	271	
O PODER DO *"COMO"*	272	
A *YĀD*	273	
O MANDAMENTO ALFA	274	
AS UVAS DO PARAÍSO	275	
A FESTA DAS TROMBETAS	276	
AS GUERRAS DO SAGRADO	277	
O SEGREDO DO TERCEIRO PRÍNCIPE	278	
OS DIAS DE *TĒSHÛVÂ*	279	
O CENÁRIO CELESTIAL	280	
O PODER DE GERAR O PRIMEIRO FRUTO	281	
A MORTE DO *ZĒKER*	282	
O REI-SACERDOTE	283	
A APOSTASIA	284	
O *YÔM*	285	
O SEGREDO DO *DÉSMIOS*	286	
OS *TSÎPÔRÎM*: O MISTÉRIO DOS PÁSSAROS	287	
O ESTADO DE VIABILIDADE	288	
SENHOR DE DOIS PONTOS DE FUGA	289	
O PREÇO DO QUE NÃO TEM PREÇO	290	

ACAMPAMENTO NO CÉU	291	
O PASTOR E OS PESCADORES	292	
ALTAR CELESTIAL	293	
O MISTÉRIO DO OUTONO	294	
A REDENÇÃO DO DÉCIMO DIA DE ABE	295	
NO JARDIM	296	
NO FIM DO PERGAMINHO	297	
OS FILHOS DE LIA	298	
A LEI DA MUDANÇA	299	
A REVELAÇÃO DE TISRI	300	
O SIGNO PARADOXAL	301	
OS DIAS INFINITESIMAIS	302	
O MISTÉRIO PÚRPURA	303	
A VASTIDÃO DA TERRA PROMETIDA	304	
O DIA DO TEMPO E DO ETERNO	305	
O SHABĀT DAS ERAS	306	
O EXEMPLO RUSSO	307	
O X DO MILAGRE	308	
O NOME SECRETO DE DEUS	309	
O MISTÉRIO DE ISMAEL	310	
AS ESTAÇÕES DA COLHEITA	311	
AS FACES DE DEUS	312	
BA'AL ZEBÛB	313	
O DIA DO NEOGÊNESIS	314	
VIVENDO NO FUTURO	315	
O PERGAMINHO MISTERIOSO	316	
O LÓGOS CRUCIFICADO	317	
O PODER DO APOLYŌ	318	
SOB A CHUPÁ	319	
'ADONĀY	320	
OS FILHOS DO OITAVO DIA	321	
DESPERTE A ALVORADA	322	
O FATOR DA CENTRALIDADE	323	
O PRINCÍPIO DE JOSIAS	324	
A VELA DA NOITE	325	
A REDENÇÃO DO EU SOU	326	
MONTANHAS E PEDRAS SUPERIORES	327	
A GLÓRIA DENTRO DA TENDA	328	
AS PROFECIAS HEBRAICAS SECRETAS	329	
SUA VIDA APÓS A MORTE NO PRESENTE	330	
O GUARDIÃO	331	
O PARADIGMA DE MOISÉS	332	
O MISTÉRIO DE MELQUISEDEQUE	333	
O KĀRAT	334	
O NOME EM QUE VOCÊ ESTÁ	335	
O CETRO DE JUDÁ	336	
O JARDIM DOS MILAGRES	337	
O RETORNO DO PROTÓTIPO	338	
MONTANHA ABAIXO	339	
A CAUSA SEM CAUSA	340	
OS SETE MISTÉRIOS DE UMA ERA	341	
A REDENÇÃO DO NASCER DO SOL	342	
REALIZANDO SUA SEMÎKÂ	343	
NOSTALGIA CELESTIAL	344	
O HOMEM-JUBILEU	345	
OS QUATRO CANTOS DO ALTAR	346	
ENTRANDO NA DIMENSÃO CELESTIAL	347	
ESPECIFICIDADE	348	
AS CHUVAS DO DESERTO	349	
O KALLÂ	350	
DEUS NO PLANETA AZUL	351	
O 'ĀTSERET	352	
A HARPA INVISÍVEL	353	
O OUTRO VEM DO UM	354	
O CÓDIGO DO MISTÉRIO DO SHABĀT	355	
A TERRA DA RESSURREIÇÃO	356	
O FIM DA HISTÓRIA	357	
O ENIGMA DO CORREDOR	358	
O PROJETO DOS MACABEUS	359	
VENTRE CELESTIAL	360	
A MÁSCARA DO EGÍPCIO	361	
COMO UM PAI CARREGA SEU FILHO	362	
O PARADOXO DE EMANUEL	363	
A GRANDE SUBIDA	364	
O JARDINEIRO	365	
O PLANETA-MISSÃO	366	
A RÉGUA ANGELICAL	367	
O LIVRO DAS ERAS	368	
OS NOIVOS NA CÂMARA DO CASAMENTO	369	
SHEMĒN	370	
VIDA GERA VIDA	371	
O PELE'	372	
OS SETE MISTÉRIOS DA SUA VIDA	373	
A TERRA DO ALÉM	374	
O MISTÉRIO DAS PLURALIDADES	375	
O TEMPO DO SABER	376	
A BÊNÇA SEM FIM	377	
LAR	378	
OS DOIS DEVEM SER UM	379	
DEPOIS DO FIM	380	
O RECEPTOR	382	
APROFUNDE-SE, DESCUBRA MAIS, CONTINUE A JORNADA	384	

O COMEÇO

— QUEM É VOCÊ? — perguntei.
— Um professor — ele respondeu.
— Professor de quê?
— De mistérios.
— E onde você ensina?
— Aqui.
— No deserto?
— Há lugar melhor para encontrar a verdade sem distrações?
— Mas em uma escola?
— Talvez chamem assim — ele respondeu.
— E quem são seus alunos?
— Buscadores da verdade.
— E como eles sabem que precisam vir até o deserto?
— Pelo boca a boca... Um encontro, quando tem de acontecer, simplesmente acontece, como este.
— Como este nosso encontro?
— Se tiver de acontecer.
— E onde moram seus alunos?
— Existem muitas acomodações.
— Dormitórios?
— Talvez esse termo seja um pouco demais — ele respondeu. — Salas, moradas, câmaras.
— E quanto custa para...
— Frequentar?
— Sim.
— Não custa nada.
— Como é possível?
— Aquele que busca de verdade acaba encontrando.
— De verdade?
— Venha — ele disse.
— Para a escola?
— Venha, e você vai ver.
— Não posso — respondi. — Estou no meio de uma espécie de viagem.
— Atravessando um deserto no Oriente Médio? — ele perguntou.
— Sim.
— E o que exatamente você espera encontrar?
— Nada, apenas...
— Você está em uma viagem em busca de nada?
— Eu gosto de viajar.
— Sem nenhuma direção?

— Nenhuma em particular.
— Mas e se existisse um destino?
— O que você quer dizer?
— E se existisse algo que você estivesse destinado a encontrar?
— Como o quê?
— Venha, e você vai ver. O ano-novo está prestes a começar. É uma boa hora para começar também.
— Começar o quê?
— O curso. O curso que eu ensino começa no início do ano e termina quando o ano acaba.
— Eu não posso.
— É claro que pode — ele respondeu.
— Quero dizer, não sei se eu toparia.
— Você vai topar — ele disse —, se assim tiver de ser.

Foi assim que tudo começou: um encontro inesperado no meio de um deserto. Não sei o que pareceu mais absurdo: o que ele disse sobre a "escola" ou o fato de eu acabar me tornando um aluno. Também não sei dizer exatamente o que foi que me fez dar esse passo adiante. Talvez tenha sido a ideia de que, caso negasse, eu viveria me perguntando como tudo teria sido, e assim passaria a vida arrependido por não ter aproveitado a chance.

* * *

Não havia nada de comum na escola. As acomodações eram simplórias, como se esperava que fossem, dada a localização da escola. Mas isso não parecia importar — pelo menos não para os alunos. Eles chegaram ali viajando de várias maneiras, vindos de muitos lugares.

O local não era completamente estéril. Havia jardins com árvores, plantas, vinhas e flores, tudo muito bem cuidado. Muita gente também circundava a região, como nômades, pastores, os habitantes do deserto que viviam em acampamentos provisórios ou nos vilarejos salpicados pela paisagem árida. Cerca de uma hora de caminhada da escola, havia uma cidadezinha. De vez em quando, eu ia até esse lugar, com outros integrantes da escola, para comprar algumas coisas, a fim de observar e, quando era apropriado, tentar aplicar as lições aprendidas.

A escola também tinha outros cursos e professores, mas aquele era claramente o mais proeminente dali e o responsável por supervisionar tudo. De tão importante, ele era conhecido apenas como "o professor", e esse foi mais um motivo pelo qual jamais pude entender por que ele me escolheu como um de seus alunos.

O professor vivia uma vida simples e modesta, como todos na escola. A simplicidade era necessária para atingir o objetivo de eliminar qualquer distração. Nós tirávamos água de um poço e, durante a noite, a escola se iluminava com velas e lamparinas a óleo. Era como se fôssemos todos transportados para os tempos antigos.

Mesmo assim, o professor parecia ter consciência do que se passava no restante do mundo, por mais isolada que a escola parecesse. Ele também não era avesso ao uso de qualquer ferramenta ou serviço do mundo moderno que atingisse o propósito de seus ensinamentos.

Quanto aos ensinamentos em si, eram tão simples quanto a escola em que eram ensinados. A maioria das aulas que tive aconteceu apenas comigo e o professor. Não havia local nem horário definidos. Algumas aulas aconteciam logo pela manhã, outras no meio do dia, ou até tarde da noite; podiam ser nas planícies áridas, no topo de uma montanha, na encosta de um monte ou em algum aposento à luz de velas; às vezes, enquanto observávamos algum vilarejo próximo ou cruzávamos o deserto montados em camelos. Havia ocasiões em que a lição começava por conta do lugar onde estávamos ou por algo que acabávamos de ver. Pelo menos me pareceu ser assim. Eu nunca conseguia dizer exatamente se o ensinamento se baseava no local ou se o local era escolhido com base para o ensinamento, e algumas lições surgiam como respostas a meus questionamentos. Cada ensinamento revelava um mistério ou uma verdade. Alguns mistérios surgiam de outros, mas também podiam se juntar para formar um mistério ainda maior. Ao fim de cada ensinamento, o professor passava uma tarefa, uma missão para poder aplicar à minha vida o que eu havia aprendido naquele dia.

Durante esse tempo, mantive um diário onde anotei o que ele ensinava e nossas conversas com a maior fidelidade possível: os ensinamentos, os mistérios, as perguntas e respostas e as referências que consegui encontrar depois e que concordavam com o que ele compartilhava comigo. Assim, ao fim do curso e daquele ano, eu já tinha registrado 365 mistérios, um para cada dia do ano: um ensinamento, um mistério e uma missão.

Registro a seguir tudo que me foi apresentado pelo professor, os mistérios que compartilhou comigo durante o ano em que morei no deserto.

1º DIA — O INFINITO EM UMA JARRA

ERA DE MANHÃ. O professor veio até meu quarto trazendo uma pequena jarra de barro.

— Uma pergunta — ele disse. — É possível o que é pequeno conter algo grande?

— Não — respondi.

— É possível o finito conter o que é infinito?

— Não — respondi de novo.

— É possível, sim — ele disse.

— Como?

O professor ergueu a jarra e tirou a tampa.

— É possível — ele disse mais uma vez —, caso se trate de um recipiente aberto. Um recipiente fechado jamais conseguirá conter algo maior que o próprio tamanho, mas um recipiente aberto não tem limites e pode conter o sopro do vento e o cair da chuva. Seria possível conter até mesmo a correnteza de um rio.

— Seria necessário muito tempo para conter um rio.

— Poderia demorar para sempre, mas o princípio é o mesmo.

— E o motivo pelo qual você está me dizendo isso é...

— O que é maior: o que você sabe ou o que você não sabe?

— O que eu não sei, acredito.

— Portanto, seria esperto da sua parte buscar conhecer aquilo que não sabe.

— Acho que sim.

— Mas como você pode conter algo maior que você, maior que sua capacidade de compreender?

— Eu preciso me tornar um recipiente aberto — respondi.

— Sim — disse o professor. — Apenas ao se abrir você poderá conhecer o que ainda não sabe. Somente ao se tornar um recipiente aberto você conseguirá conter aquilo que é maior que você mesmo. A verdade é sempre maior que a nossa compreensão. Sua mente e seu coração são como jarras de barro, finitas; mas a verdade não tem fim. Deus não tem fim. O Eterno é infinito... sempre flui.

— Como o rio — eu disse.

— Sim — ele respondeu —, mas a jarra se torna ilimitada quando está aberta. Aí ela consegue conter as águas de um rio. Portanto, abra sua mente, seu coração e sua vida, pois apenas um recipiente aberto e um coração aberto são capazes de conter a infinitude de Deus.

A missão: Hoje, abra sua mente, seu coração e sua vida para o que você ainda não conhece, buscando conter aquilo que é maior que você mesmo.

Isaías 55.1-9; Jeremias 33.3; 2Coríntios 4.7

2.º DIA — O EU SOU DE TODOS OS EU SOU

Jonathan **Cahn**

FOI NO SEGUNDO dia que percebi que não haveria hora certa para os encontros com o professor. Ele apareceu à tarde.

— Você conhece o Nome de Deus? — perguntou o professor.

— Não sei se conheço.

— Ele é composto de quatro letras do alfabeto hebraico, *yodh*, *he*, *waw* e *he*: YHWH. É o mais sagrado dos nomes; tão sagrado que alguns se recusam a pronunciá-lo. Mesmo assim, nós o usamos o tempo todo.

— O sagrado Nome de Deus? — perguntei, já que não conhecia aquele nome. — Como é possível?

— Quando você fala de você mesmo, acaba dizendo o Nome.

— Não compreendo.

— Quando está feliz, você diz: "*Eu sou* feliz". Quando não está feliz, você diz: "*Eu sou* triste". Quando se identifica para outra pessoa, você diz: "*Eu sou*" seguido do seu nome. YHVH significa "Eu Sou". É o Nome do Eterno, o Nome de Deus. O Nome dele é *Eu Sou*.

— Então todos nós dizemos o Nome dele.

— Sim. E você sempre disse o nome dele. Está costurado no tecido da existência que, ao falar de si mesmo, você precisa dizer o Nome dele.

— Por que isso?

— Porque sua existência vem da existência dele. Ele é o Eu Sou de toda a existência... o Eu Sou de todos os "eu sou". O seu *eu sou* só existe por causa do *Eu Sou* dele. É porque você existe por meio dele que só é possível encontrar o motivo e o propósito de sua existência a partir dele. Portanto, quando você diz seu nome, precisa sempre falar o Nome dele. Você sempre precisa dizer o Nome dele primeiro.

— Porque...

— Porque a existência dele é anterior, e sua existência flui a partir da dele. Assim é o fluxo da existência. Portanto, é preciso colocá-lo em primeiro lugar e deixar que tudo flua a partir dele. Permita que tudo comece com ele e flua a partir dele. Este é o segredo da vida: viver não apenas *por* ele, mas viver a vida *a partir dele*; viver a partir da vida dele, mover-se a partir do movimento dele, agir a partir das ações dele, sentir a partir do coração dele, ser a partir da existência dele, tornar-se quem você é a partir de quem ele é... Eu Sou.

A missão: Hoje, aprenda o segredo de viver cada momento de sua vida a partir da vida de Deus — agindo a partir das ações dele, amando a partir do amor dele e existindo a partir da existência dele.

Êxodo 3.14-15; Atos 17.28

3.º DIA — O SHĀNÂ

O PROFESSOR APARECEU durante a noite.

— O que é um ano? — perguntou ele.

— Trezentos e sessenta e cinco dias — respondi.

— Mas na língua sagrada das Escrituras um ano é mais que isso. O ano é chamado de *shānâ*... e existe um segredo nisso. A palavra *shānâ* está ligada ao número dois.

— Não compreendo a relação.

— *shānâ* pode significar "o segundo", "a duplicata", "a repetição". No mundo natural, da astrofísica e da natureza, o ano é uma repetição do que já foi. A rotação da Terra ao redor do Sol. A chegada do inverno, da primavera, do verão e do outono. O desabrochar e ressecar das flores, o renascimento e a morte da natureza. A mesma progressão, a mesma repetição do que já foi. Portanto, um ano é um *shānâ*, a repetição do passado. Agora você tem um ano inteiro à sua frente. Como acha que será esse ano?

— O que você quer dizer?

— A natureza da natureza é a repetição, assim como vivemos, naturalmente, como criaturas do hábito. Gravitamos em torno de fazer o que já foi feito, os mesmos caminhos, as mesmas rotinas, mesmo quando esses caminhos e rotinas são prejudiciais. Portanto, como será para você o *shānâ*, o ano à sua frente?

— Bem, se o ano significa repetição, então creio que não terei escolha. Acredito que será basicamente o mesmo que o ano anterior.

— Mas você *tem* escolha — ele disse. — Veja que em hebraico o termo *shānâ* tem significado duplo. Ele não significa apenas repetição, mas também mudança.

— Como a mesma palavra pode significar duas coisas opostas?

— Do mesmo modo que o ano à sua frente pode ser o oposto do que passou. O caminho do mundo é a repetição, mas o caminho de Deus é o da renovação e da mudança. É impossível conhecer Deus e não ser mudado depois desse encontro. A vontade dele é que este ano, o *shānâ* à sua frente, não seja um tempo de repetição, mas de mudança, de novos começos, de novos passos, de rompimento com os caminhos antigos e a antiga natureza. Se você quiser ver um ano de novidades, é preciso escolher não viver no natural e não caminhar naturalmente, com toda a velhice e repetição; é preciso escolher viver no sobrenatural e caminhar na vontade e no poder daquele que faz novas todas as coisas. Viva na Terra com o poder do Céu, e caminhará na renovação da vida. Assim, o ano à sua frente será um *shānâ*... de mudança.

A missão: Hoje, afaste-se de suas maneiras, de seus hábitos e passos antigos. Faça o que você nunca faz, mas que deveria ter feito. Caminhe na renovação do Espírito.

Isaías 43.19; Romanos 6.4; 2Coríntios 5.17

THE SHANNAH

4.º DIA — O RÛAḤ

O PROFESSOR LEVOU-ME até um espaço aberto no deserto. Ventava muito naquele dia — com violência, pode-se dizer.

— Venha — disse ele.

Então o professor pediu que eu caminhasse contra a direção em que o vento soprava. Eu obedeci.

— Como é andar contra o vento? — ele perguntou.

— É difícil — respondi.

— No idioma das Escrituras — ele disse —, o termo que significa "vento" é *rûaḥ*. Mas essa palavra tem outra acepção: significa também "Espírito". Em hebraico, o Espírito Santo é o Vento Santo. O que acontece quando você caminha contra o vento?

— O vento gera resistência. Fica mais difícil e cansativo andar.

— Do mesmo modo — ele disse —, quando você caminha contra o Espírito, sua vida se permeia de resistência, tudo que você faz fica mais difícil, é preciso gastar mais energia para fazer menos. Assim, quando você vai contra o Espírito, está lutando contra o Vento. Não é possível andar contra o Vento sem se cansar e se abater.

— E qual é a direção do Vento, do Espírito?

— O Espírito é o Espírito *Santo*; portanto, ele sopra na direção do que é santo, na direção contrária do que é impuro. Vamos tentar mais uma vez. Dê meia-volta e volte pelo caminho que percorreu.

Obedeci e caminhei na direção em que o vento soprava.

— Como foi dessa vez? — ele perguntou.

— Foi muito mais fácil — respondi.

— É porque não houve resistência — ele disse. — Você estava caminhando na direção do vento, e o vento ajudou você a andar, levou você para frente e tornou sua caminhada mais fácil. Assim, quando você caminha contra o vento, a resistência surge. Mas, se você se virar, então o vento lhe dá força. O mesmo acontece com o Espírito. Se você se virar, mudar o caminho que está trilhando, se arrepender e caminhar no Espírito, então a resistência desaparecerá e o Espírito vai fortalecer você e facilitar sua caminhada. Então tudo que você fizer, tudo que tiver de fazer, vai ser mais fácil.

— Quer dizer que, quando se anda no Espírito — eu disse —, a vida perde a resistência e flui como uma brisa.

— Sim — o professor respondeu. — Para aqueles que caminham no Espírito, o vento sopra às costas.

A missão: Qual esfera da sua vida está na direção contrária ao Espírito? Hoje, procure virar e começar a caminhar com o Vento às costas.

João 3.8; Atos 2.2; Gálatas 5.16-17

5.º DIA — RESERVANDO SEUS DIAS

— JÁ CONVERSAMOS SOBRE o ano à sua frente — disse o professor. — Hoje, vamos falar sobre os dias que estão por vir. O que os dias vindouros trarão para sua vida?

— Como posso saber? — respondi. — Não sou eu que decido isso.

— E se pudesse decidir?

— Como?

— Está escrito: "Ensina-nos a contar os nossos dias". O que isso significa?

— Que nossos dias são limitados, de modo que é sábio contá-los.

— Está certo — disse ele. — Esse é o primeiro significado que se pode tirar das Escrituras. Contudo, no idioma original está escondido um segredo que pode transformar sua vida e mudar os dias da sua vida. No hebraico, lê-se: "Ensina-nos a *mānâ* os nossos dias". O mesmo termo, *mānâ*, aparece no livro de Jonas, onde se lê que Deus *mānâ* um peixe, um verme e um vento.

— Então *mānâ* deve significar algo além de contar.

— Sim. Significa "preparar e reservar", de modo que você deve não apenas *contar* seus dias, mas também aprender a *preparar* seus dias, a *reservar* seus dias.

— O que quer dizer?

— Quero dizer que você não deve apenas esperar e observar passivamente para ver o que seus dias trarão. Você precisa prepará-los.

— Como posso preparar meus dias antes de acontecerem?

— Como foi que os primeiros dias aconteceram no começo de tudo? Eles não aconteceram aleatoriamente. Antes de existirem, Deus preparou aqueles dias, ele os reservou, deu-lhes um propósito. Assim, se você é filho de Deus, deve fazer o mesmo.

— Como?

— Por meio da oração.

— Orando por dias que ainda não existem?

— A oração não serve apenas para o que já existe, mas também para o que ainda não existe.

— Mas eu não posso decidir o que vai acontecer.

— O que acontece não importa. Basta reservar seus dias a Deus para fazer surgir o que é bom. Basta consagrá-los para o propósito de Deus e usar esses dias para realizar esse propósito. Não deixe que seus dias comandem sua vida; faça que sua vida comande seus dias. Não deixe que os dias passem em vão; reserve seus dias, para os propósitos do Altíssimo.

A missão: Prepare os dias que estão por vir. Reserve-os, entregue-os nas mãos de Deus e então se dedique à realização do propósito divino.

Salmos 90.12; Atos 19.21

THE SHANNAH AND THE MANAH

Jonathan *Cahn*

6.º DIA — O MISTÉRIO DA NOIVA

NO CAMINHO ATÉ a cidade, fizemos uma parada em um morro próximo.

— Veja — disse o professor, apontando para uma cena nos arredores da cidade.

— Parece um casamento, ou os preparativos para um casamento — eu disse.

A noiva estava vestida de branco em um jardim, acompanhada das damas de honra.

— Você está vendo um mistério cósmico, a sombra de um mistério. A existência — ele disse — é uma história de amor... ou, pelo menos, foi criada para ser uma história de amor. A noiva é um retrato daquilo que fomos criados para ser.

— Não compreendo.

— Cada um de nós foi criado para ser como a noiva. É por isso que jamais nos sentimos completos sozinhos. É por isso, lá no fundo, no âmago do ser, nas profundezas do coração, que procuramos algo que nos preencha. Pois a noiva existe para se casar; assim como nós jamais alcançaremos a completude até nos unirmos Àquele que está além de nós. É por isso que passamos a vida tentando nos unir...

— Unir-nos a quê?

— A tudo que imaginamos que aplacará os anseios do coração: às pessoas, ao sucesso, às posses, às realizações, ao dinheiro, ao conforto, à aceitação, à beleza, ao romance, à família, ao poder, a algum movimento, a um objetivo e outra infinidade de coisas. Pois a noiva foi criada para se casar e jamais descansará até conseguir o que deseja.

— Então nenhuma dessas coisas funciona?

— Não, pois nada do que eu disse é o Noivo.

— E quem é o Noivo?

— O Noivo é Deus, aquele para quem fomos criados.

— Então precisamos buscar Deus.

— Mais que isso — ele disse. — Uma noiva não só encontra um Noivo, como também se *casa* com ele. Portanto, não basta encontrar Deus: é preciso *casar-se* com ele.

— Casar-se com Deus? Como?

— Compartilhando cada pedaço da sua vida e de seu ser, suas partes mais profundas, seu coração, sua alma, suas feridas, seus anseios, seus desejos, tudo, tudo dividido com Deus. Só então você poderá se sentir completo; só então seus mais profundos anseios e necessidades serão atendidos. Pois o mistério do coração é o mistério da noiva, e a noiva só consegue encontrar plenitude no Noivo. O Noivo da nossa alma é Deus.

A missão: Afaste tudo que você usa para substituir a presença divina e compartilhe tudo que você é, no âmago do seu ser, com seu Noivo.

Deuteronômio 6.5; Cântico dos Cânticos 1.1-4; Efésios 5.28-32

THE MYSTERY OF THE CALAH

7.º DIA — O PODER DO *YODH*

O PROFESSOR LEVOU-ME até um desfiladeiro no deserto, onde nos sentamos frente a frente na areia. Ele apanhou um graveto e, com o mais sutil dos movimentos, fez um pequeno rabisco no chão.

— Isto aqui é capaz de mudar a sua vida — ele disse.
— Um apóstrofo?
— Um *yodh*.
— O que é um *yodh*?
— *Yodh* é uma letra, a menor letra do alfabeto hebraico. Pouco mais que um ponto, tão pequeno que nem se vê. Foi do *yodh* que surgiram as letras I e J do alfabeto romano. Foi do *yodh* que surgiu a letra grega *iota*.
— Como na expressão "nem um *iota*".
— Sim, ou como em "nem um pingo". As expressões vêm dessa letra minúscula.
— Então essa é a menor das letras. Por que ela é tão importante?
— Essa é a questão. Apesar de ser a menor das letras, é também a mais importante. É o *yodh* que inicia a maior e mais sagrada palavra do idioma hebraico: o sagrado Nome de Deus, *YHVH*, começa com um *yodh*. A terra de Deus, *Israel*, começa com um *yodh*. A Cidade de Deus, *Jerusalém*, começa com um *yodh*. O nome *Jesus*, em hebraico, também começa com um *yodh*.
— E o que isso tudo significa?
— A maior das palavras começa com a menor das letras, do mesmo modo como a maior das obras de Deus começa com os menores atos. A vida em si começa em escala tão minúscula que não consegue nem ser vista. Esse é o segredo do *yodh*.
— Como é possível aplicar esse segredo?
— Somos chamados para o novo e para a mudança, mas, por natureza, evitamos tanto a novidade quanto a transformação. Então como mudar? Como se passa de uma vida fracassada para uma vida vitoriosa? É uma tarefa hercúlea. Então como fazer? A partir do *yodh*. É preciso começar dando um passo *yodh*, um passo minúsculo na direção das maiores transformações. Nada começa a partir de uma grande vitória, e sim a partir do *yodh*, uma pequena ação, um pequeno passo na direção de uma grande vitória. É preciso dar esse pequeno passo, ter um *yodh* de coragem, um *iota* de mudança, o menor rabisco de um começo, o *yodh* da vida que você é chamado a viver. O começo das maiores coisas está no menor dos gestos. É preciso começar aplicando o segredo do *yodh*.

A missão: Hoje, faça o menor dos gestos, mas em uma nova direção: o primeiro passo na direção da vida vitoriosa que você é convidado a viver, o *yod* de uma nova caminhada.

Jó 8.7; Atos 3.4-9

THE FIRST STEP

8.º DIA — O MIDBĀR

O PROFESSOR LEVOU-ME para o deserto até chegarmos a um imenso vale rodeado de montanhas avermelhadas, que assumiam tons de roxo e azul conforme se estendiam ao longe.

— Quais palavras lhe vêm à mente — perguntou o professor — quando você olha para o ermo do deserto?

— Seco... estéril... quente... austero... severo... difícil... proibitivo.

— Quando alguém enfrenta tempos difíceis, tempos de perda, de crise, de tragédia, de solidão, conflito, dificuldade, problemas, separação, lágrimas, diz que está atravessando um deserto. Não obstante, o deserto é um lugar sagrado. Foi no ermo do deserto que Deus concedeu a Lei e a Palavra e onde revelou sua presença. O deserto é sagrado.

— Então os tempos difíceis que passamos na vida são sagrados?

— Para os que são filhos dele, sim.

— Por quê?

— Em hebraico, o deserto recebe o nome *midbār*, que vem do radical *dābar*, que significa "falar". O que é o deserto? É *midbār*. E o que é *midbār*? É o lugar da fala de Deus, o lugar da voz divina, onde Deus fala conosco. Por que foi que ele levou o povo escolhido até o deserto, até o *midbār*? Para falar com eles. Ele levou Moisés até o *midbār* para falar com ele por meio de um arbusto em chamas. Ele levou Elias até o *midbār* para falar com ele com voz calma e suave. Do mesmo modo, ele nos leva até o deserto para falar conosco.

— Mas o que há no deserto que torna esse local o lugar onde Deus fala?

— Olhe ao seu redor — ele disse. — O que você vê?

— Nada demais... pedras, areia, montanhas.

— Por isso mesmo Deus fala, mas nós não ouvimos — disse o professor. — Muitas distrações nos cercam, mas, no deserto, não existem distrações, de modo que Deus nos traz ao deserto para podermos ouvir sua voz. Portanto, não tema nem repudie os desertos que surgem na sua vida. Também não despreze o fato de ele remover as distrações. Em vez disso, procure abraçar esse acontecimento, procure chegar mais próximo dele. Um deserto na sua vida não é apenas um deserto ermo, mas solo sagrado; é o *midbār*, o local da voz de Deus.

A missão: Afaste as distrações, tudo que o impeça de ouvir, e vá até o deserto, até o *midbar*, para buscar a voz de Deus.

Deuteronômio 8.2-16; Salmos 46.10; Jeremias 29.12-13; Lucas 3.2

9.º DIA — O *SHĀMĀYIM* E A *'ERETS*

O PROFESSOR CHAMOU-ME em meio à escuridão da noite para irmos até um vasto areal. Lá chegando, deitamo-nos de costas contra o chão para fitar o céu recheado de estrelas.

— É tão vasto — disse o professor, sem desviar os olhos da abóbada celeste.
— O céu? — perguntei. — Acho que é, sim.
— Em hebraico, o termo para "céu" é *shāmāyim*. O termo para "terra" é *'erets*. Quando você ouvir uma palavra em hebraico terminada em *-im*, saiba que esse radical indica o plural. O que isso lhe diz?
— O termo usado para céu é plural... Mas o mesmo não acontece com a terra.
— Está certo. *Shāmāyim*, o céu, é plural, mas *'erets*, a terra, não é. Mas não se trata apenas das palavras, e sim do que elas representam.
— Que seria...
— Que o terreno é singular. O que pertence ao mundo físico é finito. Tudo que é físico é limitado. É por isso que, por mais que você acumule coisas do mundo terreno, por mais posses terrenas que você tenha, elas jamais conseguirão preencher sua alma ou trazer a plenitude.
— Porque essas coisas são limitadas — eu disse —, porque são finitas.
— Portanto, uma vida centrada no que é físico...
— É uma vida repleta de limitações.
— Porém, se você esvaziar o coração das coisas físicas...
— Então estará esvaziando essas limitações.
— As coisas da Terra são finitas — disse ele —, mas as coisas do Céu são infinitas. O físico é limitado, mas o espiritual é ilimitado. Apenas o que é espiritual, apenas o infinito, é capaz de preencher o coração.
— Mas como é possível evitar viver no mundo terreno?
— Não é possível — disse o professor. — Não é possível evitar viver *no* mundo terreno, mas você não precisa viver *do* mundo terreno. É preciso lidar com coisas terrenas, mas você não precisa encher seu coração com essas coisas. Coloque seu coração naquilo que é celestial, encha seu coração com o que é espiritual, pois o Céu é *shāmāyim*, e *shāmāyim* não tem limitações. Portanto, um coração cheio do que é espiritual e celestial...
— Torna-se ilimitado.

A missão: Quais são as suas posses? Hoje, procure abrir mão de alguma coisa. Liberte seu coração das posses terrenas e encha-o com o que é espiritual e celestial.

Isaías 55.9; Filipenses 4.8-9

Jonathan **Cahn**

10.º DIA — O SANGUE DA SERPENTE

— ESTÁ VENDO? — perguntou o professor.
— Atrás da pedra — respondi.
Era uma cobra marrom e preta arrastando-se pela areia do deserto.
— O que você sabe sobre cobras? — ele perguntou.
— Sei que devo evitá-las.
— Nada mais?
— Acho que não.
— O que você precisa saber é que as cobras têm sangue frio.
— Por que isso é importante?
— Você tem sangue quente e, por conta disso, consegue correr e continuar correndo. Uma cobra, porém, como um ser de sangue frio, tem dificuldade para seguir em frente, pela sua limitada capacidade de resistência. Por esse motivo, você consegue superá-la.
— É bom saber disso — respondi.
— Nas Escrituras, a serpente é um símbolo do mal.
— Por quê?
— Não é que as cobras sejam más em si, mas elas servem como representação do mal. É comum ver uma cobra se retorcer quando anda, assim como é a natureza do mal. Uma mentira é uma verdade retorcida. O impuro é o puro retorcido, e o mal é o bem retorcido.
— Mas, se as cobras têm sangue frio, o mesmo acontece com o mal?
— Sim — disse o professor. — O mal tem sangue frio. Isso significa o seguinte: apesar de o mal vencer em alguns dias, apesar de conseguir algumas vitórias, de conseguir se mover e dar o bote, ele continua tendo sangue frio e, portanto, não consegue resistir por muito tempo. Por mais poderoso que pareça, por mais triunfante e incontrolável que se apresente, o mal jamais perdura. O engano tem sangue frio. O ódio tem sangue frio. A infâmia tem sangue frio. A opressão tem sangue frio. Todo mal tem sangue frio. Assim, o poder do mal tem alcance curto e momentâneo; seus dias estão contados e, no longo prazo, ele sempre fracassa.
— Mas o bem não tem sangue frio — eu disse.
— Não. No fim, o bem sempre supera o mal. Por isso, persevere na bondade, siga pelo que é verdadeiro, defenda o que é certo e irá superar o mal e triunfar no fim.

A missão: Se você está enfrentando algum mal, um problema, uma agressão ou um pecado, não desista, mas persevere no bem.

Isaías 54.17; Mateus 24.13; João 1.5

SNAKE BUSTERS I-VI

11.º DIA — O ROSTO NA ÁGUA

ANDAMOS POR ALGUM tempo até chegar a uma poça d'água escondida no sopé de uma montanha e ali nos sentamos, na beira.
— Sorria — disse o professor.
Eu obedeci.
— Não — ele disse —, sorria para a água. Incline-se sobre a poça e sorria.
Obedeci de novo.
— Agora faça uma careta de raiva.
E eu fiz.
— Agora abra a mão e a estique sobre a água, como se fosse dar um presente.
Obedeci mais uma vez.
— Agora faça o contrário.
— Qual é o contrário?
— Estenda a mão sobre a água, feche-a e então a recolha, como se estivesse removendo algo.
— Não consigo ver o objetivo disso.
— Mas o objetivo existe — ele respondeu — e é vital que você o compreenda. Quando sorriu para a água, alguém sorriu de volta.
— Meu reflexo.
— Quando você fez cara de bravo, o rosto na água devolveu toda a braveza; quando você esticou a mão sobre a água para dar, a mão dentro da água se esticou para dar a você; quando você estendeu a mão para tirar dela, a mão dentro da água também se afastou de você. Essa é a lei da reflexão. Tudo que você fizer será feito a você. Se você abençoar o próximo, será abençoado. Se você se furtar à bênção, também as bênçãos se furtarão à sua vida. Se você vive tirando, no fim tudo lhe será tirado. Se você vive dando, no fim tudo lhe será dado. Condene o próximo, e você acabará condenado; perdoe seu irmão, e você será perdoado. Viva com a mão fechada, e a mão de Deus estará fechada para você; viva com a mão aberta, e a mão divina se lhe abrirá. Tudo que você der lhe será dado de volta; tudo que você tomar será tomado de volta. Portanto, viva uma vida de amor, de doação, de bênção, de compaixão, de mão e coração abertos. O que quer que você faça, lembre-se do que viu aqui: viva sua vida lembrando-se do rosto na água.

A missão: O que você busca na vida e nas pessoas? Hoje, tenha como objetivo dar ao próximo o que você mesmo procura.

Provérbios 27.19; Lucas 6.37-38; Gálatas 6.7-10

12.º DIA — O AMOR CÓSMICO

— DEFINA *AMAR* — disse o professor.
— *Amar* é querer o melhor para o outro — respondi.
— Sim — disse ele. — Dizendo de outra forma, *amar* é pôr-se no lugar do outro, sentir o que o outro sente, caminhar com os pés do outro, chorar com as lágrimas dele, alegrar-se com as alegrias dele, tomar para si os fardos dele e entregar sua vida a ele.
— Gosto disso.
— As Escrituras afirmam que Deus é amor — ele disse. — Se Deus é amor, então Deus deve ser o amor máximo, o amor supremo. Você acredita que Deus nos ama?
— Acredito.
— Então o que o amor precisa fazer?
— Bem, o amor... deve colocar-se no lugar do outro.
— E qual seria a maior manifestação possível de amor?
— Que Deus colocasse a si mesmo no lugar do outro?
— Na prática, como isso se manifestaria? O que seria a maior manifestação de amor?
— Deus teria de se colocar em nosso lugar, teria de caminhar com nossos pés.
— Sim, e sentir o que sentimos.
— E chorar nossas lágrimas.
— E tomar para si nossos fardos — disse ele —, nosso julgamento e nossa morte; nos salvar, dar-nos vida. Ele teria de dar a própria vida.
— Então se Deus é amor — eu disse —, é isso que ele *faria*.
— Portanto — disse o professor —, a maior manifestação possível de amor já aconteceu, neste mesmo planeta... Deus se colocou em nosso lugar. Não existe amor maior, você jamais conheceria um amor maior — ele disse. — Se você sente ou não, pouco importa; isso não muda nada. Nada que você fizer pode alterar esse amor. Nenhuma boa obra pode aumentá-lo; nenhum pecado pode diminuí-lo. Se você sente ou não, ele está aqui mesmo assim. Não podemos mudá-lo; só podemos recebê-lo e sermos mudados por ele. Só podemos deixar que ele nos transforme, pois o maior amor possível já se manifestou. Deus desceu à Terra apenas para que recebêssemos e igualmente manifestássemos tal amor.

A missão: Hoje, exercite o amor divino e cósmico. Coloque-se no lugar do outro: coloque seus pés nos sapatos dele, seu coração no coração dele.

João 15.12-13; Romanos 5.6-8; Filipenses 2.5-9

13.º DIA — O CONTÍNUO LESTE-OESTE

O DIA ESTAVA raiando, e o Sol se erguia sobre a paisagem desértica.

— Qādîm — disse o professor. — É o termo em hebraico para leste, uma direção muito importante.

— Por quê? — perguntei.

— O templo de Jerusalém foi construído de acordo com o *qedem*, e a fachada mirava o leste. O altar dos sacrifícios ficava no extremo leste do prédio, o Lugar Santíssimo no extremo oeste e todas as outras partes entre esse espaço, de modo que todo o templo existia em um contínuo leste-oeste. Tudo que acontecia no templo se situava nesse contínuo leste-oeste. Mas, acima de tudo, no dia mais sagrado do ano, o Yom Kippur, os pecados de Israel eram perdoados, removidos do povo, nesse mesmo contínuo leste-oeste. O sumo sacerdote oferecia um sacrifício no leste e salpicava o sangue na arca da aliança a oeste, indo e vindo entre cada um dos extremos. O ato que fechava o dia representava a remoção simbólica dos pecados do povo de dentro do templo para o deserto a leste.

— Mas por que isso é mais importante do que se houvesse um contínuo norte-sul?

— Porque — respondeu o professor — a Terra é uma esfera, que gira em um eixo formado por essas direções. Portanto, a Terra tem um polo norte e um polo sul, mas não existe polo leste nem oeste.

— Ainda não consegui entender.

— Qual a distância entre o norte e o sul? — ele perguntou. — Trata-se de uma distância finita. Todo o norte se encerra no polo Norte, e todo o sul se encerra no polo Sul. Se o templo tivesse sido construído em um contínuo norte-sul, então o pecado só seria afastado alguns milhares de milhas dos pecadores. Contudo, qual é a distância entre o leste e o oeste? O leste e o oeste não têm polos, portanto nunca terminam. O leste e o oeste são infinitos, continuam indefinidamente. O próprio termo em hebraico para leste é *qedem*, que também significa "eterno".

— Mas na Antiguidade ninguém sabia que a Terra era uma esfera.

— Deus sabia. Tudo isso é apenas sombra da libertação do Messias, da nossa salvação. No Messias, qual é a distância que Deus afasta o pecado de você? Toda uma infinidade... toda uma eternidade. Ainda que você vivesse eternamente, não tornaria a encontrar o pecado. Assim está escrito: "Como o Oriente está longe do Ocidente, assim ele afasta para longe de nós as nossas transgressões".

A missão: Hoje, reserve algum tempo para refletir e aceitar o amor de Deus, que afasta seus pecados com a mesma distância que separa o leste do oeste, e aja de acordo com essa reflexão.

Levítico 16.14; Salmos 103.10-12

THE MYSTERY OF THE KEDEM

Jonathan **Cahn**

14.º DIA — BEIJANDO DEUS

ACONTECIA UMA REUNIÃO na tenda aberta da escola, um encontro de louvor e adoração. Estávamos no lado de fora, ouvindo.

— No que você pensa — perguntou o professor — quando ouve a palavra "louvor"?

— Penso em músicas, hinos, orações, palavras de louvor...

— Essa é a forma exterior do louvor — ele disse. — É assim que o louvor se manifesta. Mas qual é o âmago do louvor?

— Não sei.

— Pois vou lhe dar uma definição, um segredo guardado nas Escrituras da nova aliança, que só aparece na versão em grego. Trata-se do termo *proskynéō*. Você sabe o que significa?

Eu não fazia ideia.

— Significa "beijar" — o professor respondeu. — O verdadeiro louvor é um beijo. O que isso indica? O que é um beijo? Um beijo é o mais íntimo dos atos. Portanto, o louvor deve ser a sua experiência mais íntima.

— Louvar a Deus significa "beijar Deus"?

— Em termos espirituais, sim; um beijo do seu coração, do seu ser mais íntimo. Quando você beija, não o faz porque deve; o beijo é livre e parte da vontade que habita o coração.

— Então o verdadeiro louvor nunca é feito por obrigação, mas livremente, pelo transbordamento do coração.

— O que leva alguém a beijar? — perguntou o professor.

— A alegria.

— Sim — ele respondeu —, um beijo é uma expressão de alegria e também traz alegria. Assim, o verdadeiro louvor é uma expressão de alegria; louva-se por estar alegre. A alegria se torna louvor, e o louvor se torna alegria.

— Professor — eu disse —, acho que não falamos o que há de mais óbvio.

— Que seria...?

— Um beijo acontece por amor — respondi. — Um beijo também é expressão do amor.

— É verdade. Portanto, o que é o verdadeiro louvor?

— O louvor é uma expressão do amor.

— Sim — respondeu o professor. — É simples assim: o louvor é o ato mais íntimo de amor e de alegria. Louvar é algo tão simples quanto beijar Deus.

A missão: Hoje, chegue mais perto de Deus em louvor, em amor, em alegria, na mais profunda intimidade. Aprenda o segredo de beijar Deus.

Salmos 42.7-8; Cântico dos Cânticos 1.2; João 4.24

YISHKENI: THE DIVINE KISS

15.º DIA — O PARADIGMA DA NOITE E DO DIA

NAQUELE DIA, NÃO houve nenhuma lição. Mesmo assim, o professor apareceu no meu quarto no meio da noite e me acordou.

— Venha — disse o professor. — Está na hora da lição. Vamos sair.

Eu ainda estava sonolento e um pouco incomodado com aquilo, mas acabei obedecendo. Ele me levou até um morro, onde nos sentamos rodeados pela escuridão da noite.

— O que vem primeiro — ele perguntou —, o dia ou a noite?

— O dia — respondi. — A noite chega quando o dia acaba.

— É o que a maioria das pessoas responde. É como a maioria das pessoas no mundo vê o tempo: o dia tornando-se noite. Mas não é como Deus vê o tempo.

— O que você quer dizer?

— Se o dia leva à noite, então tudo passa da luz à escuridão, tudo se torna mais sombrio, tudo enfrenta um processo de escurecimento. É como o caminho do mundo. Passamos do dia para a noite, da juventude à velhice, da força à fraqueza e, em última instância, da vida à morte: do dia para a noite. É o caminho do mundo, mas não o caminho de Deus. Quando Deus criou o Universo, não era dia e noite. Está escrito: "Passaram-se a tarde e a manhã". O dia começou depois da noite. Havia a noite e depois houve o dia. Em Deus, é a noite que vem primeiro.

— É por isso que os feriados judaicos sempre começam com o pôr do Sol?

— Sim. Não só os feriados judaicos, mas todos os dias bíblicos. Todos os dias começam com o pôr do Sol. Vem a noite e depois a manhã. O mundo passa do dia para a noite, mas, em Deus, é o contrário. Da noite passa-se ao dia... da escuridão à luz. Os filhos deste mundo vivem do dia até a noite, mas os filhos de Deus vivem da noite até o dia: nascem novamente na escuridão e então passam para a luz. Se você pertence a Deus, então esta será a ordem da sua vida: você passará da escuridão para a luz, da fraqueza para a força, do desespero para a esperança, da culpa para a inocência, das lágrimas para a alegria e da morte para a vida. Toda noite em sua vida levará a uma manhã. Portanto, viva de acordo com a sagrada ordem de Deus para o tempo, de modo que sua vida esteja sempre passando da escuridão para a luz.

Quando ele terminou de falar, os primeiros raios do alvorecer brilharam, e a noite começou a dar lugar ao dia.

A missão: Que escuridão há em sua vida: a escuridão do medo, do pecado, dos problemas, da negatividade? Hoje, procure se afastar dessa escuridão e passar para a luz do dia.

Gênesis 1.3-5; Salmos 30.5; Efésios 5.8; 1Pedro 2.9; 2Pedro 1.19

THE NIGHT AND THE SUNRISE

16.º DIA O ṬĀLEH

Jonathan *Cahn*

O PROFESSOR LEVOU-ME por um desfiladeiro que se abria para um vale, onde um menino estava pastoreando cordeiros e ovelhas. Um dos animais se separou do bando e veio na nossa direção.

— Veja — disse o professor —, um cordeiro, a mais inofensiva das criaturas, tão frágil que precisa que um menino o proteja. Mesmo assim, é um animal de importância cósmica.

— Por quê? — perguntei.

— O cordeiro é o tema central da Palavra de Deus. No livro do Gênesis, um menino pergunta para o pai: "Onde está o cordeiro?". Essa é a pergunta das Escrituras. Na Páscoa, é o cordeiro que morre para salvar o primogênito de cada casa. A nação de Israel é salva pelo sangue do cordeiro. No templo de Jerusalém, oferecem-se cordeiros em sacrifício todos os dias, em todos os anos. No livro de Isaías, está profetizado que um homem daria sua vida como se fosse um cordeiro sacrificial, "como um cordeiro levado para o matadouro", e por meio da morte desse homem encontraríamos cura, perdão e bênção. Você consegue ver como o tema se repete?

— O cordeiro é uma vida que se oferece para salvar ou abençoar outras vidas.

— Sim, mas também para cobrir nossos pecados. Em hebraico, o termo para cordeiro é *ṭāleh*, e desse termo deriva também a palavra que significa "cobrir". O Cordeiro será nossa cobertura. Mas quem é o Cordeiro? Em toda a história do mundo, existe alguém conhecido por dar a vida em oferta, em sacrifício, para que outros possam ser salvos?

— Conheço apenas uma pessoa — respondi. — Ele era chamado Cordeiro, não era?

— Sim — disse o professor. — O Messias, o *Ṭāleh*, o Cordeiro de Deus. Tudo sempre girou em torno do Cordeiro, desde o começo. A resposta sempre esteve ligada ao Cordeiro. Mas, para começar, por que um cordeiro?

— Não sei.

— Eis o que significa o cordeiro: haverá alguém inteiramente puro, inocente, sem mácula, sem pecado... e essa pessoa dará a vida para salvar os que não são inocentes. Mas o que pode ser sem mácula, inteiramente puro e bom? Qual o mistério do cordeiro?

— Por favor, conte-me.

— O mistério do cordeiro é o mistério de Deus. O mistério é que Deus daria sua vida para nos salvar, pois Deus é amor; e a natureza do amor é dar de si. O *Ṭāleh*, o Cordeiro... *é* Deus.

A missão: Hoje, viva no espírito do Cordeiro. Que tudo que você faça surja do amor. Viva para fazer de sua vida uma bênção para o próximo.

Gênesis 22.1-18; Isaías 53.7; 1Pedro 1.18-19; Apocalipse 5.6,13

17.º DIA — COMO MUDAR O PASSADO

ESTÁVAMOS NO QUARTO dele. O professor segurava uma corda escarlate.

— Eu mesmo tingi — ele disse. — Deixei mergulhada na tintura por vários dias para ter certeza de que todas as fibras seriam tingidas. Acha que é possível *destingir* a corda, para que ela volte a ser branca?

— Duvido muito.

— Mas está escrito: "Embora os seus pecados sejam vermelhos como escarlate, eles se tornarão brancos como a neve". Seria como destingir a corda.

— O que continuaria sendo impossível — respondi.

— É ainda mais impossível do que você pensa. Como é possível fazer o pecado passar de escarlate a branco? Um pecado é pecado porque já foi cometido, já acabou; o pecado faz parte do passado, e o passado já acabou.

— Então o único modo de mudar o pecado é... mudando o passado.

— Sim. Não obstante, as Escrituras estão repletas da promessa de que Deus, um dia, removerá e limpará toda a nossa culpa. Não é possível limpar o pecado e remover a culpa sem mudar o passado.

— Mas é impossível mudar o passado.

— O primeiro milagre registrado do Messias foi a transformação da água em vinho. Mas o vinho só é vinho depois que adquire certa idade. O vinho do milagre não tinha passado. Portanto, de certo modo, aquele vinho ganhou um novo passado. Se Deus é capaz de dar novo passado a algo que não tinha passado, então ele é capaz de mudar o passado que já existiu.

— Então a salvação — eu disse — é como destingir uma corda escarlate.

— Exato. Deus não para no perdão à corda, nem finge que ela não é escarlate. Ele muda o passado dela e, com isso, transforma a realidade. Ele a destinge.

— Ele consegue fazer isso? — perguntei.

— Deus fez o tempo existir e ele pode fazer o tempo parar de existir.

— Então não é o caso de tudo continuar como é, apesar do perdão recebido. É como se jamais houvesse o pecado, em primeiro lugar.

— É até mais incrível que isso. Não é só *como* se não houvesse pecado, mas, na redenção divina, é *fato* que nunca houve pecado. Na salvação, o impossível se torna realidade, o culpado vira inocente, o impuro é purificado, o rejeitado se transforma em filho querido e os pecados, que são escarlates, se tornam brancos como a neve.

A missão: Mergulhe no destingimento. Receba do Céu seu passado mudado, inocente, puro e amado, um passado tão lindo e branco quanto a neve.

Isaías 1.18; Lucas 7.37-47; 2Coríntios 5.21; 1João 1.8-9

18.º DIA — YEHÔSHÛ'A

— O TERMO *YĒSHA'* é uma das palavras mais importantes — disse o professor. — De origem hebraica, significa "resgatar", "ajudar", "defender", "preservar", "libertar", "vencer", "dar segurança", "curar" e "salvar". Uma palavra que é a resposta para tudo.

— Como pode ser a resposta para tudo? — perguntei.

— *Yēsha'* é aquilo que passamos a vida toda buscando, quer percebamos, quer não. Todos nós precisamos de ajuda, de liberdade, de vitória; e todos nós precisamos e buscamos, de um jeito ou de outro, a salvação. Em hebraico, a salvação provém de *yēsha'*, que por sua vez provém do termo *yeshû'â*, que significa "salvação". Assim, nas Escrituras hebraicas, lê-se: "Ele é minha salvação".

— Quem é a salvação?

— Deus — ele respondeu. — Deus é nossa salvação. Em outras palavras, Deus não só é o Criador do Universo, mas também nossa salvação. Deus é nossa ajuda, nossa defesa, nossa preservação, liberdade, vitória e salvação. Deus é a resposta para a maior e mais profunda necessidade. Em hebraico, Deus é *yeshû'â*.

— Mas, se o termo *yeshû'â* significa "salvação", qual a diferença entre dizer que "Deus é minha salvação" e "Deus é *yeshû'â*"?

— Do termo hebraico *yeshû'â* provém o nome *Yeshûa'*. Quando o nome *Yeshû'â* foi traduzido para o grego, acabou virando *Iēsoūs*. Quando *Iēsoūs* foi traduzido para o latim, tornou-se Jesus. Jesus é *Yeshua'*... *Yehôshua'* é Jesus. *Yeshû'â* é o verdadeiro nome daquele que o mundo conhece como Jesus.

— Então Deus é *Yeshû'â*, e Deus é Jesus.

— É exatamente o que o nome *Yeshû'â* revela. Significa literalmente "Deus é minha salvação". A esperança na Antiguidade era que, um dia, Deus se tornaria *Yeshû'â*, e assim aconteceu. *Yeshû'â* significa que Deus é o resgate, a ajuda, a liberdade, a cura, a vitória e a salvação de que necessitamos. Deus se tornou *Yeshû'â* para ser a resposta a todas as perguntas. O segredo consiste em tomar cada uma das necessidades em sua vida e levá-las ao Nome, a *Yeshû'â*. Uma palavra, a resposta para tudo.

A missão: Deus é seu *Yeshû'â*, a resposta exata para suas mais profundas necessidades. Leve esse ensinamento para dentro de seu coração e viva de acordo com o que aprendeu.

Êxodo 15.2; Salmos 118.14; Isaías 12.2; Mateus 1.21

19.º DIA — 'ĀLÂ

— VAMOS — disse o professor.
— Para onde? — perguntei.
— Para cima — ele respondeu. — Para o cume da montanha.
Então partimos para uma caminhada de meia hora pelo deserto até chegar a uma montanha bem alta.
— Vamos subir — ele disse.
Então começamos a subir. Não foi nada fácil. Precisei parar várias vezes para recuperar o fôlego. Por fim, conseguimos chegar ao topo.
— Veja só — ele disse, apontando para a paisagem deslumbrante diante de nós. — Uma vista que só se tem deste ponto, nesta altura. Acho que valeu a escalada. Você sabe como se diz, em hebraico, o que acabamos de fazer?
— Tortura?
— Não — ele disse. — É chamado *'ālâ*. Significa "subir", "ascensão". No trecho das Escrituras em que o Messias vai até Jerusalém, vê-se o verbo "subir" repetidas vezes. Por que motivo? Jerusalém é uma cidade localizada nas montanhas. Portanto, para chegar lá, é preciso subir. Desse modo, a ida a Jerusalém é chamada *'ālâ*, "ascensão". Mas isso não só por conta da geografia do terreno: Jerusalém é a Cidade Santa. Ir a Jerusalém equivale a *realizar a 'ālâ*. Na Idade *Moderna*, quando os judeus começaram a retornar à terra de Israel, esse retorno também foi chamado *'ālâ*. Ir até a terra prometida era chamado de "fazer a *'ālâ*", "a viagem para cima". Aos filhos de Israel foi ordenado fazer a *'ālâ*. Mas aqueles que são do Messias são também os filhos espirituais de Israel. O que isso significa?
— Que esses também precisam realizar a *'ālâ*?
— Sim — disse o professor —, mas uma pessoa espiritual precisa fazer uma viagem espiritual.
— E que viagem é essa? — perguntei. — Que tipo de *'ālâ*?
— A vida — o professor respondeu. — Sua vida. Toda a sua vida é a *'ālâ*. Sua vida é uma viagem, mas em Deus se trata de uma viagem ascendente... eternamente ascendente. Como é possível fazer isso? Do mesmo modo que você subiu esta montanha. Todo dia você há de fazer uma escolha. Cada escolha traz a chance de descer, de permanecer no lugar ou de subir. Escolha o caminho ascendente, mesmo que seja mais difícil. Dê o passo mais elevado, permita que seus passos sejam mais elevados que os anteriores; permita que seus dias sejam mais elevados que o dia anterior, e você acabará andando no alto da montanha. Assim, sua vida será uma *'ālâ*.

A missão: Escolha o passo mais elevado, o ato mais elevado, o terreno mais elevado, o caminho mais elevado para cada decisão que tiver de tomar. Comece a fazer de sua vida uma *'ālâ*.

Salmos 121; Marcos 10.32

THE ALIYAH MYSTERY

20.º DIA — O MUNDO DO ESCABELO

O PROFESSOR LEVOU-ME até o escritório e, com um gesto, pediu que eu me sentasse na cadeira dele. Defronte à cadeira havia um banquinho almofadado.

— Relaxe — ele disse —, erga um pouco os pés.

Obedeci. Ele ficou em silêncio, que logo tratei de quebrar.

— Qual o mistério de hoje? — perguntei.

— Esse — ele disse. — Esse — ele disse mais uma vez, agora apontando para o banquinho.

— Este escabelo?

— Sim, o escabelo. Nele reside uma revelação cósmica.

— Uma revelação cósmica? Eu jamais poderia imaginar.

— Tão cósmica a ponto de Deus verbalizar: "O céu é o meu trono", ele disse, "e a terra, o estrado [escabelo] dos meus pés". O que você acha que significa?

— Que a Terra é o lugar onde Deus descansa os pés?

— É exatamente isso. O Céu é o trono dele, a morada divina, o centro da presença de Deus e onde ele descansa todo o seu peso. Em hebraico, o termo usado para "peso" é *qāvod*, que também significa "glória". O Céu é o lugar em que Deus descansa seu peso e sua glória.

— E a Terra?

— A Terra *não é* o trono, de modo que não consegue suportar o peso da glória divina.

— Mas é o escabelo.

— Sim, e por isso ele descansa os pés na Terra. A Terra tem a pegada dos pés divinos, porém jamais todo o peso dele. O que isso nos revela?

— O quê?

— Que você vive no mundo do escabelo. A Terra é apenas um escabelo; não é um lugar em que se pode descansar todo o peso, todo o bem-estar. Todos os seus bens são apenas um escabelo; todos os problemas são apenas um escabelo; todas as complicações são escabelos; e toda a glória terrena também é escabelo. Não é possível sentar-se em um escabelo: ele serve apenas para descansar os pés. É possível descansar os pés num escabelo… pelo menos um pouco. É assim que devemos viver em um mundo do escabelo.

— Mas *onde*, então, podemos descansar do peso?

— No que é celestial — ele disse. — Mas esse é outro mistério. Por ora, aproveite o banquinho.

A missão: Procure ver o mundo e tudo que nele existe de uma nova forma, como um mundo do escabelo, cheio de problemas insignificantes. Viva de acordo com essa nova visão.

Isaías 66.1; Efésios 2.6; Colossenses 3.1-2

O Livro *dos Mistérios*

21.º DIA — O PULSAR MILAGROSO

ESTÁVAMOS SENTADOS SOBRE duas grandes pedras no sopé de uma pequena montanha. O professor inclinou-se na direção do chão, apanhou uma pedra e me entregou.

— O que você sente? — ele perguntou.

— Nada — respondi. — É só uma pedra.

— Agora, leve a mão ao pescoço. Sente alguma coisa?

— A batida do meu coração.

— A pedra, porém, não tem pulso — ele disse.

— Claro que não.

— A pedra existe como pedra, sem pulso. Ela mantém a forma, o tamanho e a consistência sem precisar de um coração pulsante. Já você precisa de um coração, de pulso. Toda a sua existência depende desse pulsar. Assim que seu coração para, cessa também sua existência. Essa é a diferença entre uma pedra e sua vida. Foi Deus quem ordenou: as pedras apenas existem. A vida, porém, nunca existe apenas: ela precisa se esforçar para existir, precisa lutar para existir. Seu coração precisa continuar batendo a cada instante da sua vida. Mesmo que você não faça nada, seu coração continua batendo. Mesmo quando você dorme, seu coração trabalha para você permanecer vivo. Se você desperdiça seu tempo na Terra, seu coração ainda bate para permitir tal desperdício. Quando você peca, quando espalha fofocas, quando sente inveja e ódio, seu coração continua batendo. Quando você chora, quando desiste, o coração bate, mesmo em meio a lágrimas e desespero; ele continua lutando para que você viva e possa chorar.

— Então a diferença entre minha existência e a de uma pedra é...

— Sua vida não só existe, mas *luta* para continuar existindo. Sua vida é um milagre; cada momento da sua vida é um milagre. Suas alegrias são um milagre, assim como suas lágrimas. Sua vida é um presente de Deus, e cada momento dela tem o apoio divino. Cada instante é um milagre.

— Como posso aplicar isso?

— Pare de ignorar sua vida. Pare de desperdiçá-la, de maltratá-la, de tratar a vida como algo menor que o verdadeiro milagre que ela é. Pare de entregar a vida ao pecado e ao que não é da vontade de Deus. Dê valor à existência que Deus lhe confiou, pare de desperdiçar o momento. Trate a vida e o tempo na Terra como um tesouro: trate cada momento como se houvesse nele um pulso lutando para esse momento existir. Em resumo: viva uma vida digna de cada batida do coração.

A missão: Viva este dia no milagre da sua existência. Preste atenção nas batidas de seu coração e faça que seus momentos sejam dignos desse pulsar.

Salmos 139.14-17

Jonathan **Cahn**

22.º DIA — O MISTÉRIO DE *ELOHIM*

— *BERĒ'SHÎT BĀRĀ 'ĔLŌHÎM* — disse o professor. — "No princípio Deus criou[...]". As primeiras palavras das Escrituras. O termo *'Ĕlōhîm* significa "Deus". Você nota algo nesse termo?

— Ele termina em *-im*, como você disse anteriormente.

— E o que significa esse *-im*?

— Que se trata de uma palavra no plural.

— Isso mesmo. Mas por que isso soa estranho aqui?

— Porque estamos falando do termo que significa "Deus"?

— Exatamente. Esse é o termo usado para "Deus". Mesmo assim, é uma palavra no plural.

— Então esse termo não deveria ser traduzido por "deuses"?

— Em outro contexto, poderia ser essa a tradução. No entanto, a palavra que acompanha o termo na frase, *bārā'*, refere-se a "criar". *Bārā'* não é plural; é singular.

— Um substantivo no plural e um verbo no singular. Essa construção não está fugindo à regra?

— Sim, está. Logo na primeira frase das Escrituras. Essa frase está aí porque há algo mais profundo. Um mistério.

— Que é...

— A singularidade e a pluralidade de Deus. Além disso, no hebraico, uma palavra no plural que deveria ser singular é uma indicação de que existe algo mais profundo acerca da realidade por trás daquela palavra.

— Então esse plural indica que há algo bastante profundo sobre Deus.

— Significa dizer que a realidade de Deus é tão transcendente, tão incrível e tão além da compreensão que não existe palavra em qualquer língua capaz de expressá-la. Nem mesmo a palavra "Deus" é capaz de expressar a realidade de Deus. O termo *'Ĕlōhîm* indica que, por mais que você pense saber o que é Deus, você jamais estará correto; ele é muito mais. Não importa quanto você ache que Deus é benevolente, ele é ainda melhor. Não importa quanto você pense que Deus é belo, majestoso e incrível, ele é ainda mais belo, majestoso e incrível. Não importa quanto você ache que Deus é maravilhoso, ele é ainda mais maravilhoso. Mesmo que você ache que ele é muito mais do que você pensa, ele ainda é muito, muito mais que isso. O que *'Ĕlōhîm* ensina? Que por mais que você acredite conhecer Deus, sempre haverá mais para ser descoberto, muito mais. E muito mais que muito mais. Portanto, nunca deixe de buscar Deus, pois o nome dele é *'Ĕlōhîm*, cuja grandeza é infinita.

A missão: Procure conhecer Deus, ciente de que não conhece nem metade das coisas divinas. Procure conhecê-lo melhor, como se fosse pela primeira vez.

Gênesis 1.1; 1Reis 8.27; Jó 38

23.º DIA — AQUELE CUJO NOME É COMO PERFUME

O PROFESSOR ESTAVA sentado em um dos jardins internos da escola. Ao redor dele havia plantas, arbustos e árvores cercados por uma mureta de pedras. Ele havia pedido que eu o encontrasse ali. Assim que entrei no jardim, notei que ele tinha um pergaminho nas mãos e o estava estudando. Ao me aproximar, pude ouvi-lo traduzir o conteúdo do pergaminho.

— "Seu nome é como perfume derramado…" — disse o professor. — Um trecho do Cântico dos Cânticos, a canção de amor das Escrituras. Trata-se de uma noiva e um noivo, mas, em última instância, versa também sobre Deus e nós. Deus é o Noivo; nós somos a noiva. Logo no começo, a noiva diz para o noivo: "Seu nome é como perfume derramado […]". O que você acha que significa?

— A noiva está apaixonada. Quando nos apaixonamos, o nome do amado se torna belo.

— Está certo — ele disse. — No passado, os óleos eram infundidos com o aroma de ervas, de doces fragrâncias. A noiva está dizendo que o nome do amado é como óleo perfumado: belo, derramado e cheio de doce fragrância. Mas, se em última instância, o Cântico dos Cânticos versa sobre nós e Deus, o que isso quer dizer?

— Que a noiva deve se apaixonar pelo Noivo. Que precisamos nos apaixonar por Deus a ponto de sentir enorme alegria apenas de ouvir o Nome dele, para que seu Nome seja para nós como perfume.

— Você acha que há algo mais? A noiva diz: "Seu nome é como perfume". Portanto, o nome do Noivo, o Amado, será como perfume. Você conhece alguém cujo nome é como perfume?

— Não tenho certeza de que entendo a pergunta.

— Existe alguém neste mundo cujo nome está ligado ao ato de derramar perfume?

— Se houver, acho que nunca ouvi tal nome.

— Existe — o professor respondeu —, e você já ouviu esse nome. Trata-se daquele que é chamado "o Cristo". O nome Cristo vem de *Christós*, que é uma tradução do termo hebraico *Māshîah*, "Messias". O nome *Māshîah* tem relação com óleo perfumado: significa "Ungido", aquele que foi ungido com óleo perfumado.

— Aquele cujo nome é como perfume… o Noivo!

— Portanto, ele é o Amado. Assim, se somos a noiva, então precisamos estar tão apaixonados a ponto de o Nome dele ser para nós como perfume derramado.

A missão: Alegre-se com o nome de seu Amado. Deixe que ele se derrame de seus lábios, de sua mente e de seu coração.

Cântico dos Cânticos 1.3; João 1.41

24.º DIA — O LUGAR SECRETO

LADEÁVAMOS UMA MONTANHA quando o professor avistou uma abertura que dava em uma caverna. Ele entrou e pediu que eu o seguisse.

— Você sabe — perguntou o professor — qual foi o lugar mais sagrado da Terra?

— Não — respondi.

— Foi um lugar chamado *qāvôsh haqōdeshim*. Significa "lugar santíssimo".

— Já ouvi falar.

— Era o lugar mais sagrado do santuário, a câmara mais interna do templo. Nela só se podia entrar no dia mais sagrado do ano, o Yom Kippur. Era lá que o evento mais importante do ano bíblico acontecia, o ato da expiação. O ato mais sagrado, no lugar mais santo, no dia mais santo. Sabe quantas pessoas testemunharam o mais sagrado dos atos?

— Não.

— Apenas uma. Aquele ato envolvia uma só pessoa. Uma pessoa e a glória de Deus. Portanto, ninguém conseguia ver o que acontecia lá, apesar de ser o evento mais importante do ano, do qual dependia o relacionamento de todos com Deus. Tudo acontecia em segredo. O acontecimento mais sagrado era também o mais secreto, o mais santo. Também o mais sagrado dos lugares é um lugar secreto.

— E qual é o lugar mais sagrado na Terra hoje?

— Esse lugar secreto... — ele respondeu.

— Onde fica?

— Onde você quiser. Qualquer lugar aonde você vá para estar com Deus. É o lugar em que cabe apenas uma pessoa, apenas você e a presença de Deus, nada mais. Esse lugar secreto precisa ser totalmente separado, secreto e isolado do resto da sua vida, do mundo e até das *coisas* de Deus. O mais sagrado dos lugares só tem espaço para você e Deus. Pois está escrito: "Minha pomba que está nas fendas da rocha, nos esconderijos, nas encostas dos montes, mostre-me seu rosto, deixe-me ouvir sua voz; pois a sua voz é suave e o seu rosto é lindo". É o lugar mais importante em que você pode estar, pois lá você estará na presença divina, ouvindo a voz de Deus e vendo a glória celestial. Essas coisas habitam apenas o mais sagrado dos lugares: o lugar secreto.

A missão: Hoje, vá até o lugar secreto, separado do mundo e até das *coisas* de Deus, longe de tudo, menos da presença divina.

Êxodo 25.21-22; Cântico dos Cânticos 2.14; Mateus 6.6

O Livro *dos Mistérios*

25.º DIA — O SENHOR DO ÉDEN

SENTAMO-NOS EM UM vale desértico cercado de montanhas. Entre nós, havia um pequeno arbusto espinhoso. O professor alcançou um galho, torceu-o e o segurou diante do rosto.

— Espinhos — ele disse. — Você já se perguntou por que o Messias usou uma coroa de espinhos?

— Sempre achei isso esquisito.

— Pense nisto: uma coroa, um símbolo da realeza, do poder, da nobreza, da riqueza e da glória... mas não era uma coroa de ouro nem de joias, mas de espinhos. Por quê? Quando o homem caiu, acabou tendo a maldição por consequência: a terra agora haveria de produzir espinhos e ervas daninhas. Assim, os espinhos eram um sinal da maldição, o sinal de um mundo caído; uma criação que já não conseguia render os frutos para os quais fora criada e que agora fazia brotar espinhos, dor, feridas, sangue, lágrimas e destruição.

Ele me deu o galho cheio de espinhos e continuou:

— Agora, quando a cabeça de um homem recebe uma coroa, esse homem se torna rei. No momento da coroação, todo o peso do reino recai sobre ele. Então qual o mistério da coroa de espinhos colocada sobre a cabeça do Messias?

— Quando a cabeça dele foi coroada, ele se tornou...

— O Rei dos Espinhos. Os espinhos lembram a dor e as lágrimas. A coroa de espinhos significava que ele iria suportar as dores e as lágrimas dos homens. Os espinhos perfuram: ele também seria perfurado. Os espinhos estão ligados à maldição, e a maldição está ligada à morte: a coroa de espinhos ordenava que o Messias morresse. Ele suportou o peso da maldição sobre sua cabeça e se tornou o Rei dos Espinhos, o Rei da Maldição.

— Mas uma coroa também significa autoridade — eu disse. — Indica alguém que reina.

— Sim, e ao suportar o peso da maldição ele pôde reinar sobre ela. Ele virou o Rei da Maldição.

— E Rei dos Amaldiçoados.

— Rei dos Despedaçados, Rei dos Perfurados e dos Feridos, Rei dos Rejeitados e Rei das Lágrimas, para que todos que tenham caído possam ir até ele e encontrar a redenção. Pois aquele que usa a coroa tem autoridade sobre essas coisas: ele transforma a tristeza em alegria, a morte em vida e os espinhos em flores. Aquele que usa a coroa é o Senhor dos Caídos e o Rei dos Espinhos.

A missão: Hoje, leve os espinhos, as feridas, a vergonha e as tristezas de sua vida até o Rei dos Espinhos e submeta suas dores à autoridade divina.

Isaías 53.3-5; 61.1-3; Mateus 27.29; Gálatas 3.13

Jonathan **Cahn**

26.º DIA — O PODER DE 'ĔMÛNÂ

— UMA DAS PALAVRAS mais importantes — disse o professor — é "fé". Sem fé, não há salvação e não é possível fazer nada que seja celestial. Sem fé, não há superação nem vida vitoriosa. Mas o que é isso? — ele perguntou. — O que é fé?

— Ter fé significa acreditar — respondi.

— Acreditar em quê?

— Naquilo que não se pode ver.

— Em hebraico, o termo *'ēmûn* é usado para falar daquilo que é certo, sólido e verdadeiro. Acrescentando-se o sufixo *-ah* ao termo, temos a palavra *ĕmûnâ*, que significa "fé". O que isso lhe diz?

— Que a fé está ligada ao que é verdadeiro.

— Sim. A fé é algo bastante sólido: não se trata de pensamentos positivos nem de falsas esperanças. A fé está ligada ao que é sólido como rocha: a verdade. Fé é aquilo pelo qual você se une, se enraíza e se prende à verdade. O termo *ĕmûnâ* também significa "constante", "estabelecido", "estável" e "firme". Portanto, quanto mais fé você tiver, mais constante, estabelecido, estável e firme será. A fé — continuou o professor — torna a pessoa mais forte.

Ele parou por um instante antes de continuar.

— Também há outra palavra em hebraico com a mesma raiz que as palavras "verdade" e "fé", e você já conhece essa palavra: *'āmēn* [amém]. Ela até soa parecido com *'ēmûn* e *ĕmûnâ*. Dizer "amém" equivale a dizer "é verdade, eu concordo, sim", por assim dizer. Portanto, o que é fé? Ter fé significa dizer "amém" ao *ēmûn* de Deus, à verdade de Deus: ter fé significa dizer "amém", isto é, "sim" para Deus, para a realidade divina, para o amor divino e para a salvação do Céu, não só com a boca, mas com o coração, a mente, as emoções, a força e a própria vida. Ter "verdadeira fé" equivale a dizer "amém" com todo o seu ser. Quanto maior, mais forte e mais confiante for seu amém, tanto maior e mais poderosa será sua fé. Dê o amém do seu coração e da sua vida, o amém mais forte que você conseguir à Palavra, à verdade e ao amor de Deus. Assim, sua vida se tornará *ĕmûnâ*, constante, estável e sólida como uma rocha.

— Amém! — eu disse, completando.

A missão: Leia as palavras da Palavra de Deus e dê seu amém mais forte, o sim completo de seu coração, de sua alma, de sua mente e de sua vontade.

Isaías 7.9; Colossenses 2.6-7; Hebreus 11.6

27.º DIA — OS 'IVERÎ

— NA ANTIGUIDADE — disse o professor —, o povo de Deus era conhecido como o povo hebreu. Você sabe o que significa a palavra "hebreu"?

— Você quer saber se eu sei o que "hebreu" significa em hebraico?

— Sim.

— Não faço ideia. Para mim, é tudo grego.

— Em hebraico, a palavra "hebreu" é *'iverî*, forma singular de *'iverî*, que significa "hebreus". A palavra *'iverî* provém do radical *avar*, que significa "atravessar".

— Qual a relação entre as palavras?

— Os *'iverî*, os hebreus, são "aqueles que atravessam". Para deixar o território do Egito, eles precisaram atravessar o mar Vermelho. Para conseguir chegar à terra prometida, tiveram de atravessar o rio Jordão. O povo hebreu é o povo que atravessa, o povo que precisa deixar uma terra para ir a outra, aqueles que encerram uma vida e começam outra. Mas os hebreus não são os únicos hebreus.

— O que você quer dizer com *isso*?

— A Palavra de Deus fala de outro povo que se uniu a Israel: os seguidores do Messias. Eles são hebreus em espírito. Para ser salvo, é preciso ser espiritualmente hebreu, é preciso ser *'iverî*; e, para ser hebreu, para ser *'iverî*, é preciso atravessar. É preciso superar uma barreira; é preciso deixar uma terra para chegar a outra.

— Ou deixar uma vida para começar outra — eu disse.

— Sim. Portanto, quem é que é *'iverî*? — ele perguntou.

— Aquele que conheceu duas terras, dois reinos, duas vidas.

— Aquele que nasceu de novo — o professor completou. — Esse é o *'iverî*, o hebreu, aquele que atravessou, que deixou uma vida antiga para começar uma nova, que superou a barreira, por meio do Messias, passando da escuridão para a luz. Pois está escrito: "Ninguém pode ver o reino de Deus, se não nascer de novo".

— Então o Messias é o Rei dos *'iverîm*, o Rei dos hebreus.

— É sim — ele respondeu. — Mas por quê?

— Porque foi ele quem atravessou a barreira final, que passou da morte para a vida. Ele é o maior dos *'iverîm*, o Rei dos hebreus.

— Sim, ele é o *'iverî* dos *'iverîm*, o Hebreu dos hebreus, em quem está o poder de atravessar qualquer barreira, de deixar a escuridão e entrar na terra prometida.

A missão: Que barreiras têm atrapalhado você e a vontade de Deus em sua vida? Tente identificá-las. Então, pelo poder do Messias, comece a atravessar seu rio Jordão. Você é um *'iverî*: nasceu para atravessar.

Josué 3.14-17; João 3.3; 2Coríntios 5.17

28.º DIA — O MISTÉRIO DE MASSADA

ESTÁVAMOS NO MEIO de um vale amplo, árido e austero.

— O profeta Ezequiel teve uma visão que o levou a um vale repleto de ossos secos, que, pela mão de Deus, ressuscitariam e voltariam à vida na forma de um imenso exército. Também foi profetizado que a nação de Israel, ainda que gravemente destruída, ressuscitaria da sepultura pela mão de Deus.

O professor começou a caminhar pelo vale, revelando o mistério enquanto perambulava.

— No primeiro século, os romanos destruíram a nação de Israel. A última defesa da nação era uma fortaleza sobre uma montanha no deserto, chamada Massada. Foi ali que os últimos soldados encontraram seu fim. Assim, Massada tornou-se a sepultura do Israel antigo. Não obstante, depois de dois mil anos a nação de Israel foi ressuscitada pela mão de Deus, conforme revelado na visão dos ossos secos. O povo ressuscitou, as cidades ressuscitaram e os soldados israelenses ressuscitaram. Então a nação ressuscitada decidiu retornar à sua antiga sepultura.

— Retornar a Massada? Por quê?

— Para escavá-la, desenterrá-la. O homem que estava no comando da escavação era um dos mais famosos soldados e arqueólogos e ele teve ajuda dos soldados israelenses na operação. Dessa forma, a sepultura dos antigos soldados de Israel viu os soldados ressuscitados caminhando e descobrindo o que estava escondido nas ruínas.

— E o que estava escondido nas ruínas?

— Um mistério profético: uma Escritura. Ela estava enterrada e escondida ali por quase dois mil anos.

— O que ela dizia?

— Era um trecho do livro de Ezequiel, a parte que continha a profecia do vale dos Ossos Secos: "Assim diz o Soberano, o Senhor: 'Ó meu povo, vou abrir os seus túmulos e fazê-los sair; trarei vocês de volta à terra de Israel'". A profecia estava escondida bem ali, na sepultura do Israel antigo, esperando havia anos pelo dia em que seria descoberta, o dia em que as palavras da profecia seriam cumpridas e a nação ressuscitaria da sepultura. Veja, Deus é real, e a vontade dele é restaurar o que se partiu, dar esperança ao desesperado, dar a vida ao que está morto. Não desista jamais: para Deus, nada é impossível, nem mesmo o ressurgimento de toda uma nação de um vale cheio de ossos secos.

A missão: Leve seus problemas impossíveis para Deus. Confie a ele o que é impossível. Viva e caminhe no poder do impossível.

Ezequiel 37.12-14; Lucas 1.37

29.º DIA — OS IDÊNTICOS

— NA ANTIGUIDADE — disse o professor —, no dia mais sagrado do ano, o Yom Kippur, o Dia da Expiação, havia uma cerimônia bastante peculiar. O sumo sacerdote apresentava-se diante do povo com dois bodes, um em cada lado dele. Os dois bodes precisavam ter aparência idêntica. O sumo sacerdote então colocava a mão em uma urna e tirava dela duas pedras, segurando uma em cada mão. As pedras tinham diferentes inscrições em hebraico. Ele então colocava uma pedra na cabeça do bode à direita e a outra na cabeça do bode à esquerda. Uma pedra identificava o bode que morreria em sacrifício pelos pecados do povo, enquanto a outra identificava o bode que seria solto. Antes que o sacrifício acontecesse, os dois bodes precisavam ser apresentados ao povo, e o destino deles era sorteado. E quanto ao Messias?

— O que você quer dizer?

— O que aconteceu antes do sacrifício do Messias? Ele foi apresentado ao povo para que seu destino fosse decidido.

— É por isso que havia dois — eu disse. — É por isso que dois homens foram apresentados ao povo.

— Exatamente. Apenas um poderia ser sacrificado, de modo que o Messias haveria de ser uma das duas vidas apresentadas ao povo para ser oferecidas em sacrifício. De acordo com o mistério, a outra vida tinha de ser solta. O que aconteceu com a outra vida que foi apresentada naquele dia?

— O outro homem foi libertado.

— Qual era o nome dele?

— Barrabás.

— De acordo com os requisitos da antiga cerimônia, os dois bodes, ou as duas vidas, precisavam ser idênticas. O Messias era o Filho de Deus, o Filho do Pai. Você sabe o que significa o nome Barrabás?

— Não.

— *Barrabás* vem de dois termos do hebraico: *bar*, que significa "filho", e *'āb*, que significa "pai". Assim, Barrabás significa "filho do pai". Duas vidas, ambas com o nome de Filho do Pai. O que seria sacrificado e o que seria liberto precisavam ser, de algum modo, idênticos. Portanto, se Deus precisasse morrer no seu lugar…

— Ele precisaria ser como eu.

— Ele precisaria ser como você, feito de carne e osso, à semelhança do pecado. Ele precisou se tornar idêntico a nós.

A missão: Viva hoje como alguém que foi condenado a um julgamento, mas que foi libertado, recebendo uma segunda chance de vida, por conta do amor e do sacrifício de Deus.

Levítico 16.7-10; Mateus 27.15-24

THE IDENTICAL

30.º DIA — O NÃO POSSUIR DIVINO

Jonathan **Cahn**

— O QUE VOCÊ tem neste mundo? — o professor perguntou. — O que você possui?

— Muitas coisas — respondi. — Neste momento, a maioria está guardada.

— Mesmo que você as tire de onde estão guardadas, não terá essas coisas.

— O que quer dizer?

— De acordo com as Escrituras, possuir é algo impossível.

— Mas há muitas passagens das Escrituras que falam sobre possuir coisas.

— Na verdade, não.

— Mas é possível encontrar as palavras "possuir", "meu", "seu", "dele" e "deles" em toda a Bíblia.

— São apenas traduções e, até certo ponto, estão corretas. Mas há algo por trás. Nas Escrituras hebraicas, não existe um verbo que verdadeiramente signifique "possuir". Não existe uma maneira exata de dizer "eu possuo". Na língua divina, é impossível possuir qualquer coisa deste mundo.

— E quanto a todas as coisas que temos?

— Como acontece no idioma hebraico, as coisas apenas parecem ser assim, é uma ilusão. Se fossem verdadeiramente suas, você poderia mantê-las. Mas não é possível levar nada deste mundo. Tudo que você possui é temporário. No fim, você vai precisar deixar tudo para trás. Aquilo que você pensa possuir é apenas emprestado. As coisas lhe são confiadas. Quando você pensa que possui o que não possui de verdade, acaba vivendo em conflito com a verdade e lutando para manter o que não tem. Você só consegue viver em verdade quando abre mão. Portanto, para viver em verdade, você precisa viver como no hebraico.

— Ter o "não possuir"?

— Sim, você precisa "não possuir". Quando você não tem, também acaba não tendo problemas nem preocupações. Talvez eles até existam: mas você não os *possui*; não são seus. Não é possível nem que os problemas pesem em sua vida... porque você não possui sua vida nem os problemas dela.

— Mas nem tudo é temporário. Então deve haver algo que nós possuímos.

— Sim — respondeu o professor —, existe uma coisa que você pode ter.

— O que é?

— Deus. Essa é a única e verdadeira posse. Apenas quando abre mão de tudo que não possui é que você pode ser livre para possuir Deus.

A missão: Hoje, aprenda o segredo de viver e "não possuir". Abra mão de seus bens, de seus problemas, de seus fardos, de sua vida. E possua Deus.

Salmos 16.5; 2Coríntios 6.10; 1Timóteo 6.6-11

31.º DIA — O PORTAL

ATRAVESSAMOS UM CORREDOR escuro dentro do prédio principal da escola. No fim do corredor, apesar da dificuldade de enxergar na penumbra, notei que havia uma enorme porta de madeira com pelo menos o dobro da minha altura. Quando o professor abriu a porta, a escuridão do corredor deu lugar à luz intensa do Sol do deserto. Ele parou diante da saída e, mirando a vastidão à frente, começou a falar.

— O portal — disse o professor. — Ele permite a passagem para outro mundo.

— Parece bem místico — respondi.

— Na noite da Páscoa, os hebreus receberam a ordem de colocar o sangue do cordeiro nos umbrais das portas. Eles então entraram passando pelas portas manchadas de sangue e permaneceram dentro de casa. Quando tornaram a passar pela porta, aquela foi a última vez que o fizeram: eles saíram para deixar aquela terra de servidão, para deixar uma vida antiga e começar uma nova vida, um novo mundo, uma nova terra. O sangue do cordeiro transformou as portas em portais pelos quais os hebreus puderam deixar um mundo antigo e entrar em um mundo novo. Séculos depois, aconteceria outra Páscoa, com outro Cordeiro e outros portais.

— A Páscoa do Messias.

— Qual o principal acontecimento daquele dia?

— A morte dele.

— Na cruz. Do que era feita a cruz?

— De madeira.

— De madeira marcada com o sangue do Cordeiro. Mais uma vez, vemos no dia da Páscoa a madeira marcada com sangue, e sangue de um cordeiro sacrificado. Portanto, o que foi a cruz? Ela não foi apenas um instrumento de execução: a cruz foi um portal, uma porta. Aquelas madeiras formaram um portal marcado pelo sangue do Cordeiro da Páscoa. Assim, o único modo de conhecer esse portal é atravessando-o.

— Como é possível atravessá-lo? — perguntei. — A cruz não forma uma abertura.

— Porque não é uma porta para outro lugar deste mundo, mas um portal para um mundo diferente: para uma nova realidade, uma nova existência. É um portal que lhe permite deixar sua vida antiga e entrar em um mundo novo e em uma vida nova. O único jeito de conhecer um portal é atravessando por ele. Só aqueles que o fizerem saberão o que é deixar o reino do Egito para entrar no reino da terra prometida. É preciso atravessar o portal.

A missão: Hoje, use o portal de Deus a fim de deixar para trás o que parece impossível e chegar aonde você jamais imaginou. Faça a travessia do portal.

Êxodo 12.21-27; João 10.9; Hebreus 10.19-20

HEAVEN'S PORTAL

32.º DIA — A TRINDADE DO AMOR

Jonathan **Cahn**

— QUAL O NÚMERO do amor? — o professor perguntou.
— Acho que não compreendo.
— De quanto você precisa para ter amor?
— Mais de um — respondi.
— O amor precisa ter uma fonte — ele disse —, alguém de quem o amor flui, aquele que ama. Então é preciso haver pelo menos um.
— Mas um não é suficiente — eu disse. — Não é possível ter amor se não existir nada ou ninguém para amar. Se não se ama nada, então não há amor.
— Correto — ele respondeu. — Então o que mais é necessário para o amor existir?
— Um objeto — eu disse. — O amor necessita de um objeto: o amado, o objeto do amor.
— Logo, é preciso haver dois: a fonte do amor e o objeto do amor. Mas então temos o amor em si, o amor entre os dois e o amor que une essas duas partes. Assim, se fôssemos traduzir o amor na frase mais simples possível, de que precisaríamos?
— De um sujeito — respondi.
— O sujeito é o "eu" — disse o professor. — O que mais?
— De um objeto — respondi.
— O objeto é o "você" — ele disse. — O que mais?
— De um verbo.
— Amar — ele completou. — Junte tudo isso, e o que temos?
— Tudo junto vira "eu amo você".
— A expressão mais simples do amor. Quantas palavras foram necessárias?
— Três.
— Não obstante, ao mesmo tempo, o amor é um só. O amor é uno e é trino. Ele é um e três ao mesmo tempo. O amor é uma trindade. Está nas Escrituras: "Deus é amor". Se Deus é amor, então ele também é uma trindade, um e três ao mesmo tempo. Quem é a fonte do amor, o "eu"? É o Pai, a fonte de todo amor. Quem é o objeto do amor divino, o "você"? É o Filho, o Messias, que nas Escrituras é chamado "o Amado". E o que é o amor que emana do Pai para o Filho? O Espírito.
— O Amante, o Amado e o Amor em si... a trindade do amor... um e três ao mesmo tempo, a trindade de Deus.
— Sim — respondeu o professor. — Tão incompreensível quanto simples. Como dizer "eu amo você".

A missão: Faça parte da trindade do amor. Assim como Deus fez de você o objeto do amor divino, tente hoje fazer daqueles que não merecem o objeto de seu amor.

Isaías 48.16-17; Mateus 28.19-20; 1João 4.16

SHALOSH

O Livro *dos Mistérios*

33.º DIA — O DIA DO *RĒ'SHÎT*

ELE ME LEVOU até uma das câmaras que ficavam dentro do prédio principal da escola. Mais tarde, eu viria a saber que aquele aposento era chamado Câmara dos Pergaminhos. Ele me levou até o que parecia um baú vertical de madeira trabalhada, uma arca. Dentro da arca, havia um grande pergaminho, que ele removeu e desenrolou por cima de uma mesa de madeira. O professor começou a ler:

— "Quando vocês entrarem na terra [...] e fizerem colheita, tragam ao sacerdote um feixe do primeiro cereal que colherem. O sacerdote moverá ritualmente o feixe perante o Senhor [...] no dia seguinte ao sábado". Esse é o Dia do *Rē'shît* — ele disse. — O *rē'shît* são as primícias, o início da colheita, os primeiros frutos, os primeiros grãos de uma nova colheita. As primícias representam tudo que seria colhido ou apanhado nos dias que se seguiam, o resto da colheita. Assim, no Dia do *Rē'shît*, o primeiro feixe da colheita de primavera era erguido e oferecido a Deus. Como aquele feixe representava todos os feixes que se seguiriam, aquela consagração se estendia a toda a colheita. Isso acontecia no "dia seguinte ao sábado" da Páscoa. Era o dia de uma nova vida, o dia que selava o fim do inverno e o começo da primavera; um dia, portanto, que contém um mistério de proporções cósmicas.

— Por quê?

— O mundo está caído. A maldição do inverno e a sombra da morte perambulam. Mas é a vontade de Deus redimir: a promessa da redenção diz que, um dia, a maldição da morte e a esterilidade do inverno serão eliminadas. As primícias rompem com o inverno e trazem vida nova.

Ele olhou para mim.

— Quando foi que o Messias morreu? — perguntou o professor.

— Na Páscoa — respondi.

— Quando ele ficou na tumba?

— Durante o sábado.

— O sábado da Páscoa — disse o professor. — Quando foi que ele ressuscitou?

— No dia seguinte ao sábado da Páscoa! — exclamei. — No Dia do *Rē'shît*... o Dia dos Primeiros Frutos! Quando os primeiros frutos eram consagrados ao Senhor.

— O dia da ressurreição é o Dia do *Rē'shît*. Ela precisava acontecer no dia em que os primeiros frutos eram erguidos da terra, porque ele é como *rē'shît*, como os Primeiros Frutos. Ele é quem finda o inverno da vida, inicia a primavera e nos dá vida nova. Se os primeiros frutos representam todos e se ele venceu a morte neste mundo...

— Então nós também podemos...

A missão: Se o *Rē'shît* venceu, você também pode vencer. Hoje, tenha confiança no poder que lhe é dado no Dia do *Rē'shît* e vença!

Levítico 23.9-11; 1Coríntios 15.20-23

THE DAY OF NEW BEGINNINGS

34.º DIA — A CASA DO PÃO

NAQUELE DIA, o mistério trazia o benefício de um lanche no meio do dia. Estávamos sentados na areia do deserto quando o professor me ofereceu um pedaço de pão, que logo aceitei.

— *Leḥem* — ele disse. — É o termo em hebraico que significa "pão". Essa palavra é usada nas preces judaicas para representar a comida e o sustento. Por que você acha que o pão é tão importante?

— Porque ele é o "sustento diário", uma necessidade básica, que nos sustenta e nos mantém vivos. É o alimento de que precisamos.

— Está certo — ele disse. — Em hebraico, o termo que significa "lugar ou casa" é *bāyit*. Quando juntamos *bāyit* com o termo *leḥem*, obtemos *bāyit leḥem*, que significa...

— O "lugar do pão", ou a "casa do pão".

— O que você esperaria encontrar na casa do pão?

— Pão, é claro!

— Você espera encontrar pão, o sustento diário, na casa do pão. Você esperaria encontrar seu sustento, aquilo de que você precisa acima de tudo.

— Não compreendo.

— É por que você ainda não percebeu.

— Percebi o quê?

— *Bāyit leḥem*, a casa do pão. Você já a conhece: ela é chamada Belém.

— Belém! — exclamei. — A casa do pão! Lá encontramos o pão, aquilo do que mais precisamos, que nos sustenta, a necessidade básica, o sustento diário. Em Belém!

— Sim — o professor respondeu. — Se a maior necessidade humana fosse o dinheiro, se o dinheiro fosse o pão da vida, então o que encontraríamos em Belém, a casa do pão, seria dinheiro. Se a necessidade mais premente fosse o sucesso, então lá encontraríamos sucesso. Se precisássemos de aceitação, de prazeres, de alguma substância, de uma carreira, de bens ou de qualquer coisa que desejamos; se alguma dessas coisas fosse absolutamente necessária, então a encontraríamos com certeza em Belém. Não obstante, não há nada disso lá. O que encontramos em Belém?

— Ele.

— Ele, sim. Nós encontramos Deus nesta vida. O que isso significa?

— Que, acima de tudo, necessitamos dele.

— Exatamente. O que encontramos na casa do pão é o Pão da vida.

A missão: Pare de satisfazer seus desejos e suas necessidades com aquilo que não é pão. Preencha seu coração com o amor, a presença e a plenitude do verdadeiro pão: Deus.

Miqueias 5.2; João 6.32-35

35.º DIA — AS ESTRADAS DO SIÃO

ESTÁVAMOS ANDANDO POR um caminho que às vezes se mostrava sinuoso e cheio de pedras e, outras vezes, bastante traiçoeiro. Em outros pontos, o caminho ficava mais amplo, mais ameno e mais fácil, como quando atravessava vales e planícies. Em certo ponto da andança, o professor perguntou:

— Como você chamaria este caminho?
— Estrada das Pedras — respondi.

Mais à frente, quando o terreno mudou, ele perguntou novamente:

— E agora, como você chamaria este caminho?
— Estrada da Areia — respondi.

A brincadeira se repetiu ao longo do percurso, sempre quando havia alguma mudança drástica de cenário. Os nomes que escolhi foram vários: Estrada Torta, Estrada Aberta, Estrada do Vale, Estrada Traiçoeira, Estrada Escura, e assim por diante, até chegarmos ao nosso destino. Lá nos sentamos, e ele começou a falar.

— Toda vez que perguntei como chamaria o caminho — disse o professor —, você inventou um nome inspirado na aparência ou na sensação do lugar onde estávamos. Muitos caminhos são batizados assim. Na terra santa, no entanto, é um pouco diferente: os caminhos mais famosos do Sião não são nomeados por sua aparência, sensação ou uma condição qualquer. Em vez disso, os caminhos recebem nomes como Estrada para Belém, Estrada de Damasco, Estrada de Emaús e Estrada de Jericó.

— Então os caminhos mais famosos do Sião recebem nomes de lugares.

— Não são apenas lugares, mas destinos: os nomes não vêm da aparência, mas de para onde levam. É esse o segredo das estradas do Sião — disse o professor. — Também na viagem da vida você haverá de encontrar caminhos cheios de pedra, caminhos suaves, às vezes mais fáceis, às vezes mais difíceis; caminhos perigosos, caminhos agradáveis, caminhos insuportáveis e caminhos prazerosos. Contudo, você não deve jamais cometer o erro de julgar seu caminho ou sua vida pela aparência ou pela sensação percebida. Uma estrada agradável pode levar a um penhasco, enquanto uma estrada difícil e cheia de pedras pode levar à Cidade Santa. Um caminho agradável pode levar ao Inferno, e um caminho complicado pode levar à bênção e à vida eterna. Procure olhar sempre para o fim do caminho, para onde a estrada leva. Se você estiver no caminho certo, não deixe que o terreno o assuste. Nunca desista: siga em frente até chegar ao destino, porque é o fim que importa. Sua estrada, a viagem da sua vida, não será conhecida pelo terreno percorrido, mas pelo destino que você alcança.

A missão: Hoje, afaste os olhos das circunstâncias da vida e concentre-se no destino final. Escolha o bem, o mais elevado e o celestial.

Mateus 7.13-14; Filipenses 3.12-14

36.º DIA — O ḤĀTĀN

ESTÁVAMOS DE VOLTA no topo da montanha com vista para a cidade em que tínhamos avistado a noiva com suas damas de honra. Outro casamento acontecia naquele mesmo lugar, e também podíamos ver outra noiva com outras damas de honra.

— Onde há uma noiva — disse o professor —, há também um noivo. Veja — ele disse, apontando um pouco mais à esquerda do festejo. — O que você vê?

— O noivo e seus padrinhos.

— No mistério da noiva e do noivo, quem é o Noivo?

— Deus.

— Nas Escrituras, o termo em hebraico usado para ele é *Ḥātān*.

— *Ḥātān* — repeti.

— *Ḥātān* significa "noivo", mas não para por aí. Esse termo também pode ser traduzido por "aquele que se une a si mesmo".

— Outro nome para Deus, então — eu disse —: Aquele que Se Une a Si Mesmo.

— Sim. Compreender o que isso significa pode ser suficiente para transformar sua vida. A maioria das pessoas enxerga Deus como algo distante, intocável, alguém a quem devemos convencer para obter o perdão. Grande parte das religiões se baseia nesse princípio, em tudo que devemos fazer para que Deus nos aceite. Mas a verdade é radicalmente diferente: Deus é *Ḥātān*, de modo que ele é quem vai se unir a você. É da natureza *dele*, do coração *dele*, é o desejo *dele* unir-se à sua vida. Você não precisa convencê-lo a amar você: ele já o ama. O *Ḥātān* é amor, aquele que *se une a você*. Não é você quem deve ir a ele, mas ele que vem até você. O mistério do *Ḥātān* é o mistério de tudo, o mistério da salvação. Porque Deus é o *Ḥātān* que se uniu a nós: ele uniu tudo que ele é a tudo que você é, de modo que não há parte alguma em você à qual ele não se unirá, por mais escura, pecaminosa e indigna que seja tal parte. Por ele ser *Ḥātān*, também se uniu aos seus pecados. O que foi a morte do Messias na cruz? Foi o *Ḥātān*, Aquele que Se Une a Si Mesmo, que se uniu a tudo que você é, especialmente às partes indignas da sua vida. Por conta desse milagre, não há nada que possa separar você do amor divino. Ele é *Ḥātān*, aquele que se uniu a si mesmo e a você de forma completa, total e permanente.

A missão: Leve as partes mais indignas, escuras e intocáveis da sua vida até o *Ḥātān*. Deixe que ele toque essas e todas as outras partes de sua vida.

Cântico dos Cânticos 5.10—6.2;
Isaías 54.5; 62.5; João 3.29

37.º DIA — O MISTÉRIO DO *ZERÔA'*

ERA NOITE, e ao redor da fogueira estávamos sentados eu, o professor e alguns outros alunos.

— Um dos objetos mais misteriosos da mesa da Páscoa é chamado *Zerôa'*.

— O que é *Zerôa'*? — um dos alunos perguntou.

— *Zerôa'* é aquilo do que, de acordo com as Escrituras hebraicas, Deus fez o Céu e a Terra. Foi por meio do *zerôa'* que tudo que você vê, ou seja, todo o Universo, veio a existir. Quando Deus libertou os hebreus do Egito durante a Páscoa com milagres e maravilhas, lê-se que ele o fez por meio do *Zerôa'*. Também a respeito da salvação está escrito que o Senhor fará ser conhecido seu *Zerôa'*, e toda a Terra verá a salvação de Deus.

— Mas o que *é* esse *Zerôa'*? — perguntei.

— O capítulo 53 do livro de Isaías contém uma profecia contando sobre aquele que seria ferido e esmagado por nossos pecados, aquele que morreria condenado em nosso lugar e que, por meio da sua morte, traria cura, vida e redenção. Os rabinos da Antiguidade identificaram o sujeito dessa profecia como o Messias. O capítulo, porém, inicia com a seguinte pergunta: "Quem creu em nossa mensagem? E a quem foi revelado o *Zerôa'* do Senhor?".

— Então Isaías 53 traz a revelação do que é o *Zerôa'*? — perguntei.

— Sim — o professor respondeu. — O *Zerôa'* é aquele que morreu por nossos pecados.

— Mas você também disse que o *zerôa'* é um objeto da mesa da Páscoa. Que objeto é esse? — perguntei.

— O *zerôa'* da Páscoa é o osso de um cordeiro. O *zerôa'* está ligado à morte de um cordeiro.

— A morte do cordeiro é a morte do Messias — disse outro aluno —, e isso serve de ligação com o capítulo 53 de Isaías.

— Mas antes disso o que era o *Zerôa'*, se ele existia antes da Criação? — perguntei.

— *Zerôa'* é o poder de Deus — respondeu o professor —, aquilo que realiza a vontade divina, o braço do Todo-Poderoso.

— O braço do Todo-Poderoso — repeti —, fraco, alquebrado, morrendo na cruz...

— Sim — o professor respondeu —, o amor de Deus. O amor de Deus é o braço do Todo-Poderoso, e não há poder maior neste mundo.

A missão: Hoje, participe do poder do *Zerôa'*. Abra mão para conseguir compreender, entregue-se para conseguir superar, morra para conseguir encontrar a vida.

Deuteronômio 5.15; Isaías 52.10; 53.1-5; 59.16

Jonathan **Cahn**

38.º DIA — A PORTA DO MAL

— DE QUE FORMA você lida com a tentação? — perguntou o professor.

— É preciso resistir.

— Sim — ele respondeu —, mas... como?

Não respondi. Não sabia que resposta ele esperava ouvir.

— O livro de Provérbios revela como devemos lidar com a tentação do pecado sexual, com a sedução de uma adúltera. Está escrito: "Fique longe dessa mulher; não se aproxime da porta de sua casa". Veja que a melhor maneira de lidar com a tentação é *evitando lidar com ela*.

— Não entendi.

— Se você ficar afastado da tentação, então terá menos chances de ter de lidar com ela. Mas as Escrituras vão além desse pensamento. Leia mais uma vez: "Fique longe dessa mulher; não se aproxime *da porta* de sua casa". Essa parte é ainda mais crucial: ela revela que não basta se afastar da tentação — é preciso ter o objetivo de ficar distante da *porta da tentação*. Pense um pouco. O que é mais tentador: uma pessoa que tenta seduzir você ou uma porta?

— A pessoa, é claro.

— O que é mais tentador: uma substância que lhe causaria vício ou uma porta?

— A substância.

— O que mais poderia feri-lo ou amedrontá-lo: uma situação perigosa ou uma porta?

— A situação perigosa, óbvio.

— Exatamente. Por isso, em vez de lidar com a pessoa, com a substância ou com a situação perigosa, procure lidar com a porta. Lide com a porta e você evitará a tentação.

— Mas o que exatamente é a porta?

— A porta não é a tentação nem o pecado: é *aquilo que leva* à tentação e ao pecado. Esse é o cerne da questão: tenha como objetivo não só evitar a tentação; busque também identificar a porta que leva à tentação e fique o mais longe possível dessa entrada. Sábio é aquele que, em vez de lidar com o pecado e com a tentação, lida com portas.

A missão: Hoje, adote como objetivo não só evitar a tentação, mas também evitar a porta que leva a ela. Concentre-se na porta e afaste-se dela.

Provérbios 5.3-8; 1Coríntios 10.13

O Livro **dos Mistérios**

39.º DIA — A SEMENTE CELESTIAL

EM UMA DAS mãos o professor carregava um saco de pano e, na outra, uma pequena pá. Ele me levou até um lugar onde o solo havia sido reservado para o plantio e, tirando um pouco do conteúdo do saco, pediu que eu estendesse a mão.

— Sementes — ele disse. — Potenciais milagres. Cada uma delas está repleta do potencial da vida, do crescimento, do desabrochar e da fruição. Tudo isso dentro da semente: um plano, tudo que ela vai se tornar, a planta, a flor, a árvore; tudo isso dentro dessa casca. O que acontece se a semente permanece dentro do saco?

— Nada. Não acontece nada.

— Exatamente. Todo o potencial da semente permanece intocado. Se apanharmos a semente, porém, e a plantarmos no solo, tudo isso muda: a semente se torna uma com a terra; a casca se rompe e a vida que há dentro se une ao solo ao redor. Brotam então as raízes, que tiram da terra a vida. A planta é ativada, a promessa destravada, o potencial se torna realidade.

— Então você vai plantar essas sementes?

— Sim — ele disse —, mas não foi por isso que eu trouxe você aqui.

Ele pôs a mão no bolso e tirou um livro, que me entregou: era uma Bíblia.

— O que tem aqui dentro? — ele perguntou.

— A Palavra — respondi.

— Sementes — ele devolveu. — A própria Palavra de Deus refere-se a si mesma como semente. A Bíblia contém muitas sementes, cada uma delas, cada palavra dela, um milagre em potencial. Assim como é a semente, também é a Palavra de Deus. Cada palavra tem o potencial de gerar vida, crescimento, desabrochar, fruição; tem o potencial de criar um milagre. Está tudo aí dentro da semente, dentro da Palavra.

— Mas se a semente permanece guardada...

— Se a Palavra permanecer nestas páginas, sem nunca ser semeada na vida, então também a vida permanecerá travada, sem se realizar. É por isso que a Palavra deve ser semeada.

— Semeada em que solo? — perguntei.

— Semeada no solo da vida — ele respondeu. — Semeada na vida das pessoas, no solo da sua vida. A semente precisa se tornar uma com o solo: a Palavra precisa se tornar uma com sua vida. É preciso semear a Palavra em cada situação que a vida apresenta, de modo que a semente se torne uma com o solo: o solo do seu coração, de seus pensamentos, de suas emoções, da sua vida. Quando a Palavra se une à vida é que a casca se rompe, que a planta brota, que a promessa se destrava, que a vida flui e o milagre começa.

A missão: Hoje, pegue uma semente da Palavra de Deus e plante no solo de seu coração. Permita que a promessa seja destravada e renda frutos em sua vida.

Mateus 13.3-23; 1Pedro 1.23

Jonathan **Cahn**

40.º DIA — O MISTÉRIO DOS ANJOS SECRETOS

O PROFESSOR LEVOU-ME até uma montanha alta no meio do deserto, onde havia uma caverna perto topo. Dentro da caverna, não muito distante da entrada, havia uma figura entalhada que lembrava um ser humano com asas abertas.

— O que é isso? — perguntei.

— Um anjo — o professor respondeu. — O que você sabe sobre anjos?

— Sei que são criaturas celestiais e aladas, enviadas por Deus.

— Nem todos têm asas — ele disse. — Existem muitos tipos de anjos: querubins, serafins, anjos guerreiros, anjos pregadores... E também existem os outros anjos.

— Os outros anjos?

— Os anjos da Terra — ele respondeu.

— Anjos da Terra?

— Aqueles que andam nesta Terra, feitos de carne e osso, a divisão terrena: são diferentes dos outros anjos, mas não deixam de ser anjos.

— Pensei que um anjo fosse um ser que *não é* feito de carne e osso.

— As Escrituras dizem o contrário. Nas Escrituras hebraicas, o termo usado para anjo é *mal'āk*. Nas Escrituras que contêm o Novo Testamento, a palavra usada é o termo em grego *āngelos*. Está escrito: "Ageu, o *mal'āk* do Senhor, trouxe esta mensagem [...]". A respeito do homem conhecido como João Batista, disse o Messias: "Este é aquele a respeito de quem está escrito: 'Enviarei o meu *āngelos*'". Ageu e João Batista eram homens de carne e osso, mas ambos são chamados de anjos: anjos de Deus. O que é um anjo? É um ser enviado por Deus, um mensageiro, um emissário com uma tarefa divina: trazer a mensagem de Deus, especialmente para aqueles que habitam na Terra.

— Então quem são os anjos terrenos?

— São aqueles que nascem de novo — ele disse —, que vêm de cima, que nascem no Céu, os mensageiros divinos que portam a mensagem de Deus para aqueles que habitam na Terra.

— Mas que mensagem?

— As Boas Novas. Em grego, chamam-se *euangélion*; em nosso idioma, chamamos de "Evangelho", como em "evangelizar". Dentro de cada uma dessas palavras, há outra palavra. Você consegue enxergar?

— Sim, a palavra "anjo".

— Exatamente. Não se trata de coincidência: aquele que traz a mensagem do Céu para os que estão na Terra vivem uma vida angelical. Portanto, assuma a tarefa angélica e traga as Boas Novas, a mensagem divina, para aqueles que estão na Terra, pois você é um anjo terreno.

A missão: Comece a cumprir sua missão angelical. Leve a mensagem celestial aos que habitam na Terra. Viva como um anjo terreno.

Ageu 1.13; Malaquias 3.1; Marcos 16.15; Lucas 7.24-27

41.º DIA — O MISTÉRIO DO NAZARENO

O PROFESSOR HAVIA passado uma tarefa com base nas Escrituras: "Foi viver numa cidade chamada Nazaré. Assim cumpriu-se o que fora dito pelos profetas: 'Ele será chamado Nazareno'".

— É uma passagem do livro de Mateus — ele disse. — Sua tarefa é pesquisar as Escrituras e encontrar a profecia que diz que o Messias seria um nazareno.

Várias semanas se passaram até que ele voltasse a tocar no assunto. Então chegou o dia:

— Você encontrou a profecia do nazareno? — ele perguntou.

— Não — respondi. — Não existe profecia alguma chamando o Messias de nazareno.

— Você reparou — ele disse — que a passagem que eu li não diz: "o que fora dito pelo *profeta*", e sim "o que fora dito pelos *profetas*"? A resposta, portanto, não está em um único profeta ou em uma única profecia, mas na voz coletiva dos profetas. O que dizem os profetas a respeito do Messias? Eles o tratam por Ramo. Por que um Ramo? Em primeiro lugar, porque ele vem à Terra em pequenez, fraqueza, crescendo como um broto, um ramo. Também o Messias haveria de nascer entre nós, na árvore, na genealogia da humanidade. A presença dele na Terra então haveria de se tornar cada vez maior, rendendo frutos para o mundo. Em hebraico, uma das palavras usadas para ramo é *nētzer*. Esse termo é usado por Isaías na profecia em que ele diz que o Messias seria o ramo que surgiria da linhagem de Davi. Se acrescentarmos um sufixo, o termo *nētzer* passaria a ser *nētzeret*. *Nētzeret* é o verdadeiro nome do lugar que você conhece como Nazaré.

— Então "nazareno" refere-se ao Messias, o Ramo. Mas o que significa Nazaré?

— Nazaré significa "o lugar do ramo", "o lugar do crescimento do ramo".

— É o nome perfeito — eu disse —, pois é o lugar onde o Messias cresceu, como um ramo. O lugar em que ele viria a se desenvolver.

— Aquele lugar não tinha a menor relevância; era um dos lugares mais obscuros e improváveis.

— Por que, então, Deus escolheu esse lugar?

— Exatamente por esse motivo. Deus gosta de fazer escolhas improváveis, mas aqui não se trata de Nazaré, e sim daquilo que surge em Nazaré. Da mesma forma que não importa quem somos, como não importa quão adorável ou odiosa, quão imperfeita ou pecaminosa é a vida. O que importa é que o recebamos: aquele que recebe Deus em vida receberá a vida de Deus. Por meio dessa vida, ele irá crescer como um ramo que se estende para o mundo. Todos nós somos chamados para servir de Nazaré para Deus.

A missão: Permita que a vida do Messias venha até você em sua vida. Deixe que o amor divino venha por meio de seu amor, deixe que sua vida seja um ramo divino: uma Nazaré para Deus.

Zacarias 3.8; Isaías 11.1-2; Mateus 2.23; João 15.1-5

MESSIAH THE BRANCH

Jonathan **Cahn**

42.º DIA — COMO MULTIPLICAR O PÃO

ERA MEIO-DIA, quase hora do almoço. A maioria dos alunos já estava no refeitório esperando para comer. Eu e o professor estávamos sentados do lado de fora.

— O Messias estava pregando para uma multidão de milhares de pessoas — ele disse — quando surgiu um problema. As pessoas estavam famintas e quase não havia comida; restavam apenas dois peixes e cinco pães: "Tomando os cinco pães e os dois peixes e, olhando para o céu, deu graças e partiu os pães. Em seguida, deu-os aos discípulos, e estes à multidão. Todos comeram e ficaram satisfeitos, e os discípulos recolheram doze cestos cheios de pedaços que sobraram". Esse é o chamado milagre da multiplicação. Com apenas dois peixes e cinco pães, eles conseguiram alimentar milhares de pessoas. Como foi que o Messias realizou esse milagre?

— As Escrituras não dizem.

— Dizem, sim — ele devolveu. — Ouça com atenção: "Olhando para o céu, deu graças e partiu os pães. Em seguida, deu-os aos discípulos […]".

— Foi quando ele deu graças?

— Sim. Ele olhou para o céu e agradeceu. Ele agradeceu, e o milagre aconteceu. Esse é o segredo; essa é a chave para os milagres.

— Agradecer?

— Agradecer é fundamental para uma vida de plenitude e de bênção. Além disso, agradecer também lhe dá o poder de realizar o milagre da multiplicação.

— Como?

— Basta fazer o que ele fez. Não se prenda ao pouco que você tem ou ao tamanho do seu problema, ou a quão impossível pareça a situação. Não entre em pânico, não fique reclamando, nem se deixe desanimar por não ter o bastante. Tome o pouco que você tem, o que você tem de bom, sem importar quão pouco ou inadequado pareça, e faça o que fez o Messias: ofereça o pouco ao Senhor e agradeça pelo que você tem. As bênçãos que você tem se multiplicarão: se não no mundo, pelo menos em seu coração. Quanto mais você agradece, menos faminta e mais plena e abençoada será sua vida.

— Então para poder realizar milagres, eu preciso…

— Agradecer. Pelo que você tem, seja o que for, sem importar se é pouco ou pequeno. Agradeça até pelo que não é o bastante, e isso irá se multiplicar até bastar, até ser mais que suficiente. Pratique esse fundamento e se prepare para multiplicar seu pão.

A missão: Pare de buscar sempre mais e de viver no mundo do "não é o bastante". Hoje, procure exercitar o agradecimento por tudo que você tem e realize o milagre da multiplicação.

Mateus 14.14-21; 1Tessalonicenses 5.18

43.º DIA — O 'ASHĀM

O PROFESSOR LEVOU-ME até a Câmara dos Pergaminhos, mas agora para detrás da arca de madeira, até algumas prateleiras onde estavam vários outros pergaminhos. Ele apanhou um dos rolos e o colocou sobre a mesa.

— Este — ele disse — é o pergaminho de Isaías. E este — ele disse, fazendo uma pausa até chegar a um ponto específico no documento — é o capítulo 53, a profecia da morte do Messias.

Passando os dedos sobre o texto em hebraico, o professor começou a ler em voz alta:

— "Contudo, foi da vontade do Senhor esmagá-lo e fazê-lo sofrer, […] embora o Senhor tenha feito da vida dele uma oferta pela culpa". Na Antiguidade — ele disse — um dos sacrifícios oferecidos no templo era chamado 'ashām, que era o sacrifício pela culpa: ele removia a culpa de quem apresentava a oferta.

— Então 'ashām significa "sacrifício pela culpa"?

— Sim, mas também há outro significado: 'ashām também significa "culpa".

— Significa o sacrifício pela culpa *e* a própria culpa? Parece um pouco contraditório.

— Parece, mas há uma razão. O sacrifício pela culpa só conseguirá remover a culpa de quem oferece o sacrifício se antes se *tornar a culpa*.

— Como o trecho que você leu do pergaminho se encaixa nisso? — perguntei.

— A profecia de Isaías descreve que o Messias seria ferido, perfurado e esmagado por conta dos nossos pecados. No hebraico, porém, ainda há mais. Lê-se que a própria vida do Messias acabaria por se tornar 'ashām. Isso é incrível, porque 'ashām é a mesma palavra usada no livro de Levítico para os sacrifícios de animais oferecidos pelos sacerdotes para remover a culpa. Aqui, porém, essa palavra é usada para descrever o sacrifício não de um animal, mas de uma vida humana: a do Messias. Messias é o 'ashām; o 'ashām é o Messias.

— Implica dizer que ele não só morreu para remover nossa culpa, mas que ele próprio se tornou a culpa.

— Sim — disse o professor. — Assim, quando se vê o Messias na cruz, o que se está vendo é o 'ashām, o sacrifício, mas também a própria culpa.

— A culpa pregada na cruz.

— Sim — ele respondeu. — *Sua* culpa pregada na cruz. Se o Messias é o 'ashām, e o 'ashām é a culpa, então, quando o 'ashām morre, também morre sua culpa, bem como sua vergonha e todos os seus arrependimentos. Tudo isso morreu e já passou, para todo o sempre. A culpa encontra seu fim no 'ashām.

A missão: Leve todo arrependimento, toda vergonha e toda culpa que você já carregou na vida àquele que é seu 'ashām e permita-se libertar de tudo isso para sempre.

Isaías 53.7-11; 2Coríntios 5.21

Jonathan *Cahn*

44.º DIA — O MISTÉRIO DAS CHUVAS

AQUILO NÃO ACONTECIA com muita frequência, mas, quando acontecia, era quase um espetáculo: uma chuva no deserto. O professor apareceu em meu quarto assim que a chuva começou e, juntos, ficamos assistindo à água cair através da janela.

— A chuva traz vida — ele disse. — Sem a chuva, a vida cessaria. Isso é particularmente verdadeiro para a terra de Israel, que depende muito do que o Céu derrama. Mas em Israel também já houve outro derramamento.

— O que você quer dizer?

— As Escrituras falam de um derramamento não de água, mas do Espírito: a chuva do Espírito.

— E qual a relação entre o Espírito e a chuva?

— A chuva cai do céu e dá vida à terra. O Espírito se derrama do Céu e dá vida a todos os que o recebem. O derramamento da chuva faz a terra seca renascer e dar frutos. O derramamento do Espírito faz vidas secas renascerem e renderem frutos.

— E esse derramamento aconteceu...

— No dia de Pentecoste. O Espírito de Deus se derramou em Jerusalém sobre os discípulos. Foi esse derramamento que fez vidas secas renderem frutos: dele nasceu o livro de Atos, que mudou a história do mundo.

— Já aconteceu outro derramamento como esse?

— Não exatamente igual — ele respondeu. — Aqui há também um mistério. Veja que não havia apenas um tipo de chuva em Israel, mas dois tipos, cada um com seu nome. O primeiro tipo era chamado *môreh*, a chuva do outono, e o segundo chamava-se *malqôsh*, a chuva da primavera. Uma caía no outono, e outra na primavera: duas chuvas, dois derramamentos.

— Se há dois tipos de chuva em Israel, não seria lógico supor que também houvesse dois derramamentos do Espírito Santo?

— *Seria* — ele disse. — No livro de Joel, Deus promete mandar as chuvas do outono e da primavera e derramar o Espírito nos últimos dias. Então de fato deve haver outro derramamento. Assim como a chuva de outono caiu sobre o povo de Israel, sobre os judeus e sobre o mundo, o mesmo deve acontecer com a chuva de primavera. E, assim como aconteceu no primeiro derramamento, também há de acontecer no segundo: o que estiver seco renderá frutos, e o que estiver morto há de viver outra vez.

A missão: Busque o derramamento do Espírito em sua vida, para que ele toque seu solo e faça render frutos. Prepare-se para receber a chuva da primavera.

Isaías 44.3-4; Joel 2.23-29; Atos 2.17-18

O Livro *dos Misterios*

45.º DIA — A ESPADA DE AMALEQUE

— "O SENHOR FARÁ guerra contra os amalequitas de geração em geração". Você sabe quem é Amaleque?
— Alguém que está em guerra com Deus — respondi.
— E em guerra com a nação de Deus, Israel — o professor acrescentou. — Depois que os israelitas saíram do Egito, eles foram atacados pelos amalequitas, o povo de Amaleque. Os amalequitas foram os primeiros a declarar guerra contra os filhos de Israel, e foram derrotados. Mas essa guerra haveria de continuar. Séculos mais tarde, surgiu um rei chamado Agague, um homem maligno cuja espada havia ceifado inúmeras vidas. Deus decretou o fim de Agague, um julgamento que seria executado pelo profeta Samuel. Agague era amalequita, descendente de Amaleque. Mas essa também foi apenas mais uma batalha dessa guerra, não a última. Séculos depois, o povo judeu acabaria espalhado pelo Império Persa, quando um oficial persa de nome Hamã, outro homem maligno, chegou ao poder. Hamã traçou um plano para destruir o povo judeu espalhado pelo império: ele visava a cada homem, mulher e criança. Não obstante, Hamã não teve sucesso. Deus usou a rainha judia Ester e Mardoqueu, seu parente, para frustrar o plano de Hamã. No fim, Hamã acaba destruído, e o povo judeu permanece salvo.
— Mas como isso...
— No livro de Ester, Hamã é chamado de agagita. Com isso, as Escrituras ligam Hamã a Agague, e o rei Agague era de Amaleque. Desse modo, Hamã também provinha de Amaleque, de forma que a antiga guerra teve continuidade. Em outra paisagem, em outra língua, em outro contexto, sim, mas era a mesma guerra: era Amaleque em Hamã mais uma vez erguendo a espada contra Deus e seu povo; era a mão do Senhor em Mardoqueu e em Ester lutando contra Amaleque para proteger o povo. O que isso nos mostra? Que a Palavra de Deus é verdadeira; que a escuridão sempre lutará contra a luz; e que a luz sempre há de vencer a escuridão. No fim das contas, não existe neutralidade: ou você deixa a escuridão dominá-lo ou você domina a escuridão; não existe meio-termo. Ou a escuridão destrói a luz ou a luz destruirá a escuridão.
— E, no fim de tudo, o que há de acontecer?
— Até o fim, essas forças estarão em guerra. Mas saiba e esteja seguro de que, no final, apenas uma pode prevalecer: a luz.

A missão: Qualquer que seja a escuridão, a falha ou a indignidade existente em sua vida, por menor que seja, livre-se dela hoje. Não existe meio-termo.

Êxodo 17.8-16; 1Samuel 15.8-33; Ester 3.1; 2Coríntios 2.14

46.º DIA — LEITE DO CÉU

— QUANDO NÓS VIEMOS ao mundo — disse o professor —, já nascemos com um anseio: um anseio por leite. Não tínhamos ideia do que era o leite; jamais o havíamos provado nem visto; não fazíamos ideia se ele era real nem sabíamos o que era. Não obstante, o anseio por ele estava na profundeza do nosso ser mesmo antes de termos certeza de que o leite existia — ele parou por um instante, antes de continuar. — Mas acontece que o leite existia *de fato*. Aquilo por que ansiávamos, que conhecíamos apenas por meio da fome imbuída no ser, era real. Havia uma mãe e um seio para atender a esse desejo. Você sabe de onde vem a palavra "mãe"?

— Acho que nunca pensei a respeito.

— Essa palavra foi criada pelos bebês — disse o professor. — Por todo o mundo, em quase todas as línguas da Terra, é possível ouvir a palavra "mãe" no balbuciar de um bebê: *mamma, mom, amma, ema, mai, mata* e *ma*. Essa palavra nasce desse primeiro anseio, o anseio pelo leite, e todas essas palavras são testemunhas de que havia resposta para esse anseio.

— Mas você não está falando exatamente de bebês...

— Não. O anseio por leite passa, mas logo encontramos outro anseio no fundo do coração, outro vazio, outra fome, porém mais profunda, um anseio para o qual o mundo jamais terá uma resposta: ansiamos pela perfeição, pelo amor perfeito, por uma felicidade perfeita, um contentamento perfeito e uma paz perfeita. Ansiamos por aquilo que nunca falha, nunca decepciona, nunca envelhece e nunca morre. Ansiamos pelo eterno e pelo perfeito, porém o mundo jamais conseguirá aplacar tais anseios, ainda que permaneçam em nós por toda a vida. Ansiamos por eles sem nunca tê-los provado. O próprio anseio pelo eterno e o perfeito é testemunha de que aquilo que nunca vimos e jamais provamos é real.

— Então, assim como ansiamos por leite e o leite existia, também ansiamos pelo perfeito porque o perfeito existe?

— Sim. Ansiamos pelo amor perfeito porque existe um Amor Perfeito; ansiamos pelo eterno porque o Eterno existe e deposita esse anseio no coração humano para que o busquemos... e o encontremos.

— Então, assim como o anseio pelo leite era prova de que o leite existia antes de vir a ser conhecido, também o anseio que levamos no coração pelo perfeito, pelo eterno e pelo Céu prova que o Céu existe, ainda que não o vejamos. O anseio prova que o Céu é real.

— Sim — ele respondeu. — Nossos anseios mais profundos são uma prova do leite do Céu.

A missão: Quais os maiores anseios e as maiores necessidades de seu coração? Leve esses anseios para Deus e permita que ele os aplaque.

Eclesiastes 3.11; Romanos 8.22-23; Filipenses 4.6-9

47.º DIA — O SEXTO DIA

OS OUTROS ALUNOS estavam do lado de dentro. Eu e o professor estávamos sentados do lado de fora, em um dos jardins da escola. O Sol começava a se pôr.

— Qual foi o último dia da vida do Messias? — ele perguntou. — Quando ele começou?

— A sexta-feira — respondi. — Sexta-feira pela manhã.

— Não — ele respondeu. — Você está esquecendo. Quando é que o dia hebraico começa?

— O dia hebraico sempre começa com o pôr do Sol do dia anterior.

— Então quando começou o último dia do Messias?

— No pôr do Sol da quinta-feira... no momento da Última Ceia, na Páscoa.

— Sim — o professor respondeu. — Quando o Sol se pôs em Jerusalém, foi aí que tudo começou: o último dia dele na Terra. Foi quando tudo se voltou na direção do sofrimento e da morte do Messias. Tudo começou no pôr do sol da Páscoa, com o Cordeiro. Ele foi até o jardim de Getsêmani, onde foi preso e levado até os sacerdotes. Os sacerdotes julgaram-no e o condenaram à morte. Na manhã seguinte, o Messias foi levado a Pôncio Pilatos. O Messias apanhou, foi ridicularizado, humilhado e arrastado pelas ruas de Jerusalém, para enfim ser pregado na cruz. Durante horas, ele sofreu em agonia, até que exclamou: "Está consumado!", e morreu. O corpo dele foi removido da cruz e colocado em uma tumba. O Sol novamente se pôs em Jerusalém, e o dia terminou. Tudo isso aconteceu em um exato período de tempo, de pôr do Sol a pôr do Sol. Diga-me, qual é o dia do homem? — o professor perguntou. — Em que dia o homem foi criado?

— No sexto dia.

— E quando é o sexto dia?

— A sexta-feira?

— Sim. Mas quando começa o sexto dia?

— No pôr do Sol da quinta-feira, e termina no pôr do Sol da sexta-feira. De poente a poente, o sexto dia.

— Então o último dia do Messias tinha de começar no pôr do Sol e durar até o pôr do Sol seguinte. E ele concluiu a tarefa no sexto dia, o dia do homem. Ele morreu pelos pecados do homem, pela culpa do homem, pela queda do homem. Ele fez tudo isso no dia do homem para alcançar a redenção humana. Também foi no sexto dia que o homem recebeu a vida. Para que o Messias, o Filho do homem, pudesse receber nova vida, pudesse encontrar nova vida. Como no começo, no sexto dia.

A missão: A vida do homem foi dada no sexto dia. Receba sua vida, seu sopro vital, sua nova criação no sexto dia do Messias.

Gênesis 1.26-31; Marcos 15.42-43; Efésios 1.7

THE SIXTH DAY APOCALIPSE MYSTERY

Jonathan **Cahn**

48.º DIA — NAS PROFUNDEZAS

— O MESSIAS, DE um barco, no mar da Galileia, estava ensinando a multidão — o professor disse. — Então ele se voltou para o discípulo Simão e disse: "Vá para onde as águas são mais fundas [...]: Lancem as redes para a pesca". Os discípulos obedeceram e pescaram tantos peixes que a rede começou a rasgar. Que lição você tira dessa história?

— Que é sábio ouvir o que diz o Messias — respondi.

— Sim, mas o que ele pediu que os discípulos fizessem?

— Que fossem para alto-mar e lançassem as redes nas profundezas.

— Que lançassem as redes nas profundezas. Isso mesmo, nas profundezas.

— O que isso quer dizer? — perguntei.

— Quer dizer que os peixes não estavam na parte rasa.

— Mas o que isso quer dizer em relação a nós?

— Quer dizer que suas bênçãos também não estão nas águas rasas.

— Ainda não entendi.

— As bênçãos de Deus não se encontram em águas rasas. Você não verá bênção alguma nadando na parte rasa da fé.

O professor parou por um instante, como se pensasse, e continuou.

— Muitas pessoas se chamam pelo nome do próprio Messias, mas habitam apenas nas águas rasas. Preferem ficar perto da praia, um ambiente familiar e confortável. Elas jamais abandonam as antigas maneiras, a vida antiga que levavam, de sorte que conhecem apenas as águas rasas de Deus. Já outras pessoas que também se chamam pelo nome do Messias nunca chegam a lançar a rede. Elas nunca vão até as profundezas: creem, mas com fé rasa. Leem as Escrituras, mas enxergam apenas a superfície, a parte rasa da Palavra. Oram, mas apenas a parte rasa da oração, sem se aprofundar. Elas também conhecem o amor divino, sem nunca mergulhar nas profundezas do amor de Deus. Assim, jamais chegam a conhecer a profundidade das bênçãos do Céu. Se você deseja as bênçãos de Deus, é preciso deixar o raso e mergulhar nas profundezas, longe da praia, longe das distrações, longe do que é antigo e familiar, buscando sempre ir mais fundo. É preciso buscar as profundezas da fé, as profundezas da presença divina, as profundezas da Palavra, as profundezas do louvor, da alegria divina, as profundezas do Espírito e as profundezas do coração de Deus. As bênçãos estão nesses lugares, esperando sua chegada.

— E quanto aos milagres?

— Você também encontrará milagres tão grandes que farão sua rede rasgar... mas só quando se aventurar nas profundezas.

A missão: Lance sua rede nas profundezas das águas de Deus. Permita que a rede se rompa com a enormidade das bênçãos divinas.

Gênesis 49.25; Lucas 5.4-11; 1Coríntios 2.10-13

49.º DIA — O MISTÉRIO DO *TĀMÎD*

JÁ PASSAVA DO meio da tarde quando o professor me levou até uma câmara, em cujo centro havia uma grande maquete do templo de Jerusalém em pedra dourada. De onde estávamos, era possível ver o lado oriental do templo, o lado do altar.

— "Eis o que você terá que sacrificar regularmente sobre o altar" — disse o professor, recitando uma passagem das Escrituras. — "A cada dia dois cordeiros de um ano. Ofereça um de manhã e o outro ao entardecer". Essa era a lei do *tāmîd*. *Tāmîd* era o nome dado aos sacrifícios oferecidos todos os dias no templo, de modo que as ofertas se iniciavam com o sacrifício do cordeiro matinal e encerravam com o sacrifício do cordeiro vespertino. Os demais sacrifícios aconteciam entre esses dois.

— A oferta do *tāmîd* exigia algum ritual específico?

— O cordeiro matinal deveria ser oferecido na terceira hora do dia. Depois do sacrifício, soavam as trombetas do templo e abriam-se os portões. Depois, por volta da nona hora, acontecia o sacrifício vespertino no altar, indicando o encerramento dos sacrifícios.

— Então o cordeiro matinal era oferecido na terceira hora, que corresponde a que hora?

— Nove horas da manhã. Em que momento o Messias foi crucificado? Às 9 horas da manhã, nesse mesmo horário. Assim como o cordeiro matinal era sacrificado no altar...

— Também o Cordeiro de Deus foi levado ao altar da cruz.

— Quando as trombetas anunciaram o sacrifício, abriram-se os portões do templo.

— E o cordeiro vespertino sacrificado na hora nona, a que hora correspondia? — perguntei.

— Às 3 horas da tarde — o professor respondeu —, mesmo horário em que o Messias morreu na cruz. O sacrifício do Messias começou com a oferta do cordeiro matinal e terminou com a oferta do cordeiro vespertino. Tudo mais aconteceu durante as seis horas que duravam os sacrifícios no templo, no espaço de tempo entre os dois cordeiros, do primeiro ao último sacrifício. O Cordeiro de Deus — disse o professor —, em última instância, cobre todos os momentos, todas as necessidades, todos os pecados, todos os problemas e todas as respostas. Ele é o *Tāmîd*.

— Mas você ainda não explicou: o que significa *tāmîd*?

— Significa "contínuo", "diário", "perpétuo", "sempre" e "para sempre". Por isso, ele é seu *Tāmîd*: aquele que sempre estará lá por você, que sempre será sua resposta, todos os dias, para sempre e sempre. O Messias é o Cordeiro, porém é mais que o Cordeiro: ele é seu *Tāmîd*.

A missão: Reflita sobre o fato de que o Messias é seu *Tāmîd*, que ele cobre todos os momentos de sua vida, para todo o sempre. Viva de acordo com essa reflexão.

Êxodo 29.38-39; Marcos 15.25-37; Apocalipse 7.9-17

Jonathan **Cahn**

50.º DIA — O MUNDO É UMA TENDA

O PROFESSOR LEVOU-ME até um platô de onde era possível contemplar a vasta paisagem composta pelo deserto e por montanhas, vales, cânions, planícies, rochas e areia.

— Eis outro profundo mistério — ele disse.
— Onde? — perguntei.
— Aqui... no deserto. Através de uma paisagem como essa que o povo de Deus rumou até chegar à terra prometida.
— Os israelitas.
— Isso mesmo. Para chegar à terra prometida, eles precisaram cruzar o ermo do deserto e acampar em tendas. Aí está a revelação.
— A revelação de quê? — perguntei.
— Desta vida — ele respondeu. — Tudo que existe neste mundo é temporário; não é o lugar em que iremos ficar: este mundo é um lugar que precisamos atravessar, pelo qual precisamos passar. Este mundo não é nosso lar: ele não passa de uma tenda; nós apenas acampamos no mundo. Tudo aqui muda: todas as circunstâncias, todas as experiências, todas as etapas da vida: todas essas coisas são tendas. Moramos em uma tenda por algum tempo e depois mudamos para outra. Sua infância foi uma tenda em que você viveu e depois se mudou. Os tempos felizes, os tempos ruins, os sucessos e os fracassos, os problemas, as alegrias e as tristezas, a vida adulta e a velhice: essas coisas não passam de tendas. Até mesmo seu corpo físico é uma tenda: algo temporário e em constante transformação. A fragilidade de todas essas coisas lembra-nos de que estamos apenas viajando.
— Viajando para onde? — perguntei.
— Para os filhos de Deus, é uma viagem de volta para casa, de volta à terra prometida, ao Céu, ao lugar onde abriremos mão das tendas e trocaremos o temporário pelo que dura para sempre.
— Como posso aplicar esse ensinamento?
— De muitas maneiras — o professor respondeu. — Não importa o que aconteça neste mundo ou na sua vida, nunca se esqueça: você não está em casa; está apenas viajando. Todos os problemas passarão; toda tentação há de cessar. Evite carregar muito peso. Não é a paisagem que determina sua vida, não são as circunstâncias, e sim aonde você irá chegar. Mantenha os olhos fixos e o coração orientado no seu destino: a terra prometida. Acima de tudo, lembre-se: você está apenas acampando.

A missão: Viva este dia como se estivesse acampando. Não se deixe abater pelas circunstâncias. Concentre-se na viagem que está fazendo e evite carregar muitas coisas.

2Coríntios 4.16—5.5; Hebreus 11.8-16

THE FEAST OF CAMPING

51.º DIA — A DESCIDA DO CÉU

JÁ PASSAVA DO meio da tarde, e estávamos sentados em um espaço aberto no deserto. O professor apontava para o céu.

— O firmamento — disse o professor — nada mais é que uma sombra do Céu verdadeiro e absoluto. Como se chega lá? Como se chega ao Céu? — ele perguntou.

— A maioria das pessoas diria que só se chega ao Céu realizando boas ações.

— Sim — ele respondeu. — É o que diz a maioria das religiões: se você fizer muitas boas ações, se evitar o mal, se dominar a disciplina, se suprimir o ego, se alcançar a iluminação, então irá para o Céu. Você acha que esse é o caminho?

— Você diria que não?

— Se tudo depender daquilo que fazemos, então a fonte da salvação está em nós mesmos. Se pudéssemos nos salvar por nós mesmos, então não precisaríamos de salvação alguma, para começo de conversa. Como pode a resposta vir daquele que necessita de respostas? Seria como dizer para alguém que se afoga que, se ele nadasse bem o bastante, poderia se salvar: se essa pessoa conseguisse nadar bem o bastante, ela não estaria se afogando; em vez disso, seria um salva-vidas!

— Então qual é a resposta?

— A resposta é que o problema jamais pode responder a si mesmo; só uma resposta *de fato responde*. O terreno jamais conseguirá alcançar o celestial, mas o celestial *pode* alcançar o terreno.

— O que quer dizer?

— Que a salvação jamais seguirá da Terra para o Céu, mas pode vir do Céu para a Terra. Todos esses caminhos citados são como mãos se estendendo na direção do Céu, mas a resposta é radicalmente diferente: ela é uma mão que se estende na direção da Terra. A resposta precisa vir da Resposta. Assim, a salvação nunca *termina* no Céu; a salvação apenas *começa* no Céu.

— Então não se trata de chegar ao Céu.

— Não — o professor respondeu. — Trata-se, antes, de o Céu chegar até você.

— O Céu descendo até nós...

— A descida do Céu, o celestial visitando o terreno, o celestial se unindo ao terreno para que o terreno possa se tornar celestial.

— Então não se trata de alcançar nada.

— Não. Trata-se apenas de receber, a começar pelo Céu.

A missão: Tenha como objetivo hoje não tentar alcançar o Céu, mas permitir que o Céu — o amor divino, as bênçãos e as alegrias — chegue até você.

Isaías 45.8; 55.10-11; João 6.51

Jonathan **Cahn**

52.º DIA — *YĀMĀYN*: OS DIAS DO TEMOR

— OS DIAS QUE abrem o mês hebreu de *tisri* — disse o professor —, desde a festa das trombetas até o Yom Kippur, são tidos como o período de tempo mais sagrado do calendário bíblico.

— Por quê?

— Porque são os dias do arrependimento. O ressoar do *shāvu'ôt* na festa das trombetas indica que restam apenas dez dias até o Yom Kippur. O Yom Kippur está ligado ao encerramento do destino eterno das pessoas, como no dia do juízo final. Mas não são apenas esses dois dias os considerados mais santos, e sim todos os dez. Juntos, eles são chamados *Yāmāyn Nôra'îm*, os Dias do Temor ou Dias de Reverência.

— Por que temor?

— Porque o fim desse período tem relação com o dia do juízo final. É uma lembrança de que não temos a eternidade toda para nos arrepender ou para consertar algum erro: temos apenas um número limitado de dias para agir antes que tudo acabe.

— Devem ser dias bastante intensos.

— E são. Durante os Dias do Temor, os judeus praticantes fazem o que podem para se acertar com Deus, para corrigir o que erraram com outras pessoas, para perdoar e serem perdoados, para se arrepender, aparar as arestas e corrigir o que está errado. Tudo precisa ser feito antes do pôr do Sol da véspera do Yom Kippur.

— Isso também se aplica a nós hoje, no Messias? — perguntei.

— Os Dias do Temor são uma sombra de algo muito maior. Os dias que temos nesta Terra não são infinitos: eles têm um fim predeterminado. Quando nossos dias acabam, começa a Eternidade, a partir do dia do juízo final, quando nosso destino é selado para uma eternidade ou para outra. O único tempo que você tem para estabelecer como será sua Eternidade são os dias desta vida, os dias que você passa nesta Terra. Quando eles terminarem, tudo estará terminado: são os únicos dias que você terá para se acertar com Deus e com os homens e para corrigir o que fez de errado. Portanto, se você deseja corrigir algo de errado que fez a alguém, aja agora. Se você pretende atender a um chamado divino, faça-o agora. Qualquer que seja o bem que você pretenda fazer na vida, faça-o agora: o tempo que você tem na Terra em nada difere do *Yāmāyn Nôra'îm*, os Dias do Temor.

A missão: Olhe para o resto de seus dias nesta vida com outros olhos, como se fossem o *Yāmāyn Nôra'îm*. Acerte-se com Deus e com os que estão em sua vida, pois hoje é mais um dia dos Dias do Temor.

Isaías 55.6-7; Efésios 5.16

THE AWESOME DAYS

53.º DIA — GAT-SHEMĀNÎM

EM UM DOS jardins, havia um grande objeto redondo de pedra com uma crista no topo. Com um gesto, o professor pediu que eu sentasse ao lado dele, diante do objeto.

— Na noite anterior ao dia do sofrimento, o Messias foi até o jardim do Getsêmani. Ali ele abriu mão de sua vontade, em face dos sofrimentos e da morte que se aproximavam. Foi no Getsêmani que os guardas do templo prenderam o Messias. Assim, o Getsêmani é o lugar onde começa o sofrimento dele.

Então o professor voltou a atenção para o objeto de pedra.

— Esta é uma prensa de olivas. As azeitonas eram depositadas no topo, e uma enorme prensa circular rolava sobre elas, esmagando-as. O esmagar das azeitonas liberava o óleo de oliva. O termo em hebraico para óleo de oliva é *shemēm*, e o termo para prensa é *gat*. Uma prensa de olivas, portanto, é chamada *shemānēn* ou *gat-shemānîm*. Com o que essa palavra se parece?

— Não sei.

— Pense.

— Getsêmani!

— Exatamente. Getsêmani significa "prensa de olivas". Agora, por que ele é o lugar onde começou o sofrimento do Messias? Também o termo "Messias" tem relação com óleo, óleo de oliva, *shemēm*. Para que o óleo seja liberado, porém, é preciso antes haver um esmagamento. O Getsêmani, o *Gat-shemānîm*, é a prensa de olivas, o lugar onde começa o esmagamento: primeiro o esmagar da vontade do Messias, depois o esmagar da vida dele.

— E o que o óleo representa?

— Nas Escrituras, o óleo tem relação com a cura e a alegria e, em seu uso mais sagrado, com a unção. Óleo era usado par ungir reis e profetas. Portanto, em seu simbolismo mais elevado, o óleo significa o derramar do Espírito Santo.

— Se o esmagar das olivas na prensa libera o óleo, então o esmagamento do Messias no Getsêmani, na prensa de olivas, está ligado à cura, à alegria e ao derramamento do Espírito Santo — eu disse.

— Sim — o professor respondeu. — O esmagamento do Messias, sua morte, traz cura, alegria e o derramar do Espírito. Tudo começou na prensa de olivas, o *Gat-shemānîm*, o Getsêmani.

A missão: Hoje, faça que os desejos e as ambições que não são de Deus sejam entregues e esmagados. Que esse esmagar seja cheio do óleo do Espírito Santo.

Levítico 8.10-12; Lucas 22.39-44

Jonathan **Cahn**

54.º DIA — A NAÇÃO MISTERIOSA

A TARDE CHEGAVA ao fim quando o professor veio ter comigo em meu quarto.

— Deus é o Eterno — ele disse. — O que aconteceria se ele colocasse uma testemunha da existência divina, uma testemunha bem específica, na história da humanidade? E se essa testemunha fosse um reino, uma nação, um povo? Como seria esse povo?

— Creio que seria diferente de algum modo, que esse povo se destacaria — respondi.

— E como seriam as testemunhas do Eterno?

— Acho que, de algum modo, também seriam eternas.

— Exatamente. Essas testemunhas haveriam de carregar as marcas da Eternidade, por mais que o mundo ao redor se transformasse. A própria existência dessas testemunhas desafiaria as leis da história.

— Existe um povo assim?

— Sim — o professor respondeu. — Existe um povo assim: o povo judeu, a nação de Israel. A existência desse povo na Terra funciona como testemunho e como mistério.

— Como assim?

— A existência do povo judeu desafia as leis deste mundo. Até onde se sabe, eles não deveriam mais existir. Na Antiguidade, eles viviam em meio aos babilônios, hititas e amoritas. Não obstante, os babilônios desapareceram, os hititas sumiram e os amoritas não existem mais. Se você quiser ver algum habitante desses povos, precisará visitar um museu, mesmo assim conseguirá no máximo ver as sombras do que eles foram um dia. Os povos do mundo antigo viraram pó ao longo da história, o que não aconteceu com os judeus, que persistiram. Também é possível encontrar os judeus nos museus do mundo, porém os veremos passeando pelos corredores, lendo as placas que descrevem aqueles dentre os quais eles conviveram. Os judeus testemunharam a ascensão de grandes reinos do mundo e viram esses mesmos reinos virarem ruína. Contra todas as possibilidades, eles continuam vivos. Contra todas as leis do mundo, eles estão mais vivos do que nunca. Eles formam a nação eterna, a nação misteriosa.

— E o segredo da existência deles é...

— O Eterno. A mão de Deus. Sem ele, os judeus teriam deixado de existir eras atrás. Por trás do mistério de Israel está o Deus de Israel. Israel existe porque Deus existe. Eles são a nação eterna porque são testemunhas do Eterno. O que é de Deus não passa, mas persiste: a Palavra, o amor divino, a nação de Deus e todos os que nele habitam e que se tornam eternos.

A missão: Viva este dia buscando seguir a vontade e o propósito divinos. Busque testemunhar a existência de Deus em tudo que você faz.

Gênesis 17.1-8; Jeremias 31.35-37;
Efésios 2.11-22

55.º DIA — OS POÇOS DE *YESHÛ'Â*

O PROFESSOR LEVOU-ME até o poço da escola. O poço era feito de pedras de cor bege-claro, que combinavam com a paisagem desértica ao redor. Então nos sentamos, e o professor começou a falar:

— Durante o *sûkôt*, a festa dos tabernáculos, acontecia um ritual bastante peculiar, a cerimônia de oferenda da água. Durante essa cerimônia, uma procissão solene encabeçada por um sacerdote seguia até o tanque de Siloé, tirava água em um jarro dourado e seguia até o monte do templo, onde o sacerdote derramava a água no altar: era uma cerimônia nascida de um versículo de Isaías que diz: "Com alegria vocês tirarão água das fontes da salvação".

O professor parou por um instante e desceu um balde no poço.

— A cerimônia de oferenda da água era parte central da festa — explicou o professor —, uma vez que a água, ou a falta dela, era uma questão de vida ou morte nas terras do Oriente Médio. Por isso, essa cerimônia era realizada durante todos os dias da festa das cabanas.

O professor ergueu o balde cheio de água do poço.

— O Messias falou muito sobre a água. Uma de suas citações mais famosas começa com as seguintes palavras: "Se alguém tem sede […]".

— Já ouvi.

— Assim como a maioria dos fiéis. Mas grande parte tem pouco conhecimento do contexto de tais palavras.

— E qual era o contexto?

— A festa das cabanas — o professor respondeu —, a festa da cerimônia da oferta da água e a seguinte passagem das Escrituras: "Com alegria vocês tirarão água das fontes da salvação". No original em hebraico, não se lê sobre fontes da *salvação*, e sim fontes de *Yeshû'â*.

— É como dizer que é o nome de *Yeshû'â*, o nome hebraico de Jesus — respondi. — É como se dissessem: "Vocês tirarão água das fontes de *Yeshû'â*", ou "das fontes de Jesus".

— Está escrito que ele se levantou durante a festa e disse: "Se alguém tem sede, venha a mim e beba. Quem crer em mim, como diz a Escritura, do seu interior fluirão rios de água viva".

— "E nós tiraremos água das fontes de *Yeshû'â*" — acrescentei.

— O Messias falava do Espírito. Por mais que precisemos de água para permanecer vivos, também precisamos da água do Espírito para permanecer vivos em Deus. Portanto, é preciso tirar com alegria essa água, todos os dias da vida, das fontes de *Yeshû'â*.

A missão: Hoje, vá até as fontes de *Yeshû'â* e, com alegria, tire água e partilhe dos rios de água viva do Espírito de Deus.

Isaías 12.1-3; João 7.37-39

THE WATER POURING

Jonathan **Cahn**

56.º DIA — RĀHĂMÎM

— VOCÊ ACREDITA QUE Deus tem misericórdia? — o professor perguntou.

— Sim — respondi. — Claro que sim, você mesmo me ensinou isso.

— Não. Deus não tem misericórdia — ele respondeu.

— Com todo o respeito — comecei a dizer com cuidado —, acho que isso não está certo.

Era a primeira vez que eu contradizia o professor de forma tão direta.

— Pois então prove o que está dizendo.

— Estava lendo o livro de Daniel. Nesse livro, Daniel ora pedindo a misericórdia de Deus sobre o povo de Israel. Ele diz: "O Senhor nosso Deus é misericordioso e perdoador".

— Não é o que está escrito — o professor devolveu —, pelo menos não no texto original. No original, lê-se: "O Senhor nosso Deus é *rāhămîm*".

— O que significa *rāhămîm*?

— Algumas pessoas traduziriam esse termo por "misericórdia", mas *rāhămîm* não é um termo singular, mas plural. Não significa misericórdia, e sim "misericórdias". Significa que a misericórdia de Deus é mais que apenas misericórdia: a misericórdia divina é tão grande, forte e profunda que não pode ser contida em uma palavra singular. *Rāhămîm* significa que a misericórdia de Deus não tem fim.

— Como é o termo usado para "pecado"? — perguntei.

— Como assim?

— A natureza do termo para "pecado" é singular ou plural?

— O termo usado para "pecado" é singular — o professor respondeu.

— Mas o termo usado para "misericórdia" é plural — eu disse.

— O que você deduz disso?

— Que seja qual for meu pecado, por maior que seja, a misericórdia de Deus é sempre maior. Não importa quanto eu tenha pecado, não importa quantos pecados eu tenha cometido, as misericórdias de Deus sempre ultrapassarão meus pecados.

— Isso mesmo — ele afirmou. — Portanto, nunca cometa o erro de pensar que você exauriu a misericórdia de Deus: isso jamais acontecerá, é impossível. Ele sempre terá mais misericórdia do que você terá pecados, sempre terá mais que o suficiente para cobrir cada pecado, com sobra para amar você para todo o sempre. Pois o que o Senhor sente por você não é misericórdia, mas *rāhămîm*.

A missão: Abra seu coração para receber o *rāhămîm* que Deus sente por você, não só por conta de seus pecados, mas pelos rios abundantes da compaixão e do amor divinos.

Salmos 136; Lamentações 3.22-23; Daniel 9.9; 2Coríntios 1.3-4

RACHAMIM

O Livro *dos Mistérios*

57.º DIA — O MANTO DO MESSIAS

O PROFESSOR LEVOU-ME até um aposento que eu ainda não conhecia.

— Esta é a Câmara das Vestes — ele disse enquanto erguia uma grande peça de tecido marrom que, à primeira vista, parecia um cobertor.

— Isto é um manto — ele disse —, como na expressão "o manto do profeta".

— Mas o que, exatamente, é um manto? — perguntei.

— Uma veste, uma capa, porém mais que isso. O manto representa o chamado, o fardo, o ministério e a unção de Deus. Antes de Moisés ascender no monte Nebo, no fim de seu ministério, ele impôs as mãos sobre Josué, seu discípulo, e o Espírito de Deus caiu sobre ele com o manto, a autoridade de Moisés. Quando Elias ascendeu a Deus no fim de seu ministério, ele deixou cair o manto no chão. Eliseu, discípulo de Elias, apanhou o manto, e o espírito de Elias caiu sobre ele. Você consegue enxergar o padrão aqui?

— Sim — respondi. — Em ambos os casos, há um homem de Deus prestes a encerrar um ministério terreno. Em ambos os casos, esse homem ascende a Deus. Também nos dois casos a ascensão e o fim do ministério estão vinculados ao legado do manto.

— Isso mesmo — o professor respondeu. — E o que aconteceu no fim do ministério terreno do Messias? Assim como aconteceu com Moisés, o Messias ascendeu em um monte e, como no caso de Elias, ascendeu ao Céu. Da mesma forma que nos dois casos anteriores, os discípulos estavam presentes no fim. Mas onde está o manto? Todos os outros elementos estão presentes, mas onde está o manto do Messias? Sobre quem o manto teria caído?

— Acho que nunca pensei a respeito. Não faço ideia. Não me lembro de menção a qualquer manto.

— Eis a resposta — disse o professor. — O manto do Messias é grande demais para cair sobre uma só pessoa; ele jamais poderia cair sobre apenas um discípulo. O manto precisaria cair sobre todos. Quando os mantos de Moisés e de Elias caíram, o Espírito de Deus se derramou sobre os discípulos deles. O que aconteceu depois que o Messias ascendeu a Deus?

— O Espírito de Deus caiu sobre os discípulos no dia de Pentecoste.

— E o que foi recebido naquele dia com o derramamento do Espírito? O manto do Messias. A quem ele foi dado? Aos discípulos, todos eles... e a nós. Veja que todos nós recebemos uma parte do manto do Messias. É no manto dele que encontramos o chamado e o ministério. Assim, se temos parte do manto divino, também partilhamos da unção dele, pois Deus dá a unção da realização sempre que faz um chamado. Você encontrará seu chamado quando caminhar no Espírito, pois esse chamado só pode ser atendido no manto do Messias.

A missão: Hoje, assuma completamente o manto do Messias e, pelo poder e pela autoridade do Espírito, busque realizar seu chamado.

Deuteronômio 31.7-8; 34.9; 2Reis 2.13; Atos 2.1-4

THE MANTLE

Jonathan **Cahn**

58.º DIA — O DĀBĀR E O 'ÔLĀM

ESTÁVAMOS SENTADOS EM uma planície do deserto sob o céu noturno. O professor tinha feito uma pequena fogueira para que pudesse ler as palavras do pergaminho que tinha nas mãos. Era uma noite clara, e o firmamento estava repleto de estrelas.

— O que você está vendo — o professor começou — é o *'ôlām*. Tudo que você vê é o *'ôlām*, o Universo, a criação. Isto aqui — ele disse, erguendo o pergaminho — é o *Dābār*, a Palavra. *Dābār* e *'ôlām*, a Palavra e o mundo. O que lhe parece maior: *Dābār* ou *'ôlām*?

— Acredito que o Universo seja maior. Portanto, *'ôlām* — respondi.

— De fato, o Universo parece muito maior. E o que lhe parece mais sólido e real?

— *'ôlām* — respondi mais uma vez.

— De fato, é o que parece. Mas não é assim — o professor respondeu e, erguendo o pergaminho contra a luz, começou a traduzir o que estava escrito. — Está escrito nos Salmos: "[Deus] falou, e tudo se fez; ele ordenou, e tudo surgiu". Já na carta aos Hebreus, está escrito: "O universo foi formado pela palavra de Deus". Assim, o que veio primeiro: *'ôlām* ou *Dābār*, o mundo ou a Palavra?

— A Palavra veio antes; depois veio o mundo — respondi.

— Portanto, o que é maior: o mundo ou a Palavra?

— A Palavra deve ser maior.

— E o que é mais sólido e real?

— A Palavra é mais real.

— Sim — o professor respondeu. — A Palavra veio primeiro; depois veio o mundo. A Palavra foi pronunciada, e o mundo se formou. A Palavra não deriva do mundo, mas o mundo surge da Palavra. E o que isso significa em nossa vida?

— Que não devemos ser conduzidos pelo mundo, mas pela Palavra.

— Isso mesmo. Significa que você jamais deve se deixar guiar pelas circunstâncias ou pelos acontecimentos da sua vida: tudo isso é parte do *'ôlām* e, portanto, secundário. O *'ôlām*, o mundo, se transforma e passa; mas *Dābār*, a Palavra, nunca muda nem cessa. Assim, procure seguir a Palavra, mesmo quando ela vai de encontro ao que você vê ao redor. Especialmente nessas situações. Permaneça na Palavra a despeito do mundo, pois o que Deus falou haverá de existir no Universo e na sua vida: *Dābār* e *'ôlām*. Primeiro, a Palavra; depois, o mundo.

A missão: Escolha a Palavra, em vez do mundo, das circunstâncias, dos problemas e de tudo o mais. Deixe que *Dābār* controle seu *'ôlām*.

Salmos 33.6-9; João 1.1-4; Hebreus 11.3

O Livro *dos Misterios*

59.º DIA — O FATOR ÊXODO

ESTÁVAMOS CAMINHANDO POR uma vasta planície no deserto salpicada com pequenas plantas e arbustos e cercada por montanhas ao longe em todas as direções.

— Já lhe contei sobre os *'iverî* — disse o professor.

— Os hebreus — respondi.

— Sim. Lembra-se do que significa *'iverî*? Lembra-se do que "hebreu" significa em hebraico?

— Aqueles que atravessam.

— Isso mesmo. E o que os hebreus atravessaram para chegar à terra prometida?

— O mar Vermelho e o rio Jordão.

— Eles atravessaram o rio Jordão para alcançar a terra de Israel, mas antes precisaram atravessar o mar Vermelho para *sair* da terra do Egito. Assim, antes que pudessem entrar na nova terra, os hebreus tiveram de abandonar a terra antiga. Tão importante quanto o ato de entrar foi o ato de sair. Existe um livro inteiro na Bíblia de cujo ato o nome deriva: O livro de *Êxodo*, que significa "saída", "partida". O ato de sair é tão sagrado quanto o de entrar. Não é possível ter um sem o outro.

— Não é possível entrar, a menos que se saia.

— É a lei da existência física. Uma lei simples, mas profunda. Abrão foi o primeiro hebreu, o primeiro dos *'iverî*. Qual a primeira coisa que ele teve de fazer?

— Sair?

— Sim. O primeiro chamado de Abrão foi: "Saia da sua terra [...] e vá para a terra que eu lhe mostrarei". A primeira ordem que ele recebeu foi: "Saia". Todo o resto — as bênçãos, a promessa de uma terra e o futuro — se apoiava na ordem: "Saia". Veja que sair é um ato sagrado. O Messias pediu que os discípulos fossem até ele, mas, para que pudessem obedecer, antes eles precisaram sair, deixar as redes para trás, sair dos barcos, deixar a velha vida. Se não saíssem, não poderiam entrar. Deus nos convida a ir até ele, a segui-lo, a peregrinar e a entrar na bênção. Nada disso, porém, pode ser conhecido sem antes estarmos dispostos a sair. Muitos anseiam por uma mudança de vida, por algo melhor, por algo novo; mas poucos estão dispostos a sair. Essa lei não vale apenas para o mundo físico; vale também para o mundo espiritual. Se você quer chegar ao lugar onde ainda não está, precisará deixar primeiro o lugar onde está. Saia do antigo e entre no novo. Atravesse o mar Vermelho que cerca seu Egito e assim poderá também atravessar seu rio Jordão para chegar à terra prometida.

A missão: Aonde você precisa ir? Qual a terra prometida que Deus o convida a adentrar? O que você precisa deixar? Comece hoje a realizar seu êxodo.

Gênesis 12.1-3; Êxodo 12.51; 2Coríntios 5.17;
Efésios 4.22-24

THE SECRETS OF CHANGE & BREAKTHROUGH

Jonathan **Cahn**

60.º DIA — O SEGREDO DE *YOMA*

O PROFESSOR LEVOU-ME até o quarto conhecido como Câmara dos Livros, um aposento enorme com grandes estantes cheias de livros; quase todos pareciam ser bem antigos. Ele apanhou um livro de uma das estantes, um grande tomo vermelho, e colocou-o sobre a mesa de madeira. O professor abriu o livro e começou a falar:

— No templo de Jerusalém, havia duas grandes barreiras que separavam Deus dos homens, que separavam o sagrado do terreno: a primeira era formada por dois portões dourados imensos, as portas do *hēkāl*, o Lugar Santo. Essa era a barreira que separava o Lugar Santo dos pátios do templo. A segunda barreira ficava no interior, e era chamada *pārōket*, um véu colossal que separava o Lugar Santo do Lugar Santíssimo. Somente o sumo sacerdote podia passar por essa barreira, e apenas no Dia da Expiação. Ambas as barreiras serviam como símbolo da barreira que nos separa de Deus, do abismo entre o pecaminoso e o mais sagrado. No Novo Testamento, porém, está escrito que, por ocasião da morte do Messias, o *pārōket*, o véu do Lugar Santíssimo, se rasgou em dois. O que isso significa?

— Que a barreira entre Deus e os homens deixou de existir?

— Isso mesmo. Mas ainda havia uma segunda barreira, as portas do *hēkāl*. Você acha que houve uma segunda abertura, um segundo milagre... um segundo testemunho?

— Não sei. Houve?

— Sim, e do tipo mais poderoso: há um testemunho involuntário. Este — disse o professor, apontando para o livro aberto — é o tratado *Yoma* 39, um compêndio escrito pelos rabinos. Nele está escondido algo maravilhoso: os rabinos registraram que um estranho fenômeno aconteceu no templo. A segunda barreira, as portas douradas do *hēkāl* começaram a se abrir *sozinhas*.

— Quando? Quando foi que as portas começaram a se abrir? — perguntei.

— Os rabinos escrevem que isso começou a acontecer cerca de quarenta anos antes de 70 d.C.

— O que significa uma data ao redor do ano 30 d.C.!

— Que é justamente a época em que outro acontecimento marcou Jerusalém: um acontecimento que mudaria o mundo. *Yeshua*, Jesus, morreu como o sacrifício definitivo para remover a barreira entre Deus e os homens.

— Existe algum registro na história da fé onde um testemunho involuntário...

— Acaba testemunhando um fato tão intensamente? Não. Ainda hoje persiste o fato de os rabinos serem testemunhas da remoção da segunda barreira e de que, por ocasião da morte do Messias, aquilo que separava Deus dos homens, que separava Deus de nós, foi removido, e o caminho até a presença divina foi irrevogavelmente aberto.

A missão: Até os rabinos são testemunhas de que, por volta de 30 d.C., o caminho foi aberto. Use o poder do Messias hoje para abrir as portas ainda fechadas.

Salmos 24.7-10; Mateus 27.50-51; Hebreus 6.19-20; 10.19-20

61.º DIA — A TERRA DA REVELAÇÃO

— JERUSALÉM — o professor começou a dizer — foi construída sobre o monte Moriá. Ao redor de Jerusalém, está a terra de Moriá: Moriá e a terra da Cidade Santa. Mas o que exatamente é a terra de Moriá? O que significa? O nome Moriá provém de dois termos hebraicos: o primeiro, *rā'â*, significa "visto", "visível", "à mostra", "revelado". O segundo termo é *Yah*, o Nome de Deus.

— Então Moriá seria a revelação de Deus — concluí.

— Moriá é a terra da revelação, o lugar onde Deus se revelaria. Já conversamos sobre as inúmeras pessoas que veem Deus como um tipo de rei distante, uma força cósmica impessoal, um caprichoso mestre das marionetes e até um juiz irado sedento por justiça. Mas Moriá é a terra onde Deus haveria de ser revelado, onde o invisível se torna visível. Assim, aquilo que aparecesse em Moriá teria de ser a verdadeira revelação do Deus verdadeiro. O que foi que acabou revelado na terra de Moriá? Qual a revelação de Deus que se fez visível naquela terra?

— O templo? O templo ficava em Jerusalém — arrisquei.

— De fato ficava — disse o professor —, mas houve outra manifestação, uma revelação de Deus ainda mais palpável e maravilhosa que o templo.

— E qual foi?

— Foi na terra de Moriá que Deus apareceu para tomar nossos pecados e receber a punição humana sobre si mesmo. Foi na terra de Moriá que Deus voluntariamente entregou sua vida, em que usou uma coroa de espinhos, foi espancado sem dó, foi fustigado e sangrou em nosso lugar. Foi em Moriá que Deus foi ridicularizado, zombado, açoitado, despido, perfurado e pregado em uma cruz de madeira. Foi em Moriá que Deus subiu na cruz, onde ele sangrou, sufocou, agonizou e, já moribundo, suspirou pela última vez. Tudo isso para nos poupar do julgamento, tudo isso por causa do amor. Foi em Moriá, a terra do Deus revelado, que Deus voluntariamente se ofereceu para ser executado e pendurado nu, onde sangrou e morreu em nosso lugar. Quem é Deus? Deus é amor. Deus é o amor cósmico total, incondicional, extremo, incompreensível e sacrificial em relação à humanidade, o maior amor que jamais haveremos de conhecer. Essa é a revelação final e absoluta de Deus que se manifestou, de uma vez por todas, em Moriá: a terra do Deus revelado.

A missão: Entenda a revelação de Moriá de forma particular: ainda que você fosse a única pessoa no mundo, Deus mesmo assim teria dado a vida por você.

Salmos 122; Mateus 27.29-50; Romanos 5.8

Jonathan **Cahn**

62.º DIA — O PARADOXO DE JONAS

ESTÁVAMOS DO LADO de fora olhando para o alto de um dos prédios da escola quando reparamos em uma pomba empoleirada em um dos tijolos logo abaixo do telhado.

— O termo para "pomba" em hebraico é *yônâ*, assim como o nome do profeta Jonas — disse o professor —, que fez o que pôde para fugir do chamado de Deus. Mesmo assim, ainda que involuntariamente, ele acabou atendendo ao chamado e levando toda uma cidade impura à salvação. Devo dizer que ele ficou completamente arrasado com o sucesso que obteve.

— Arrasado por quê?

— Porque Nínive estava cheia de inimigos, e Jonas sabia que, caso anunciasse a eles a Palavra de Deus, os inimigos se arrependeriam e Deus teria misericórdia deles. Eis o que Jonas revelou aos seus inimigos: "Daqui a quarenta dias Nínive será destruída". Não era uma mensagem muito animadora; na verdade, não há esperança alguma nessa mensagem. Tratava-se, pois, de um paradoxo: se Jonas se recusasse a revelar a profecia do julgamento, tanto a profecia quanto o julgamento seriam verdadeiros. Mas se ele divulgasse a profecia do julgamento talvez toda a cidade de Nínive se arrependesse, e a profecia seria invalidada.

— É o contrário de uma profecia autorrealizável.

— Eu chamaria de profecia autoanuladora. E nisso há também outro paradoxo. Deus pediu que Jonas dissesse ao povo: "Daqui a quarenta dias Nínive será destruída", porém, quarenta dias depois, não houve julgamento algum. Uma vez que as pessoas acreditaram que a profecia era verdadeira, ela acabou parecendo inverídica. Muita gente usa o fato de essa profecia não ter se realizado para argumentar contra Deus e a Palavra. O que isso lhe parece? — o professor perguntou. — Isso quer dizer que o homem está mais preocupado com o fato de que o aviso não se provou verdadeiro que com o fato de 120 mil pessoas terem sido salvas exatamente porque a profecia não se cumpriu. Quer dizer que não é Deus quem necessita de misericórdia, mas o homem. Deus preferiu salvar o que estava perdido mesmo que isso parecesse anular a Palavra, que isso invalidasse a vida dele e também sua morte. Mas é o amor, a misericórdia e a graça divinas que realizam o impossível.

— Então, nesse caso, o amor de Deus fez que a Palavra de Deus não se cumprisse.

— Será? — o professor perguntou. — A profecia era: "Daqui a quarenta dias Nínive será destruída". No entanto, o termo para "destruída" em hebraico é *hāpak*, e *hāpak* também significa "convertida", "mudada", "transformada": Nínive foi convertida, mudada e transformada e, assim, poupada do julgamento.

— Então a mesma palavra que significa "julgamento" também significa "arrependimento e salvação do julgamento". O paradoxo dos paradoxos.

— Um paradoxo maravilhoso, o paradoxo pelo qual somos salvos — encerrou o professor.

A missão: Hoje, permita que a misericórdia divina triunfe sobre todo julgamento e toda condenação. Permita que a lógica do julgamento ceda diante do paradoxo do amor divino.

Jonas 3; 2Pedro 3.9

O Livro **dos Misterios**

63.º DIA — EM *SUA* MORTES

ESTÁVAMOS MAIS UMA vez na Câmara dos Pergaminhos, agora examinando o capítulo 53 do livro de Isaías. O professor começou a ler uma das passagens:

— "Foi-lhe dado um túmulo com os ímpios, e com os ricos em sua morte". Esse trecho descreve o Servo sofredor, o Messias que morreu por nossos pecados. A morte dele tem relação com criminosos e com um homem rico.

— "Foi-lhe dado um túmulo com os ímpios": então o Messias foi crucificado em meio aos criminosos, entre os ímpios, mas foi enterrado na tumba de um homem rico.

— Sim — o professor respondeu —, porém há mais do que isso, um mistério que só é possível perceber na língua original. Praticamente todas as traduções de Isaías 53 dizem: "em sua morte", mas no original não é assim. O que está escrito no original é tão grandioso e tão cósmico que é muito difícil um tradutor obter sucesso.

— E o que está escrito?

— O texto original em hebraico diz: "em *sua* mortes".

— O que isso quer dizer? — perguntei.

— Lembre-se, no idioma hebraico, quando uma palavra que deveria ser singular se conjuga no plural significa que a realidade por trás dessa palavra é tão única e intensa, tão extrema ou colossal que uma só palavra não é capaz de exprimir seu significado.

— Em outras palavras, a morte dele...

— Foi de uma realidade tão única, tão extrema, tão intensa e colossal que a palavra "morte" nem sequer arranha o significado verdadeiro. O que aconteceu com a morte do Messias vai além de qualquer coisa que possamos expressar com palavras ou compreender com pensamentos.

— Mas o plural pode significar apenas o plural.

— Sim. Mas se trata de um singular combinado com um plural. "Em sua morte" faz tanto sentido quanto "em suas mortes", mas não é o que está escrito. No original, lemos: "em *sua* mortes", o que foge à regra. O que isso revela?

— Que o Messias não morreu apenas a morte dele, uma só morte, e sim muitas mortes. Ele não morreu apenas por si mesmo, mas por todos. Dele foi a vida que sofreu a morte de todos.

— Sim, incluindo a sua — o professor acrescentou. — Sua morte e a morte de todos aqueles que leem as palavras da profecia, todas estão contidas nessa palavra conjugada no plural. É o testemunho mais evidente de que sua vida antiga e o julgamento sobre ela já estão encerrados *na* mortes do Messias.

A missão: Uma das mortes contidas frase "em *sua* mortes" é a morte de sua antiga vida. Despeça-se e enterre o que é velho. Dê um fim a essa vida antiga e liberte-se.

Isaías 53.9; Romanos 5.18; 2Coríntios 5.14-15

IN HIS DEATHS

Jonathan **Cahn**

64.º DIA — OS *TALMÎDÎM*

JÁ ERA NOITE, e eu estava sentado com o professor e vários outros alunos em volta de uma fogueira.

— O Messias teve 12 discípulos — disse o professor. — Eles o acompanhavam aonde quer que ele fosse e no que quer que ele fizesse. Os discípulos ajudavam com o ministério, viajavam com o Messias, comiam com ele, dormiam onde ele dormia, acordavam com ele e viviam a vida inteira ao lado do Messias. Quem eram esses discípulos?

— Pessoas vindas de diferentes caminhos — um aluno respondeu.

— Sim, mas quem *eram* os discípulos?

Não houve resposta.

— Lembrem-se de que o Messias foi um rabino. Todo grande rabino tinha discípulos. Os Doze não eram meros discípulos, mas discípulos de um rabino. Eles não eram chamados "os discípulos", mas *talmîdîm*.

— O que significa *talmîdîm*? — outro aluno perguntou.

— Essa palavra vem do radical hebraico *lāmad* — o professor respondeu. — *Lāmad* está ligado a aprender, a ensinar; assim, os discípulos eram os ensinados, os aprendizes.

— Como nós — disse outro aluno.

— Sim. Mas vocês precisam ser discípulos *dele*. É *ele* quem deve ensinar vocês. Qual o propósito de vocês como discípulos?

— *Aprender* — respondi.

— Isso mesmo, seu primeiro chamado é serem aprendizes. Vocês não estão aprendendo sozinhos, nenhum discípulo consegue aprender sozinho. Vocês têm um Rabino, vocês têm o *Rabino* dos rabinos. Isso significa que vocês têm um mestre que ensina todos os dias, todas as horas e em todo momento. Significa que a vida de vocês não é mera vida, mas um curso em si. Significa que vocês não devem desperdiçar o tempo que têm.

— Esse tempo que estamos na escola? — alguém perguntou.

— O tempo que vocês têm na Terra. Este mundo é sua escola, esta vida é seu curso e o Messias é seu professor. Assim como foi para os discípulos, o mesmo pode ser dito a vocês: o Messias ensina todo dia. Todo dia traz uma lição que deve ser aprendida, toda circunstância serve como aula, todo acontecimento pode trazer um ensinamento, um exemplo de alguma lição. Não deixem de perceber esses ensinamentos, não faltem às aulas: em vez disso, vão atrás delas. Façam de cada dia uma jornada. Aprendam a sentir a alegria de aprender com o Mestre, pois o mundo é uma sala de aula, e o Messias é seu Rabino.

A missão: Comece a viver hoje como um verdadeiro discípulo, como um aluno. Busque os ensinamentos do Rabino. Escute a voz e as instruções dele.

Mateus 4.18-22; 9.9; João 1.36-40

O Livro **dos Mistérios**

65.º DIA — A TUMBA DO NASCIMENTO

ESTÁVAMOS CAMINHANDO PELO leito de um rio seco que contornava duas montanhas quando deparamos com um pequeno vale escondido.

— Olhe — disse o professor, apontando para o topo de uma das montanhas. — Está vendo aquilo?

— O que é? — perguntei.

— É uma tumba.

— Daquelas que têm gente morta dentro?

— Sim, desse tipo mesmo — ele respondeu.

— Vamos até lá?

— Não. Aquele é um lugar de morte, mas isso faz dele um lugar incrível.

— Como pode ser incrível?

— Que lugar no mundo é mais desanimador, deprimente, triste, desesperador e proibitivo que uma tumba? Não obstante, de todos os lugares da Terra, tudo começa na tumba.

— Que tudo é esse que começa na tumba?

— A redenção começa na tumba. A fé também. Também as Boas Novas, a palavra do Messias, a mensagem da salvação, o Evangelho. Pense um pouco: tudo começa na tumba. Você já parou para pensar como isso é radical e completamente inesperado?

— Acho que não.

— O que é uma tumba? É um lugar onde a esperança acaba, os sonhos têm fim, a vida termina e tudo finda. A tumba é um lugar final. Em Deus, porém, a tumba, o lugar final, se torna o lugar do começo.

— Por quê?

— É a lógica radical do Reino. Em Deus, a viagem não vai da vida para a morte, mas da morte para a vida. O fim é o começo. Para encontrar a vida, você precisa ir até a tumba.

— É preciso ir a um lugar de morte para encontrar a vida.

— Só aqueles que vão ao lugar do fim conseguem alcançar um começo novo. No Messias, é no lugar final que se encontra o começo, é no lugar da desesperança que se encontra verdadeira esperança, é no lugar da tristeza que se encontra verdadeira alegria e é no lugar da morte que renascemos. Em Deus, é na tumba que encontramos o nascimento.

A missão: O que está precisando acabar em sua vida? Leve essas coisas até a tumba do Messias e deixe-as lá, pois tudo que alcança um fim traz também um começo.

Mateus 28.1-6; 1Coríntios 15.55-57; 1Pedro 1.23

YOM RISHON: THE BEGINNING OF DAYS

Jonathan **Cahn**

66.º DIA — O SACERDOTE MISTERIOSO

O PROFESSOR LEVOU-ME até a Câmara das Vestes. Depois de alguns momentos sumido, ele retornou segurando uma túnica de tecido branco; no meio, havia uma cinta nas cores azul, vermelha e roxa.
— O que é isso? — perguntei.
— É a túnica dos *kōhănîm* — o professor respondeu.
— E quem são os *kōhănîm*?
— Quem *eram* os *kōhănîm* — disse o professor. — Eles foram os sacerdotes de Israel, os filhos de Arão. Os *kōhănîm* ministravam no templo e eram encarregados das ofertas e dos sacrifícios que o povo de Israel fazia para se reconciliar com Deus.

Depois da explicação, o professor apoiou a túnica em uma mesa.
— O Messias veio para ser o sacrifício final e último, por meio do qual todos que o recebem são reconciliados com Deus. Ele veio em um tempo em que o templo ainda estava de pé, em que o sacerdócio de Israel ainda era efusivo e em que os filhos de Arão tomavam conta dos sacrifícios. Você não acha que deveria haver alguma conexão, algum reconhecimento por parte dos sacerdotes, daqueles que eram responsáveis pelos sacrifícios, algum sinal de que estavam testemunhando a vinda desse sacrifício último?
— Faz sentido, mas nunca vi nada assim escrito nos evangelhos.
— Claro que viu — o professor respondeu. — Você viu, mas não percebeu. Dentre os *kōhănîm*, houve um nascido da casa de Arão, um filho que não só foi sacerdote, mas descendia de Arão por parte de mãe e pai, um sacerdote puro-sangue, que recebeu o nome de *Yochanan*.
— Nunca ouvi falar.
— Claro que ouviu. Você o conhece como João... João Batista.
— João Batista! Da casa de Arão, dos *kōhănîm*. Eu não sabia...
— E o que faziam os *kōhănîm*? Eles apresentavam os cordeiros que seriam sacrificados. Assim, foi João quem apresentou o Cordeiro, o Messias, o sacrifício último, a Israel. Ele foi o *kōhănîm* que identificou o sacrifício e o certificou como aceitável. Foi *Yochanan*, João, quem primeiro identificou o Messias como sacrifício aceitável. Ele foi o primeiro a identificar o Messias como o Cordeiro sacrificial. Foi ele quem disse: "Vejam! É o Cordeiro de Deus, que tira o pecado do mundo!". Veja, Deus fez questão de que houvesse um sacerdote da linhagem de Arão para certificar o Cordeiro. Isso significa que todos os seus pecados foram completa e comprovadamente removidos para todo o sempre pelo Cordeiro, que veio e recebeu a garantia sacerdotal.

A missão: O *kōhănîm* falou, e o Cordeiro foi sacrificado. Com isso, todos os seus pecados foram removidos. Alegre-se e viva uma vida à altura.

Lucas 1.5-25,57-80; 3.1-4; João 1.29

67.º DIA — O MISTÉRIO DA *HAFTÔRÂ*

O PROFESSOR LEVOU-ME até a Câmara dos Pergaminhos e caminhou na direção de um pergaminho separado dos outros, um documento que tinha uma estante de madeira só para ele.

— Toda semana, no dia do *Shabāt*, nas sinagogas do mundo inteiro os rabinos leem uma palavra dos Profetas com uma palavra da *Torá*. A palavra dos Profetas é chamada *haftôrâ*. Essa leitura costuma ter apenas alguns versículos, que são retirados desse pergaminho — disse o professor.

— Há quanto tempo isso acontece? — perguntei.

— Desde a Antiguidade — ele respondeu.

O professor desenrolou o pergaminho até chegar à passagem que estava procurando.

— Durante dois mil anos, o povo judeu perambulou pelo mundo exilado de sua terra. A Palavra de Deus, no entanto, profetizara que nos últimos dias Deus devolveria o povo à sua terra de origem, e a nação de Israel voltaria ao mundo. Essa profecia se cumpriu no dia 15 de maio de 1948, quando a nação de Israel renasceu e o exílio de dois mil anos se encerrou. O dia 15 de maio de 1948 aconteceu em um *Shabāt*: significa que, desde os tempos antigos, já havia uma palavra reservada e que seria lida nas sinagogas do mundo inteiro a respeito do dia em que Israel retornaria ao mundo.

— Que passagem é essa?

— Uma passagem do livro de Amós. — Correndo os dedos pelas palavras escritas em hebraico no pergaminho, o professor começou a ler: — "Naquele dia, levantarei a tenda caída de Davi. Consertarei o que estiver quebrado, e restaurarei as suas ruínas. Eu a reerguerei, para que seja como era no passado [...]. Trarei de volta Israel, o meu povo exilado, eles reconstruirão as cidades em ruínas e nelas viverão. Plantarão vinhas e beberão do seu vinho; cultivarão pomares e comerão do seu fruto. Plantarei Israel em sua própria terra, para nunca mais ser desarraigado da terra que lhe dei". Eis a profecia antiga predizendo a futura restauração de Israel. Essa passagem foi reservada, desde os tempos idos, para ser lida por todo o mundo no dia em que se cumpriu a restauração de Israel. O que isso lhe diz?

— Que a Palavra de Deus é verdadeira, mais verdadeira que qualquer circunstância, mais poderosa que qualquer história.

— Sim — disse o professor. — Portanto, confie plenamente na Palavra e saiba isto: quando Deus promete, ele cumpre. Toda promessa divina se cumpre no tempo devido, no tempo escolhido desde tempos imemoriais.

A missão: Tome uma Palavra das Escrituras que você possa seguir neste dia. Espere pelo tempo certo e reservado para que essa Palavra renda frutos.

Salmos 18.30; Amós 9.11-15; 2Timóteo 3.16

Jonathan **Cahn**

68.º DIA — O MISTÉRIO DO SOL POENTE

A NOITE APENAS começava enquanto estávamos sentados na lateral de uma montanha observando o Sol alaranjado derramar-se na paisagem.

— No calendário bíblico, o momento em que o Sol se põe marca o fim do dia. O que quer que aconteça durante o dia passa a pertencer ao passado, ao ontem. Os problemas daquele dia se tornam os problemas de ontem; as preocupações ficam para trás; os erros ficam no passado e as tristezas também se vão. Quando o Sol se põe, tudo vira passado — disse o professor.

— Por que isso é importante? — perguntei.

— Quando o Messias caminhou neste mundo, ele disse: "Eu sou a luz do mundo". Não obstante, ele veio até este mundo para morrer.

— Não consigo enxergar a relação.

— Ele era a Luz do mundo e, portanto, quando morreu, foi a Luz do mundo que morreu, desceu à Terra e desapareceu. Foi o ocaso. Exatamente quando ele estava morrendo o Sol baixava no céu; também quando o colocaram na tumba, o Sol descia à terra. É por esse motivo que correram para levá-lo à tumba, porque o Sol estava se pondo. Ao fechar a tumba e selar o corpo do Messias na terra, a Luz do mundo, o Sol também desaparecia da Terra.

— Então a Luz do mundo desapareceu da Terra exatamente quando a outra luz do mundo também sumia da Terra.

— Sim — disse o professor. — O que isso significa?

— Bem, se a Luz do mundo desceu até esta Terra, então estamos no ocaso.

— O ocaso deste mundo, o pôr do Sol da antiga vida. No momento em que o Sol se põe, o dia finda, termina o velho dia, o velho mundo, a antiga vida. O que quer que tenha acontecido nessa vida pertence ao passado. Os acontecimentos da vida antiga agora pertencem ao ontem, assim como os erros, os problemas, os pecados, os medos, a vergonha e a culpa: tudo isso pertence ao que já não é mais. O Sol se põe sobre o que é velho. O Sol se pôs sobre seu passado, seus pecados, sua vergonha, sobre a pessoa que você costumava ser: tudo isso pertence ao ontem. Para todos os que permitem que o Sol se ponha sobre a antiga vida, que permitem ao que é velho morrer no pôr do Sol do Messias, o velho já se foi. Todo aquele que abraça o Sol poente irá se erguer na manhã de um novo dia.

A missão: Permita que o Sol se ponha sobre tudo que é velho em sua vida. Deixe tudo que já ficou para trás, deixe que se torne ontem, para sempre, no Sol poente do Messias.

João 8.12; 9.5; 19.30-41

O Livro *dos Mistérios*

69.º DIA — A CASA DOS ESPÍRITOS

— O QUE É aquilo? — perguntei.

— Uma casa — o professor respondeu —, as ruínas de uma casa. É para lá que estamos indo.

O lugar parecia uma habitação simples e retangular feita de pedras irregulares sobre um platô com vista para um pequeno vale. A construção parecia antiga, mas eu não conseguia precisar se estava ali há décadas ou milênios. Chegando até a construção, entramos e nos sentamos, com o vento soprando pela entrada e pelas muitas rachaduras nas paredes.

— O Messias falou de um espírito imundo que saiu de um homem e que não encontrou outro lugar onde habitar. O espírito disse: "Voltarei para a casa de onde saí". Quando o espírito volta, ele encontra a "casa" vazia, limpa e arrumada. O espírito então convida sete outros espíritos, ainda mais malignos. O homem agora tem oito espíritos imundos dentro dele, em vez de um só. O que isso significa?

— Que se alguém se afasta do mal, mas depois retorna a ele, acabará pior do que antes — respondi.

— Sim, mas esse princípio se aplica a outras coisas, mais que apenas às pessoas: ele também se aplica às gerações, às civilizações… até à civilização ocidental — disse o professor. — Na Antiguidade, a civilização ocidental era uma casa pagã habitada por deuses e ídolos, uma morada de espíritos imundos.

— Uma casa dos espíritos.

— Sim. Contudo, essa casa recebeu o Espírito, a Palavra de Deus, o evangelho, e foi limpa e purificada, exorcizada de espíritos imundos, de ídolos e deuses. Mas lembre-se: qual era o aviso e o princípio que discutimos? Que se a civilização se afastar de Deus e da Palavra, retornando à escuridão, acabará pior do que antes.

— Pior do que quando era um estado pagão e ancestral?

— Sim — o professor respondeu. — Ela será habitada por males ainda piores. Assim, uma civilização pós-cristã é muito mais perigosa que uma civilização pré-cristã. A civilização pré-cristã tem o potencial de produzir um Calígula ou um Nero, mas é a civilização pós-cristã que produz um Hitler, um Stálin. Por isso, fica o aviso: uma vez encontrada a verdade, jamais dê as costas para ela, nem por um instante. Em vez disso, tenha como objetivo aproximar-se cada vez mais.

— E como é esse aviso em relação à civilização?

— Se ela se voltar contra a luz que já conheceu, acabará virando uma casa dos espíritos.

A missão: Afaste-se cada vez mais da escuridão que você abandonou. Ore cada vez mais pela civilização em que você vive.

Mateus 12.43-45; Lucas 8.26-36; Filipenses 2.15; 1Pedro 2.11-12

THE HOUSE OF SPIRITS

Jonathan **Cahn**

70.º DIA — O LIVRO DO DEUS NÃO MENCIONADO

O PROFESSOR LEVOU-ME até a Câmara dos Pergaminhos, onde nos sentamos a uma mesinha de madeira, sobre a qual ele colocou um pequeno pergaminho decorado.

— Este aqui é um livro peculiar dentre todos os da Bíblia — disse o professor. — Você sabe o que faz dele diferente de todos os outros? O Nome de Deus.

— O Nome de Deus faz esse livro ser diferente?

— A *ausência* do Nome de Deus faz este livro ser diferente. Trata-se do livro de Ester, o único livro das Escrituras que não faz menção alguma a Deus.

— Parece-me bastante estranho.

— Parece ser um livro impuro. Na verdade, ele está cheio de impiedade, de pessoas más e de planos malignos para aniquilar o povo de Deus. Não é apenas o Nome de Deus que está ausente, mas qualquer sinal da presença divina. Neste livro, reina a escuridão e nele não se encontra Deus.

— Então o livro de Ester é menos sagrado que os demais livros da Bíblia?

— Não — respondeu o professor. — De modo algum. Ele é tão santo quanto os livros que mencionam o Nome de Deus, e este é o ponto: apesar de o Nome de Deus não ser mencionado, a mão de Deus está por trás de todos os acontecimentos narrados. Ele está lá sem ser visto, sem ser mencionado, mas operando em todas as coisas e transformando todos os acontecimentos para que cumpram a vontade divina. Ester é o livro do Deus Não Mencionado, e o Livro do Deus Não Mencionado é um livro sagrado: é o livro que fala dos momentos de sua vida em que você não sente a presença de Deus, quando não ouve a voz dele, não se vê a mão divina nem há sinal do amor ou do propósito do Altíssimo; quando ele parece estar muito distante, até ausente. Quando tudo que você enxerga é a escuridão, esse é o tempo do Livro do Deus Não Mencionado. Eis o que diz o livro: apesar de você não sentir a presença divina, ela está lá. Apesar de não enxergar a mão de Deus, ela continua se movendo. Ainda que não ouça a voz dos Céus, ele continua falando, até mesmo no silêncio. Mesmo quando você se sente sozinho e abandonado, o amor de Deus está lá; e mesmo que Deus pareça estar irremediavelmente distante, ele continuará ao seu lado, agindo em cada aspecto de sua vida para lhe trazer propósito e redenção. No fim, a luz rompe a escuridão, o bem prevalece e você consegue compreender que jamais esteve ou estará sozinho: Deus está sempre com você. Esse tempo também é santo: o tempo do Livro do Deus Não Mencionado.

A missão: Sempre que você não conseguir enxergar ou sentir a presença de Deus em sua vida, saiba que ele está plenamente ao seu lado: trata-se de um tempo como no Livro do Deus Não Mencionado.

Salmos 139.7-12; Mateus 28.18-20; Hebreus 13.5

71.º DIA — A FELICIDADE ÔMEGA

— A MAIOR CELEBRAÇÃO de todas nos tempos bíblicos — disse o professor — era o *sûkôt*, a festa das cabanas. Durante essa festa, o povo de Israel ia até Jerusalém agradecer a Deus pelas bênçãos, pelos frutos das colheitas, pelos campos, pelas provisões, pela fidelidade e pelo próprio dom da terra prometida. A festa das cabanas era cheia de celebração, de louvor, de agradecimento, de dança e de alegria. O mandamento que levava à realização da celebração declarava: "Sua alegria será completa". Era uma celebração tão intensa que era conhecida simplesmente como "a festa". A festa das cabanas era uma celebração da alegria. E quando ela acontecia? No outono. E em que parte do ano sagrado acontece o outono?

— No fim — respondi.

— Sim. A festa das cabanas é a última festa do ano sagrado, a maior das celebrações, e acontece no fim. O que isso significa?

Eu não sabia responder.

— No mundo todo — começou o professor —, as maiores coisas acontecem no início. Tudo começa jovem e fica cada vez mais velho. No mundo, a celebração acontece no começo e vai sumindo, em última instância resultando em morte. A festa das cabanas, porém, revela que, no Reino de Deus, acontece o contrário: a maior das celebrações se dá no fim. Portanto, se você vier no poder de Deus, não irá passar da alegria ao lamento, mas do lamento à alegria.

— Passa-se da morte para a vida, ficamos cada vez mais novos.

— No Espírito, *devemos* ficar cada vez mais novos — disse o professor.

— E quanto à alegria? — perguntei. — Será que a festa das cabanas não indica que a maior das alegrias acontece no fim?

— Isso mesmo. As alegrias do mundo acontecem no começo; elas são fugazes, envelhecem e passam. As alegrias do pecado levam à tristeza, e a risada da juventude leva a lágrimas de lamento. Em Deus, porém, a maior das alegrias acontece no fim. Em outras palavras, os caminhos de Deus sempre conduzem a um fim alegre. Mesmo o que parece momentaneamente difícil, o caminho do sacrifício, do autocontrole, da retidão. Mesmo isso, no longo prazo, leva à alegria. O calendário de Deus termina com a festa das cabanas, e aqueles que caminham em Deus sempre terminam alegres. Os caminhos de Deus levam à alegria, e ele guarda o melhor para o final.

A missão: Hoje, olhe para a alegria no fim de seu caminho e viva com a confiança no que é bom e certo: a felicidade ômega.

Levítico 23.33-44; Salmos 16.11;
Isaías 51.11

Jonathan **Cahn**

72.º DIA — A OUTRA ÁRVORE

ESTÁVAMOS CAMINHANDO EM um jardim com árvores.

— Hoje, vamos desvendar o mistério das duas árvores — disse o professor. — No livro do Gênesis, está escrito que, no jardim do Éden, crescia a árvore do conhecimento do bem e do mal, a única árvore, o único fruto que o homem não deveria experimentar.

— Mas o homem experimentou — respondi.

— Sim, e ao fazer isso criou o pecado e a morte. Foi por causa daquela árvore que o homem caiu. Agora, diga-me, por que o Messias morreu?

— Para nos trazer a salvação.

— Com que propósito?

— Para encerrar o pecado e a morte.

— E para desfazer o quê?

— A Queda.

— E onde foi que ele morreu?

— Em uma cruz.

— Do que era feita a cruz?

— De madeira.

— O que é a madeira?

Antes de responder, parei por um instante.

— Madeira é árvore. A cruz foi feita de uma árvore.

— A cruz é a segunda árvore — disse o professor. — Com a primeira árvore, começa o pecado. Com a segunda árvore, o pecado termina. Com a primeira árvore, o homem caiu.

— Com a segunda, o homem se eleva — concluí.

— A morte veio de uma árvore viva.

— E a vida veio de uma árvore morta — completei.

— Ao experimentar a primeira cruz, nós morremos.

— Mas experimentar a segunda árvore reaviva.

— Assim como Deus colocou a primeira árvore no centro do jardim, também ele colocou a segunda árvore no centro do mundo, no centro daquela era, para que todos pudessem experimentá-la e nela encontrar vida. Quanto mais você experimentar dessa árvore, tanto mais vivo se tornará.

A missão: A segunda árvore precisa estar no centro. Torne-a o centro de sua vida e de tudo ao redor dela. Experimente da vida dos frutos que dela provêm.

Gênesis 2.16-17; Gálatas 3.13

73.º DIA — AS DUAS ÁGUAS

— A TERRA PROMETIDA tem dois mares — disse o professor. — O primeiro é conhecido como Kinneret, ou mar da Galileia. O mar da Galileia recebe suas águas na extremidade ao norte, onde deságua o rio Jordão. No outro extremo, ele também verte e volta a ser o rio Jordão, correndo para o sul, onde forma o vale do Jordão.

— E o outro mar?

— O outro mar é chamado mar de Sal, ou mar da Morte.

— O mar Morto.

— Sim. Ele é chamado mar Morto porque praticamente nada consegue viver nele, não há peixes nem vegetação. Os sais e minerais presentes na água impedem que a vida floresça.

— E de onde vem a água do mar Morto? — perguntei.

— Ela vem do rio Jordão e do mar da Galileia.

— Então é a mesma água.

— Sim — o professor respondeu.

— Então por que ele está morto?

— A diferença é que o mar Morto só tem uma abertura ao norte, de onde recebe a água do Jordão; não existe saída. A água só entra e morre. A água do mar da Galileia, no entanto, é viva, é água fresca repleta de peixes. Não obstante, a mesma água preenche os dois corpos. Como pode a mesma água produzir vida em um lugar e morte no outro?

— É por conta das saídas — respondi.

— Isso mesmo — disse o professor. — Mas por quê?

— Não sei, eu estava apenas chutando.

— O mar da Galileia está sempre dando o que recebe, está sempre fluindo. O mar Morto, por sua vez, recebe sempre, mas nunca dá. A vida que sempre dá o que recebe, a vida que sempre abençoa o próximo, essa vida é o mar da Galileia: a água está sempre fresca, repleta de vida. Mas a vida que só recebe e não dá se torna infértil, estéril... ainda que seja a mesma água. Veja — disse o professor —, não é o que você tem nesta vida, para mais ou para menos, que importa no fim, e sim o que você faz com o que tem. Se você só recebe, então a água morre, e sua vida vira um mar morto. Mas se você dá, a água ganha vida, e sua vida se torna abundante como o mar da Galileia.

A missão: Viva hoje de acordo com o mar da Galileia, sempre recebendo e sempre dando. Seja uma bênção que flua no amor divino.

Provérbios 11.24; Mateus 10.8;
Lucas 6.38; 2Coríntios 9.6-11

THE WATERS OF ZION

74.º DIA — O POEMA DE DEUS

O PROFESSOR ESTAVA sentado em uma pedra adiante da fogueira. Eu estava em outra pedra, à direita dele. Ele recitava palavras de um poema em uma língua que não consegui distinguir. As palavras não rimavam, mas percebi que se tratava de um poema, pela estrutura, pelo ritmo e pela métrica, e também pelo modo com que ele recitava.

— Você sabe que é um poema — disse o professor.
— Sim.
— O que é um poema? Como você o definiria? — o professor perguntou.
— Diria que é um escrito com certo ritmo, como uma música sem melodia.
— Você já ouviu falar do Poema de Deus?
— Não, nunca ouvi falar. Não sabia que Deus escrevia poesia — respondi.
— Não exatamente, mas existe um Poema de Deus.
— E como é?
— Está nas Escrituras: "Porque somos criação de Deus [...]".
— Não entendi.
— Não é possível perceber em nosso idioma, mas no original grego está dito que somos o *poiēma* de Deus, que significa "aquilo que é feito, criado, inventado, construído"; significa a criação de alguém, como em uma obra-prima.
— Mas qual a relação disso com poesia?
— É do termo *poiēma* que vem a palavra "poema".
— Então o Poema de Deus...
— É você.
— Eu?
— Se você se tornar a criação dele. Veja, você pode viver tentando fazer sua vida ser fruto de sua obra, ou você pode deixar sua vida se tornar criação divina. Um poema não pode escrever a si mesmo nem conduzir a si mesmo: ele precisa ser escrito e conduzido por um autor, precisa fluir do coração do autor. Assim, para se tornar o Poema de Deus, você precisa deixar sua vida emanar do Autor da sua vida, precisa deixar sua vida fluir do coração de Deus, precisa seguir a vontade divina acima da sua vontade, seguir os planos divinos em detrimento dos seus planos. Você precisa deixar o Espírito guiá-lo e permitir que o amor divino seja o impulso de tudo que você faz: aí, sim, sua vida irá fluir devidamente, com rima e beleza, e você se tornará a obra-prima dele, o Poema de Deus.

A missão: Deixe que a sua vida neste dia seja escrita e conduzida por Deus. Mova-se de acordo com o impulso do Autor e no ritmo divino: viva como o Poema de Deus.

Isaías 43.1; Jeremias 29.11; Efésios 2.10

75.º DIA — 'IMĀNÛ 'ĒL

— VOU ENSINAR VOCÊ a falar hebraico, pelo menos uma frase — disse o professor.
— Estou pronto.
— O termo que significa "com" em hebraico é 'im..., e o termo para nós é ānû.
— 'Im...ānû... — repeti.
— E o termo usado para "Deus" é El.
— El.
— Então como você diria: "Deus está conosco"? — perguntou o professor.
— 'Im...ānû...'ēl.
— Repita.
— 'Im...ānû...'ēl. 'Im ānû 'ēl. Emanuel!
— Sim, Emanuel. Foi assim que Isaías profetizou a respeito do Messias: "A virgem ficará grávida, dará à luz um filho e o chamará Emanuel".
— O Nome do Messias.
— É mais que um nome. Em hebraico, é uma frase inteira, uma declaração, uma realidade: é a realidade do Messias. A vida dele na Terra foi como essa frase em hebraico, uma declaração: 'Im ānû 'ēl.
— Como é que a vida dele pode ter sido uma frase? — perguntei.
— Quando ele estava triste, quem é que estava triste?
— Emanuel.
— Era Emanuel triste, 'Im ānû 'ēl triste. Isso forma uma frase: "Deus está conosco na tristeza". Quando ele estava no barco no mar da Galileia, em meio à tempestade, era Emanuel na tempestade. 'Im ānû 'ēl na tempestade, mais uma frase: "Deus está conosco na tempestade". Quando ele foi desprezado e rejeitado pelos homens, era 'Im ānû 'ēl na rejeição.
— Deus está conosco na rejeição — respondi.
— Quando ele foi julgado e crucificado, foi 'Im ānû 'ēl no julgamento.
— Deus está conosco no julgamento.
— E, quando ele ascendeu ao Céu, onde está agora, tornou-se 'Im ānû 'ēl para sempre.
— Deus está conosco para sempre.
— Emanuel veio ao mundo e a cada circunstância da vida para que possamos dizer: "'Im ānû 'ēl, Deus está conosco em todo lugar, a todo momento, sempre e para sempre".

A missão: Hoje, repita o nome de Deus em hebraico. Em cada circunstância da vida, pronuncie e vislumbre a realidade de 'Im ānû 'ēl, Deus está com você, sempre.

Isaías 7.14; Mateus 1.21-25; Lucas 8.22-25

Jonathan **Cahn**

76.º DIA — ALÉM DA VELOCIDADE DA LUZ

ERA NOITE DE lua cheia. O professor levou-me até a borda de um enorme cânion, em cujo centro era possível ver o leito seco. A luz da lua permitia enxergar o que se passava lá embaixo.

— Grite. Grite na direção do cânion. Pode gritar o que você quiser.

Virando na direção do cânion, enchi os pulmões e gritei:

— Estou gritando no cânion!

As palavras ecoaram nas rochas distantes.

— Repare no atraso — disse o professor. — Por que existe esse atraso?

— Porque as palavras ecoam quando batem nas paredes do cânion.

— Porque se passa algum tempo. É preciso de tempo para o som da sua voz viajar até as paredes do cânion. Isso vale não só para o que você ouve, mas também para o que vê.

— O que isso quer dizer?

— Olhe para o céu. Consegue ver as estrelas?

— Claro que sim.

— Na verdade, não consegue — respondeu o professor. — São necessários anos e anos para a luz das estrelas chegar até seus olhos. Você não está vendo o que é, mas o que era. Você está olhando para anos atrás, está vendo o passado.

— Mas, quando olho para as coisas na Terra, vejo o presente.

— Não — ele respondeu —, não vê. Olhe para o cânion. O que você está vendo é a luz dele. A luz leva um tempo até chegar aos seus olhos. Mesmo que seja apenas um instante, leva algum tempo. Assim, você nunca enxerga o que é; apenas o que já foi. No momento em que você enxerga, já está no passado. Você só consegue ver o passado, o que já foi, nunca o que é.

— Então não é possível jamais ver a Verdade, pois a Verdade é o que é.

— Não é possível ver com os olhos, pois a Verdade está além do som e da luz.

— Então como é possível?

— O único meio de enxergar a Verdade é ver sem a visão, é ver por meio da fé, percebendo o que está além da percepção, conhecendo o que existe além dos sentidos. Aquilo que se vê já passou, mas o que não se pode enxergar é para sempre. Viva pela fé, e pela fé você conseguirá enxergar a Verdade.

A missão: Viva hoje não pelo que você vê, mas além daquilo que você está vendo, ouvindo e sentindo. Viva pelo que não se vê: pela fé.

Habacuque 2.2-4; 2Coríntios 4.18; 5.7

77.º DIA — OS SACERDOTES DO SACRIFÍCIO

— PROFESSOR, TENHO UMA pergunta — eu disse. — Se a morte do Messias foi ordenada por Deus, portanto um evento da maior santidade, por que ela se deu de forma tão indigna?

— Por que você diz que a forma como aconteceu não foi santa? — perguntou o professor.

— Porque aconteceu nas mãos de homens maus, envolveu suborno, traição, brutalidade, assassinato... o mal.

— No Israel da Antiguidade, quem era apontado por Deus para oferecer os sacrifícios?

— Os sacerdotes, os filhos de Arão — respondi.

— E quem foram as pessoas encarregadas de entregar o Messias à morte?

— O Sinédrio.

— Que era comandado pelo sumo sacerdote e incluía os principais sacerdotes do templo, os filhos de Arão, designados por Deus para oferecer sacrifícios. E por que eles estavam tão obcecados com o Messias? Eles eram sacerdotes, e ele era o Cordeiro, o sacrifício. Então esses sacerdotes precisavam iniciar a morte dele: esse era o chamado e o ministério para o qual tinham se preparado; só eles poderiam oferecer o Cordeiro de Deus à morte. É por esse motivo que eles conspiraram, prenderam e entregaram o Messias aos romanos para ser crucificado. Fazia parte do *ministério deles* oferecer o Messias em sacrifício.

— Então eles o mataram porque eram sacerdotes e porque o Messias era o sacrifício?

— Não é que eles soubessem disso, mesmo assim eram os encarregados de fazê-lo. Além do Sinédrio, havia o sumo sacerdote, que, sozinho, era encarregado de oferecer o sacrifício mais santo, a expiação pela qual se removiam os pecados da nação. E quem presidia o Sinédrio e era o maior responsável por entregar o Messias à morte? O sumo sacerdote. De fato, ele teve a intenção de matar, mas fora o encarregado pela Lei de Deus de oferecer o sacrifício, que era o Messias. Assim, apenas o sumo sacerdote tinha o dever de oferecer o Messias.

— Mas eles eram maus, e a motivação deles era torpe! — protestei.

— Não obstante, foi por meio das ações dessas pessoas que veio a salvação. O mundo está cheio do mal, do imperfeito e do errado; mas Deus usa todas essas coisas — o mal, o imperfeito e o errado — para fazer o bem, o sagrado e o perfeito neste mundo e na sua vida. Toda lágrima, toda crise, todo arrependimento, todo mal e todo erro, no fim, se revelarão como sacerdotes dos sacrifícios, cumpridores do propósito sagrado e das bênçãos que Deus reservou para sua vida.

A missão: Quem ou o que neste mundo trabalha contra você, a favor do mal? Entregue essas coisas a Deus e agradeça antecipadamente, pois ele usará tudo isso para fazer o bem.

Levítico 16; Mateus 20.18; Romanos 8.28

THE GOOD FRIDAY SACRIFICE MYSTERIES

78.º DIA — REBANHO SEM PASTOR

ESTÁVAMOS SENTADOS EM uma montanha, observando um pastor conduzindo seu rebanho.

— O pastor é o provedor do rebanho — disse o professor. — É o líder e a proteção contra predadores. O que aconteceria se um raio atingisse o pastor? Ou se as ovelhas se afastassem dele, o que aconteceria?

— O rebanho se espalharia. As ovelhas perambulariam pelo deserto, sem proteção, e acabariam atacadas e devoradas.

— A história de qual povo, mais que a de qualquer outro, seria a manifestação dessa metáfora, um povo que vivia unido e foi espalhado pelo mundo como ovelhas sem um pastor, caminhando pela Terra sem ninguém para protegê-lo, um povo atacado por predadores, machucado e devastado? Que povo, mais que qualquer outro, habitou este planeta como um rebanho sem pastor?

— O povo judeu, mais que qualquer outro.

— E você sabe qual povo, de todos os povos, é chamado nas Escrituras "rebanho de Deus"? O povo judeu. Durante dois mil anos, eles carregaram as marcas de um rebanho espalhado, separado de seu pastor. Assim, se estavam sem líder, quem seria o pastor ausente, de quem suas andanças e falta de proteção são testemunho?

— O Messias, o protetor de Israel, *Yeshû'â*... Jesus.

— E quem disse para eles: "Eu sou o bom pastor"? Quem foi atacado dentre eles e de quem eles foram separados? Por quanto tempo os judeus foram separados dele? Dois mil anos. Por quanto tempo eles andaram pela Terra carregando os sinais da falta do pastor? Os mesmos dois mil anos. Por isso, está escrito em hebraico nos Profetas: "Fira o pastor, e as ovelhas se dispersarão". É porque ele foi o verdadeiro Pastor, a proteção, a defesa, a provisão e o mantenedor, o Messias. O mesmo se aplica a todos nós: se vivemos sem ele, acabamos vagando pela vida perdidos, desprotegidos e sem esperança, mostrando os sinais da falta do pastor. Não obstante, foi profetizado que, no final, o povo de Israel retornará para o Pastor, e este irá restaurar o que se quebrou, curar as feridas e cuidar de seu povo como um pastor cuida do rebanho. O mesmo valerá para nós, para cada ovelha perdida que retornar. Toda ovelha perdida será acolhida nos braços do Pastor.

A missão: Dê fim à sua perambulação, aproxime-se do Pastor. Alimente-se nas mãos dele e descanse na proteção e no amor afável dos braços divinos.

Isaías 40.11; Ezequiel 34.5-16; Zacarias 13.7; João 10.11-16

79.º DIA — O MISTÉRIO DA 'ĂQĒYDAT

— VOCÊ JÁ OUVIU falar da *'ăqēydat*? — o professor perguntou. — A *'ăqēydat* foi o oferecimento de Isaque por seu pai, Abraão.

— Já ouvi falar, mas nunca entendi o que aconteceu — respondi.

— Foi um teste, mas também um mistério. No fim do teste, Deus selou o pacto com Abraão. Nesse pacto, cada uma das partes precisava fazer o que a outra parte estava disposta a fazer. Vamos abrir o mistério: Abraão estava disposto a oferecer o próprio filho em sacrifício; portanto...

— Portanto, Deus também teria de oferecer seu Filho em sacrifício — completei.

— O pai levou seu filho em um jumento até a terra do sacrifício — disse o professor.

— Então Deus levou o Filho em um jumento até a terra do sacrifício... no Domingo de Ramos. O Messias foi levado em um jumento até o lugar do sacrifício.

— O pai colocou a madeira do sacrifício nos ombros do filho...

— E Deus colocou a madeira do sacrifício, a cruz, nos ombros do Messias.

— O filho carregou a madeira montanha acima até o lugar do sacrifício.

— Como o Messias carregou o madeiro até o lugar do sacrifício.

— O pai colocou o filho sobre a madeira e o atou a ela.

— O Messias foi colocado na cruz e pregado nela.

— O pai ergueu a faca sacrificial, mas foi impedido...

— A faca, o julgamento de Deus, foi erguido... mas não se deteve. O Messias morreu na madeira do sacrifício.

— Você sabe o que aparece pela primeira vez nas Escrituras e está registrado nesse relato?

— Não.

— A palavra "amor". A primeira ocorrência de "amor" ocorre nesse relato, o amor do pai pelo filho, assim como o primeiro amor da existência foi do Pai pelo Filho. Não obstante, o Pai está disposto a oferecer o Filho do seu amor para nos salvar. O que isso revela? Se Deus ofereceu o Filho do seu amor para nos salvar, então ele deve amar você com o mesmo amor com que amou o Filho, pois está escrito: "Deus tanto amou o mundo que deu o seu Filho Unigênito, para que todo o que nele crer não pereça, mas tenha a vida eterna". Portanto, você não deve duvidar jamais de quanto Deus o ama. Essa medida já está estampada na madeira do sacrifício: tanto quanto ele amou o Filho Unigênito, o maior amor da existência, é também o amor que ele tem por você.

A missão: Hoje, reflita sobre o preço do amor que foi pago por você e viva na mesma medida do amor sacrificial por Deus.

Gênesis 22; João 3.16

Jonathan **Cahn**

80.º DIA — A VISITA DO NOIVO

— VENHA, VAMOS VER o começo do casamento — disse o professor.

Viajamos pelo deserto até chegar ao acampamento do casamento, onde ficamos observando o desenrolar dos acontecimentos praticamente sem sermos percebidos. A cena girava em torno de um jovem e das companhias que o cercavam e seguiam.

— Esse é o noivo, com seus parentes e amigos — disse o professor.

A procissão seguiu até o fim do acampamento, onde o noivo subiu em um camelo e prosseguiu acompanhado a pé pelo cortejo. Acompanhamos a comitiva de longe, e ninguém pareceu se importar. Andamos cerca de meia hora até chegar ao destino final, outro acampamento em que uma pequena multidão esperava. O noivo desceu do camelo, foi recebido pelo grupo e levado para dentro de uma tenda.

— O que você acabou de testemunhar foi a viagem do noivo. Essa tradição remonta aos casamentos hebreus da Antiguidade. Para que o casamento acontecesse, o noivo precisava ir da sua casa até a casa da noiva. Não importava onde ela morasse, fosse do outro lado do acampamento ou do outro lado do deserto: onde quer que ela estivesse, o noivo deveria ir até a amada.

— E aposto que há um mistério nessa tradição!

— O noivo é uma sombra de Deus. Cada um de nós nasceu para ser a noiva. Mas para que haja o casamento, a união das duas partes, o noivo sempre tem de partir de sua casa até a casa da noiva. De acordo com o mistério, há dois mil anos o Noivo, Deus, realizou a viagem para se unir à noiva. Ele viajou não por uma cidade ou um deserto, mas através do tempo e do espaço, desde o Céu, a casa do Noivo, até a Terra, a casa da noiva.

— Já aconteceu de a noiva ter de viajar até a casa do noivo? — perguntei.

— Nunca — o professor respondeu. — Do mesmo modo, não é possível alcançar Deus ou o Céu por conta própria. Mas isso não é necessário: é o Noivo quem viaja até a noiva, é Deus quem viaja na sua direção. Ele entra na sua tenda, na sua vida, não importa onde você esteja, sem importar como é sua vida, por mais distante que você esteja dele. Ele ainda assim chega à sua casa, onde quer que você esteja. Não importa onde você estiver, ele irá se unir a você e bater à porta do seu coração.

— O que a noiva precisa fazer? O que devemos fazer? — perguntei.

— Abra a porta. Abra a porta e deixe-o entrar.

A missão: Hoje, encontre o Noivo, mas, em vez de tentar ir até ele, permita que ele venha até você, onde quer que você esteja, na situação em que se encontre.

Mateus 25.1-13; João 3.29; 16.28

81.º DIA — A CONVERSÃO MONETÁRIA CELESTIAL

ESTÁVAMOS NO ESCRITÓRIO do professor quando ele se levantou da mesa, foi até uma escrivaninha, abriu a gaveta e dela tirou um recipiente do tamanho de uma caixa de sapatos. O professor colocou-o sobre a mesa e pediu que eu o abrisse.

— Vá em frente. Dê uma boa olhada — disse o professor.

E assim fiz. A caixa estava repleta de cédulas de dinheiro de vários países.

— São lembranças de minhas viagens pelo mundo. Talvez seja uma surpresa para você, mas nem sempre vivi aqui.

O professor fez uma pausa enquanto eu colocava uma cédula que estava examinando de volta na caixa.

— Quando se viaja para o estrangeiro, é preciso converter a moeda do país de origem pela moeda do país de destino. Mas o que aconteceria se você fosse para um lugar do qual jamais retornaria? E se, nesse novo lugar, todo o dinheiro do país de onde você veio não tivesse valor? E como seria se fosse impossível levar qualquer coisa do seu país de origem para esse novo lugar? O que você faria? — perguntou o professor.

— Acho que trocaria tudo que tenho pela moeda do meu destino, já que perderia tudo que não pudesse converter.

— E onde você faria essa conversão?

— Teria de fazer isso na minha terra natal, antes de poder viajar.

— Isso mesmo — o professor respondeu. — É por isso que a conversão monetária é fundamental para os filhos do Reino. Veja, todos nós iremos fazer uma viagem: estamos deixando a terra da nossa origem rumo a outra realidade, e a moeda da Terra, que são todas as nossas posses, não tem valor algum no lugar para onde vamos; então não podemos levar nada conosco. Assim, toda moeda a que tentemos nos agarrar perderá seu valor. Quem, então, é sábio a esse respeito? Ora, só os que, nos dias que antecedem a viagem, realizam a conversão. Esses sábios convertem toda moeda terrena em moeda celestial.

— Como? Como é possível fazer essa conversão? — perguntei.

— Você precisa entregar toda a sua fortuna terrena, tudo que você possui neste mundo, aos propósitos do Céu, ao Reino; e deve fazer isso sem conseguir nenhuma vantagem terrena em troca. Já que ninguém conhece o momento exato da partida, é preciso aproveitar o tempo ao máximo e converter o máximo de dinheiro possível para obter a moeda celestial. É de grande sabedoria trocar o que não se pode manter por aquilo que jamais se perderá.

A missão: Hoje, comece a fazer a conversão monetária celestial. Entregue seu tempo, sua energia, sua riqueza e seu amor aos propósitos dos Céus.

Provérbios 10.2; 19.17; Mateus 6.19-21

Jonathan **Cahn**

82.º DIA — O CAMINHO DO *YĀSHĀR*

ESTÁVAMOS À BEIRA de um precipício, olhando para a vastidão do deserto. O professor começou a recitar as palavras do profeta:

— "Uma voz clama: 'No deserto preparem o caminho para o Senhor; façam no deserto um caminho reto para o nosso Deus'". Como o profeta descreve o caminho de Deus?

— O caminho de Deus é reto — respondi.

— Isso mesmo. Na física, na geometria, no espaço, qual a menor distância entre dois pontos?

— Uma linha reta.

— Isso vale para o mundo físico e para o mundo espiritual também. O caminho de Deus é reto, portanto o único modo de percorrê-lo é caminhando em linha reta.

— E como se anda em linha reta no reino espiritual?

— A linha reta é uma linha consistente, que tem apenas uma direção. O oposto da linha reta é a linha torta ou sinuosa, uma linha inconsistente que segue em mais de uma direção. No entanto, quanto mais a linha se desvia, tanto mais ela demora a chegar ao ponto-final; do mesmo modo, quanto mais você se desvia do caminho de Deus, mais fica andando para lá e para cá, mais tempo consome e maior é o esforço necessário e a energia gasta para chegar ao ponto final. Além disso, quanto mais sinuoso menos para frente se anda. Veja, no fim das contas é o caminho torto e sinuoso o mais difícil: o caminho reto é muito mais fácil, porque demanda menos tempo, menos energia e menos esforço. É o caminho reto que permite chegar mais longe.

— Como posso aplicar isso à minha vida? — perguntei.

— Caminhe com um objetivo em mente, com um único motivo, uma única meta e um só coração. Elimine qualquer desvio à direita ou à esquerda desse objetivo, bem como o quer que não se alinhe ao seu chamado, à sua fé, às suas convicções e aos propósitos de sua vida. Tire essas distrações das suas ações, das suas palavras, dos seus pensamentos: quando se caminha reto, tudo se alinha: as palavras com as ações, as ações com a fé, a vida com o coração. Ah, mais uma coisa — o professor acrescentou —: na profecia, a palavra que significa "reto" é o termo hebraico *yāshār*, e *yāshār* também significa "bom", "correto", "agradável" e "próspero". Essas são as bênçãos dadas a quem caminha na retidão e no caminho do *yāshār*.

A missão: Hoje, tenha como objetivo eliminar todo desvio de sua vida e tudo aquilo que não esteja alinhado à vontade de Deus. Caminhe em linha reta.

Isaías 40.3-5; Hebreus 12.13

83.º DIA — A IMPOSSIBILIDADE DA EXISTÊNCIA

JÁ ERA NOITE, e estávamos do lado de fora, sob um céu limpo e estrelado.

— A lei da causa e efeito — disse o professor — é o que fundamenta a ciência, a lógica e a razão: para cada efeito, deve haver uma causa; para cada fenômeno, deve haver um motivo. Nada pode existir sem que haja uma causa, pois isso iria contra os preceitos da razão, da ciência e da lógica. Não é possível ter algo que surja do nada; tudo precisa ter uma causa.

— Tudo isso é bastante lógico — respondi.

— Mas, se tudo tem uma causa, então qual a causa de tudo? Qual a causa do Universo? O que causou a existência do Universo físico?

— Foi o bigue-bangue — respondi.

— A causa não pode ser o efeito. Portanto, a causa precisa ser algo que vai além do mundo físico. O que causou o bigue-bangue? Se esse fenômeno foi mesmo o início, então ele veio do nada. No entanto, se ele aconteceu do nada, não tem uma causa e, se não tem causa, não pode existir. Então ele vira mágica.

— Mas, e se o Universo sempre tiver existido?

— Se o Universo sempre existiu, então ele não teve começo; e, se não teve começo, logo nunca teve início. Ora, se não teve início, não pode existir, portanto nunca existiu. Mais uma vez: mágica. Ou o Universo surgiu do nada e não pode existir ou ele não teve início e nunca começou, caso em que também não pode existir.

— Então não podemos existir, mas existimos. Qual é resposta para esse dilema?

— A resposta só pode ser o que não pode ser explicado, mas que explica todas as coisas: aquilo que não conseguimos compreender, mas que faz todas as coisas terem sentido. Apenas aquilo que não é deste mundo, que não é do mundo físico, pode explicar o que é físico. Apenas uma causa sem causa pode fazer o Universo existir, e só o que existe além das leis do Universo pode fazer as leis do Universo existirem.

— E essa coisa é...

— Deus — respondeu o professor. — Por definição, é Deus, Eu Sou, aquele que não se pode explicar e explica todas as coisas. É a incompreensibilidade dele a causa da nossa impossibilidade, da nossa existência. O Universo jamais conseguiria explicar a si mesmo por si só, assim como você também jamais poderia explicar sua vida por meio dela própria, fazendo que sua vida dê sentido a ela mesma. O único meio de encontrar o significado e o propósito da vida é investigando um mistério: o mistério de Deus, o mistério da causa de tudo que você faz, a razão de tudo que você é.

A missão: Hoje, reflita sobre o milagre de cada momento que você viva. Valorize cada momento e tire o máximo de cada um. Faça que Deus seja a causa de tudo que você faz.

Gênesis 1.1-2; João 1.1-3; Hebreus 11.3

THE UNKNOWABLE LOVE

84.º DIA — DEUS AJOELHADO

ERA HORA DO louvor. Todos estavam reunidos na ampla tenda armada do lado de fora e oravam, louvavam, cantavam ou faziam silêncio, cada um do jeito que achava melhor. No meio daquele exercício, reparei que o professor estava ajoelhado, permanecendo naquela posição por algum tempo. Aquilo me impressionou. Mais tarde, ainda no mesmo dia, aproximei-me dele quando o avistei sozinho.

— Reparei que você estava ajoelhado durante o louvor. Nunca entendi o propósito desse gesto. Por que as pessoas se ajoelham? — perguntei.

— Ajoelhar significa "diminuir-se", "humilhar-se". Ajoelhar é um ato de submissão; então é submeter-se a alguém. Senti o chamado para me ajoelhar, para me humilhar diante do Todo-Poderoso, de me submeter à vontade divina.

— Nunca tinha ouvido uma explicação assim.

— Você sabe qual o termo hebraico usado para a palavra "abençoar" nas Escrituras?

— Não faço ideia.

— O termo é *bērak*. Apesar de ele significar "abençoar", também significa "ajoelhar". Quem abençoa mais que qualquer um? Quem é aquele cuja natureza é abençoar?

— Deus.

— E qual foi a maior bênção que ele deu?

— A salvação, a redenção, a vida eterna.

— A natureza de Deus é abençoar, e a maior bênção que ele nos deu foi a bênção da salvação. Mas abençoar é *bērak*, e *bērak* é ajoelhar-se, e que significa "diminuir-se".

— Então para Deus nos dar a bênção da salvação, ele precisou diminuir-se.

— Sim. Para nos dar a maior das bênçãos, seria necessário a maior diminuição possível, a maior descida possível — disse o professor.

— Foi por isso que ele desceu ao mundo e se humilhou assumindo a forma humana.

— Ajoelhar-se significa "submeter-se", e ele se submeteu ao escárnio, ao abuso e à condenação do homem; ele se submeteu ao julgamento, à crucificação e à morte, que é a diminuição máxima, o ajoelhar cósmico, o ajoelhar do Todo-Poderoso. Não obstante, com esse ajoelhar máximo veio o *bērak* máximo, a bênção máxima, a salvação última: abençoar é ajoelhar, e aquele que se ajoelha é o mesmo que abençoa. Quando Deus se ajoelhou, fomos abençoados e, à luz dessa bênção, não podemos fazer nada menos que nos ajoelhar diante dele e lhe entregar nossa vida.

A missão: Quem você precisa abençoar? Seja uma bênção para as pessoas, assim como Deus se humilhou para abençoar você. Humilhe-se da mesma forma e seja uma bênção para o próximo.

Salmos 95.6-8; Filipenses 2.4-10; Tiago 4.6-10

85.º DIA — O MISTÉRIO DE EFRATA

EM CIMA DA mesa baixa de madeira ao redor da qual estávamos sentados, via-se uma lamparina a óleo, um cálice de metal e um prato com dois pedaços de *matsá*, ou pão sem fermento.

— Todo *Sēder* da Páscoa tem esses dois elementos — disse o professor —, o pão e o vinho, como aconteceu na Última Ceia, a última Páscoa do Messias na Terra.

O professor ergueu o prato com o pão sem fermento.

— Em hebraico, a palavra que significa "pão" é *leḥem*. O Messias tomou o pão e pronunciou uma bênção em hebraico arcaico agradecendo pelo *leḥem*.

O professor recitou a bênção em hebraico e dividiu o pão conosco.

— Então o Messias pegou o cálice e deu graças. Ele recitou em hebraico arcaico a prece do *perî hagāfen*, o fruto da vide, e deu o cálice de vinho, símbolo do seu sangue, aos discípulos.

O professor recitou a bênção em hebraico com o cálice na mão e compartilhou-o conosco.

— Esses dois elementos, o pão e o fruto da vide, o *leḥem* e o *perî*. O *leḥem* representa o corpo do Messias, e o *perî* representa o sangue dele. Uma pergunta: quando foi que o corpo e o sangue do Messias foram revelados pela primeira vez? Quando foi que ele apareceu em carne e sangue pela primeira vez?

— Durante a natividade, em Belém — respondi.

— E o que é Belém? *Belém* significa "lugar do *leḥem*", "casa do pão". O lugar de nascimento do Messias, onde ele assumiu a forma corporal pela primeira vez, contém a mesma palavra que ele usou para abençoar o pão que representava seu corpo, *leḥem* e Belém. Mas Belém costumava ter outro nome: a cidade também era chamada Efrata, "Belém Efrata". Vocês sabem qual é a origem do termo "Efrata"? Ele vem da mesma palavra que gerou *perî*, que ele recitou com o cálice nas mãos, com o vinho representativo do seu sangue. Assim, o lugar de nascimento do Messias, o lugar onde ele apareceu pela primeira vez em carne e sangue, contém a mesma palavra que ele usou para abençoar o vinho que representava o sangue, *peri*.

— Então o lugar onde o Messias apareceu pela primeira vez em carne e sangue tem o nome dos dois elementos que representam o sangue e a carne divinos, Belém Efrata, o pão e o fruto da vide. Tudo estava lá desde o começo — eu disse.

— Sim — respondeu o professor. — Do mesmo jeito, a morte dele também já estava lá no início, pois o sacrifício veio para ser sacrificado. Ele viveu a vida como uma bênção, sabendo que seria usado, um sacrifício de amor. Vão e façam o mesmo.

A missão: Que bênçãos, recursos e habilidades você possui? Use cada uma dessas coisas para doar ao próximo e busque hoje agarrar toda oportunidade que tiver.

Miqueias 5.2; Lucas 22.14-20

Jonathan **Cahn**

86.º DIA — NISÃ

EU ACOMPANHAVA O professor em uma caminhada por uma planície desértica quando ele parou para apanhar uma flor que acabara de desabrochar.

— Até no deserto é possível ver flores desabrochando — disse o professor.

— Ela é linda — respondi.

— Nas Escrituras hebraicas, a palavra que significa "inverno" é *setāw*. *Setāw* significa "estação do esconder" ou "tempo de escuridão". O inverno é a estação da escuridão, da infertilidade e da morte, mas todo ano o inverno acaba com a chegada do mês hebreu de nisã.

— Quando é primavera.

— Isso mesmo. Nisã é o mês que encerra a estação da escuridão, que rompe a morte do inverno; nisã é o mês em que a terra volta a render frutos e em que as flores tornam a desabrochar; nisã é o mês da vida nova: na verdade, a palavra *nisã* significa "o começo". Nisã é o mês em que o sagrado ano hebreu começa mais uma vez.

— E por que isso é importante?

— Porque nisã foi o mês em que o Messias escolheu trazer a redenção; é o mês em que ele entrou em Jerusalém, o mês em que ele morreu na cruz e ressuscitou dentre os mortos. Por que você acha que isso tudo aconteceu em nisã?

— Porque nisã é o tempo do novo começo. Por isso, quando o Messias veio, precisou acontecer um novo começo. Era preciso que fosse nisã, e nisã é a estação da vida nova. Por isso, a vinda do Messias traz nova vida, um novo nascimento.

— Isso mesmo — respondeu o professor. — O que mais há no nisã?

— Ele também encerra o inverno.

— E que inverno é esse que ele encerra? — o professor perguntou.

— Nosso inverno, o inverno da vida, a estação da escuridão humana, a estação do esconder, do viver nas sombras, a estação da infertilidade, quando a vida humana não pode render os frutos que deveria.

— Sim, a vinda do Messias é nosso nisã, que encerra o inverno da vida e conduz à primavera. Esse é o poder do Messias, o poder do nisã. Para aqueles que estão no Messias, é sempre nisã: pois é no nisã que devemos sempre habitar, na estação da vida nova, do novo começo, do desabrochar, onde o inverno se encerrou e a primavera já começou.

A missão: Liberte-se do inverno e de toda escuridão. Renda os frutos a que sua vida foi destinada. Viva no poder do nisã.

Cântico dos Cânticos 2.8-13;
2Coríntios 5.17

87.º DIA — A SEMELHANÇA

NAQUELA NOITE, HOUVE uma tempestade. O professor encontrou-me na manhã seguinte e, ao nos sentarmos do lado de fora do prédio principal, vimos um arco-íris no céu.

— Você sabia que o trono de Deus é envolvido por um arco-íris? — perguntou o professor.

— Não. Onde é que isso está escrito?

— No livro de Ezequiel: "Tal como a aparência do arco-íris nas nuvens de um dia chuvoso, assim era o resplendor ao seu redor".

— Mas por que Ezequiel não disse apenas que era "um arco-íris", em vez de dizer "a aparência do arco-íris"?

— Ele também não disse que era um "trono", mas que "parecia um trono", "à semelhança" de um trono. "Havia o que parecia um trono de safira, e, bem no alto — sobre o trono — havia uma figura que parecia um homem". Veja como ele sintetiza a visão toda: "Essa era a *aparência* da *figura* da *glória* do Senhor". Não era a glória do Senhor, mas a *aparência* da glória do Senhor; e nem isso era exato, pois ele diz que era a aparência da *figura* da glória do Senhor.

— E o que tudo isso significa? — perguntei.

— Temos aqui o profeta Ezequiel experimentando uma visão da glória de Deus, mesmo assim ele só consegue falar em termos de aparências e semelhanças e figuras. O que isso revela? Que, por mais que tentasse, ele jamais conseguiria descrever com precisão; ele só conseguia falar do que parecia ser. O mesmo acontece com Deus: por mais que tentemos descrevê-lo, ele ainda é muito mais. Não existem palavras para contê-lo; nem o mais alto louvor, nem o mais profundo pensamento, nem a mais sofisticada teologia, nada disso sequer começa a se aproximar da aparência da semelhança de Deus. Se até o profeta Ezequiel, a quem Deus mostrou visões da glória divina, não conseguiu descrever o que viu, nem sequer compreender o que estava vendo, como faremos isso?

— Como posso aplicar isso na vida?

— De várias formas — respondeu o professor. — Como Deus é sempre mais do que você pensa sobre ele, então sempre há mais para você descobrir. É por isso que você deve buscá-lo todo dia e a todo instante, sem parar de buscar, sem parar de aprender, sem parar de chegar cada vez mais perto dele. Aproxime-se dele com um coração aberto, e ele virá ao seu encontro para além da aparência, para além da semelhança divina.

A missão: Por mais que você conheça Deus, ele é ainda mais do que você imagina. Busque conhecer mais sobre Deus, mais do que você já conhece.

Ezequiel 1.26-28; Filipenses 3.10

88.º DIA — O PICO PORTÁTIL

O PROFESSOR LEVOU-ME até o topo de uma montanha bastante recortada e irregular. Quando alcançamos o pico, paramos para olhar a paisagem ao redor. Era uma vista de tirar o fôlego. A montanha estava cercada por planícies desérticas e outras montanhas igualmente recortadas e irregulares, até onde a vista alcançava.

— Foi em uma montanha como esta que a glória de Deus desceu diante da nação de Israel: o monte Sinai, um dos locais mais importantes da história de Israel, uma experiência que foi literalmente um pico. Depois daquilo, o momento passou, mas, antes de o povo de Israel sair do Sinai, Deus ordenou que seu povo construísse uma tenda em que a presença divina habitaria: o tabernáculo, a tenda em que a glória de Deus estaria para sempre no meio do seu povo. O povo obedeceu, e assim a presença e a glória que haviam surgido no pico da montanha desciam agora à planície. A glória agora habitaria com o povo escolhido no deserto, no cotidiano deles, durante aquela viagem. Aonde quer que o povo escolhido fosse, a presença e a glória de Deus o acompanhavam. O que isso ensina?

— Que a vontade de Deus é descer e habitar no meio do seu povo.

— Foi o que ele fez. No começo do Evangelho de João, a descida de Deus é registrada da seguinte forma: "A Palavra tornou-se carne e viveu entre nós". Na língua original, no entanto, lê-se que a Palavra *ergueu um tabernáculo* entre nós. Em outras palavras, ele "montou sua tenda entre nós", assim como o fez no monte Sinai. O que isso significa?

— Que podemos habitar na presença de Deus todos os dias de nossa vida — respondi.

— Isso mesmo. Significa que você pode habitar na glória de Deus todos os dias da sua vida. No meio natural, a vida é uma sequência de altos e baixos: os altos e baixos das circunstâncias e os altos e baixos das emoções. Em Deus, no entanto, o alto já desceu abaixo; o Céu já desceu à Terra; o pico da montanha já alcançou o vale. Isso significa que, mesmo nos momentos mais baixos da sua vida, você ainda pode habitar nas alturas. Não importa onde você esteja, mesmo no mais escuro dos vales, se você se aproximar da presença divina irá vai habitar na glória do pico da montanha.

— Como? — perguntei.

— Basta entrar no tabernáculo, basta estar em comunhão com Deus em oração, em louvor, estando com ele todos os dias, tanto quanto possível. Faça isso e, não importa onde esteja, você habitará na glória das alturas. Pense por um momento: ele nos deu uma coisa extremamente maravilhosa para termos em todos os instantes da vida; ele nos deu um pico de montanha portátil.

A missão: Hoje, por mais improváveis ou ruins que sejam as circunstâncias, monte o seu pico da montanha e habite na presença de Deus nas alturas.

Êxodo 25.8; João 1.14

O Livro *dos Mistérios*

89.º DIA — O MISTÉRIO DO OITAVO DIA

O PROFESSOR LEVOU-ME de volta à Câmara dos Pergaminhos, aproximou-se do baú e tirou um pergaminho, que estendeu pela mesa até encontrar a passagem que estava procurando e então começou a traduzir em voz alta:

— "Celebrem a festa do Senhor durante sete dias; o primeiro dia e também o oitavo serão dias de descanso". Essa passagem fala da festa das cabanas, mas há algo estranho nela: a passagem ordena a comemoração por sete dias e descanso no oitavo. Como é possível ter um Oitavo Dia em uma festa que dura sete dias? Sete é o número de dias da festa e dos dias da Criação. Toda semana tem sete dias. Então o que é o Oitavo Dia?

— Não existe um Oitavo Dia — respondi.

— Não existe — o professor concordou. — Ao mesmo tempo, existe, sim. Se o sétimo dia trata do fim, então do que trata o Oitavo Dia?

— É o dia... depois do fim?

— Isso mesmo. O Oitavo trata daquilo que vem depois do fim.

— Mas não é possível ter algo depois do fim, pois então não seria o fim.

— Exatamente — disse o professor. — Este é o ponto: o Oitavo Dia contradiz todo o resto. Sete é o número de dias da Criação, mas o número oito transcende a Criação, ele rompe o tempo, é o número além dos números, o tempo além do tempo.

— Então o que acontece no Oitavo Dia da festa?

— É um mistério — disse o professor. — Esse mistério se chama *Shēmînî 'atsēret*, que significa a "Reunião do Oitavo Dia". A festa das cabanas abrange os últimos dos dias sagrados determinados por Deus, é a festa final. Assim, o mistério reside no que acontece depois do fim: depois do fim dos dias e do fim dos tempos. É o último dia dos dias reservados por Deus, o dia do mistério. Nós pertencemos a Deus, portanto somos desse dia também. Quando a criação terminar, iremos ingressar nesse dia: vamos entrar no dia além dos dias, quando o finito dá lugar ao infinito, a era além das eras, a Eternidade.

O professor fez uma pausa antes de prosseguir.

— E há mais um mistério.

— Qual?

— Aqueles que vivem no Espírito podem partilhar do Oitavo Dia... mesmo agora.

— Como é possível fazer isso antes do fim?

— Vá para além do fim, mesmo agora; vá para além de você mesmo e então descobrirá.

A missão: Busque viver hoje além das circunstâncias que o cercam, além do mundo, além do finito; viva no dia além dos dias, o Oitavo Dia.

Levítico 23.39; Romanos 6.11; 2Coríntios 5.1-6; Apocalipse 20.11

THE MYSTERY OF THE EIGHTH DAY I-III

Jonathan **Cahn**

90.º DIA — A TERRA DE *GETZĒRÂ*

ESTÁVAMOS NA CRISTA de uma cadeia de montanhas que costumávamos visitar, o olhar perdido ao longe. O professor segurava um pergaminho.

— Eis a ordem que diz respeito ao bode expiatório, sobre como ele deveria ser levado para o deserto.

Ele começou a ler.

— "Em seguida, enviará o bode para o deserto aos cuidados de um homem designado para isso. O bode levará consigo todas as iniquidades deles para um lugar solitário". Para onde levavam o bode? — perguntou o professor.

— Para o deserto — respondi.

— Para um "lugar solitário". Está aqui — disse o professor, apontando para uma das palavras do pergaminho. — É a palavra *getzērâ*. O bode expiatório precisava ser levado para a terra de *getzērâ*.

— O que é a terra de *getzērâ*?

— *Getzērâ* deriva da raiz *gezēr*. *Gezēr* significa "eliminado", "excluído", "destruído". Assim, a terra de *getzērâ* significa "um lugar eliminado, excluído, solitário", onde ninguém consegue viver.

— Ninguém além do bode expiatório.

— Sim — respondeu o professor. — Quando Isaías profetizou a morte do Messias, ele usou a mesma palavra. Disse Isaías: "Ele foi eliminado da terra dos viventes; por causa da transgressão do meu povo ele foi golpeado". A palavra "eliminado" é uma tradução de *gāzar*, assim como a terra de *getzērâ*.

— Então, de certa maneira, o Messias vai até uma terra eliminada, excluída, destruída e solitária, onde ninguém consegue morar.

— Assim como o bode expiatório leva os pecados do povo até a terra de *getzērâ*.

— Então o Messias levou nossos pecados para a terra de *getzērâ*.

— O que isso significa? O que significa dizer que o Messias levou seus pecados para a terra de *getzērâ*?

— Significa que meus pecados foram eliminados e que ninguém consegue ir até onde eles estão.

— Isso mesmo, seus pecados estão onde ninguém consegue viver, nem mesmo você. Ninguém consegue visitar seus pecados, nem você mesmo. Não é possível viver no lugar onde não se consegue viver, na terra de *getzērâ*. Portanto, nunca habite nos seus pecados, nunca tente visitá-los: é preciso dizer adeus. Seus pecados se foram, foram levados e separados, para sempre; agora eles estão na terra de *getzērâ*.

A missão: Diga adeus aos seus pecados, à sua culpa, ao seu passado e a tudo que lhe foi removido. Deixe essas coisas irem e livre-se delas para sempre, deixe-as na terra de *getzērâ*.

Levítico 16.21-22; Salmos 103.12; Isaías 44.22; 53.8

AZAZEL

91.º DIA — A SOMBRA

ERA UMA NOITE escura. Não havia lua, e só era possível avistar algumas estrelas no céu do deserto. Havia apenas a escuridão e o sussurrar dos gelados frios noturnos.

— Você tem medo do escuro? — o professor perguntou.

— Às vezes — respondi.

— Nas Escrituras, a escuridão é um símbolo do mal. A escuridão é ausência, a ausência da luz. O mesmo se dá com o mal...

— O mal é uma ausência?

— O mal não é uma realidade, mas a ausência de uma realidade. Ele não é da criação, mas uma negação da criação, uma negação do que é, a negação de Deus. Por isso, o mal não pode existir por si próprio: o mal só existe em oposição à existência.

— O que isso significa?

— A verdade existe por si só, ela é aquilo que é. Mas uma mentira não consegue existir sem uma verdade. Uma mentira é uma deturpação da verdade e, assim, só pode existir por conta da verdade, negando-a. Do mesmo modo, a vida existe sem a morte, mas a morte não pode existir sem a vida. A morte só existe como negação da vida. Também o bem pode existir sem o mal, mas o mal não pode existir sem o bem: o mal é a negação do bem.

— É a força da oposição — concluí.

— Sim. Em hebraico, o que se opõe, aquilo que vai contra, é chamado *sātam*.

— *Sātam* — repeti, silenciando por um instante antes de me dar conta. — Satã! É possível ter Deus sem Satã, mas não existe Satã sem Deus.

— Isso mesmo. Só é possível discernir a escuridão por causa da existência da luz, da mesma forma que só podemos dizer que algo é falso em contraste com o que é verdadeiro, com o que é errado comparado ao que é certo. Então na verdade, o mal é...

— Um testemunho — completei —, um testemunho hostil que, apesar de si mesmo, dá testemunho da verdade.

— Sim — disse o professor. — É o testemunho de uma sombra. A escuridão da falsidade é testemunha de que a Verdade existe. A sombra do ódio é testemunha de que o Amor existe. A sombra do mal é testemunha de que Deus existe. Portanto, nunca deixe seu coração perder o foco habitando no mal, em uma sombra, naquilo que não é, obscurecendo o que é. Busque sempre além da sombra e acima dela; busque o Bem, que está sempre no trono, e de quem, em última instância, a escuridão dá testemunho e se ajoelha.

A missão: Hoje, procure enxergar além da escuridão dos problemas ou do mal que o confronta; busque o bem que está além da sombra.

João 3.20-21; 8.24; 18.37

Jonathan **Cahn**

92.º DIA — O ISRAEL SECRETO

ESTÁVAMOS OBSERVANDO UM pastor conduzir o rebanho por um cânion comprido quando avistamos um segundo rebanho e um segundo pastor descendo a montanha adjacente na direção do primeiro grupo. Os dois rebanhos então se fundiram em um só.

— Dois povos de Deus — disse o professor — têm compartilhado este mundo por dois mil anos: os filhos de Israel, o povo judeu e os seguidores do Messias, os cristãos, a Igreja. Na maior parte desse tempo, esses dois povos têm sido inimigos, cada lado enxergando o outro como uma presença estranha. Mas esses dois povos se unem em um mistério: o Messias é o Pastor de Israel, mas ele também é o Pastor de todos que o seguem de todas as nações, a Igreja. É por isso que ele disse para os discípulos judeus: "Tenho outras ovelhas que não são deste aprisco".

— Então a Igreja e Israel são dois rebanhos que têm o mesmo Pastor, o Messias.

— Mas o mistério vai ainda mais longe — ele acrescentou. — No livro de Efésios, está escrito que quem segue o Messias, o verdadeiro cristão, se torna concidadão da comunidade de Israel. Assim, os dois povos se unem. A Igreja é, na verdade, uma entidade judaica. Ela não substitui Israel, mas o complementa. A Igreja é, *em espírito*, judaica, ela é o Israel do Espírito. O que o povo judeu é em carne e osso no reino físico, a Igreja é no reino do espírito. Ao primeiro povo pertence a terra prometida deste planeta; ao segundo, a terra prometida do Céu. Ao primeiro pertence uma Jerusalém de montanhas e de pedras; ao segundo, a Jerusalém lá de cima. O primeiro é um povo reunido fisicamente oriundo de outras nações; o segundo é um povo espiritualmente reunido. O primeiro nasceu da promessa em carne e osso; o segundo, do Espírito. O primeiro constitui a família do Messias de carne osso; o segundo forma a família dele em espírito. O primeiro faz a colheita de frutos e de grãos; o segundo colhe a vida eterna. Assim como o espírito se junta ao corpo, esses dois povos estão intimamente ligados.

— Mas os dois povos vivem separados — disse.

— Sim, um em detrimento do outro. Mas a consumação do primeiro povo não acontece sem o segundo, assim como a plena realização do segundo não acontece sem o primeiro; pois, quando o espírito e o corpo estão separados, é a morte. Quando o espírito e o corpo tornarem a se unir, o que teremos?

— A vida. A vida, não a morte.

A missão: Hoje, busque encontrar as riquezas das raízes judaicas da sua fé e sua identidade secreta como hebreu espiritual, um israelita de Deus.

Gênesis 12.3; João 10.16; Efésios 2.11-22

93.º DIA — A NOIVA NA TENDA

— EIS A *KALÂ* — disse o professor, chamando minha atenção para uma jovem que estava no meio do acampamento. — É como se diz "a noiva" em hebraico. Lembra-se de quando o noivo fez uma visita? Foi ela quem ele veio encontrar.

— Mas ela ainda está aqui. Ela é a noiva, mas ainda não está casada.

— No casamento hebraico, o noivo vai até a casa da noiva. Lá, na casa ou na tenda da noiva, é feita uma aliança: daquele momento em diante, eles são conhecidos como noivo e noiva, marido e mulher. Mas o noivo deixa a noiva e a casa dela e volta para onde estava. Os dois estão unidos na aliança do casamento, mas não se veem até o dia do casamento. Enquanto isso, eles se preparam para esse dia.

— Mas me parece que, para a noiva, nada mudou. Ela continua vivendo com a família naquela tenda; continua fazendo as tarefas do dia a dia. Nada que a cercava mudou, a vida dela ainda é a mesma. Ela está casada, mas o que mudou?

— *Ela* mudou — disse o professor. — Agora ela é a *kalâ*!

— Não compreendo.

— Dois mil anos atrás, o Noivo viajou até a casa da noiva, Deus viajou até este mundo, nossa casa, o lugar em que vivemos; ele viajou para forjar uma aliança. De acordo com o mistério, o noivo precisa deixar a casa da noiva e voltar para sua própria moradia. Foi por isso que o Messias deixou este mundo para voltar para sua moradia. Estes são os dias da separação: o Noivo agora está em casa, no Céu, e a noiva também está em casa, neste mundo. Nós, que somos a noiva, agora estamos nesta casa, neste mundo. Você, na sua vida, ainda habita a mesma tenda. Aquilo que está ao seu redor ainda parece ser o mesmo, mas algo mudou profundamente: *você* — não a tenda, não o mundo ao seu redor — mudou, por isso não é mais deste mundo. Você está *no* mundo, mas não é *do* mundo. Você não pertence mais às circunstâncias, ao passado, aos pecados e às limitações; você não está mais preso a essas coisas; você não pertence mais ao mundo. Agora você é do Noivo, você está livre. Você é a *kalâ*!

A missão: Viva este dia como a noiva que está na tenda, como alguém que não está mais preso às circunstâncias. Seja do Noivo e liberte-se do mundo.

João 17.9-18; 2Coríntios 11.12; 1Pedro 2.11-12

THE GREAT PREPARATION

Jonathan **Cahn**

94.º DIA — A LEI DO TERRENO ALQUEIVADO

ESTÁVAMOS VOLTANDO DA cidade depois de cumprir algumas obrigações quando chegamos a um acampamento de agricultores. Caminhamos por vários campos de grãos até chegar a uma área aberta que parecia ter sido abandonada.

— Você sabe o que é isso? — perguntou o professor. — A isso se chama "terreno alqueivado". Trata-se do solo deixado intencionalmente sem ser semeado, sem ser cultivado, sem colheita. Veja, quando se planta no mesmo terreno, colheita após colheita, o solo se exaure, e a terra fica cada vez menos produtiva. Portanto, os fazendeiros deixam, de vez em quando, uma parte do terreno descansando, sem arar e semear. Quando se planta em um terreno alqueivado, que descansou, o que devemos esperar?

— Que ele seja produtivo, mais produtivo que os outros terrenos?

— Sim. Essa é a lei do terreno alqueivado, uma lei que contém um dos segredos mais importantes para uma vida abundante. O que é o terreno alqueivado? É o terreno que não foi tocado, em que não se trabalhou, que não foi cultivado. O que seria o terreno alqueivado em relação a Deus? É o terreno que não foi tocado por Deus. Trata-se de toda vida, todo coração e toda alma que ainda não permitiu que Deus o tocasse, que ainda não permitiu a entrada da vida de Deus. Assim, é de importância crucial semear a Palavra e o amor de Deus no terreno alqueivado dos perdidos, não salvos, e dos que não conhecem Deus; do que está mais distante e do que é mais terreno. Se eles receberem, renderão muitos frutos — disse o professor.

— Essa lei do terreno alqueivado também se aplica àqueles que conhecem Deus?

— Com tanta importância que colocá-la em aplicação pode transformar a vida deles. Mesmo na vida daqueles que conhecem e amam Deus, existe um terreno alqueivado. É aquela parte da vida que não foi tocada pelo amor de Deus, que não foi transformada pela Palavra. Qualquer que seja a parte da sua vida que não foi tocada, que não foi arada e semeada, essa parte é o seu terreno alqueivado. Qualquer parte da sua vida que permaneça sem mudança, sem redenção, sem retidão e que permaneça escura — suas ações, seus pensamentos, seus hábitos, suas emoções ou seus caminhos —, esse é seu terreno alqueivado. A lei do terreno alqueivado diz que é isso mesmo, esse mesmo solo, essa mesma área que você não permitiu a Deus tocar e mudar, que renderá os melhores frutos. É essa parte que você deve arar, semear e regar, pois é esse terreno que está esperando para gerar frutos para a colheita. Como está escrito nos Profetas: "Façam sulcos no seu solo não arado; pois é hora de buscar o Senhor".

A missão: Identifique o terreno alqueivado da sua vida. Abra hoje essa área para o toque de Deus, para a Palavra e para a vontade divina. Deixe que ele gere frutos.

Oseias 10.12; Mateus 13.23

95.º DIA — OS CORDEIROS DO NISÃ

O PROFESSOR LEVOU-ME de volta à Câmara dos Pergaminhos, aproximou-se do baú e tirou um pergaminho, que estendeu pela mesa até encontrar a passagem que estava procurando. Então começou a traduzi-la em voz alta:

— "No décimo dia deste mês todo homem deverá separar um cordeiro [...], um para cada casa". Esse é um dos feriados bíblicos mais importantes, porém a maioria das pessoas nunca ouviu falar dele.

— Qual feriado bíblico?

— O décimo dia do mês hebraico de nisã. A Páscoa cai no décimo quinto dia do mês de nisã, mas o décimo dia desse mês era o dia em que se escolhia o carneiro e em que se levava o animal para a casa em que ele seria oferecido.

O professor desviou os olhos do pergaminho e olhou para mim.

— Então o décimo dia do mês de nisã é o Dia do Cordeiro, o dia da escolha do cordeiro, em que ele é levado e se acostuma com a casa que o sacrificará. Você conhece o Domingo de Ramos? — perguntou o professor.

— Claro que sim. Foi o dia em que o Messias entrou em Jerusalém montado em um jumentinho. O povo recebeu o Messias com celebrações e folhas de palmeiras.

— Isso mesmo, mas esse também é um dia de mistério. Se o Messias é o Cordeiro da Páscoa, então ele também deve estar ligado ao décimo dia de nisã.

— E qual é esse mistério?

— O dia que você conhece como Domingo de Ramos é na verdade o décimo dia de nisã, o Dia do Cordeiro. Enquanto as pessoas de Jerusalém levavam os cordeiros da Páscoa para casa, o Messias ia do monte das Oliveiras até os portões da cidade. A chegada do Messias à cidade, recebido com folhas de palmeiras e hosanas, foi na verdade a realização do que havia sido ordenado muito tempo antes, o ato da condução do cordeiro. No dia em que os cordeiros haviam de ser levados para os lares judaicos, Deus levou o Cordeiro de Deus para a Casa de Deus, para Jerusalém, onde Deus habita. Assim como os cordeiros do décimo dia de nisã precisavam ser sacrificados na Páscoa pelos donos das casas, também o Cordeiro de Deus precisou ser sacrificado na Páscoa por aqueles que habitavam em Jerusalém. O Cordeiro de Deus precisou ir até a Casa de Deus para que a bênção da salvação pudesse acontecer. Do mesmo modo, se deseja conhecer a bênção de Deus, então você também precisa levar o Cordeiro para casa, precisa levá-lo para o lugar onde você vive, a cada cômodo, a cada armário, a cada parte da sua casa. A bênção começa quando o Cordeiro chega a casa.

A missão: Leve o Cordeiro para casa, para o lugar onde você vive, e permita que ele visite cada cômodo, cada armário, cada canto e lugar escuro.

Êxodo 12.3; Mateus 21.1-11

Jonathan **Cahn**

96.º DIA — A VILA DO CONFORTO DIVINO

— HAVIA UM LUGAR em Israel chamado *kfar naḥûm* — disse o professor.
— Nunca ouvi falar — respondi.
— A primeira parte do nome, *kfar*, pode significar uma "vila", e esse é o significado mais corriqueiro. A segunda parte, *naḥûm*, é um nome hebraico parecido com o do profeta Naum. Portanto, *Kfar Naḥûm* podia ser chamada de "a vila de Naum".
— Então *Kfar Naḥûm* era a vila do profeta Naum?
— Não. Não existe registro de alguma ligação entre o profeta e o local, e, ainda que houvesse outro homem chamado Naum nesse lugar, não existe registro da existência dele. Quando se vai a fundo, porém, descobre-se algo lindo: *Kfar* também pode significar "abrigo". Essa derivação vem do termo hebreu *kefar*, que significa ainda "redenção", "reconciliação", "misericórdia" e "perdão". Já o nome *Naḥûm* significa "conforto", "consolo". Portanto, *Kefar Naḥûm* é um nome que pode ser entendido como Vila do Conforto ou Abrigo do Consolo.
— Você disse que a primeira parte do nome fala de misericórdia e de redenção.
— Sim, o que significa que o nome pode ser compreendido como algo que diz respeito ao conforto da redenção, ao consolo da misericórdia de Deus, ao conforto do perdão e da reconciliação divina.
— E onde fica *Kefar Naḥûm*? — perguntei.
— Você já sabe — respondeu o professor.
— Acho que não. Nunca ouvi esse nome.
— *Kefar* virou Cafar e *Naḥûm* virou Naum. Cafar e Naum. *Cafarnaum*.
— Cafarnaum! — exclamei. — Cafarnaum… a cidade onde o Messias iniciou seu ministério.
— Foi o centro do ministério do Messias, a Vila do Conforto, o lugar onde ele curou os enfermos, perdoou os pecadores, recebeu os rejeitados e ignorados, onde ele restaurou o que estava partido. *Kefar Naḥûm*, o conforto da misericórdia do Messias. Você sabe a que o nome *Naḥûm* também está ligado? Ao arrependimento. É no arrependimento, quando nos voltamos para Deus, que encontramos conforto, misericórdia, cura e milagres. O Messias ainda está nesse lugar.
— Em Cafarnaum?
— Quando você vai até ele, ele está lá, em *Kefar Naḥûm*, no Abrigo da Misericórdia Divina.

A missão: Hoje, afaste-se do que não é da vontade de Deus e entre no Abrigo do Conforto Divino, onde as bênçãos o esperam, em *Kefar Naḥûm*.

Isaías 61.1-3; Mateus 4.13-16,24

97.º DIA — AONDE VOCÊ VAI

ESTÁVAMOS NO MEIO de uma planície arenosa do deserto.

— Você não vai me agradecer por isso — disse o professor.

— Pelo quê? — perguntei.

— Pelo que vou pedir para você fazer: quero que caminhe pela planície, só que de costas.

Obedeci, fazendo o melhor possível para não cair enquanto andava pela planície. Mesmo assim, não demorou para eu me visse de costas no chão, depois de tropeçar em um dos vários arbustos pequenos que salpicavam a paisagem. Depois de várias quedas semelhantes, o professor veio até mim e me ajudou a levantar.

— Muito bem, acho que já é o suficiente. Agora, por que pedi a você que fizesse isso?

— É a mesma pergunta que estou me fazendo...

— Todos nós fomos criados com olhos voltados para a direção em que caminhamos. Assim, andamos na direção para a qual olhamos. Vamos para onde olhamos.

— Eu poderia ter respondido isso, em vez de ter tido tanto trabalho.

— A razão pela qual pedi que você caminhasse de costas não foi para ensinar esse fato, mas para que você jamais se esqueça dessa verdade. É um princípio tão básico que nunca pensamos a respeito dele, mas, para onde você olha, você vai. Vá contra esse princípio, e nada dará certo. Mas aplique esse princípio em uma escala maior, na escala da vida, e pode ser que sua vida se transforme. Sua vida é uma viagem. Ao longo dessa viagem, é essencial que você olhe na direção que está seguindo e não olhe na direção para a qual não vai. Se você se concentrar naquilo que é terreno, impuro, negativo, maligno, escuro e pecaminoso, acabará chegando a esses lugares, a lugares escuros, bem longe de Deus. No fim das contas, você vai sempre chegar ao lugar para o qual está olhando. Está escrito que o Messias tinha os olhos fixos em Jerusalém. Aquele era o objetivo dele, a direção para a qual ele olhava muito antes de chegar lá. Concentre-se nas coisas que sejam coerentes com seu chamado. Você tem um chamado celestial e um destino celestial a atingir: olhe para o que é celestial. Habite no que é puro, elevado e de Deus, concentre-se no que é bom. Deixe de habitar no que não é bom e naquilo que não tem relação alguma com seu chamado celestial. Você vai acabar chegando ao lugar para o qual está olhando quando olhar para onde deve ir.

A missão: Em que direção aponta o chamado da sua vida? Hoje, habite apenas naquilo que leve a esse lugar, evite tudo que não leve ao seu destino.

Provérbios 4.25-27; Filipenses 3.13-14; 4.8; Efésios 4.1

THE LOOK WHERE YOU'RE GOING PRINCIPLE

Jonathan **Cahn**

98.º DIA — O ALIMENTO DOS SACERDOTES

— E SE EXISTISSE um alimento com poderes especiais? Um alimento que tornasse santo quem dele comesse e concedesse a capacidade de realizar a obra de Deus de forma nunca antes vista? — perguntou o professor.

— Acho que muito tempo e esforço seriam poupados — respondi.

— Os sacerdotes de Israel não só ofereciam os sacrifícios, como também partilhavam deles. Os sacerdotes se alimentavam dos sacrifícios para viver, e os sacrifícios eram alimento e sustento. Mas um sacerdócio santo precisava de um alimento santo. E o que é comida? É aquilo com o que se vive, que acaba virando parte do que se é.

— Você é o que come — disse.

— Sim, e você *faz* o que come também — disse o professor. — É a comida que lhe dá energia para se mexer, trabalhar, agir, fazer e realizar. O mesmo acontece com a comida espiritual.

— O que é comida espiritual?

— É o que sustenta seu espírito, aquilo do que vive seu coração. Tudo que você ingere no mundo espiritual acaba se tornando parte do você que há no mundo espiritual. Se você se alimenta do que é espiritualmente impuro, se come a comida da amargura, da impureza, da luxúria, da fofoca, da escuridão, então irá se tornar amargo, impuro e escuro. Se você partilha daquilo que é espiritualmente puro e santo, porém, você há de se tornar espiritualmente puro e santo. Assim como a comida do mundo físico dá energia, também o alimento espiritual dá energia espiritual. Por isso, se você consome alimento espiritual santo e de Deus, esse alimento lhe dará força e energia espiritual para fazer o que é santo e bom, para realizar a obra de Deus. Então qual era a comida dos sacerdotes?

— Os sacrifícios?

— E qual é o sacrifício último? O Messias. As Escrituras dizem que, quando nasce de novo, você passa a fazer parte de um sacerdócio santo. Se você é um sacerdote, então precisa viver da comida dos sacerdotes, dos sacrifícios. Em outras palavras, é preciso fazer do Messias o alimento que o sustenta, todo dia. O amor, a bondade, a misericórdia e a presença divina precisam se tornar seu sustento diário. Se você partilha do Messias, então a natureza dele vai se tornar sua natureza; a essência dele irá se tornar sua essência. A energia, o espírito e o poder do Messias lhe serão dados para que você possa realizar a obra de Deus e fazer aquilo que jamais conseguiu. De agora em diante, busque viver do alimento dos sacerdotes: alimente-se do que é santo. Você é o que come, e o que você come acaba virando parte de você.

A missão: Compartilhe hoje apenas do que é bom e santo, da comida dos sacerdotes. Habite no bem e em nada mais, e assim você se tornará.

Levítico 6.29; Salmos 34.8; João 6.51

99.º DIA — CANÇÃO DA PEDRA

ESTÁVAMOS SENTADOS NO chão de um quarto escuro, iluminado apenas pela chama de uma solitária lamparina a óleo. O professor tinha um pequeno pergaminho nas mãos.

— Na nova aliança das Escrituras, é dito que no fim do *Sēder* da Páscoa, na Última Ceia, o Messias cantou um hino com os discípulos. Que música eles teriam cantado?

— Como é que podemos saber?

— A palavra usada para descrever a canção é o termo grego *hymnós*, usado para falar dos salmos de Israel. Desde os tempos antigos, foi ordenado que o *Sēder* da Páscoa seria encerrado com canções entoadas, especialmente os salmos, e um grupo bem específico de salmos chamados Halel. A Páscoa terminava ao som do último deles, o salmo 118.

— E o salmo 118 é importante?

— Muito importante — disse o professor, antes de começar a ler o pergaminho. — É no salmo 118 que constam as seguintes palavras: "A pedra que os construtores rejeitaram tornou-se a pedra angular". Em hebraico, o termo traduzido por "rejeitado" também significa "desprezado", "renegado". Quem é a pedra rejeitada?

— O Messias. Ele foi desprezado e rejeitado pelos homens — respondi.

— Dois mil anos atrás, essa canção era entoada por toda a Jerusalém, a canção da pedra rejeitada. Foi também naquela Páscoa que a canção se realizou: isso se deu logo depois de o Messias e os discípulos terminarem de entoar o hino, quando foram até o monte das Oliveiras, onde o Messias seria preso, desprezado, renegado e, por fim, destinado à crucificação, que é o ápice da rejeição. Mas o que a canção diz mesmo? "A pedra que os construtores *rejeitaram tornou-se a pedra angular*". Aquele homem desprezado e rejeitado que estava na cruz acabaria se tornando a pedra angular da fé, da civilização, da história, do mundo. Pense por um instante: reis e rainhas, generais e imperadores, todos eles se ajoelham diante do homem pregado na cruz. A vida mais importante e transformadora que já passou pelo Planeta é a vida de um rabino judeu crucificado, a pedra rejeitada. Aquele rabino crucificado se tornou a pedra angular da história humana. Em Deus, o objeto do ódio dos homens tornou-se o centro do amor; o objeto do desprezo humano transformou-se no veículo da glória divina. Você não acha isso incrível? Tudo isso aconteceu na noite anterior àquele *Sēder* da Páscoa, depois da canção da pedra.

A missão: Torne aquele que é a Pedra Angular o centro de tudo que você fizer hoje. Construa todo o mais ao redor dessa fundação.

Salmos 118.22-23; Isaías 53.3; Hebreus 13.12-13; 1Pedro 2.4-8

Jonathan **Cahn**

100.º DIA — O MISTÉRIO DOS TRIÂNGULOS

ESTÁVAMOS SENTADOS FRENTE a frente na areia do deserto. O professor segurava um graveto que usaria para revelar mais um mistério.

— Na noite da Páscoa, os israelitas marcavam o batente das portas com o sangue do cordeiro. Você sabe como eles faziam isso?

— Não — respondi.

— Eles colocavam sangue em três lugares: no batente à direita, no batente à esquerda e no batente superior.

Usando o graveto, o professor fez três marcas na areia: uma no topo e duas abaixo desta, uma à direita e outra à esquerda.

— Agora vamos ligar os pontos. Que figura se forma? — o professor perguntou depois de ligar as marcas com linhas.

— Um triângulo.

— Um triângulo que aponta para cima, para o céu. Esse ato era realizado por homens que olhavam na direção de Deus, da Terra para o Céu, dos homens para Deus. Na primeira Páscoa, o sangue do cordeiro foi pintado no batente das portas, e quase mil anos depois, na Páscoa do Messias, o sangue pintou a madeira da cruz. Em quantos lugares o sangue pintou a cruz?

Pensei por um instante antes de responder.

— Em três lugares.

— Quais?

— Na mão direita, na mão esquerda e nos pés do Messias.

Ao ouvir a resposta, o professor voltou à areia com o graveto e fez três novas marcas, uma na parte de baixo e duas acima dela. Ele ligou as marcas de novo com linhas, formando outro triângulo, junto ao primeiro; esse novo triângulo, porém, apontava para baixo.

— Mais uma vez, três marcas de sangue, novamente formando um triângulo. Esse triângulo, no entanto, aponta para baixo, do mesmo modo que o sacrifício da Páscoa não foi do homem para Deus, mas de Deus para o homem. O que acontece quando juntamos os dois triângulos da Páscoa?

O professor desenhou os dois triângulos mais uma vez, um se sobrepondo ao outro.

— O que você vê? — ele perguntou.

— A estrela de Davi! — exclamei. — Eles formam a estrela de Davi, o símbolo de Israel.

— A estrela de Davi, formada pela mão de Deus, que atravessou muitas eras. O símbolo da redenção de Israel unida à redenção dos homens para formarem juntos o símbolo da antiga nação de Deus. Um símbolo de que o mistério de Israel é o Cordeiro, de que o Cordeiro já veio e de que todos os que se refugiarem no sangue dele serão libertos.

A missão: O sangue do Cordeiro rompe com toda corrente e toda servidão. Caminhe hoje no poder do Cordeiro e seja liberto.

Êxodo 12.3-7; 1Coríntios 5.7

101.º DIA O MISTÉRIO CALDEU

OS DEDOS DO professor corriam pelas páginas de um grande livro negro cheio de mapas e litografias antigas.

— Assíria, Babilônia, Pérsia, Roma… nem o maior dos reinos consegue escapar das leis da história ou das leis de Deus. Uma dessas leis tem quatro mil anos. Deus falou a um homem do Oriente Médio que ficaria conhecido como Abraão, originário da Caldeia: "Abençoarei os que o abençoarem e amaldiçoarei os que o amaldiçoarem". Em outras palavras, as pessoas, as nações e os poderes que abençoam o povo judeu, os filhos de Abraão, serão abençoados, ao passo que quem amaldiçoa o povo judeu será amaldiçoado. Você acha que uma promessa de quatro mil anos de idade pode estar por trás da história do mundo e por trás da ascensão e queda das nações?

— Será possível?

— Vou lhe dar um exemplo. No segundo milênio antes de Cristo, o império mais proeminente da Terra era o egípcio. Mas o Egito oprimiu os filhos de Abrão; então, de acordo com o antigo mistério, em algum momento próximo do acontecimento do Êxodo e no ápice da opressão, o Império Egípcio entrou subitamente em colapso para nunca mais se reerguer. Nos tempos modernos, a Grã-Bretanha tornou-se um refúgio para o povo judeu fugir da perseguição, onde os judeus puderam prosperar. De acordo com o mistério antigo, a Grã-Bretanha então foi exaltada a ponto de seu império se tornar o mais vasto de toda a história. Mas, quando o Império Britânico mudou de posição e decidiu se voltar contra os refugiados judeus que haviam fugido do Holocausto, esse enorme império de repente entrou em colapso até se tornar quase nada. No século 21, o maior refúgio e protetor do povo judeu são os Estados Unidos da América. Portanto, de acordo com o mistério antigo, nesse período de tempo os Estados Unidos se tornaram a nação mais abençoada, próspera e poderosa da Terra. Do Egito antigo aos Estados Unidos de hoje, esse antigo mistério bíblico determinou a ascensão e a queda de reinos e impérios. O que isso nos diz?

— Que é sábio abençoar Israel e o povo judeu.

— Sim — disse o professor —, mas também que Deus é real, fiel e mais poderoso do que a história. Quando ele dá sua Palavra, pode acreditar. Saiba que o amor dele por seu povo, incluindo você, é tão grande que ele derrubará impérios por aqueles a quem ama.

A missão: Aceite a promessa da Palavra. Acredite na promessa com todo o coração. Caminhe e viva de acordo com ela.

Gênesis 12.1-3

Jonathan **Cahn**

102.º DIA — O MISTÉRIO DE MIRIÃ

— A MULHER MAIS famosa de toda a história humana, amada, louvada e reverenciada mais que qualquer outra mulher que já passou pela Terra foi Maria, venerada por todo o mundo como a Virgem Maria. Mas por trás da veneração, dos vitrais e das estátuas, existia uma mulher muito diferente do que a maioria das pessoas imagina. Ela era judia e nunca se chamou Maria.

— Como ela era chamada?

— Miriã. Ela foi assim batizada em homenagem a Miriã do Egito, irmã de Moisés, cujo papel mais relevante foi ter cuidado do irmão, ainda bebê, flutuando pela correnteza do rio Nilo. A missão dela era proteger a vida dele. Moisés acabaria se tornando o libertador de seu povo, livrando a todos da escravidão. Mas foi Miriã quem garantiu que ele sobrevivesse ainda bebê para realizar aquele feito. O chamado dela consistia em levar a vida do redentor até a terra do Egito, onde ele traria a salvação. Depois de mais de mil anos, outra criança hebraica receberia o mesmo nome, *Miriã*, e o mesmo chamado.

— O mesmo chamado? — perguntei.

— Qual foi o chamado de Maria? Levar a vida do Redentor, do Messias, *Yeshûâ*, Jesus, ao mundo perdido. Lembre-se do que *Yeshûâ* significa: "salvação". É Miriã quem traz a salvação.

— E o que significa o nome Miriã?

— Em egípcio, o nome pode significar "amor".

— Então *Yeshûâ* nasceu de Miriã, nasceu do amor de Deus.

— Sim, mas em hebraico o nome Miriã significa algo bem diferente: significa "amargura e rebeldia".

— Não me parece bom.

— Mas *é* bom — disse o professor. — Deus fez Miriã dar à luz *Yeshûâ*, assim como Deus faz que um mundo amargo e rebelde dê vida à salvação. Ele fez *Yeshûâ* nascer no meio de nós, mais um milagre. Deus toma as vidas rebeldes e os corações amargos e faz que gerem bênçãos, que gerem nova vida. E quando é que essa nova vida surge e o milagre acontece na nossa vida? Na maioria das vezes, quando há problemas e tristeza, em tempos amargos. Portanto, não foi apenas uma vez; mesmo hoje, é por meio de Miriã que *Yeshûâ* nasce.

— Então "da amargura nasce a salvação", mesmo por meio de nós.

— Se a salvação, ou *Yeshûâ*, nasce de nós, então somos todos Miriã — completou o professor.

A missão: Compreenda o mistério de Miriã. Tenha como objetivo hoje dar à luz a vida, a presença divina e a alegria de Deus para o mundo.

Êxodo 2.1-9; Lucas 1.26-38

MIRYAM

O Livro **dos Mistérios**

103.º DIA — YÔM RI'SHÔN: O INÍCIO CÓSMICO

O PROFESSOR APARECEU bem cedo no meu quarto e me convidou para uma caminhada. Saímos da escola e começamos a caminhar.
— Por que você acha que a ressurreição aconteceu em um domingo? — ele perguntou.
— Não sei — respondi.
— Porque o domingo era o dia em que tudo começou. Domingo foi o dia em que o Universo começou, o dia da Criação.
— Mas não existia domingo naqueles tempos.
— O dia não se chamava domingo, mas era um domingo de qualquer modo. Todo domingo é uma comemoração daquele início, da criação do Universo.
— Então a ressurreição aconteceu em um domingo porque...
— Porque o domingo é o dia do começo e todos aqueles que o recebem ganham um novo começo na vida. Mas por que no domingo? Porque o domingo vem depois do *Shabāt*, e o *Shabāt* é o último dia, o dia do fim. A ressurreição aconteceu em um domingo por causa do poder que acontece depois do fim. Foi o que aconteceu depois do fim do Messias na cruz; foi o que aconteceu depois do fim da antiga vida. Para todos os que alcançam o fim, para todos os que deixam a antiga vida terminar com o fim do Messias, a ressurreição é o começo que vem depois do fim. Por que domingo? Porque o domingo é a comemoração do início cósmico, e a ressurreição é o novo início cósmico. Domingo é o dia em que começa toda a criação, os primeiros frutos. Todos os que entram no domingo se tornam também nova criação, como todas as coisas também se renovam. Mais uma vez, por que domingo? Porque nas Escrituras o domingo não tem esse nome; ele é chamado *Yôm Ri'shôn*, que significa "primeiro dia". O Messias ressuscitou no *Yôm Ri'shôn*, no Primeiro Dia. Por quê? Porque antes do Primeiro Dia não havia nenhum outro. Todos os que recebem a ressurreição estão abraçando o Primeiro Dia, e no poder do Primeiro Dia tudo que é velho acaba apagado; pois antes do Primeiro Dia não havia nada: nem pecado, nem culpa, nem fracasso, nem vergonha. No Primeiro Dia, tudo se torna novo. Aprenda o segredo de viver no poder do *Yôm Ri'shôn* e tudo se tornará novo, todos os seus dias serão o primeiro dia, o começo, *Yôm Ri'shôn*, o Primeiro Dia.

A missão: Viva como se hoje fosse o Primeiro Dia, como se tudo que não devesse existir não existe e que tudo é novo. É o que acontece na redenção.

Gênesis 1.1; Marcos 16.2-6

Jonathan **Cahn**

104.º DIA — O HOMEM-SOMBRA

ESTÁVAMOS SENTADOS EM uma montanha no meio de um vale em um dia quente com muitos ventos.

— Está vendo aquilo? — perguntou o professor, apontando para as manchas escuras que percorriam o vale, as sombras das nuvens que avançavam sobre nós.

— É possível ver as sombras das nuvens antes de as nuvens chegarem. Do mesmo jeito, antes de o Messias chegar era possível ver sombras da chegada dele. Uma dessas sombras foi *Yôsēf*, ou José, filho de Jacó. Há muito tempo, os rabinos veem na história de José uma sombra da vinda do Messias. José foi o filho amado de seu pai. De que modo essa informação pode antecipar a vinda do Messias?

— O Messias foi o Filho amado do *Pai* — respondi.

— Jacó, pai de José, mandou que ele cumprisse uma missão com seus irmãos.

— Assim como Deus enviou o Messias em uma missão com os irmãos *dele*, a nação de Israel.

— José foi desprezado, rejeitado e alvo de uma conspiração.

— Do mesmo jeito que o Messias foi desprezado e rejeitado e que seus inimigos conspiraram para matá-lo.

— José foi levado para uma terra estranha, o Egito, e separado de sua família.

— Também o Messias acabou separado do *seu* povo e da sua família, os judeus.

— José foi acusado injustamente e, apesar de inocente, acabou preso e levado ao cárcere, sofrendo pelos pecados de outros.

— O Messias também foi acusado injustamente e apesar de inocente, acabou preso e levado para sofrer pelo pecado dos outros.

— José foi tirado do calabouço e acabou se sentando em glória no trono do reino.

— Assim como o Messias foi tirado das profundezas da morte para se sentar em um trono de glória.

— José se tornou o redentor do Egito e foi responsável por salvar toda uma nação da morte.

— O Messias se tornou o Redentor de todos, o Salvador do mundo.

Eu parei para pensar em tudo que tinha ouvido.

— Quão grande ele deve ser, uma vez que a história de nações inteiras é apenas uma parte da sombra da vinda dele! — exclamei.

— A história das nações — acrescentou o professor — e a história da nossa vida. Ele é a realidade que realiza todas as esperanças, as da nossa vida e a de todas as sombras que estão esperando sua volta.

A missão: José significa "ele aumentará", uma sombra do Messias que, como José, triunfou apesar de tudo. No Messias, você tem esse mesmo poder. Aprenda hoje a usá-lo.

Gênesis 50.19-21; Isaías 53; João 1.9-13

THE SHADOW MAN I-VI

105.º DIA — O HOMEM QUE NASCEU PARA PARAR E PERGUNTAR

— NA ANTIGUIDADE, UMA criança judia nasceu em uma família abastada. Seus pais lhe deram dois nomes: o primeiro podia ser traduzido por "pequeno", mas deriva de uma raiz que significa "pausar", "desistir" ou "parar"; o segundo nome provinha de outra raiz que significa "perguntar", "buscar" ou "investigar". Enquanto crescia, o menino quase nunca parava, não desistia de nada nem questionava a direção que seguia. Ele era muito teimoso. Um dia, porém, tudo mudou: ele parou diante de uma luz resplandecente que o fez cair no chão.

— É o apóstolo Paulo?

— Sim. O nome Paulo ou Paulus vem da raiz *paúō*, que significa "pausar", "parar", "desistir", "abandonar o percurso", "chegar ao fim". O homem cujo nome estava ligado à ação de pausar e parar finalmente pausa e para: Deus fez que ele parasse, desistisse e alcançasse um fim. Toda a vida dele, desde o momento em que recebeu aquele nome, levava àquele acontecimento da realização do nome.

— Mas e o outro nome dele?

— A palavra "perguntar" em hebraico é *shā'al*, de onde vem o nome Shā'al ou Saulo — respondeu o professor.

— Paulo e Saulo, o homem que nasceu para parar e perguntar.

— O que foi que aconteceu logo depois de ele parar? Deus disse a ele: "Saulo, Saulo". Em hebraico, é como se Deus estivesse dizendo: "Pergunte! Pergunte!". E o que foi que Paulo fez? Ele finalmente fez a pergunta: "Quem és tu, Senhor?". Finalmente, aquele que tinha nascido para perguntar, perguntou. Pela primeira vez na vida, Paulo percebeu que ele nem sabia quem era Deus, e só quando perguntou foi que, pela primeira vez, estava pronto para conhecê-lo. Durante toda a vida, ele esteve esperando por aquele momento, e a pergunta dele foi respondida com as seguintes palavras: "Eu sou *Yeshûâ*, Jesus". Foi assim que a vida do homem que parava e perguntava mudou para sempre: ele se tornou o que nasceu para ser. Veja bem, se você não consegue fazer uma pausa, se não consegue parar para se orientar, então jamais encontrará nada além do que já possui. Se você não consegue perguntar, então não vai saber de nada além do que já sabe. Pare por um instante para que você possa encontrar; pergunte para que possa saber. Todos nós nascemos para parar e perguntar.

A missão: Hoje, faça uma pausa, pare o que está fazendo, interrompa sua rotina e seus hábitos e, sem ideias preconcebidas, busque a Deus.

Jeremias 29.11-13; Atos 9.1-8; Romanos 1.1

106.º DIA — A SAFIRA AUDÍVEL

Jonathan **Cahn**

O PROFESSOR ABRIU uma das gavetas da escrivaninha e tirou de lá o que parecia uma pedra preciosa de um azul profundo e colocou a gema em minha mão.

— Trata-se de uma safira bíblica — disse ele.

— É muito bonita — respondi, sem saber o que dizer.

— Não a entreguei por causa da aparência, mas pelo que ela significa, por causa de sua origem.

— Que origem?

— A origem do nome dessa pedra preciosa — ele respondeu.

— Safira?

— Sim. A palavra "safira" provém de um termo francês, procedente do latim, que deriva de uma palavra grega, que por sua vez provém de uma antiga palavra do hebraico bíblico: *sappîr*.

— Então a palavra "safira" provém do hebraico bíblico. Qual o significado da palavra?

— Essa palavra em hebraico deriva da raiz *sāfar*, que significa "falar", "contar", "declarar".

— Então, em última instância, a palavra "safira" significa "falar"? Qual a relação aqui?

— A relação é a seguinte: mais preciosa que qualquer pedra ou gema é a Palavra. Cada Palavra de Deus é uma safira, uma safira falada, porém ainda mais preciosa. Se alguém não tem riqueza alguma no mundo, mas tem a Palavra de Deus, então essa pessoa é muito rica. Cada Palavra de Deus é um tesouro de valor incalculável. Por isso, quando você ler ou ouvir uma Palavra de Deus, receba-a como se estivesse recebendo uma pedra preciosa e entregue essa palavra com a mesma relevância.

— Como?

— Suas palavras devem ser como safiras. Você não precisa ser dono de pedras preciosas; basta usar as palavras como se fossem. Cada vez que você abre a boca para falar, o que sair dela deve ser como safira, um presente a ser recebido por aqueles que precisam de uma pedra preciosa. Que cada palavra que saia da sua boca seja uma pedra preciosa. Dê essas gemas a quem precisa, gemas de bênçãos, de incentivo, de força, de misericórdia, de amor, de perdão, de alegria e de esperança. Que cada palavra que você diga leve vida para quem ouve; que seja uma joia falada, uma safira audível.

A missão: Hoje, faça que toda palavra que saia da sua boca seja uma pedra preciosa, um presente da vida, uma safira audível.

Efésios 4.29; 5.19; Colossenses 4.6; 1Pedro 4.11

O Livro *dos Mistérios*

107.º DIA — O OUTRO 'ĔLŌHÎM

— QUANDO MOISÉS ESTAVA no monte Sinai recebendo a Lei de Deus — disse o professor —, no sopé do monte os israelitas decidiram construir um novilho de ouro para adorar. Quando o novilho ficou pronto, eles disseram: "Eis aí, ó Israel, os seus deuses que tiraram vocês do Egito". Mas em outras traduções e em outra parte das Escrituras, as palavras usadas são diferentes: em vez de "Eis aí, ó Israel, os seus deuses", lê-se: "Eis aí, ó Israel, o seu Deus". Como pode a mesma declaração ser traduzida com tanta disparidade? Pense no que eu lhe disse sobre o termo hebraico que significa Deus. O que há de peculiar nesse termo?

— 'Ĕlōhîm é uma palavra no plural, mas representa uma realidade singular: Deus. Acho que é isso. A palavra que os israelitas usaram na declaração deve ter sido 'Ĕlōhîm, de forma que podia ser traduzida tanto por "seus deuses" quanto "seu Deus".

— Exatamente; é a mesma palavra. 'Ĕlōhîm refere-se à majestade do Deus único e verdadeiro, mas também pode significar os muitos deuses falsos de diversas nações. É uma palavra intercambiável, e essa mesma intercambialidade revela uma verdade profunda: se você se afastar de 'Ĕlōhîm, o Deus único e verdadeiro, vai acabar servindo aos 'ĕlōhîm, os deuses. Quando o povo de Israel se afastou de Deus, eles acabaram buscando deuses de outras nações. Eles se afastaram do 'Ĕlōhîm único para buscar outros 'ĕlōhîm. Se você se afastar do único 'Ĕlōhîm, também irá encontrar os 'ĕlōhîm.

— E o que são esses outros 'ĕlōhîm?

— São os mesmos 'ĕlōhîm que os israelitas encontraram no monte Sinai, os deuses, mas sob diferentes disfarces: os deuses do dinheiro e do prazer, o 'ĕlōhîm do sucesso, dos bens materiais, do conforto, da vaidade, do egoísmo. Não existe fim para a quantidade de 'ĕlōhîm; e o que vale para um indivíduo também vale para povos, nações e civilizações. Qualquer civilização que se afaste de 'Ĕlōhîm acabará servindo aos 'ĕlōhîm pagãos, e quem serve a estes acaba perdendo a união. Servir aos 'ĕlōhîm faz que fiquem divididos, fragmentados e espalhados, como os próprios 'ĕlōhîm. Aquele que adora os 'ĕlōhîm acaba desvalorizando, degradando e diminuindo a si mesmos, como aconteceu no dia do bezerro de ouro.

— Então o que devo fazer se perceber que os 'ĕlōhîm estão presentes na minha vida?

— O mesmo que aconteceu com o bezerro de ouro: livre-se deles. Só assim, tudo ficará certo, quando você se afastar dos 'ĕlōhîm e voltar para o 'Ĕlōhîm.

A missão: Livre-se dos 'ĕlōhîm de sua vida, os ídolos que você venera, os deuses que o motivam. Livre-se de seus 'ĕlōhîm e volte para seu 'Ĕlōhîm.

Êxodo 32.7-8; Romanos 1.23; 1Tessalonicenses 1.9-10; 1João 5.21

THE GOLDEN CALF APOCALIPSE I-IV

Jonathan **Cahn**

108.º DIA — A VIAGEM DOS MAGOS

O PROFESSOR LEVOU-ME até um cômodo conhecido como Câmara dos Receptáculos. Ele apanhou uma pequena caixa de madeira, da qual tirou um recipiente de metal intrincadamente adornado. Dentro desse recipiente, havia um pó branco.

— Incenso — disse o professor —, um dos presentes dos magos.

— Quem foram exatamente esses magos? — perguntei.

— Eram sacerdotes de uma antiga religião persa chamada zoroastrismo, uma das muitas religiões pagãs. Eram observadores de estrelas e seguiram uma estrela, na busca para encontrar o recém-nascido Rei dos judeus.

— Mas como eles tinham certeza de que o Messias havia nascido?

— Ninguém sabe ao certo; é um mistério. Eles só conseguiam seguir sombras, vislumbres, dicas, traços, anseios e a estrela, mas estavam buscando pela verdade com o maior afinco possível. Eles não tinham ideia de onde a estrela os levaria; apenas a seguiram, um passo de cada vez, conhecendo apenas onde pisar e nada mais. Não obstante, eles encontraram o Messias. O mais surpreendente é que não faziam ideia do que estava escrito em uma antiga profecia.

— Uma profecia sobre o Messias?

— Uma profecia sobre *eles*. Sete séculos antes de eles chegarem a Belém, o profeta Isaías profetizou a chegada do Messias a Israel: "Levante-se, refulja! Porque chegou a sua luz, e a glória do Senhor raia sobre você. […] As nações virão à sua luz […]. Manadas de camelos cobrirão a sua terra […]. *Virão todos* […] *carregando ouro e incenso*".

— Ouro e incenso, que foram os presentes dos magos.

— Uma profecia de pessoas de outras nações indo até Israel por ocasião da chegada do Messias e trazendo consigo presentes. Essa profecia esperou setecentos anos para se cumprir. Os magos nem imaginavam; estavam apenas buscando cumprir a vontade de Deus, como se estivessem andando no escuro, pé ante pé. Não obstante, acabaram cumprindo o destino a eles reservado, ordenado e profetizado centenas de anos antes. Aprenda o segredo dos magos: você não precisa conhecer tudo que está à sua frente; isso jamais acontecerá. Ponha em seu coração o objetivo de buscar a presença divina e a vontade de Deus, faça o que sabe que é certo, um passo de cada vez, e acabará chegando ao lugar ao qual sua vida foi destinada desde tempos imemoriais, desde o começo: essa é a glória da viagem dos magos.

A missão: Hoje, faça sua viagem mágica: vá para longe do que é familiar e busque o novo. Vá ao encontro de Deus, da vontade e da presença divinas.

Isaías 60.1-6; Mateus 2.1-11

O Livro *dos Mistérios*

109.º DIA — A MAGNITUDE DO SOL

AINDA ERA DE manhã cedo, e o professor já estava me levando para uma visita à cidade, nós dois cruzando o deserto em cima de camelos. O objetivo era buscar suprimentos para a escola, mas, obviamente, ele tinha mais coisas em mente.

— Quero que você faça uma coisa — disse o professor —, preste atenção no Sol.

Era uma ordem um pouco estranha. Tentei fazer o melhor possível, reparando de tempos em tempos na posição que o Sol ocupava no céu. No fim da viagem, durante o retorno para a escola, ele me perguntou:

— O que foi que você notou?

— Nada — respondi. — Não vi nada que fosse digno de nota. O Sol foi só o Sol.

— Imagino que, em alguns momentos, ele esteve escondido por uma montanha, por uma árvore, por algum prédio na cidade. Fora isso, imagino que tenha sido o mesmo, decerto do mesmo tamanho. Também imagino que toda a paisagem ao redor mudava continuamente, que tudo mudava ao nosso redor, exceto o Sol.

— É verdade. Mas não é assim que o Sol funciona? — perguntei.

— Sim, mas por que o Sol funciona assim? Embora uma montanha, uma casa ou até sua mão possa parecer maior que o Sol e consiga encobri-lo por alguns instantes, a realidade é que a magnitude do Sol, o tamanho verdadeiro do astro, é colossal que nem mesmo a maior montanha da Terra permite uma comparação. Não é o que parece de imediato, mas com o passar do tempo isso fica muito claro. Mesmo nessa curta viagem que fizemos, tudo ao nosso redor mudou: as montanhas, as árvores; tudo, menos o Sol. Ainda que tivéssemos percorrido milhares de quilômetros, não teria feito a menor diferença. A magnitude colossal do Sol se manifesta pela sua constância.

— Mas o que isso revela? — perguntei.

— Dois mil anos atrás, o Messias disse: "Eu sou a luz do mundo". Desde aqueles tempos, várias eras se passaram, descobriram-se continentes e novas civilizações, reinos e impérios surgiram e viraram pó, reis e dignitários apareceram e foram embora. Alguns deles pareceram, por um momento, muito maiores: por algum tempo, pareceram ofuscar a figura do Nazareno; mas, no longo prazo, nessa longa viagem, todos acabaram passando. Tudo mudou, exceto o Messias. Todo o resto está em ruínas ou nas páginas da história, mas o Messias permanece imutável, com a mesma magnitude, tão central, tão crucial e tão colossal quanto sempre foi. Tudo muda, menos ele: ele é o Sol, e a imensidão de sua magnitude se manifesta pela constância.

A missão: Hoje, tente ver todas as coisas de uma perspectiva mais abrangente. Quaisquer problemas ou questões que você tenha são pequenos, em comparação com a magnitude do Filho, e vão passar.

João 8.12; Efésios 3.16-19; Hebreus 13.8

TWO THOUSAND YEARS AGO

110.º DIA   OS 3 MIL

O PROFESSOR LEVOU-ME de volta à Câmara dos Pergaminhos, pegou um pergaminho que estava no baú e começou a ler em volta alta:

— "Contem cinquenta dias, até um dia depois do sétimo sábado, e então apresentem uma oferta de cereal novo ao Senhor". Este era o costume da festa de *Shavû'ôt*, que acontece sete semanas ou cinquenta dias depois da Páscoa. Os rabinos calcularam e descobriram que esse foi o mesmo tempo que Moisés esteve no monte Sinai para receber a Lei. Assim, o *Shavû'ôt* tornou-se o dia em que se comemorava o recebimento da Lei. Mais de mil anos depois do recebimento da Lei, os discípulos do Messias estavam em Jerusalém, e o Espírito de Deus caiu sobre eles. Foi nesse dia que a nova aliança recebeu o poder do Espírito de Deus: tudo isso aconteceu durante a comemoração judaica do *Shavû'ôt*. Quando os rabinos do mundo grego precisaram inventar um nome para esse dia santo judaico acabaram optando por chamá-lo "festa do quinquagésimo dia" ou, em grego, *Pentecoste*.

— Pentecoste! — exclamei. — Então o Pentecoste é a comemoração judaica da festa de *Shavû'ôt*.

— E o que isso significa? Significa que o Espírito de Deus foi dado aos fiéis no mesmo dia em que a Lei de Deus foi dada a Israel; a antiga aliança e a nova aliança se unem nesse dia, ambas foram inauguradas nesse dia. Você sabe o que aconteceu quando a Lei foi dada aos judeus? O julgamento aconteceu: pessoas pereceram e, de acordo com os antigos registros hebraicos, foram "cerca de três mil" pessoas. Você sabe o que aconteceu no segundo *Shavû'ôt* ou Pentecoste, quando o Espírito foi dado aos homens?

— Não.

— Aconteceu a salvação, a vida eterna: a quantidade de pessoas que receberam essa vida nova, de acordo com os antigos registros gregos, foi de "cerca de três mil pessoas". Duas línguas diferentes, separadas por muitas eras, ambas usando a mesma e exata expressão.

— Então 3 mil pessoas morreram e, séculos mais tarde, 3 mil pessoas voltaram à vida exatamente no mesmo dia sagrado.

— Assim escreve o apóstolo Paulo: "A letra mata, mas o Espírito vivifica". O Espírito foi dado no mesmo dia que a Lei. Por quê? Porque a Lei pode expressar a vontade de Deus, mas apenas o Espírito empresta o poder para viver de acordo com ela. Portanto, viva com o Espírito de Deus, e irá realizar a vontade de Deus na sua vida com a mesma precisão com que o Espírito veio durante o *Shavû'ôt*, o Pentecoste, o Dia da Lei.

A missão: Em vez de lutar para realizar a vontade de Deus, viva, aja e seja motivado pelo Espírito de Deus: assim você cumprirá a vontade divina.

Êxodo 32.20; Levítico 23.15-21; Atos 2.41; 2Coríntios 3.4-6

111.º DIA ḤAYÎM

DE UMA MONTANHA ao longe, estávamos observando um acontecimento que eu jamais havia testemunhado nos dias em que passei no deserto: um funeral do povo nômade. Era um acontecimento simples, um enterro na areia com uma única pedra e uma folha de palmeira para marcar a sepultura. Ficamos em silêncio durante algum tempo, quando o professor falou:

— A morte — disse o professor —, a sombra que paira sobre todos aqueles que vivem no mundo, a destruidora da criação, limitadora do tempo na Terra. Daqui só conseguimos ver que a vida existe por um tempo limitado e que depois vem a morte, e que a morte é permanente, para sempre. A língua sagrada das Escrituras, no entanto, contém uma revelação, uma revelação de vida e morte. O termo para "morte", em hebraico, é *māwet*. O termo para "vida" é *ḥayîm*. *Māwet* e *ḥayîm*.

Você consegue ver alguma semelhança entre as duas palavras?

— A palavra *ḥayîm* se parece com outras palavras que você já explicou.

— Isso mesmo — disse o professor. — Isso por conta do sufixo *-îm*.

— Significa que a palavra é plural.

— Sim. É uma das palavras misteriosas em hebraico que possui a estranha propriedade de só poder ser expressa na forma plural, jamais no singular.

— O que isso significa?

— *Māwet* é singular, mas *ḥayîm* é plural. É o exato oposto do que costumamos pensar. Significa que a morte é singular e que a vida é plural. Em Deus, é a morte que é limitada e finita; é a morte que *não* é eterna e tem um fim.

— O fim do fim... seria a perpetuidade.

— Todos os fins terão fim — disse o professor. — Porque em Deus não é a vida que é limitada, mas a morte; é a vida, não a morte, que dura para sempre. Pois a palavra *ḥayîm* é plural e, por isso, versa sobre a vida além da vida. O Messias chamava-se "a Vida". No hebraico, no entanto, ele é *Ḥayîm*: ele é a Vida que não pode ter fim; a morte não consegue vencê-lo, porque *ḥayîm* é maior que *māwet*: a vida é maior que a morte. Também nós, que nascemos de Deus, somos *ḥayîm* e, por isso, somos o povo da vida. Portanto, viva não para o que termina, mas para o que é eterno; não partilhe da morte, do pecado e da escuridão, pois você é feito daquilo que não tem fim e que não pode ser superado, e sim daquilo que supera todas as coisas.

A missão: Remova de sua vida hoje qualquer ação ou pensamento que conduza à morte, começando pelo pecado. Substitua-o por ações ou pensamentos que conduzam à vida.

Isaías 25.5-9; João 11.25; Atos 3.15

Jonathan **Cahn**

112.º DIA — O MISTÉRIO DO QUERUBIM

ESTÁVAMOS CAMINHANDO POR um desfiladeiro que se abria para um enclave cercado por montanhas bastante íngremes. Em uma das montanhas, havia uma entrada. Logo que entramos, notamos várias câmaras. Nas paredes de uma dessas câmaras, havia resquícios de pinturas antigas de duas criaturas aladas e de uma espada reluzente.

— Ele expulsou o homem — disse o professor — e colocou um querubim a leste do jardim do Éden com uma espada flamejante, que apontava para todas as direções, para guardar o caminho da árvore da vida. A queda do homem, a perda do Paraíso, a separação entre homem e Deus, entre terreno e sagrado. O emblema dessa separação era o querubim com sua espada flamejante. O querubim era uma barreira para impedir o mal, o pecado e o homem caído de entrarem na presença de Deus. Assim, o querubim simboliza tudo que nos separa de Deus, tudo que nos separa da paz, do propósito e do amor.

— Como toda separação começou com essa primeira no Éden, parece impossível que tal barreira possa ser removida — respondi.

— Parece — respondeu o professor. — Lembra-se do acontecimento sobrenatural que ocorreu no templo quando o Messias morreu?

— O véu que cobria o Lugar Santíssimo rasgou-se ao meio.

— Sim, o *pārōket*, a barreira colossal que separava o homem e Deus, rompeu-se de alto a baixo. O *pārōket*, no entanto, não era apenas um pano, mas o portador de um mistério: bordadas no tecido, havia figuras, figuras dos querubins, os guardiões do Éden, que ainda guardavam o caminho do retorno a Deus, a barreira que separava o homem de Deus. Mas o que aconteceu quando o Messias morreu? O véu dividiu-se em dois. Assim como o véu se rasgou, também se rasgaram os querubins, pois o Messias estava passando através dos querubins, retornando ao Paraíso.

— Ele passou pela espada flamejante?

— Sim. Passar pela espada flamejante significa a morte. Com sua morte, o Messias atravessou, venceu a barreira invencível. O símbolo do querubim fora rompido: a barreira entre Deus e o homem já não existia.

— Quer dizer que todas as barreiras e toda separação foram anuladas?

— Para aqueles que estão no Messias, não existe mais separação, julgamento, rejeição; não existe mais vergonha, culpa nem maldição. Significa que qualquer coisa que estivesse separando o homem de seu verdadeiro propósito, das bênçãos e da redenção já não existe mais. Significa que toda barreira que separa o homem de Deus já não existe: o caminho está aberto, os querubins se foram e podemos voltar para casa.

A missão: No Messias, não existem barreiras. Avance neste dia com esse poder através de qualquer véu, de toda parede, de toda separação, de cada impedimento e de quaisquer querubins.

Gênesis 3.24; Êxodo 26.31; Marcos 15.38; Romanos 8.3-37

113.º DIA — AMARRADO À MENTE

O PROFESSOR LEVOU-ME até a Câmara dos Receptáculos, onde abriu uma arca de madeira e dela removeu uma pequena caixa presa a uma fita de couro preta.

— Esse objeto se chama *tefilin*. É assim que os judeus ortodoxos o utilizam — disse o professor, colocando a caixinha de couro preto logo acima da testa e prendendo o objeto à cabeça com a fita de couro.

— Não consigo entender o propósito de prender um objeto à testa.

— Não se trata do objeto, mas do que está *dentro* dele. Na parte de dentro, há pergaminhos de papiro que contêm a Palavra de Deus. É assim que os ortodoxos cumprem um mandamento da Lei que diz respeito aos mandamentos de Deus: "Amarrem-nas como sinal [...] e prendam-nas na testa". Eles fazem isso para demonstrar obediência, mas nesse gesto há um segredo espiritual capaz de transformar sua vida e sua mente.

O professor tirou o *tefilin* da testa e continuou:

— Aquilo que entra em sua mente, no mundo dos seus pensamentos, é a parte mais íntima da sua vida. Talvez você faça o que é certo no exterior, mas o que acontece dentro de você pode ser bem diferente: pensamentos volúveis, inquietos, sombrios e pecaminosos. O que o objeto de couro lembra é que não precisa ser assim. Quando Deus fala em amarrar a Palavra à testa, trata-se de ir além do recipiente: ele está revelando que até sua vida mental pode se tornar santa. O segredo é tomar a Palavra de Deus e amarrá-la à sua vida mental, à sua mente, às suas emoções, à sua vontade. O termo usado para "amarrar", em hebraico, é *'āsar* — disse o professor. — Significa "atar", "enlaçar". Portanto, você deve enlaçar a Palavra de Deus aos seus pensamentos. Como é possível? Basta habitar na Palavra, meditar a seu respeito, concordar com ela, reafirmá-la no âmago do seu ser. É preciso permitir que a Palavra conduza suas emoções e, por meio da Palavra, deixar que sua vida e seus pensamentos fluam adiante. O mistério contido nesse objeto diz que a Palavra pode ser enlaçada e unida aos seus pensamentos de forma tão íntima que é possível obter os pensamentos do próprio Deus. Como é a cabeça que governa a vida, se seus pensamentos estiverem unidos à Palavra de Deus o mesmo acontecerá com sua vida. Se você permitir que a Palavra de Deus mude seus pensamentos, ela também mudará sua vida.

A missão: Leia um versículo das Escrituras. Medite, concorde com ele e amarre-o aos seus pensamentos, às suas emoções, ao seu coração e à sua mente.

Deuteronômio 11.18; 2Coríntios 10.4-5; 1Pedro 1.13

Jonathan **Cahn**

114.º DIA — A QUARTA CRIATURA

JÁ ERA NOITE, e estávamos em volta da fogueira. O professor tinha um pequeno rolo de pergaminho nas mãos, que ele lia à luz das chamas.

— "Em minha visão à noite, eu vi os quatro ventos do céu agitando o grande mar. Quatro grandes animais, diferentes uns dos outros, subiram do mar". Esta — disse o professor — é a visão dada ao profeta Daniel das quatro criaturas, os grandes reinos dos tempos antigos, e um último reino do fim dos tempos.

— O que eram essas criaturas? — perguntei.

— A primeira era como um leão com asas de águia: essa era a Babilônia. A segunda parecia um urso: era a Pérsia. A terceira parecia um leopardo alado com quatro cabeças: a Grécia. A quarta criatura representava tanto o Império Romano dos tempos antigos quanto uma civilização global ainda por vir.

— Com o que se parecia a quarta criatura?

— É difícil dizer — respondeu o professor. — Até mesmo Daniel ficou confuso. Ele descreveu essa criatura com poderes enormes, de natureza destrutiva e aterrorizante. O profeta usou outra palavra em hebraico, repetida muitas vezes, para tentar explicar: *shānyâ*, que pode ser traduzida por "diferente". Essa quarta criatura é particularmente diferente das demais criaturas descritas. Portanto, a civilização dos últimos dias também será diferente de qualquer civilização que a tenha precedido. A palavra *shānyâ* também significa "mudado", "alterado". Implica dizer que essa última civilização será de natureza alterada, será uma civilização alterada. As três primeiras criaturas derivavam de formas presentes na natureza, mas a essência da quarta criatura não tem base natural: seus dentes e garras serão de ferro e bronze. Ela será diferente, alterada, mudada.

— Para mim, parece uma máquina — disse.

— Eis a revelação da quarta criatura: a civilização do fim dos tempos não virá do natural, mas do que não é natural. Sua existência irá *de encontro* à natureza. Terá uma essência transformada, será uma civilização em guerra com a criação, com a natureza e com a ordem de Deus.

— Isso soa muito como o tempo em que vivemos.

— Por isso — disse o professor —, aqueles que viverem no fim dos tempos deverão resistir a tudo que luta contra a ordem da criação e afasta a Palavra do Eterno. Eles terão de permanecer firmes contra o poder, a natureza e o terror da quarta criatura.

A missão: Afaste seu coração, sua mente, suas ações e seu estilo de vida de qualquer aviltamento presente na cultura atual e de tudo que vá contra a Palavra e os caminhos de Deus.

Levítico 20.26; Daniel 7.1-7; 1Pedro 2.9-12

THE IRON CREATURE

O Livro **dos Mistérios**

115.º DIA — O PERGAMINHO DOS DIAS

— PROFESSOR, É POSSÍVEL conhecer o plano de Deus para nossa vida? — perguntei.

— Venha — ele respondeu e me levou até a Câmara dos Pergaminhos.

Ali ele abriu a arca, retirou um pergaminho e o colocou sobre a mesa, sem abrir.

— Está escrito em Salmos: "Todos os dias determinados para mim foram escritos no teu livro antes de qualquer deles existir". Assim, todos os nossos dias foram escritos no livro de Deus antes que aconteçam. Nas Escrituras hebraicas, no entanto, o termo usado para "livro" é *sefer*. No grego do Novo Testamento das Escrituras, o termo usado é *biblíon*, de onde tiramos a palavra "Bíblia".

— O que significam *sefer* e *biblíon* exatamente?

— Esses termos se referem a um pergaminho, a um papiro enrolado. O livro de Deus é um pergaminho: o Livro dos Dias é o Pergaminho dos Dias. Esse pergaminho contém a Palavra de Deus, a vontade de Deus e os planos de Deus. Assim, como é que o pergaminho revela a Palavra, a vontade e o plano divinos?

O professor levou as mãos aos extremos do pergaminho.

— Só é possível ver o que há dentro do pergaminho ao desenrolá-lo — e assim dizendo ele começou a desenrolar o pergaminho. — Portanto, só é possível ver a plenitude dos planos de Deus para sua vida enquanto esse plano acontece, enquanto o pergaminho se desenrola. Ao contrário dos livros que você está acostumado a ler, com um pergaminho não é possível pular diretamente para um ponto futuro. Tudo precisa ser desenrolado em ordem. O mesmo acontece com sua vida: jamais será possível conhecer aquilo que o espera. Ainda que fosse possível, você não conseguiria lidar com esse conhecimento. É preciso que tudo siga uma ordem, que tudo tenha tempo e lugar.

— Mas o que está escrito no pergaminho já foi escrito, já está terminado.

— E no que se refere aos planos de Deus para sua vida, tudo já foi escrito e terminado. Assim, está escrito que ele preparou boas obras para que pudéssemos realizá-las. Isso já foi escrito de antemão, mas só acontecerá no devido tempo. Note — disse o professor, apontando para as palavras do pergaminho — que tudo está ligado. Não é possível ver as palavras que não foram reveladas, mas as palavras que você vê levam diretamente ao futuro, antecedendo-o. O mesmo acontece com o plano de Deus para sua vida: não é possível ver o que está por vir, o que ainda não foi revelado, mas o que você vê no presente antecede o porvir e leva diretamente ao que ainda há de ser revelado. O segredo, portanto, é viver o presente a cada momento da sua vida na plenitude da vontade de Deus. Viva cada momento pela Palavra de Deus, e esse hábito o levará a realizar a vontade e o destino que esperam adiante no pergaminho desenrolado dos seus dias.

A missão: Estabeleça a Palavra de Deus como o plano de Deus para seu dia. Concentre-se na Palavra acima de tudo, e você será levado a realizar a vontade divina.

Salmos 139.16; Jeremias 29.11; Efésios 2.10

116.º DIA — 'ŌHEL MÔ'ED

ESTÁVAMOS NO ALTO de uma cadeia de montanhas que cercava uma vasta planície.

— Tente imaginar — disse o professor — toda essa planície coberta de tendas. Se conseguir, você terá uma boa ideia de como era a vida dos hebreus que cruzaram o deserto. Havia uma tenda, no entanto, que se destacava das demais: era chamada 'Ōhel Mô'ed, a Tenda do Tempo Escolhido ou a Tenda do Encontro.

— O que era essa tenda exatamente? — perguntei.

— Era a tenda da presença de Deus, onde ele se encontrava com os homens. Procure imaginar-se naquele ambiente. Como você faria para identificar essa tenda?

— Não sei.

— Bastaria ir até o centro do acampamento — respondeu o professor. — A Tenda do Encontro era sempre armada no centro do acampamento. Todo o resto do acampamento se espalhava no entorno dela. Era essa tenda que determinava a posição das demais, que determinava a ordem de todo o acampamento. O que isso nos ensina?

— Não sei, não costumo acampar.

— Ainda que não tenha esse costume, você precisa construir uma 'ōhel mô'ed, sua tenda do encontro.

— O que isso quer dizer?

— 'Ōhel significa não só "encontro", mas também "o tempo escolhido". É preciso reservar um momento, escolher um tempo todos os dias, uma tenda do tempo com limites bem claros, que tenha o sagrado propósito de se encontrar com Deus. Essa será sua 'ōhel mô'ed, sua tenda sagrada do encontro. Onde você armaria essa tenda?

— Em um lugar tranquilo?

— É preciso mais que isso — disse o professor. — A Tenda do Encontro tinha de ser sempre armada no centro do acampamento; portanto, você precisa armar sua tenda no centro da sua vida. Ela precisa estar no centro do seu dia, no centro da sua agenda, no centro de tudo que você faz; esse é o segredo. Se sua tenda do encontro não estiver no centro, tudo o mais irá se amontoar fora da sua existência. Não se reserva o tempo para estar com Deus com base na agenda terrena, nas atividades terrenas: são sua agenda e suas atividades que precisam se ajustar ao seu tempo com Deus, à sua tenda do encontro. Seu relacionamento com Deus e os encontros sagrados desse relacionamento só podem ocupar um lugar em sua vida: o centro.

O professor ficou de costas para a paisagem e passou a olhar diretamente nos meus olhos.

— Centre sua vida em Deus, e os horários da sua vida ao redor do seu tempo com Deus. Quando você fizer isso, tudo o mais haverá de se encaixar.

A missão: Hoje, erga e posicione sua tenda do encontro no centro do seu dia e da sua vida. Reserve o entorno para tudo o mais que tiver de fazer.

Êxodo 25.8-9; Mateus 6.6,33

117.º DIA — O *HYPOGRĀMÓS*

O PROFESSOR LEVOU-ME até a Câmara dos Livros. Sobre uma mesa de madeira, havia um recipiente bem raso cheio de cera derretida. O professor tinha nas mãos uma vareta pequena de ponta arredondada, que imaginei ser uma caneta dos tempos antigos. Ele apoiou a vareta na cera depositada no recipiente e começou a escrever, embora eu não conseguisse reconhecer a escrita.

— É grego antigo — ele disse. — A palavra é *hypogramós*.
— O que significa?
— *Gramós* significa "escrita", e *hypó* significa "embaixo". *Hypogramós*, portanto, significa literalmente "escrita embaixo", subscrever.
— Então você é um subscritor — eu disse.
Ele não respondeu.
— Nos tempos antigos, os *hypogramós* eram usados para ensinar os alunos a escrever. Era como um modelo ou gabarito para a escrita. De um lado, apareciam as palavras ou conjunto de palavras que os alunos deveriam copiar; do outro lado, o professor escrevia o *hypogramós* em uma tábua de cera. Os alunos então colocavam a vareta nas ranhuras das letras e escreviam sozinhos.
— Mas isso vai além de escrever — disse.
— É claro — disse o professor. — Na primeira carta de Pedro está escrito: "Também Cristo sofreu no lugar de vocês, deixando-lhes exemplo, para que sigam os seus passos".
— O que isso tem a ver?
— No original grego, não consta a palavra "exemplo", e sim *hypogramós*.
— Então o Messias deixou um *hypogramós* para nós? — perguntei. — Um gabarito?
— O Messias *é o hypogramós* — respondeu o professor. — A vida dele é o *hypogramós* que você deve usar para traçar sua vida. As ações da vida dele são o *hypogramós* que você deve usar para traçar suas ações. Os pensamentos do Messias são *hypogramós*, o comportamento do Messias é o *hypogramós*. O amor dele é o *hypogramós*, o coração divino é o *hypogramós*. Assim, você deve traçar seus pensamentos, seu comportamento, seu coração e tudo o mais em sua vida pelas ranhuras da vida dele e das pegadas que ele deixou. Para cada momento da sua vida, você tem um guia, um gabarito, pois o Messias é o *hypogramós* da sua vida.

A missão: Não passe por este dia de qualquer jeito. Procure buscar o *hypogramós* da sua vida. Receba as ações e os passos de Deus e use-os como gabarito.

Efésios 5.1-2; 1Pedro 2.21

118.º DIA — A CÂMARA NUPCIAL CÓSMICA

A NOITE ESTAVA começando, e olhávamos na direção do acampamento em que tínhamos visto a noiva pela primeira vez. Naquela noite, não a avistamos, mas também não esperávamos avistá-la.

— Fico imaginando o que ela está pensando e o que está fazendo — eu disse.
— A noiva? — perguntou o professor.
— Sim.
— Ela está se preparando para o dia do casamento.
— Como ela está se preparando?
— Em primeiro lugar, ela não está se concentrando mais na casa, nem no conforto do lar ou na falta dele.
— Porque ela o está deixando.
— Exatamente. Quanto mais ela se concentrar nas circunstâncias presentes, naquilo que está deixando, tanto mais será incapaz de se concentrar no lugar para onde está indo. Ela sabe que o tempo no seu lar atual é temporário e limitado. Não cabe a ela apegar-se ainda mais, e sim abrir mão. Ela não deve carregar muita coisa: é hora de se desapegar, de começar a dizer adeus. Tudo que ela conheceu e chamou de lar em breve não existirá. O lar agora é sua câmara nupcial. Ela precisa usar tudo que tem na preparação para o casamento e para a vida à sua frente.
— Então ela se prepara abrindo mão, dizendo adeus? — perguntei.
— Sim, e fazendo tudo que puder a fim de se preparar para sua vida futura; ela se prepara não ao embelezar o lar atual, mas embelezando a si mesma, se preparando.
— Acredito que haja algum reflexo espiritual nisso, certo?
— Sim. Se você pertence a Deus, então é a noiva dele, e o mundo é sua tenda, seu lar atual. Assim como a noiva, o foco da sua vida não pode mais estar no mundo, nem nas circunstâncias, nem no conforto ou no desconforto que possa sentir aqui. Este é o lugar que você irá deixar e, quanto mais se concentrar no que está deixando para trás, menos conseguirá se concentrar no lugar para onde você está indo. Seus dias neste mundo são transitórios; você não está no mundo para se apegar a ele, e sim para aprender a abrir mão dele. Este é o momento de se desapegar, de carregar poucas coisas, de dizer adeus. Portanto, use cada momento desta vida para se preparar para a vida por vir. Use o tempo que você tem neste mundo se preparando para os dias da Eternidade: você está aqui para se embelezar. De agora em diante, quando você olhar para o mundo, tente não enxergá-lo como seu lar; em vez disso, procure vê-lo como ele é: sua câmara nupcial.

A missão: Viva hoje como alguém que se prepara para um casamento. Trate cada momento como uma oportunidade de se tornar mais belo e celestial.

Isaías 52.1-2; Efésios 5.26-27; Apocalipse 21.2

119.º DIA — A ALIANÇA DOS ALQUEBRADOS

EU ESTAVA NO refeitório durante a hora do almoço, quando sem querer esbarrei em um jarro de argila que estava sobre uma das mesas. O jarro caiu no chão e se quebrou em vários pedaços. Por um instante, todos os olhos se voltaram na minha direção, e então reparei que alguém se ajoelhara ao meu lado: era o professor.

— Sinto muito — eu disse.

— Não vim aqui para corrigir, mas para ajudar você — disse ele, ajudando-me a recolher os cacos. — Mesmo assim, pensei em aproveitar esta oportunidade. Essa será a sua próxima lição — ele disse, ainda juntando os cacos. — Qual a primeira vez que a nova aliança é mencionada?

— Não sei.

— Nas Escrituras hebraicas, Deus diz ao profeta Jeremias: "Estão chegando os dias [...] quando farei uma nova aliança com a comunidade de Israel e com a comunidade de Judá. Não será como a aliança que fiz com os seus antepassados quando os tomei pela mão para tirá-los do Egito; porque quebraram a minha aliança". "Porque quebraram a minha aliança" — ele repetiu. — Portanto, a nova aliança nasce do rompimento; ela existe por causa desse rompimento. Ela foi mencionada pela primeira vez em um tempo em que a terra de Israel estava em ruínas, às vésperas do julgamento. Trata-se da aliança que Deus fez com os que haviam caído da graça, uma aliança com os alquebrados.

— Mas a nova aliança foi formada com todos os povos, não só com o povo judeu.

— Sim — disse o professor —, mas a natureza dessa nova aliança é para todos, como era para os judeus. Todos pecaram, todos ignoraram os preceitos divinos, todos fracassaram, todos caíram e, de algum modo, se quebraram. Assim, a nova aliança é aquela que Deus faz com todos os que pecaram, com todos os que fracassaram, com todos os que caíram e com todos os que não têm esperança de firmar um pacto com Deus. Enfim, com todos os que não são merecedores de tal aliança. É uma aliança que ele firma sem distinção. Portanto, responda: qual o poder dessa nova aliança? — perguntou o professor. — Trata-se do poder de restaurar o que está quebrado, o poder de curar e de restaurar.

— É o poder de apanhar e reunir todos os cacos da nossa vida — respondi.

— Sim — disse o professor —, a aliança dos alquebrados.

A missão: Levante-se, sem importar que tenha fracassado. Erga-se, por mais que tenha caído. Deus resgata o que está quebrado. Vá e faça o mesmo.

Jeremias 31.31-34; Oseias 14.4-7; João 8.9-11

120.º DIA — O MISTÉRIO DA *SEMÎKÂ*

Jonathan **Cahn**

— HOJE, VAMOS DESVENDAR o mistério da *Semîkâ* — disse o professor.

— O que é *Semîkâ*? — perguntei.

— Era um ato sagrado que precisava acontecer antes da oferta de um sacrifício para a remoção dos pecados ou antes que o sacrifício do bode expiatório no Yom Kippur pudesse remover os pecados de toda a nação.

— E no que consistia?

— No contato físico. O sacerdote ou a pessoa que oferecia o sacrifício precisava fazer contato físico com ele. Para ser mais exato, era preciso colocar as palmas das mãos sobre a cabeça do animal a ser sacrificado. Pois está escrito: "[Arão] colocará as duas mãos sobre a cabeça do bode vivo e confessará todas as iniquidades e rebeliões dos israelitas". Apenas depois da realização da *Semîkâ* é que o bode expiatório poderia remover os pecados da nação e que o sacrifício teria o poder de redimir. Aí está o mistério: o Messias é o sacrifício, a remissão. Porém, antes de o sacrifício poder morrer pelo pecado, é preciso que aconteça a *Semîkâ*. Mas como isso se deu? Quem o ofereceu em sacrifício, quem o condenou à morte?

— Os sacerdotes.

— Portanto, de acordo com o mistério, os sacerdotes precisavam fazer contato físico com a oferta sacrificial, com as próprias mãos. Está registrado que, depois da condenação do Messias à morte, os sacerdotes começaram a atacá-lo repetidamente com as mãos. Para que a *Semîkâ* fosse realizada, os sacerdotes precisavam tocar na cabeça da oferta sacrificial com as mãos. É-nos dito que os sacerdotes atingiram o rosto dele especificamente. Na *Semîkâ*, aquele que oferecia o sacrifício precisava tocar nele com a palma das mãos. No antigo registro em grego, conta-se que os sacerdotes acertaram a cabeça do Messias com a palma das mãos. Existe também um antigo escrito rabínico que declara que, quando mais de uma pessoa oferece o sacrifício, todos devem realizar a *Semîkâ* e revezar-se para tocar a cabeça do animal. Assim, de acordo com o mistério antigo, só depois que todas as mãos lhe tocaram a cabeça foi que o sacrifício, o Messias, pôde ser abatido. O que aconteceu neste mundo terreno é um símbolo do que aconteceu no mundo celestial. Em última instância, foi Deus quem realizou a *Semîkâ*: ele colocou os nossos pecados sobre o Messias; ele pôs especificamente *seus* pecados sobre o Messias, para que, com a morte dele, eles fossem expiados, para nunca mais voltar. Assim, foi realizado o ato da *Semîkâ*.

A missão: A *Semîkâ* foi realizada; portanto, viva este dia como alguém cujos pecados foram absoluta, certa e realmente expiados para sempre.

Levítico 16.21; Marcos 14.65

121º DIA — SHÔRESH

— PROFESSOR, QUAL O segredo para gerar frutos em Deus? — perguntei. — O que faz que alguns sejam grandes no Reino e outros não?

Ele se levantou da pedra em que estava sentado e caminhou na direção de uma pequena planta que crescia a poucos metros. Apanhando a planta pela base do caule, ele a tirou devagar e com cuidado do solo.

— Este — disse ele — é o segredo, a parte da planta que não se vê, a parte escondida. Olhe para ela: você não a vê, ainda que seja a parte mais importante. Ao olhar para uma árvore, nunca enxergamos a árvore inteira, apenas a parte que cresce sobre a terra. A parte mais importante permanece oculta, crescendo cada vez mais fundo na terra. É das raízes que a árvore tira a água, os minerais e seu sustento. Sem as raízes, a árvore deixaria de existir e, se as raízes forem rasas ou fracas, a árvore e seus frutos não resistirão. A fertilidade da árvore jamais excederá a *capacidade* de suas raízes.

— E quando aplicamos isso à nossa vida...

— Em Deus, sua vida é como uma árvore. Sua existência tem duas partes: a parte visível para o mundo e a parte oculta, que ninguém pode ver. É a parte visível da sua vida que manifesta os frutos: suas boas obras, os atos de amor e retidão. A parte oculta, porém, são suas raízes.

— Mas o que são as raízes exatamente?

— Sua vida íntima com Deus, sua fé, sua devoção, seu amor, a comunhão, o tempo que você passa com ele em oração, o que você leva no coração. Ninguém consegue enxergar, no entanto é a parte mais importante, pela qual recebemos a vida e o sustento espiritual e que faz o resto da sua vida crescer e gerar frutos. Se suas raízes forem fracas ou rasas, então os frutos da sua vida em Deus não resistirão. Sua fertilidade em Deus será sempre diretamente proporcional à capacidade de suas raízes em Deus.

— Qual o termo em hebraico para "raiz"? Ele revela alguma coisa? — perguntei.

— O termo é *shôresh* e está ligado ao sentido de profundidade. Portanto, se quiser ser grande em Deus, é preciso ser, antes, profundo em Deus. Concentre-se em fortalecer suas raízes; tenha como objetivo aprofundar-se no que é oculto e secreto, e assim sua vida dará muitos frutos. Pois está escrito: "A raiz do justo floresce".

A missão: Concentre-se hoje em fortalecer suas raízes, em aprofundar-se na presença de Deus e em receber com maior intensidade. Por meio dessas raízes, gere frutos.

Salmos 1.3; Provérbios 12.12; Colossenses 2.6,7

Jonathan **Cahn**

122º DIA — A ANTITESTEMUNHA

O PROFESSOR LEVOU-ME até um lugar em que havia ruínas. Não ficava muito longe da escola, mas eu ainda não o havia notado nem o conhecia. Não havia muita coisa para ver além de restos de prédios e artefatos antigos, grande parte encoberta pela areia do deserto.

— São as ruínas de uma antiga fortaleza que não foi destruída pelo tempo, mas pela guerra — disse o professor. — Estas ruínas são testemunhas de duas forças opostas e do conflito que houve entre elas. As Escrituras falam sobre duas realidades opostas e de uma guerra no reino espiritual: o reino da escuridão contra o reino da luz. Se fôssemos visitantes vindos de outro mundo, que prova poderíamos ver no mundo de que essa guerra existe de fato?

— O conflito sobre o que é mal — respondi.

— Sim, mas há algo ainda mais específico. E se Deus pretendesse usar um povo para realizar seu propósito, engrandecer seu Reino? O que aconteceria nesse conflito?

— Então esse povo seria alvo do ataque inimigo, seria o povo mais atacado da Terra, foco de um ódio satânico: a guerra da escuridão.

— E qual é o povo mais atacado da Terra? Que povo foi mais odiado, vilipendiado e perseguido na história humana?

— O povo judeu.

— E qual a explicação óbvia para essa fúria, que não é racional e não tem uma explicação lógica, essa guerra sobrenatural que existe desde o mundo antigo e prossegue até os tempos modernos? Quanto maior a fúria, maior a manifestação satânica. Por que os mais obcecados em destruir os judeus agiram da forma tão maligna e satânica, desde o Terceiro Reich até os mestres do terrorismo? Porque o mal tem verdadeira obsessão em destruir esse povo, o mesmo povo que trouxe ao mundo a Palavra de Deus, a salvação de Deus e o Messias.

— Tudo isso é prova dessa guerra — concluí.

— Mas também da existência de Deus — o professor acrescentou —, do inimigo e de um reino da escuridão que é uma ameaça à existência dos judeus. Trata-se da testemunha da escuridão, a antitestemunha: algo que, apesar de sua natureza, dá testemunho de que a Palavra de Deus é verdadeira e de que a luz, o bem e a resposta estão todos ligados a esse povo e ao que ele trouxe ao mundo. O fato de o povo judeu existir depois de tudo que aconteceu serve como testemunho de que a luz é superior a qualquer escuridão, o bem mais poderoso que qualquer mal e, em última instância, a fúria do Inferno nada é, comparada ao poder do Céu.

A missão: Hoje, acredite, tenha coragem e confie na verdade de que, no fim, o bem prevalecerá sobre o mal, no mundo e na sua vida.

Ezequiel 34.5-8; 1Pedro 5.8-9; Apocalipse 12.9-17

123.º DIA — O MISTÉRIO DA PRIMAVERA

O PROFESSOR LEVOU-ME até a Câmara dos Receptáculos, um aposento com várias prateleiras embutidas nas paredes. Em uma dessas prateleiras, estavam elementos da Páscoa; em outra, ramos de grãos; em uma terceira, uma cesta com mais grãos, várias frutas e dois filões de pão.

— Diga-me o que une todos esses elementos — pediu o professor.

— A primavera. Todos esses elementos estão ligados à primavera, às comemorações da primavera.

— Isso mesmo. No calendário hebraico, esse período é conhecido como ciclo da primavera, o grupo de dias santos reunidos pelo motivo e pelo calendário. O ano hebraico tem dois desses ciclos: o ciclo da primavera, que inaugura o ano sagrado; e o ciclo do outono, que o encerra. Foi com esse raciocínio que Deus estabeleceu a permanência humana, de acordo com o sagrado ano hebraico. O que você acha que os ciclos de primavera e de outono revelam?

— Que nossa permanência tem dois ciclos, um no começo e outro no fim: as duas vindas do Messias: a vinda na primavera e a vinda no outono.

— Isso mesmo. Em outra oportunidade, vou falar sobre o ciclo do outono, mas, por ora, vamos focar no ciclo da primavera. Quais os aspectos relacionados a esse ciclo?

— O fim do inverno, a vida nova, a Páscoa, o cordeiro, o sacrifício, deixar a antiga vida para trás, as primícias, novos começos, novos nascimentos e colheitas: isso é primavera.

— É o ciclo da primavera que contém o mistério da primeira vinda do Messias. A primeira vinda do Messias está intimamente ligada à Páscoa e ao sacrifício, ao fim do inverno, a começar uma nova vida, ao nascimento, a novas colheitas, à salvação… renascimento… e tudo isso começa com o Cordeiro. Esse não é só um mistério que diz respeito à permanência humana na Terra, mas também à nossa vida.

— O que quer dizer?

— É quando se recebe o Messias que o ciclo da primavera começa. Ele entra na sua vida e faz que tudo se torne primavera: ele encerra o inverno da sua vida; ele traz novo começo, traz salvação; ele tira você da antiga vida e dá um novo nascimento, uma nova colheita. Enfim, primavera. Ele nunca deixa de ser o Cordeiro da Páscoa, de modo que o ciclo da primavera nunca termina. Você não deve nunca deixar de vivê-la; nunca deixe a primavera. Quando se vive no Cordeiro da Páscoa, sempre é primavera, e tudo que nele vive é novo para sempre.

A missão: Viva este dia na primavera da salvação: deixe o velho e venha para o novo, pois no Cordeiro da Páscoa é sempre primavera.

Cântico dos Cânticos 2.10-13; Romanos 6.4; Apocalipse 21.5

NISAN

124º DIA — O SÉTIMO DIA

Jonathan **Cahn**

APROVEITAMOS PARA NOS sentarmos em uma parte plana, quase na metade da altura da montanha em que estávamos subindo. O professor tinha colocado duas velas em candelabros apoiados na pedra. O Sol estava se pondo.

— Quando o Sol se põe, começa o *Shabāt*, o sétimo dia, o dia do descanso, que ainda é observado pelo antigo povo de Deus. Você sabe por que o *Shabāt* acontece no sétimo dia? — o professor perguntou.

— É por causa da criação?

— Sim. Deus trabalhou seis dias dando vida à criação. Ele terminou sua obra no fim do sexto dia e descansou no sétimo dia. A criação, porém, está caída e não tem descanso nem paz; portanto, a obra de Deus agora trata de fazer nascer uma nova criação, uma redenção. Mas a redenção só vem por meio do...

— Messias.

— Por meio da morte do Messias na cruz. E o que seria isso? É o trabalho que Deus assume para criar a vida, para trazer uma nova criação à existência. Deus termina suas obras no sexto dia, então o sexto dia é reservado para terminar alguma obra. E quanto à redenção? Quando foi que o Messias encerrou sua obra?

— Na sexta-feira.

— E o que é a sexta-feira?

— O sexto dia — respondi.

— Isso mesmo. Também o Messias terminou sua obra no sexto dia. Depois de Deus terminar sua obra, veio o *Shabāt*. O que aconteceu quando o Messias terminou a obra que trouxe a nova criação?

— Veio o *Shabāt*.

— Veio o *Shabāt*. É por isso que os seguidores de Jesus removeram o corpo dele da cruz e o levaram para a tumba, porque o Sol estava se pondo e o sétimo dia estava chegando. Assim como no começo, era hora de descansar. No sétimo dia da Criação, Deus descansou. Agora, também na nova criação, o sétimo dia veio e Deus descansou... na tumba.

— Então ele precisava terminar a obra porque o *Shabāt* estava chegando.

— Ou — disse o professor —, em vez disso, o Messias terminou sua obra *para que* o Shabāt *pudesse vir*, o sinal de que a obra dele estava terminada, que a nova criação estava terminada. E assim veio o Sétimo Dia: um novo descanso, uma nova paz, uma nova bênção, nova completude para todos os que fazem parte da nova criação; um novo sétimo dia: o *Shabāt* do Messias.

A missão: Deixe o sexto dia para trás: deixe seus problemas, suas obras e seu trabalho. Entre no *Shabāt* do Messias. Entre no sétimo dia.

Gênesis 2.2-3; Mateus 11.28; Hebreus 4.4-11

ADON HA SHABBAT

125º DIA — OS CORDEIROS DO TEMPLO

ERA UMA NOITE de lua cheia, clara o bastante para iluminar as tendas do acampamento no vale logo abaixo de nós. Dessa vez, a atenção não estava no acampamento, mas no outro lado do vale, onde um pastor conduzia seu rebanho em meio à escuridão.

— Os cordeiros sacrificiais oferecidos no templo, de onde eles vinham? — perguntou o professor.

— Acredito que eram criados em Israel para esse propósito — respondi.

— E eram mesmo. Nos escritos dos antigos rabinos, está registrado que, durante os dias do Segundo Templo, o único lugar em que se podia criar um rebanho era o deserto. Mas havia uma exceção: os rebanhos ou cordeiros que seriam especificamente usados nos sacrifícios do templo, os cordeiros sacrificiais, precisavam ficar bem próximos da Cidade Santa. Nos dias do Segundo Templo, havia uma região específica em Israel que não ficava no deserto, e sim nos montes e vales citados nas Escrituras como o lugar onde os rebanhos eram criados no tempo do Messias. Esse lugar era muito próximo de Jerusalém, onde os sacrifícios eram oferecidos. Assim, não restava dúvida sobre onde os cordeiros a serem sacrificados no templo deveriam ser criados.

— Como chamava esse lugar?

— Era chamado *Beytî-Leḥem*.

— Belém! — exclamei. — Então é por isso...

— É por isso que o Messias nasceu em Belém: o Cordeiro de Deus nasceu onde os cordeiros eram criados. "Enquanto os pastores vigiavam o rebanho à noite [...]". Aquele não era só o lugar dos cordeiros, mas dos cordeiros sacrificiais, onde nasciam os animais a serem oferecidos no templo de Jerusalém como sacrifício a Deus.

— Então é por isso que os primeiros indivíduos a verem o Messias no mundo foram os pastores, porque, quando nasce um cordeiro, é o pastor quem vigia o nascimento.

— Não eram meros pastores, mas pastores de Belém, os pastores que vigiavam o nascimento dos cordeiros sacrificiais. O Cordeiro de Deus nasceu dentre os cordeiros sacrificiais pelo mesmo motivo: ser sacrificado em Jerusalém. O mistério já estava lá desde o começo, desde o nascimento do Messias. O propósito de toda a vida dele era dar-se, dar a vida como presente de um amor sacrificial por nós. Ele nasceu em Belém como um sinal de que toda a vida dele, desde o momento em que havia nascido, seria feita de amor.

A missão: Toda a vida do Messias foi um sacrifício, cada momento que ele viveu foi uma bênção, ele foi a encarnação do amor. Seja e aja segundo esse exemplo.

Miqueias 5.2; Lucas 2.8-20

Jonathan **Cahn**

126° DIA — AS COLHEITAS MISTERIOSAS

FUI ATÉ A CIDADE com o professor para comprar alguns suprimentos. No caminho de volta, passamos por uma comunidade agrícola em pleno deserto cheia de agricultores.

— Está na época da colheita. Quando terminarem, os agricultores farão uma grande festa. Todos os povos da Terra celebram suas colheitas desde o começo da história humana — disse o professor, antes de fazer uma pausa. — Digo-lhe que há colheitas misteriosas e a celebração dessas colheitas misteriosas.

— Colheitas misteriosas?

— Imagine um povo que comemora a colheita de uma plantação que nunca aconteceu, uma colheita resultante de uma semeadura que jamais existiu. Imagine uma celebração de uma colheita imaginária. E imagine um povo que insiste em celebrar essa colheita imaginária ano após ano, durante séculos.

— Não consigo imaginar — respondi.

— Mas isso aconteceu de verdade. É um dos fenômenos mais estranhos da história humana.

— E quem fez isso?

— Os judeus. Deus ordenou que os judeus comemorassem a colheita na terra prometida. No entanto, no ano de 70 d.C. a terra de Israel foi destruída, e o povo judeu se espalhou pelos confins da Terra. Depois daquilo, não havia mais colheita, nem grãos, nem frutos para serem colhidos. Não obstante, apesar de não haver mais colheitas, os judeus continuaram comemorando: eles comemoravam a colheita da cevada imaginária, agradeciam pela colheita de frutas imaginárias e se deliciavam com abundantes vinhas imaginárias carregadas de uvas inexistentes. Então algo igualmente estranho aconteceu: depois de dois mil anos comemorando colheitas imaginárias, elas reapareceram.

O professor parou por um instante antes de continuar:

— É vital que você compreenda este segredo do Reino: os filhos do mundo se alegram depois de ver as bênçãos recebidas; mas os filhos do Reino fazem o oposto: comemoram *antes* de receber a bênção. Não espere receber suas bênçãos para se alegrar; alegre-se, e verá suas bênçãos. Não espere pelo presente para poder agradecer; agradeça, e o presente virá. Não espere até as circunstâncias estarem corretas para celebrar; celebre, e tudo se encaixará. Não espere pela vitória para se considerar vitorioso; seja vitorioso, e a vitória acontecerá. Aprenda o segredo das colheitas misteriosas de Israel: comemore a bênção que você ainda não vê. Comemore a colheita que você não tem, e, assim, terá uma colheita para poder comemorar.

A missão: Viva hoje de acordo com o Reino: antes de enxergar a bênção, alegre-se e agradeça pela bênção. Comemore sua colheita misteriosa.

Deuteronômio 16.15; Jeremias 31.3-6; Marcos 11.24

127º DIA — DIAS DO PASSADO FUTURO

— ATEMPORAL — disse o professor. — A língua sagrada é atemporal.
— Atemporal no sentido de imutável ou no sentido de ser eterna? — perguntei.
— Ela é atemporal no sentido de que não sabe o que é tempo.
— O que você quer dizer?
— A versão original das Escrituras, em hebraico, diz que aquilo que acontece não conhece o tempo.
— Mas a Bíblia fala sobre o tempo a todo instante; fala de dias e anos.
— Sim, mas o idioma hebraico não tem um tempo verbal que indique o tempo.
— Como é que uma língua pode prescindir de passado, presente ou futuro?
— O idioma tem outros modos, modos que são usados e compreendidos como representando o passado, o presente e o futuro. Mas a verdade é que esses outros modos não têm uma relação absoluta com quando ocorrem. Em verdade, às vezes as Escrituras falam de eventos futuros como se já tivessem acontecido... como se fosse o passado futuro.
— E quais são esses modos?
— Há o perfeito e o imperfeito. O modo perfeito fala de uma ação que já aconteceu e, assim, é completa, perfeita. O modo imperfeito fala de uma ação que não terminou e, assim, está incompleta, é imperfeita. Portanto, no idioma hebraico há apenas duas opções: viver no perfeito ou no imperfeito. Se você vive sempre tentando terminar o que não terminou, completar o que é incompleto; se vive tentando ser salvo, tentando ser amado, tentando ser bom o bastante, tentando ter valor, tentando ser pleno... então está vivendo no modo imperfeito, está vivendo de forma imperfeita. Viver no modo imperfeito não funciona porque o que surge da incompletude não pode ser outra coisa que não o incompleto.
— E como é possível viver no modo perfeito?
— Para viver no modo perfeito, você precisa aprender o segredo de viver daquilo que já foi completado, de fazer com base naquilo que já foi feito, vencer com base em uma vitória conquistada.
— Mas o que já foi realizado, completado? O que já terminou e é perfeito?
— A obra de Deus — disse o professor —, a salvação: a obra terminada do Messias.
— "Está consumado" — acrescentei.
— Isso mesmo. Aquilo que é perfeito e já está terminado, e a salvação é uma obra perfeita. Aqueles que vivem na salvação precisam viver nos dias do passado futuro.

A missão: Viva este dia de acordo com o modo perfeito do idioma hebraico. Faça tudo com base na obra realizada do Messias: vença com base na vitória que ele conquistou, ame com base na completude por ele alcançada.

Mateus 5.48; Efésios 2.10; Filipenses 3.13-15

Jonathan **Cahn**

128º DIA — *DÝNAMAI*: O PODER DO EU POSSO

O PROFESSOR ESTAVA sentado em cima de uma pedra grande, e vários alunos estavam à sua frente, em um semicírculo.

— Existem muitos poderes no mundo: o poder do Sol, o poder do vento, o poder dos rios, o poder do fogo, o poder dos átomos, o poder dos reis, o poder dos exércitos e o poder do homem. Cada um desses poderes tem condições e limitações. E se existisse um poder ainda maior que todos esses poderes, um poder sem limites, o poder de fazer qualquer coisa?

Ninguém respondeu.

— O Messias deu aos seus discípulos e aos discípulos que viriam depois deles, incluindo todos vocês, a Grande Comissão de proclamar a mensagem da salvação ao mundo, ensinar a Palavra divina, realizar a vontade de Deus e fazer discípulos em todas as nações. Mas qual foi o primeiro pedido do Messias?

— Que os discípulos esperassem em Jerusalém para receber o poder — disse um dos alunos.

— Isso mesmo. E que poder era esse? — perguntou o professor.

— O poder do Espírito — respondeu outro aluno.

— Está certo. Você sabe o que há por trás da palavra que representa o poder que os discípulos iriam receber? O termo usado nas Escrituras é o grego *dýnamis*, que deriva da raiz *dýnamai*. *Dýnamai* significa "ser capaz": o Messias não especificou qualquer condição, qualificação, modificação ou limitação ao poder que seria recebido. Que poder lhes é dado no Espírito? O poder de ser capaz de fazer aquilo que nunca foi possível, o poder de fazer aquilo que está além da sua capacidade. *Dýnamai* significa "tornar possível". Se viver no Espírito, você também receberá o poder de realizar o que não era possível. *Dýnamai* também significa "posso", como em "eu posso". O poder do Espírito é *o poder do eu posso*.

— Posso o quê? — um aluno perguntou.

— Não existe especificação. Não existe qualificação. Trata-se do poder do *eu posso* fazer qualquer coisa; é o poder de fazer todas as coisas; o poder de fazer o que você precisa para realizar a vontade e o chamado de Deus. Não há limitação alguma. É o poder dos poderes, o poder de fazer o que for necessário; é o poder de anular e superar todo "não posso" da sua vida com o poder do "eu posso" que vem do Todo-Poderoso.

A missão: Viva este dia no *dýnamai* de Deus: em tudo que você precisar fazer para realizar a vontade de Deus, invoque o poder do "eu posso". Investido desse poder, *faça*.

Zacarias 4.6-9; Lucas 24.49; Filipenses 4.13

DUNAMAHEE: THE POWER OF I CAN

129º DIA — A PROMESSA

O PROFESSOR TIROU um pergaminho de uma das prateleiras da Câmara dos Pergaminhos e, colocando-o sobre a mesa de madeira, o desenrolou.

— Milhares de anos atrás, Deus deu uma profecia para o povo judeu: eles seriam tomados como escravos de suas terras e se espalhariam pelo Planeta, passando de uma terra a outra, até os confins do mundo. Tudo isso de fato aconteceu: durante os últimos dois mil anos, o povo judeu percorre a Terra passando de nação a nação. Mas Deus também fez outra promessa: no fim desta era, ele reuniria os judeus espalhados em todas as nações e os levaria de volta para a terra de Israel. Assim está escrito no livro de Jeremias: "Eu os trarei da terra do norte e os reunirei dos confins da terra. Entre eles estarão o cego e o aleijado, mulheres grávidas e em trabalho de parto". Era uma promessa impossível: em toda a história humana, nunca houve nada que se comparasse a isso, e poucos acreditavam que essa promessa poderia ser cumprida.

— Mesmo entre os que estudam a Bíblia?

— A maioria das pessoas tinha se convencido de que Deus havia abandonado o povo judeu, e a maioria dos judeus não pensava que chegaria a viver para ver essa profecia se cumprir. Durante dois mil anos, a terra de Israel esteve ou nas mãos dos inimigos dos judeus ou nas mãos de quem não tinha a menor intenção de devolvê-la. O povo judeu, além disso, era absolutamente impotente. Mas Deus disse que aquilo aconteceria: a promessa estava escrita na Palavra. A despeito de todos os poderes e contra todas as forças, depois de dois mil anos de impossibilidade, bem no meio de uma era secular e cínica, Deus cumpriu a profecia e a promessa: ele reuniu seu antigo povo desde os confins da Terra e o levou de volta para a terra natal, tanto o cego quanto o aleijado, a mulher com seu filho, uma multidão enorme, como um pastor juntando o rebanho.

O professor fechou o pergaminho.

— Veja, mais uma vez comparando a Palavra com o mundo, vemos que a Palavra era mais real e verdadeira. Entre a promessa e o Inferno que se desenhava contra o seu cumprimento, foi a promessa que se mostrou mais forte. Nunca se esqueça: a Palavra é verdadeira, mais verdadeira que o mundo, e a promessa é garantida, mais forte que todos que se opõem a ela. Se depois de dois mil anos Deus se lembrou da promessa que fez ao seu antigo povo, decerto ele se lembra das promessas que fez a você.

A missão: Hoje, encontre uma promessa contida na Palavra que se aplique à sua vida e confie nessa promessa, acredite nela e viva de acordo com ela.

Jeremias 30—31; 2Coríntios 1.20

130º DIA — REINO DO CORDEIRO

O PROFESSOR TINHA um pequeno pergaminho nas mãos e se pôs a ler.

— "Vi um Cordeiro, que parecia ter estado morto, de pé, no centro do trono, cercado pelos quatro seres viventes e pelos anciãos". "Vi um Cordeiro [...] no centro do trono": essa foi a visão dada a *Yôḥānān*, ou João, no livro de Apocalipse. Você nota algo de estranho nessa passagem? — perguntou o professor.

— Tudo. Os quatro seres viventes, os anciãos, o cordeiro...

— E quanto ao cordeiro no centro do trono?

— Por que isso seria mais estranho que o resto?

— Pense um pouco: um cordeiro, a mais indefesa criatura, tão frágil que precisa ser protegido pela mãe e pelo pastor... isso que é estranho na visão: o Cordeiro está no trono, o Cordeiro é rei, o Cordeiro reina sobre tudo. Um leão no trono faria sentido, não um cordeiro. A mais indefesa das criaturas reinando no trono com todo o poder, sobre todas as criaturas.

— Acredito que seja um símbolo do Messias.

— Sim. Aquele que governa o Reino de Deus. Portanto, o Reino de Deus será o reino do Cordeiro. Não acha isso bastante radical, um cordeiro ocupando um trono? Isso vai contra a natureza do reino animal e dos reinos dos homens, mas o Reino de Deus não funciona de acordo com as leis deste mundo; o Reino de Deus tem regras próprias. Para prosperar em Deus, é preciso aprender os segredos do Reino: no mundo, é o forte e o valente que governam; mas, no Reino de Deus, quem manda é o Cordeiro. No reino do Cordeiro, o fraco se torna forte, e o forte enfraquece. Nesse Reino, para ter é preciso abrir mão; para receber, é preciso dar. Nesse Reino, se você se abaixar, acabará elevado; se diminuir a si mesmo, será engrandecido; se perder a si mesmo, acabará se encontrando; se entregar sua vontade, irá prevalecer; acima de tudo, se morrer para si mesmo, encontrará a vida definitiva.

— Assim como o Messias morreu e alcançou a vida, como ele entregou tudo que tinha e venceu a todos, reinando sobre o mundo — acrescentei.

— Se você seguir os passos do Cordeiro, também irá vencer e superar o mundo. Porque pertencemos ao mais radical dos reinos: o reino do Cordeiro.

A missão: Viva este dia de acordo com o caminho do Cordeiro: abra mão do que você tem; morra para poder viver; entregue para poder receber.

Mateus 5.30-45; 20.25-28; 2Coríntios 6.3-10;12.9-10; Apocalipse 5.6-14

131º DIA — AS INESCRITURAS

O PROFESSOR LEVOU-ME até a Câmara dos Pergaminhos, onde estava o baú. De dentro do baú, ele tirou um pergaminho e o colocou sobre a mesa.

— Quero que você olhe com atenção para ver o que está aqui no pergaminho. Dizendo isso, o professor o desenrolou.

— Estas são as Sagradas Escrituras, a Palavra de Deus em sua forma original. Diga-me o que você vê.

— Escritos, palavras, letras — respondi.

— Isso é tudo?

— O que mais há aí?

— Você não descreveu nem metade de tudo que está aqui.

— O que quer dizer? — perguntei.

— Você só descreveu a parte da tinta, mas não o resto.

— A parte branca?

— Sim, a parte branca, o espaço. A tinta é santa, mas o pergaminho também. Sem o pergaminho, você não veria o escuro da tinta, não haveria nada sem o contraste, nada que permitisse enxergar as palavras. Sem o fundo branco, você não veria a Palavra de Deus. O branco é a *inescritura* sagrada de Deus.

— A inescritura?

— Sim, a inescritura. Quando a Palavra é dita ao mundo, ela precisa ter contexto, precisa de um pergaminho, um papel, uma voz, algum meio para conduzi-la e manifestá-la ao mundo. Esse é o sagrado branco da inescritura. Você sabe qual é a inescritura mais sagrada?

— Não.

— Sua vida — disse o professor. — Sua vida é o meio sagrado pelo qual a Palavra aparece, é o pergaminho santo que carrega e manifesta os eternos escritos. Assim, o segredo é unir sua vida, seu coração, suas emoções, sua alma e sua vontade à Palavra de Deus; é juntar o branco ao preto, a tinta ao pergaminho, é receber o oráculo sagrado, conduzi-lo e manifestá-lo ao mundo. Deixe que toda parte da sua vida seja como o branco sagrado em que a Palavra de Deus se revela. Permita que sua vida seja a sagrada inescritura de Deus.

A missão: Una a Palavra ao pergaminho do seu coração, da sua vontade, de suas emoções e de seu caminho. Faça que sua vida se torne o sagrado fundo branco da Palavra de Deus.

Salmos 119.11; Mateus 7.24;
Colossenses 3.16

Jonathan **Cahn**

132º DIA — A *BEŚÔRĀ*

NAQUELE DIA, ventava muito, ainda mais no topo de montanha no deserto onde estávamos, eu e o professor.

— O que significa a palavra "evangelho"? — ele perguntou.

— É um relato da vida do Messias — respondi.

— Significa "boas novas". É a boa notícia da redenção do Messias, do perdão de nossos pecados na cruz, da superação da morte na ressurreição, da salvação, da vida eterna. Em que lugar da Bíblia a palavra "evangelho" aparece pela primeira vez?

— No Novo Testamento.

— Não. Ela aparece pela primeira vez nas Escrituras hebraicas.

— Como? De que maneira?

— Ela aparece como o termo *beśôrā*. *Beśôrā* é o termo do qual deriva a palavra "evangelho" do Novo Testamento. Na verdade, o Messias dá início ao ministério citando um versículo hebraico em que aparece esse termo: "O Espírito do Soberano SENHOR está sobre mim porque o SENHOR ungiu-me para levar *beśôrā*, as boas notícias". *Beśôrā* deriva da raiz *beśôrā*, que significa "contente" ou "alegre". Assim, o efeito da *beśôrā*, do Evangelho, deve ser a alegria. A natureza do Evangelho é tornar a vida da pessoa em alegria, pois saber que você foi salvo do julgamento e recebeu o Céu é mais que suficiente para dar alegria a todos os dias da sua vida.

— Mas deve haver fiéis que não vivem com alegria.

— Então eles não estão recebendo a *besorah*, não como deveriam. Você sabe o que mais o termo *besorah* significa? Ele descreve você neste exato instante.

— O que você quer dizer?

— O vento fez as maçãs do seu rosto se avermelharem. O termo *besorah*, o *evangelho*... significa "rubro".

— Rubro?

— Sim. O efeito do Evangelho é enrubescer aquele que o recebe, no sentido de que a pessoa se enche de vida. Sabe o que mais *beśôrā* significa? Significa "fresco", "viçoso". Pois o Evangelho, a salvação de Deus, é sempre nova, sempre fresca: ela nunca envelhece. Se alguém não estiver vivendo no frescor da vida, então não está recebendo a *beśôrā*, ou parou de receber. Uma vez que a *beśôrā* é sempre fresca, é preciso manter-se viçoso para poder receber, como se fosse a primeira vez. Para quem recebe desse modo, a vida se torna nova, reavivada e viçosa. O Evangelho é a *beśôrā*, e a *beśôrā* não envelhece, não se enruga e nunca deixa de ser nova, viçosa e suficiente para colocar cor nas bochechas da sua vida.

A missão: Receba a *beśôrā*, as boas novas, como se fosse a primeira vez. Com esse poder, caminhe no frescor da novidade da vida.

Provérbios 25.25; Isaías 52.7; 61.1

133º DIA — O SOLDADO E O GENERAL

ESTÁVAMOS SENTADOS NO LOCAL onde a fogueira estaria se estivesse acesa, mas ainda era de manhã. Não havia fogueira, e estávamos apenas eu e o professor.

— Em um exército, quem tem a maior autoridade? — perguntou o professor.

— O general — respondi.

— Correto. Ele não se submete a nenhuma outra patente e exerce autoridade sobre todas as outras. Quem, em um exército, tem a menor autoridade?

— O soldado.

— Isso mesmo. O soldado é o oposto do general: ele se submete a todas as outras patentes e não exerce autoridade sobre ninguém.

O professor fez uma pausa antes de continuar.

— Uma charada: quando é que o soldado tem a mesma autoridade que o general?

— Nunca — respondi —, senão ele não seria um soldado.

— Ah, mas existe um momento em que o soldado tem a mesma autoridade de um general: é quando está cumprindo uma ordem dada pelo general. Quando um soldado está cumprindo uma ordem, uma tarefa, quando está cumprindo uma missão dada pelo general, então, em relação àquela ordem, ele carrega a autoridade do general. Todos os outros soldados, todas as outras patentes, seja um capitão, seja um coronel, devem ceder ao soldado para que ele cumpra o que lhe foi ordenado. Diante dele, todo portão deve se abrir e toda porta deve ser destrancada. Agora, vamos extrapolar: no Universo, quem detém toda a autoridade?

— Deus.

— Sim. Ele é o General. E quem tem a menor autoridade?

— Nós... o homem.

— Isso mesmo. E quando é que nós, os soldados, temos a mesma autoridade do General, que é Deus?

— Quando... quando cumprimos uma ordem dada por Deus, quando cumprimos a missão por ele atribuída.

— Exatamente — disse o professor. — Se você viver fora da vontade de Deus, se agir contra ela, então irá viver e agir com a autoridade de um soldado, que é nenhuma. No entanto, se viver na vontade de Deus, se cumprir as ordens divinas, se estabelecer como seu objetivo cumprir o chamado dele, você viverá na autoridade de Deus; toda patente do Universo deverá ceder ante seus passos, toda porta se abrirá e todo portão será erguido. Tenha como objetivo viver toda a sua vida na vontade de Deus; encontre sua missão e cumpra-a. Assim, irá caminhar no poder e na autoridade do Todo-Poderoso.

A missão: Busque caminhar completamente na vontade de Deus. Cumpra a missão dada pelo General e, na medida em que realizar a vontade divina, exercerá também a autoridade dele.

Mateus 28.18-20; João 20.21-23; 2Coríntios 10.3-5

Jonathan **Cahn**

134º DIA — A PROFECIA DOS OSSOS SECOS

— LEMBRA-SE DESTE LUGAR? — perguntou o professor.

Diante de nós, havia um vale amplo e hostil.

— Aqui foi onde contei a você sobre o vale dos Ossos Secos.

Começamos a caminhar pelo vale, como da primeira vez.

— Imagine que você é o profeta Ezequiel. Deus coloca você no meio de um vale como este, porém cheio de ossos. Então ele diz: "Profetize a estes ossos", e você faz o que Deus pede. De repente, os ossos começam a se juntar, um a um, formando vários esqueletos. Depois os esqueletos começam a ganhar carne, e em seguida, pele; e se tornam seres vivos! Lembra-se do que isso significava?

— Que Israel tornaria a viver como nação na Terra.

— Isso mesmo — disse o professor —, mas como? Israel não voltaria para a Terra como as outras nações: ele surgiria como aconteceu no vale dos Ossos Secos. Primeiro os ossos: os restos quebrados e espalhados de uma antiga nação, os ossos dispersos de sua cultura, da memória nacional, o próprio povo espalhado por toda a Terra. Então Deus começou a reunir esses ossos de outras nações. O que eles formaram?

— Um esqueleto.

— Um esqueleto. Então Israel torna a aparecer no mundo como entidade esquelética, o esqueleto de uma nação. A língua desse povo, o hebraico, volta à vida primeiramente como uma língua esquelética, o esqueleto de uma língua antiga outrora viva. O governo surge como governo esquelético. A cultura também é esquelética, assim como o exército, o território... toda uma nação esquelética. Conforme o tempo passa, começa a aparecer a carne, exatamente como na profecia. No dia em que Israel ressuscita dos mortos, você sabe o que apareceu durante a proclamação da existência?

— O quê?

— A frase: "Profetize a estes ossos"! As palavras do vale dos Ossos Secos. Qual a possibilidade de que ossos e esqueletos venham a ganhar vida?

— É impossível.

— Realmente, durante dois mil anos foi impossível ressuscitar Israel do mundo dos mortos, mas Deus o fez e cumpriu a profecia. Nunca se esqueça disto: ele é o Deus do impossível, o Deus que toca naquilo que é completamente inútil, que está morto, e lhe devolve à vida. Para Deus, nada é impossível. Ele é o Deus do impossível, o Deus do vale dos Ossos Secos.

A missão: Até a história moderna é testemunha: Deus é o Deus do impossível. Veja a realidade e acredite em Deus em relação a tudo que é impossível.

Ezequiel 37.1-14; Lucas 1.37

135º DIA — O ANTECIPADOR

EU ESTAVA CAMINHANDO com o professor através de uma planície ampla ladeada por montanhas baixas quando algo chamou a atenção dele. Na areia próxima às pedras que ficavam na base da montanha, havia uma cobra, que tinha a boca toda esticada em volta de um ovo muito maior que seu corpo.

— Esta é a *Dasypeltis scabra*, a serpente devoradora de ovos. Você não precisa lembrar o nome dela, mas preste atenção no que ela faz.

— Ela engole ovos — respondi.

— Sim, e isso revela um princípio crítico do reino espiritual. A serpente é um símbolo do mal e do Inimigo, e serpentes desse tipo são conhecidas por engolir ovos. Mas o que é um ovo? Um ovo é a origem da vida. Moisés foi chamado para libertar o povo hebreu escravizado pelo faraó, mas, nos dias do nascimento de Moisés, o faraó decretou que todos os meninos nascidos em berço hebreu deveriam ser mortos. Foi por um milagre que o bebê Moisés sobreviveu. O mesmo aconteceu durante o nascimento do Messias, quando o rei Herodes tentou acabar com a vida dele. O que isso ensina?

— Que o Inimigo ataca os jovens.

— E tem mais: foi no deserto, pouco antes de começar o ministério, que o Inimigo tentou destruir o Messias.

— Então o Inimigo ataca particularmente no início dos propósitos de Deus.

— Sim, e *antes* do início também. Deus prometeu reunir o povo judeu espalhado em todas as partes para ressuscitar a nação de Israel, mas, pouco antes de as palavras do profeta se concretizarem, uma fúria satânica irrompeu no mundo sob a forma do nazismo, que tentou varrer os judeus antes da realização da profecia, antes de Israel poder renascer. Esse padrão se repete muitas vezes. Quem é o Inimigo? Ele é o antecipador; ele ataca os propósitos de Deus não só quando estes começam, mas *antes de começarem*, em uma tentativa de antecipação.

— Do mesmo jeito que a serpente tenta engolir o ovo.

— Portanto, quando você caminha na vontade de Deus e todo o Inferno parece vir contra você, não desanime; pelo contrário, anime-se: é um bom sinal, já que o Inimigo não perde tempo. Ele faz tudo que pode para impedir que o propósito de Deus se realize. Portanto, avance com presteza ainda maior: o ataque é um sinal da grandeza do chamado, da bênção, do propósito e da vitória que Deus preparou para você. Não desista, siga em frente, lute contra a serpente, contra o antecipador, até que os propósitos de Deus possam nascer.

A missão: Responda aos problemas, atrasos, empecilhos e ataques com presteza ainda maior para alcançar a vitória que está logo depois do enfrentamento.

2Coríntios 2.11,14; Hebreus 10.36

136º DIA — VIDA DO CÉU PARA A TERRA

Jonathan **Cahn**

O DIA ESTAVA muito bonito, e as nuvens deslizavam devagar no céu, que era de um azul profundo.

— O Céu e a Terra — disse o professor. — Costumamos pensar sempre em um oposto ao outro. O segredo, no entanto, é justamente o contrário.

— O que quer dizer?

— Assim pediu o Messias que orássemos: "Seja feita a tua vontade, assim na terra como no céu". Portanto, os dois, Terra e Céu, devem estar unidos. A redenção do Messias representa a união da Terra com o Céu, do Céu com a Terra; portanto, para viver em redenção, é preciso viver nessa união entre o Céu e a Terra.

— Então devemos viver como se estivéssemos vivendo no Céu? — perguntei.

— Sim, mas esse não é o segredo; o segredo vai muito além disso. "Assim na terra como no céu" significa que precisa ser na Terra como é, *antes*, no Céu: o Céu primeiro e depois a Terra. "No princípio Deus criou os céus e a terra", não a Terra e depois os Céus: o Céu vem sempre primeiro. A vida e as bênçãos não vão da Terra para o Céu, mas do Céu para a Terra. Mesmo assim, muita gente vive de maneira contrária, mesmo quem busca a Deus.

— Vivem da Terra para o Céu.

— Sim. Essas pessoas buscam se elevar, se tornar mais santas, mais puras e espirituais, mais retas, mais amorosas… e mais celestiais. Elas buscam se elevar cada vez mais, tentam ascender. Mas a resposta nunca surge da Terra em direção ao Céu.

— Então o segredo é viver não da Terra para o Céu, mas do Céu para a Terra?

— Sim, é o exato oposto de tudo que conhecemos e de como estamos acostumados a viver e a pensar. A resposta é viver uma vida do Céu para a Terra.

— Então não devemos tentar ser santos?

— Devemos sim, mas não por meio de nós mesmos: tudo deve começar no Céu. A única maneira de você se tornar mais santo é viver *do* Santo. O único jeito de se tornar mais puro é viver *do* Puro. O único jeito de se tornar bom é viver *do* Bem; e a única forma de se tornar amoroso é viver *do* Amor. A única maneira de você verdadeiramente aprender a dar é viver *da* Doação, e o único jeito de você se tornar santo é viver *de* Deus. Não é possível obter o Céu; é preciso deixar que o Céu obtenha você. Viva do Céu para a Terra, de modo que tudo que você faça surja do Céu e venha em direção à Terra. Deixe que o Céu toque sua vida e, por meio dela, todas as partes do seu mundo. Assim na Terra como no Céu.

A missão: Aprenda o segredo de viver uma vida do Céu para a Terra. Viva cada instante *da perspectiva* de cima, *da perspectiva* do bem, *da perspectiva* da glória e *da perspectiva* do Céu.

Isaías 55.10-11; Mateus 6.10; Colossenses 3.2

AS IT IS IN HEAVEN

137° DIA — SHĀLÔM 'ALEÎKEM

ERA A MANHÃ DO primeiro dia da semana. Todos os alunos estavam reunidos em uma tenda ao ar livre esperando o professor falar.

— Paz seja com vocês — ele disse. — Foi isso que o Messias disse aos discípulos quando os saudou. Conforme está escrito: "Jesus entrou, pôs-se no meio deles e disse: 'Paz seja com vocês!'". Esse é o único registro do Messias usando essas palavras. Foi a primeira coisa que ele falou quando apareceu depois da ressurreição. Ele poderia ter dito qualquer coisa, mas escolheu dizer: "Paz seja com vocês!". Na verdade, ele usou essa expressão duas vezes no mesmo encontro. Portanto, deve haver algo especial nessas palavras. Por que vocês acham que ele escolheu essa expressão e por que ela só foi registrada depois da ressurreição, não antes?

Os alunos permaneceram em silêncio.

— Ao profetizar a morte do Messias, Isaías escreveu o seguinte: "Ele foi transpassado por causa das nossas transgressões, foi esmagado por causa de nossas iniquidades; o castigo que nos trouxe *paz* estava sobre ele". A paz só existe depois da expiação. É por isso que só *depois* da morte do Messias na cruz e da ressurreição que a paz pôde ser dada. Mas a profecia de Isaías não diz: "Nos trouxe paz"; ela diz: "Nos trouxe *shālôm*". Quando abençoou os discípulos, o Messias também não usou a palavra "paz"; a expressão que ele usou foi: "*Shālôm 'aleîkem*", "*Shālôm seja convosco*".

— Mas se *shālôm* significa "paz", isso faz diferença? — perguntou um dos alunos.

— Faz toda a diferença, pois *shālôm* significa muito mais que paz. *Shālôm* significa "segurança", "descanso", "prosperidade", "integridade", "bem-estar", "completude", "plenitude", "solidez". Então qual foi a bênção que o Messias deu aos discípulos? Ela pode ser interpretada assim: "Que vocês sejam abençoados com segurança, descanso, prosperidade, integridade, bem-estar, completude, plenitude, solidez... e paz".

— Tudo isso em apenas uma bênção? — outro aluno perguntou.

— Tudo isso no *shālôm* do Messias, no sacrifício dele. Tudo isso na bênção que o Messias deu aos discípulos e que ele dá a *vocês*. Coube aos discípulos, assim como cabe a vocês, compreender plenamente o significado da bênção e receber tudo que ela contém.

A missão: Hoje, tenha como objetivo receber o *shālôm* do Messias: a paz, a plenitude, o descanso, a completude, o bem-estar e a integridade. *Shālôm 'Aleîkem*.

Isaías 53.5; João 20.19-21; Colossenses 3.15

Jonathan **Cahn**

138º DIA — O REI LEPROSO

O PROFESSOR LEVOU-ME até a Câmara dos Livros, de onde tirou um grande livro vermelho da prateleira e, colocando o tomo sobre a mesa, abriu para ler.

— O Sinédrio foi o conselho que levou o Messias a julgamento. Eles o acusaram de ser um falso Messias, consideraram-no culpado de blasfêmia e acabaram entregando o condenado à execução dos romanos. O que você está vendo é o registro dos rabinos no *Talmude*, chamado Tratado Sinédrio.

— O mesmo nome do Sinédrio que considerou o Messias culpado? — perguntei.

— Sim, e é isso que torna tão incrível o que você está prestes a ouvir: os autores do Sinédrio diziam que o Messias de Israel se chamaria Leproso.

— Leproso? — repeti. — Um nome muito estranho para chamar o Messias. Por quê?

— Assim explicam as palavras do Sinédrio: "Decerto nasceu de nossas dores e carregou nossas feridas: não obstante, o julgamos leproso; açoitado por Deus e aflito".

— Então o Tratado Sinédrio descreve o Messias como aquele que carregou nossos sofrimentos.

— Isso mesmo. Os autores estão citando a profecia do Redentor de Isaías, aquele que morreu por nossos pecados, mas também estão identificando aquele que morreu por nossos pecados como o Messias de Israel. Eles o chamam Leproso para caracterizá-lo como um homem cheio de aflições, abatido, maltratado, desprezado e excluído. A profecia segue: "Mas ele foi transpassado por causa das nossas transgressões, foi esmagado por causa de nossas iniquidades; o castigo que nos trouxe paz estava sobre ele, e pelas suas feridas fomos curados. […] o Senhor fez cair sobre ele a iniquidade de todos nós. Ele foi oprimido e aflito; e, contudo, não abriu a sua boca; como um cordeiro foi levado para o matadouro […]. Pois ele foi eliminado da terra dos viventes; por causa da transgressão do meu povo ele foi golpeado".

— Só existe uma pessoa que se encaixa nessa descrição, apenas uma pessoa que poderia ser esse Messias: o mesmo indivíduo que o Sinédrio condenou à morte por não ser o Messias. Não obstante, eles descrevem o Messias… como o próprio Messias!

— Exatamente — disse o professor. — Pense comigo: ao condenar o Messias à morte sob a acusação de *não ser o Messias*, o Sinédrio fez que ele *se tornasse aquele quem eles descreviam como o Messias*: desprezado, ferido e morto.

— Fizeram que ele se tornasse aquele que eles achavam que seria o Messias.

— Portanto, como até quem nega o Messias dá testemunho dele, tanto mais nós devemos ser testemunhas dele e compartilhar da expiação que traz cura e *shalom*, do Messias do Sinédrio, o Rei Leproso.

A missão: Até os rabinos foram testemunhas: o Messias tomou para si seus pecados, suas enfermidades, suas tristezas e sua condenação. Hoje, permita que ele as leve.

Isaías 53.4-8; Mateus 8.16-17; 1Pedro 2.22-24

139° DIA — O *APOKALÝPSIS*

ESTÁVAMOS TODOS SENTADOS ao redor da fogueira: eu, o professor e vários outros alunos. No entanto, por estar ao lado do professor, só eu conseguia ouvir as palavras que ele lia no pergaminho que tinha nas mãos.

— "Então o dragão se pôs em pé na areia do mar. Vi uma besta que saía do mar. Tinha dez chifres e sete cabeças, com dez coroas, uma sobre cada chifre, e em cada cabeça um nome de blasfêmia". É uma passagem do livro do Apocalipse; capítulo 13, versículo 1. *Apocalipse*, uma palavra que instiga medo. Você sabe qual a mais apocalíptica das coisas? — o professor me perguntou.

— A destruição do mundo?

— Não — ele respondeu —, um casamento.

— Como é que um casamento pode ser algo apocalíptico?

— A palavra "apocalipse" vem do termo grego *apokalýpsis*, que por sua vez é formada de duas raízes: *apó*, que significa "fora" ou "remover"; e *kalýpsis*, que significa "véu" ou "cobertura". Portanto, *apocalipse* significa "remoção do véu". Essa palavra tem o sentido de revelação, de abertura da visão em relação ao fim, porém há muito mais: quando se chega ao fim da Bíblia, no fim do Apocalipse, o que se encontra é uma noiva e um Noivo, um casamento. No antigo casamento hebraico, no dia do casamento, quando noivo e noiva enfim se encontram frente a frente depois de longa separação, então a noiva ergue o véu que lhe cobre o rosto, e essa remoção do véu, o *apokalýpsis*, é o apocalipse. Os dois permanecem de frente um para o outro sem véu, sem separação, com os rostos desnudados. Da mesma forma, está por vir o dia, um dia de casamento, quando todos os véus serão removidos: veremos Deus como ele é, e ele nos verá como somos, sem véu, face a face. Veja, todos nós caminhamos para um apocalipse ou para outro: o apocalipse da condenação ou, em caso de salvação, o apocalipse do casamento. Se você está casado com Deus, então precisa neste momento ir até ele e remover o véu, e tudo o mais que o cobre, encerrando a separação e qualquer ocultação. Só aparecendo como realmente é, você poderá conhecer Deus como ele verdadeiramente é; só então ele poderá tocar em você como deve ser tocado, para ser transformado. Aprenda o segredo de viver como se fosse o dia do seu casamento: mesmo agora, elimine o véu e viva no *apokalýpsis* da noiva e do Noivo, frente a frente, muito além do véu.

A missão: Vá até Deus hoje no *apokalýpsis* da noiva, descoberto e sem esconder nada, sem nada cobrir. Permita que Deus toque o que deve ser tocado.

1Coríntios 13.12; Efésios 5.27; Apocalipse 19.7

Jonathan **Cahn**

140° DIA — O SEGREDO DAS CORES

O PROFESSOR LEVOU-ME até um jardim cheio de árvores de frutos pequenos e de flores. Aquele era um dos lugares mais belos de toda a escola.

— São tantas cores! O que você vê? — ele perguntou.

— Vejo flores vermelhas, azuis e roxas; vejo frutos verdes e amarelos; vejo lírios brancos...

— Por que a flor vermelha é vermelha?

— Porque... essa é a cor dela? Acho que não entendi — disse.

— A flor vermelha se banha na luz de todas as cores. Ela absorve todas as cores, menos uma: o vermelho. O vermelho é a cor da única luz que a flor não é capaz de receber, de absorver; portanto, o vermelho é a cor que ela reflete, que ela devolve. O que aconteceria se uma flor recebesse e guardasse todas as cores do espectro da luz? De que cor ela seria?

— Ela não teria cor — respondi. — Seria escura, seria uma flor negra.

— Isso mesmo, e isso acontece não só com as flores, mas com tudo. Aquilo que você toma do mundo e guarda para você mesmo não é o que você *é*, mas o que *não é*; é aquilo de que você carece. Quem toma deste mundo e não devolve é completamente vazio: quem procura ganhar o amor do mundo sem dar amor ao mundo é falto de amor; quem busca ser abençoado pelo mundo, mas não abençoa o mundo, é "mal--aventurado", é como a flor negra.

— Então aquilo que se dá indica o que verdadeiramente se é.

— Ou o que você se torna. Quem dá amor é muito amado; quem distribui seus bens é muito rico; quem abençoa é muito abençoado. Aquilo que você gostaria de ter na sua vida é exatamente o que você deve dar: viva dando amor, e terá amor; viva dando o que possui, e será rico; viva abençoando o próximo, e sua vida será sempre abençoada. A luz brilha sobre todas as flores, mas cada flor só se torna a cor que devolve. O amor de Deus brilha sobre todos nós, mas só aquilo que você devolve mostra o que você será.

O professor parou para apanhar um lírio branco, que ergueu contra a luz do Sol.

— O que acontece com quem não guarda nada e devolve tudo?

— Estes se tornam brancos — respondi.

— Mais que isso: se tornam a própria luz.

A missão: Comprometa-se em ser um veículo de doação, dando plenamente cada bênção recebida. Comece hoje, e sua vida se tornará o reflexo de Deus.

Provérbios 11.25-26; Mateus 5.16; 2Coríntios 3.18

141º DIA — O SEGREDO DO MACHADO

DURANTE UMA DE NOSSAS caminhadas, encontramos um jardineiro cortando uma pequena árvore com um machado.

— "Se o machado está cego" — disse o professor —"e sua lâmina não foi afiada, é preciso golpear com mais força". É do livro de Eclesiastes. Em outras palavras, se usar um machado com a lâmina cega, a energia gasta e a força aplicada serão espalhadas, dissipadas pela lâmina cega, deixando o machado ineficiente. Para realizar o mesmo trabalho que um machado afiado, é preciso gastar mais tempo, mais energia e usar de maior força. Mas quando a lâmina do machado está afiada, ela tem o efeito de concentrar sua força, exigindo menos tempo, menos energia e menor força para fazer mais.

— Vou me lembrar disso da próxima vez que for cortar uma árvore — eu disse.

— Você não vai precisar cortar árvores, mas, ainda assim, precisa se lembrar desse ensinamento.

— Por quê?

— Porque ele pode mudar o jeito como você vive — o professor respondeu.

— Como?

— Substitua a palavra "machado" pelas palavras "sua vida". Se sua vida está cega e sua lâmina não foi afiada, é preciso golpear com mais força. Uma lâmina cega é uma lâmina menos eficiente, para a qual não convergem os esforços. Se sua vida não tiver esse foco, se não tiver um único foco, ela irá se espalhar por diferentes direções, perseguindo um propósito difuso, como aconteceria com uma lâmina cega. Se aplicar o segredo do machado à sua vida, contudo, se você afiar a sua vida...

— Como posso fazer isso?

— Para começar, é preciso ter um foco e um objetivo claro, depois é preciso harmonizar tudo em sua vida com esse foco, com esse objetivo, para que tudo seja consistente e convirja nesse foco. Assim, sua vida terá uma lâmina afiada e será poderosa. Assim era a vida dos gigantes das Escrituras, de Elias, passando por Paulo e chegando ao Messias. Viva com a lâmina afiada, focada, e sua energia, sua força e seus esforços serão multiplicados. Faça Deus ser o foco e o centro de tudo que você faz. Faça a vontade divina ser o objetivo da sua vida, e o propósito divino, o foco da sua caminhada: afie o machado, e a árvore cairá.

A missão: Hoje, afie o machado: concentre-se em sua vida. Faça que Deus e a vontade divina sejam o objetivo, o centro e o foco de tudo que você faz.

Eclesiastes 10.10; 1Coríntios 9.24-27; Colossenses 3.17

Jonathan **Cahn**

142º DIA REHEM E RAḤAM

ESTÁVAMOS OBSERVANDO UM acampamento que o professor conhecia bem. Só era possível ver uma pessoa, uma mulher jovem sentada à entrada de uma tenda.

— Ela está grávida. No ventre dela, está o mais delicado dos seres, uma vida nova. A única proteção desse ser é o ventre. Em hebraico, a palavra que significa "ventre" é *rehem*, que deriva do termo *raḥam*.

— E o que é *raḥam*?

— *Raḥam* é compaixão, uma compaixão profunda e terna, misericórdia. Os dois termos, *rehem raḥam*, estão ligados: na verdade, *raḥam* também pode significar "ventre".

— Misericórdia e ventre? Não consigo enxergar a relação.

— O ventre é um lugar de ternura, de cuidado e de proteção. Se não fosse por esse amor terno, jamais conseguiríamos nascer. O termo *raḥam*, que significa tanto "misericórdia" quanto "ventre", é usado nas Escrituras para representar o amor e a misericórdia de Deus.

— Então o termo usado para significar o amor de Deus está ligado ao ventre.

— Esse é o mistério.

— Que mistério?

— O amor e a misericórdia de Deus são como um ventre; é o *raḥam* de Deus, o amor terno e a profunda compaixão divina que nos permitem nascer de novo. No Evangelho de João, o Messias diz ao líder judeu Nicodemos que, para entrar no Céu, é preciso nascer de novo. Nicodemos então responde com uma pergunta: "Como alguém pode nascer, sendo velho? É claro que não pode entrar pela segunda vez no ventre de sua mãe e renascer!". O Messias afirma que isso não é mesmo possível, mas *existe* um ventre em que podemos entrar: o *rehem*, o ventre da misericórdia de Deus. É essa misericórdia, esse *rehem*, esse ventre do amor divino que nos sustenta ternamente durante nossa passagem pela vida; é esse ventre que nos dá suporte, que nos nutre e nos protege do perigo. Apenas vivendo nesse amor e nessa misericórdia conseguimos crescer para nos tornar os filhos do Céu, como nos foi destinado. O *raḥam* de Deus é o *rehem* do nosso novo nascimento, pois todo nascimento necessita de um ventre. O ventre do nosso novo nascimento é o amor de Deus.

A missão: Reserve um tempo hoje para habitar o *raḥam*, a profunda compaixão e a terna misericórdia do Senhor. Permita que ele o molde à imagem divina.

Isaías 44.24; João 3.3-8

143° DIA — TSEMAḤ: O HOMEM-GALHO

ERA DE TARDINHA. O professor e eu estávamos sentados à sombra de um dos prédios da escola, do lado de fora, quando ele apontou para baixo.
— Está vendo aquilo? — o professor chamou minha atenção para uma plantinha verde que brotava no chão. — Isso pode ser chamado *tsemaḥ*, termo que vem da raiz hebraica que significa "brotar", "florescer", "prosperar", "dar galhos", nascer". Assim, *tsemaḥ* é aquilo que brota, que cresce, que dá galhos, que floresce. No livro de Zacarias, é profetizado que o Messias seria aquele que, nos dias do Reino, construirá o templo de Deus. Mas a profecia dá a ele um nome: "Aqui está o homem cujo nome é Renovo". O nome do Messias é Renovo. O que está escrito, porém, é: "Aqui está o homem cujo nome é *Tsemaḥ*". O nome do Messias é *Tsemaḥ*.
— O que isso significa?
— Significa que a vida dele é o renovo, a muda, o galho, aquilo que brota da terra. A profecia continua: "Ele sairá do seu lugar". Em outras palavras, o Nome do Messias será *Tsemaḥ* porque ele brotará fora de seu lugar; a vida dele há de começar pequena, como um renovo que surge na terra, como esta planta; mas o efeito da vida dele no mundo irá crescer tanto que transcenderá o lugar de sua origem. A vida do Messias dará galhos muito além da Galileia, muito além de Jerusalém e de Israel: ela irá dar galhos que cobrirão toda a Terra. A vida dele dará frutos, e os frutos da vida do Messias encherão o mundo. Pense comigo: no mundo natural, um carpinteiro comum que morre em uma cruz exerce pouco impacto no mundo; esse carpinteiro crucificado, no entanto, é o *Tsemaḥ*. O impacto da vida dele crescerá mais e mais, até cobrir todo o mundo. É assim que o *Tsemaḥ* mudará os rumos do mundo.
— Isso também se aplica à presença do Messias na nossa vida?
— Sim — disse o professor. — Isso vale para todos que o recebem, para todos que o conhecem de verdade. Ele é o *Tsemaḥ* da nossa vida e cresce sem parar. A vida dele e os efeitos dela devem sempre aumentar. Se você conhecer o Messias de verdade, ele sempre se tornará cada vez maior em seu coração e no seu amor. Assim deve ser, pois o nome dele é *Tsemaḥ*.

A missão: Você vê o Messias crescendo em sua vida? Hoje, faça com que ele seja cada vez maior em seu coração, em sua mente, em seu caminho e em seu amor.

Zacarias 6.12; Filipenses 2.9

Jonathan **Cahn**

144º DIA — O MANDAMENTO DO RAIAR DO SOL

— OLHE TUDO QUE ESTÁ em volta de você — disse o professor. — O que você vê?
— Montanhas, planícies, prédios, pedras, plantas, jardins. Por quê?
— Por que você está vendo isso tudo?
— Porque é o que estou olhando.
— Mas, se estivesse olhando à noite, não estaria vendo coisa nenhuma. Você só vê as coisas por causa da luz do Sol. Tudo é iluminado pelo Sol: o belo e o feio, o bem e o mal, o sagrado e o profano. Por todo o mundo, tudo é iluminado pelo Sol: terras, oceanos, cidades, desertos, catedrais e prisões; colinas gramadas e montes de lixo, santos e criminosos, o bom e o mau; tudo isso é iluminado pelo mesmo Sol.
— Não poderia ser diferente, certo? — perguntei.
— Essa é a questão. O Messias disse aos discípulos: "Amem os seus inimigos e orem por aqueles que os perseguem, para que vocês venham a ser filhos de seu Pai que está nos céus. Porque ele faz raiar o seu Sol sobre maus e bons". "Ele faz raiar o seu sol sobre maus e bons": o que aconteceria se fosse diferente, se o Sol brilhasse apenas no que é bom e justo, sem brilhar sobre pecadores e malfeitores? E se o Sol só emprestasse brilho a quem merecesse a luz? O que aconteceria se o Sol resplandecesse apenas sobre quem o abençoa, furtando-se de quem o amaldiçoa?
— Acho que o mundo todo mudaria.
— Não apenas o mundo mudaria, mas o próprio Sol. Se o Sol só brilhasse sobre o que é bom, belo e merecedor, então ele deixaria de ser, até certo ponto, a luz. Da mesma forma, se você só amar quem o ama, esse comportamento muda *você*; você deixa de ser uma luz. O Sol deve brilhar independentemente do mundo. Nunca deixe as circunstâncias definirem quem você é nem permita que a escuridão ao redor defina o seu brilho. Ame o bom, o mau e quem não merece; ame aqueles que o odeiam, não pelo que *eles* são, mas pelo que *você* é. Brilhe sem ter motivo e sem se importar com as circunstâncias, pois você é a luz do mundo. O dever da luz é brilhar.

A missão: Viva como o Sol hoje, como a luz: irradie o amor de Deus em tudo, sem pensar em pessoas ou circunstâncias. Brilhe porque você é a luz.

Isaías 60.1-3; Mateus 5.14-16,44-45

145° DIA — O SILÊNCIO DA VERDADE

— O QUE É A VERDADE? — perguntei.

— Ah — respondeu o professor —, a mesma pergunta feita pelos filósofos ao longo dos séculos. Você sabe o que significa a palavra "filosofia"? Ela deriva de dois termos gregos: *sophía*, que significa "conhecimento", e *phílos*, que significa "amor". Portanto, a filosofia pode ser entendida como amor pelo conhecimento ou pela sabedoria. O homem tem ponderado quanto ao significado da verdade e buscado alcançá-lo há milhares de anos. Depois de todo esse tempo, sabe a que conclusão a filosofia chegou?

— Não.

— Nenhuma. Todos os filósofos chegaram a respostas diferentes, o que implica não haver resposta. Não obstante, em meio a tudo isso, essa pergunta foi feita certa vez em um contexto um tanto peculiar, não por um filósofo, mas por um facínora: a pergunta foi feita a um prisioneiro por ninguém menos que Pôncio Pilatos, governador romano da Judeia. O prisioneiro, obviamente, era o Messias. Pilatos então perguntou: "Que é a verdade?". Ele voltou-se para a multidão e disse: "Não acho nele motivo algum de acusação". Mas qual a resposta à pergunta que ele fez?

— O Messias não respondeu. Não havia resposta.

— *Houve* uma resposta na ausência da resposta, no silêncio da verdade. A resposta estava em *não* dizer nada, o que queria dizer tudo; foi ao *não* responder que a pergunta foi respondida. A verdade é mais profunda que as palavras: a verdade não é uma verdade sobre alguma coisa, nem mesmo a verdade sobre o Messias; a verdade *era* o Messias que estava bem diante dos olhos de Pilatos, em realidade de carne e osso. Veja, a *ideia* da verdade, o *debate* sobre a verdade, o *estudo* da verdade... *não* são a verdade. Filosofias e religiões podem *tratar* da verdade, mas aquilo que versa sobre a verdade pode cegar e impedir que se veja a verdade propriamente dita. A verdade é aquilo que é, assim como Deus: a verdade é Deus. O único modo de conhecer a verdade é conhecendo Deus de forma direta, pessoal, na presença dele, frente a frente, coração com coração. O que é a verdade? *Ele* é a verdade. Qual a resposta a toda filosofia, o amor pelo conhecimento? É o amor pela verdade. Portanto, a resposta consiste em amar Deus.

A missão: Hoje, deixe o "reino da especulação" e vá além do debate e das palavras para entrar na pureza da presença divina. Aquiete-se e saiba que ele é Deus.

Salmos 46.10; João 18.38

146° DIA — AS ASAS DO MESSIAS

O PROFESSOR LEVOU-ME até a Câmara das Vestes. Ali, encontrou um manto de oração, branco com listras azuis, e o colocou sobre a cabeça.

— Você sabe o que é isto? — ele perguntou.

— Um manto de oração — respondi.

— O nome disto é *ṭalît*. A parte mais importante do *ṭalît* são os cantos e as franjas que ficam nos cantos. A lei de Moisés ordenava que os filhos de Israel usassem franjas nos cantos das roupas. O canto em si é chamado de *kānāf*, e as franjas recebem o nome de *tsitsit*. No Novo Testamento, não existem descrições físicas do Messias, por isso não se sabe que aparência ele tinha. O que sabemos, no entanto, é o que ele vestia: as vestes dele tinham quatro cantos sagrados com franjas, tanto *kānāf* quanto *tsitsit*. Conta-se no evangelho que certa mulher enferma tocou as franjas das vestes do Messias e foi curada no mesmo instante. Mas esse não foi o único milagre: está escrito que todos que tocaram as franjas das vestes dele foram curados. A versão em grego do Novo Testamento, porém, diz que essas pessoas não tocaram apenas as franjas, mas que teriam tocado o *kraspedon*, que é uma tradução dos termos hebraicos *kānāf* e *tsitsit*.

— Então as pessoas que foram curadas não tocaram apenas as franjas, mas os cantos e as franjas sagradas das vestes, como fora ordenado na Lei.

— Isso mesmo. Bem no fim das Escrituras hebraicas, há um versículo maravilhoso: "O Sol da justiça se levantará trazendo cura em suas asas". A versão em hebraico, porém, não diz "trazendo cura em suas asas"; em vez disso, o que está escrito é: "trazendo cura no *kānāf*", a mesma palavra traduzida por *kráspedon*, as franjas das vestes do Messias. As pessoas tocaram o *kānāf*, o canto, a franja do Sol da justiça, que era o Messias, e encontraram "cura em suas asas". Por isso, nunca tenha medo de tocar em Deus: se Deus coloca franjas em suas vestes, significa que ele pode ser tocado, que não tem medo de ser tocado. Toque em Deus com suas enfermidades, suas feridas, sua impiedade, seus pecados, com as partes mais escuras da sua vida, e será transformado. Pois o Sol da justiça se levantará trazendo cura em suas asas, trazendo cura no *kānāf*.

A missão: Toque em Deus hoje com a parte mais escura, dolorosa e indigna da sua vida para encontrar cura nas asas dele.

Números 15.38-40; Malaquias 4.2;
Mateus 9.20-22; 14.35-36

147º DIA — O MISTÉRIO DOS *YEÛDÎM*

— VOCÊ JÁ SE PERGUNTOU — quis saber o professor — o que a palavra "judeu" significa ou de onde ela vem? Em hebraico, o termo para o povo judeu é *yeûdîm*, que deriva da palavra usada para "louvar", "agradecer", "celebrar". Um judeu é aquele cuja identidade se baseia em louvar a Deus, agradecer e celebrar o Todo-Poderoso. Um judeu é alguém cuja própria existência é um louvor e testemunho da existência de Deus.

— É curioso que um nome relacionado ao louvor tenha se tornado uma palavra ofensiva, que um nome relacionado ao louvor seja usado como profanidade, que um nome ligado à celebração possa ser usado como xingamento.

— Vivemos em um mundo estranho, onde os que nasceram para louvar e agradecer são odiados, amaldiçoados e perseguidos. O que estava escrito acima da cabeça do Messias quando ele morreu?

— "Rei dos judeus" — respondi.

— "Rei dos *yeûdîm*". A vida do Messias foi a epítome da palavra "judeu". A própria vida dele foi um louvor a Deus. Tudo que ele fazia era para abençoar, louvar e glorificar a Deus.

— E o mundo crucificou aquele cuja vida era um louvor a Deus.

— É um mundo estranho — o professor repetiu. — Mesmo durante a crucificação, ele não deixou de ser o Rei dos judeus, a epítome dos *yeûdîm*. Até o ato da morte dele foi um gesto de louvor, uma glorificação de Deus. Ele jamais sucumbiu ao mal; ele superou toda maldade com bondade. O Messias abençoou quem o amaldiçoava e deu a vida para salvar essas pessoas.

— Como também devem fazer todos que o seguem — acrescentei.

— Sim. Jamais seja vencido pelo mal e nunca deixe que isso o impeça de abençoar ou de louvar. Agradeça por tudo; agradeça o tempo todo. Abençoe mesmo em face da maldição; faça da sua vida um veículo do louvor. O Rei dos *yeûdîm* é seu Rei, então você também é um dos *yeûdîm*.

— Também sou judeu?

— Porque sua existência agora é um louvor a Deus.

A missão: Hoje, louve a Deus, agradeça e abençoe. Não importa a circunstância, nem o que acontece ao seu redor, nem o que vai contra você: louve a Deus.

Salmos 34.1-3; Romanos 2.29; Filipenses 4.11-13

Jonathan **Cahn**

148° DIA — O 'AVĀNÎM: OS PESOS DA BALANÇA

O PROFESSOR LEVOU-ME a uma câmara que nunca tinha me mostrado antes. O lugar era iluminado por lamparinas a óleo e estava cheio de pedras redondas de tamanhos variados. Sentamo-nos a uma mesinha, e ele abriu um saco de pano cheio de pedras pequenas, espalhando-as em cima da mesa. Eram redondas e coloridas, e cada uma delas marcada com o que pareciam ser letras de um alfabeto ancestral.

— O que são essas pedras? — perguntei.

— São os 'avānîm, os pesos da balança. Esta aqui é a Câmara das Medidas. Estes eram os padrões e as medidas usadas na Antiguidade para determinar valores, pesos e quantidades — o professor apanhou um segundo saco e esvaziou o conteúdo na mesa. — Estas aqui parecem ser iguais às primeiras, mas não são. Trata-se de medidas falsas, de pesos adulterados. As inscrições foram mudadas para não corresponder ao peso das pedras. Esta aqui diz *sheqel*, mas ela pesa menos que um *sheqel*. Era provavelmente usada por um mercador corrupto para fazer algo parecer maior ou mais pesado do que realmente era. Esse mercador tinha redefinido a medida para se conformar à vontade e ao desejo dele.

O professor apanhou outra pedra antes de continuar.

— Pesos adulterados não são exclusivos de mercadores corruptos, mas também servem a civilizações inteiras. Quando uma civilização redefine seus valores, quando afasta os significados e as definições da realidade de Deus e da ordem criada e quando altera as medidas da moralidade, do que é certo e do que é errado, para se conformar a novos desejos e novas vontades, então ocorre uma troca com pesos adulterados, falsas medidas e balanças enganosas. Isso equivale a transformar o que é objetivo em subjetivo, a transformar o homem em Deus.

Esvaziando um terceiro saco com pesos sobre a mesa, o professor leu outra inscrição.

— Esta pedra traz a inscrição "Bem" de um lado e "Mal" do outro. Esta outra tem "Vida" do lado oposto ao que traz "Morte". Mais uma, com "Ídolo" oposto a "Deus". "Masculino" e "Feminino", "Sagrado" e "Profano". Esta aqui diz "Casamento", e esta outra diz "Criança no Ventre". Tudo isso se tornou peso adulterado, falsa medida, valor mudado… sinais de corrupção.

— Como é possível escapar da corrupção de um peso adulterado?

— Jamais mude a verdade para fazê-la se encaixar na sua vontade; em vez disso, mude sua vontade para que se encaixe na verdade. Jamais torça a Palavra de Deus para que ela se encaixe na sua vida; em vez disso, mude sua vida para se encaixar na Palavra de Deus. Cuidado com as medidas falsas! Fique longe dos pesos da falsidade.

A missão: Adapte hoje sua vontade à verdade, seus caminhos à Palavra e sua vida à imagem de Deus. Conserve os pesos da balança.

Provérbios 11.1; 16.11; Isaías 5.20

THE WEIGHTS OF THE BAG

149º DIA — OS FRUTOS DE VERÃO

ESTÁVAMOS NOS LIMITES do terreno da escola, sob um clima de verão com ventos secos. O professor segurava um feixe de trigo amarrado por um barbante no meio.

— As primícias. No Israel da Antiguidade, isso era motivo de grande celebração. Durante a festa do *Shāvu'ôt*, o povo de Israel vinha de toda parte para trazer as primícias da colheita de verão até Jerusalém. Eles colocavam as primícias em cestas que carregavam sobre o gado; o gado então era conduzido em uma grande procissão até o templo para apresentar os frutos da colheita aos sacerdotes diante do Senhor. As primícias representavam todo o resto da safra que ainda havia de ser colhida. Ao apresentar e dedicar as primícias a Deus, todos os frutos da colheita eram abençoados.

Depois de parar e olhar o feixe de trigo, o professor continuou.

— Há dois mil anos, o Espírito de Deus se derramou sobre 120 discípulos em Jerusalém, no dia de Pentecoste.

— Algumas pessoas consideram esse dia como o nascimento da Igreja — disse.

— E o que é Pentecoste? — perguntou o professor.

— É o nome grego da festa do *Shāvu'ôt*.

— Isso mesmo. E *Shāvu'ôt* é o dia em que as primícias da colheita de verão são apresentadas ao Senhor. Portanto, quem eram as 120 pessoas sobre quem o Espírito caiu naquele dia?

— As primícias. Eram as primícias da colheita de verão!

— As primícias da nova vida, reunidas no mesmo dia em que as primícias da colheita de verão eram apresentadas diante do Senhor. Naquela ocasião, Deus é que estava apresentando *as primícias dele* ao mundo, as primícias da nova era, na cidade de Jerusalém, que era onde as primícias eram apresentadas e consagradas.

— Então o derramamento do Espírito sobre aquelas 120 pessoas foi a consagração das primícias.

— E a consagração de todos os frutos que viriam depois.

— Que frutos são esses?

— São as pessoas de todas as eras e de todas as nações que viriam a entrar na nova vida. Aqueles 120 indivíduos falavam em línguas de nações estrangeiras. As primícias representavam o que estava por vir, eram um sinal de que povos de todas as tribos e línguas de todas as nações seriam igualmente consagrados como santos e receberiam a unção e o poder. Eram nossas primícias, para que também pudéssemos viver no poder do Espírito e vencer o mundo.

A missão: Os apóstolos foram as primícias. Viva este dia com a unção e o poder dos apóstolos, espalhe a luz, toque a Terra e vença o mundo.

Levítico 23.16-17; Atos 2.2-4,39; Gálatas 5.16,22-25

Jonathan **Cahn**

150º DIA — MOVENDO O UNIVERSO

ESTÁVAMOS OBSERVANDO, de uma colina próxima, um dos acampamentos de tendas do deserto. Era o fim da tarde, e as mulheres estavam indo buscar água no poço.

— Há quase quatro mil anos, houve uma cena bem parecida, quando Abraão enviou seu servo à cidade de Naor a fim de encontrar uma esposa para Isaque, seu filho. O servo ficou diante do poço e orou pedindo que Deus mostrasse a ele a mulher certa, que ele saberia quando ela viesse buscar água e se oferecesse para dar um pouco da água aos camelos dele. Antes mesmo de o servo terminar a oração, uma jovem de nome Rivkah, Rebeca, apareceu na fonte e fez exatamente o que o servo havia pedido em oração. Quando foi que Deus respondeu à oração do servo?

— Quando Rebeca chegou ao poço.

— Mas, para chegar até o poço, Rebeca precisaria já estar a caminho antes de o servo poder vê-la, antes mesmo de ele ter orado.

— Então foi quando ela saiu de casa.

— Mas, antes de sair de casa, ela precisava se programar para ir até o poço exatamente no momento em que foi, para chegar exatamente quando chegou. Para chegar naquele exato momento, todos os acontecimentos do dia dela precisavam acontecer da exata forma que aconteceram. O mínimo atraso ou falta de atraso naquele dia teria impedido que tudo acontecesse. Veja que por trás de cada acontecimento existem incontáveis acontecimentos em uma sequência temporal incalculável que conduz e faz que o acontecimento seja exatamente como é. Não se trata, porém, apenas de uma sequência temporal, mas também de uma sequência espacial: ao redor de cada acontecimento, há outros acontecimentos que contribuem, incontáveis interações e confluências. Por exemplo, seja uma rajada de vento, seja uma gota de chuva, seja um pensamento aleatório, seja o movimento do Sol e das estrelas, seja a gravidade de uma galáxia. Tudo deve trabalhar junto e com absoluta precisão para que um acontecimento específico aconteça da forma que acontece. Para que pudesse responder à oração do servo e levar Rebeca até o poço naquele dia, Deus precisou fazer que tudo operasse perfeitamente em relação ao espaço e ao tempo. Para responder àquela oração, Deus precisou mover todo o Universo. Ele faz o mesmo por você e por todos os filhos dele: para responder a apenas uma das suas orações, mesmo a menor delas, Deus precisa orientar todas as coisas, mobilizar e coordenar todos os acontecimentos temporais e espaciais para fazer acontecer; ele precisa mover todo o Universo. E, por você, ele *vai* mover o Universo: eis quanto ele ama você, com um amor maior que o tempo e o espaço, um amor que move o Universo.

A missão: Pense em todas as orações que lhe foram respondidas: Deus moveu todo o Universo para fazer acontecer. Reflita sobre esse amor, grande a ponto de ele mover o mundo para abençoar você.

Gênesis 24.1-28; Romanos 8.28,32

THE ISAAC REBEKAH WEDDING MYSTERY I-IIIV

151º DIA — O MISTÉRIO DO LUTADOR

O SOL ESTAVA SE PONDO. A escola estava promovendo um torneio ao ar livre à luz de tochas. Eu e o professor observávamos uma disputa de luta romana entre dois alunos.

— Por que a luta faz parte do currículo? — perguntei.
— Porque ela faz parte da vida — disse o professor — e até mesmo de Deus.

Continuamos observando por mais algum tempo, até que ele voltou a falar.

— Israel é o nome do povo de Deus — disse ele. — Você sabe de onde vem esse nome?
— Não.
— De uma disputa de luta corporal… durante a noite. Está registrado que Jacó estava sozinho e um homem lutou com ele até o amanhecer. Por fim, o homem perguntou: "Qual é o seu nome?". "Jacó", ele respondeu. "Seu nome não será mais Jacó", disse o homem, "mas sim Israel, porque você lutou com Deus e com homens e venceu". Assim surgiu o nome Israel, o nome do povo e da nação de Deus. Tudo veio de uma disputa de luta corporal. Mas o homem que lutou com Jacó não era um homem qualquer. Jacó chamaria o local onde tudo aconteceu de Peniel, que significa "a face de Deus", pois tinha visto "Deus face a face". O que aconteceu naquela noite foi uma profecia. Nenhuma nação jamais lutou com Deus e com o homem neste mundo como tem lutado a nação de Israel. E nessa disputa de luta corporal reside o mistério do povo judeu. Os judeus são chamados Israel porque lutaram com um homem… que revelou ser o próprio Deus. Essa é a profecia deles. Então eles vêm lutando há séculos com um homem em particular, cujo nome significa o Messias e quem, no fim… revelará ser Deus. Mas eles não são os únicos lutadores. As Escrituras dizem que todos os que nasceram de novo se tornaram cidadãos de Israel.

— Israel, a nação lutadora — disse. — Então todos nós somos lutadores.
— Lutar não é ruim, mesmo com Deus, desde que você chegue ao ponto em que Jacó chegou… no fim de suas forças, quando não pode fazer nada além de se apegar a Deus e lhe pedir que o abençoe. Na verdade, é assim que a maioria chega ao Reino… no fim de uma disputa de luta corporal.

— E o povo de Israel?
— Eles vão chegar assim também… no fim da noite… ao romper da aurora.

A missão: Você anda lutando com Deus por algum motivo? Ou resistindo a ele? Renda-se hoje à vontade divina. E nessa rendição peça a bênção dele.

Gênesis 32.24-30; Efésios 2.12,19

Jonathan **Cahn**

152º DIA — O SEGREDO DOS LÍRIOS

O JARDIM DA ESCOLA estava mais para um pequeno campo que para um jardim em si. Era cercado por um muro de pedras, e havia um gramado e flores silvestres de todas as cores. Enquanto caminhávamos, o professor abaixou-se e apanhou um lírio roxo.

— Você sabe o que o Messias falou disto? — perguntou o professor. — Ele disse: "Observem como crescem os lírios. Eles não trabalham nem tecem. Contudo, eu digo a vocês que nem Salomão, em todo o seu esplendor, vestiu-se como um deles". Ele estava falando do cuidado e da provisão de Deus para com seus filhos, comparando o rei Salomão e toda a sua riqueza e esplendor a uma flor do campo. E o rei Salomão, em todo o seu esplendor, não podia se igualar à beleza do lírio do campo. O que isso revela?

— Se Deus cuida tanto a ponto de enfeitar um lírio do campo, muito mais irá cuidar dos seus filhos.

— Sim, mas vai além disso. As roupas do rei Salomão eram obra do homem. E o lírio do campo é obra de Deus. Não há comparação entre os dois, pois o lírio é muito mais bonito, perfeito e majestoso. Veja que as obras humanas nunca são perfeitas, mas as obras de Deus sempre são. Assim, a perfeição não se baseia no esforço de alguém em produzir boas obras. A perfeição é encontrada na forma dos lírios. Aprenda o segredo deles. Os lírios não trabalham nem tecem, não se esforçam para produzir as obras de Deus. O segredo deles é: *eles são* obras de Deus. E nisso os lírios são muito mais sábios que os homens. Uma vida vivida na tentativa de produzir obras de justiça e santidade nunca irá produzi-las... e estará focada na fonte de tais obras — em si mesma. Mas uma vida concentrada nas obras de Deus se focará na fonte dessas obras — Deus. Então o segredo é *não* se concentrar na obra que você faz para Deus. O segredo é *tornar-se* a obra de Deus. Pare de se esforçar para fazer a obra de Deus e comece a permitir que sua vida *se torne* a obra de Deus. Deixe sua ação se tornar a ação dele. Pare de lutar para produzir boas obras para Deus e deixe Deus produzir sua boa obra em você. Deixe tudo que você faz e é começar com ele. Deixe que sua justiça seja o escoamento da justiça dele, que seu amor seja o escoamento do amor dele, que sua vida seja o escoamento da vida dele. Então sua vida se tornará tão bela quanto a de um lírio do campo.

A missão: Hoje, não se concentre em suas obras, mas, ao contrário, aprenda o segredo de se tornar obra de Deus. Torne-se hoje a obra de Deus.

Salmos 139.14; Lucas 12.27-31; Efésios 2.10

O Livro dos Mistérios

153º DIA — OS SACERDOTES NAS ÁGUAS

O PROFESSOR LEVOU-ME à Câmara das Vestes para mostrar a vestimenta mais cheia de detalhes, uma túnica de linho, com fios coloridos finamente trançados, um peitoral de pedras preciosas e uma coroa de ouro. Eram as vestes do sumo sacerdote. Mais tarde, naquele mesmo dia, procurei o professor para lhe fazer uma pergunta.

— Quando a aliança muda — eu disse —, também deve haver uma mudança no sacerdócio. Portanto, uma nova aliança deve significar um novo sacerdócio. Mas, se há uma mudança no sacerdócio, não deveria haver algum tipo de mudança da guarda, uma passagem de bastão do antigo para o novo, um reconhecimento, uma transferência, uma bênção do antigo sacerdócio para o novo, do de Arão para o do Messias?

— Como isso poderia ter acontecido? — ele perguntou. — O sacerdócio e o sumo sacerdote da época eram corruptos e conspiraram para o assassinato do Messias. Mas… e se houvesse alguém que fosse mais sumo sacerdote que Caifás, alguém que representasse o sacerdócio mais que qualquer outro?

— Quem?

— Chamava-se *Yôḥānān* e ficou conhecido no mundo como João Batista: nascido da linhagem de Arão, o único sacerdote na história do sacerdócio cujo nascimento foi anunciado por um anjo no santuário dos sacerdotes, no templo, no lugar sagrado e durante o ministério sacerdotal. E qual era o maior ministério do sumo sacerdote? Purificar as pessoas de seus pecados. E o que João estava fazendo nas águas do Jordão? Batizando tais pessoas para a purificação dos pecados. Dos sacerdotes de Israel, ele era o mais puro e o mais elevado, o representante mais autêntico do sacerdócio aarônico. Assim, o ministério do Messias, o sacerdócio do Messias, foi iniciado por João, enquanto os dois sacerdotes estavam nas águas do Jordão… o lugar dos fins e dos começos… os dois sacerdócios das duas alianças.

— Essa é a troca da guarda — eu disse —, a transferência do sacerdócio.

— Enquanto os dois sumos sacerdotes permaneciam frente a frente, o antigo sacerdócio testemunha o novo e o declara ainda maior. O sacerdócio aarônico começou com a água, quando Moisés lavou Arão nas águas da purificação. E mais uma vez com a água começa um novo sacerdócio, quando Arão, em *Yôḥānān*, João, mergulha o Messias nas águas do Jordão. E assim a tocha é passada. A mudança cósmica da guarda se completa. E começa o sacerdócio do Messias… para que possamos ser salvos.

A missão: O sacerdócio foi dado ao Messias e aos que são dele. Viva este dia como um sacerdote de Deus. Ministre seus desejos e propósitos.

Jeremias 31.31-33; Mateus 3.13-16

THE MELCHIZEDEK MYSTERY

154° DIA — OS FILHOS DE EVA

— OUÇA — disse o professor.

O som vinha de uma das tendas do acampamento, de uma tenda que parecia ser o centro da comoção e do alvoroço. O som era distante, porém distinto. Vinha do choro de uma mulher durante o parto.

— Isso remonta aos tempos do jardim — disse ele —, à queda do homem, à maldição. Para Adão, implicava trabalho, espinhos e morte. Para Eva, porém, implicava a dor do parto. E assim a própria dor faria parte da criação de uma nova vida. Veja que a maldição não impediu a chegada da vida. A vida viria, mas agora envolvida em lágrimas. Os propósitos de Deus ainda seriam cumpridos, mas passando pelas dores do parto. Aliás, as Escrituras declaram que toda a criação está sentindo dores de parto.

— O que isso significa?

— Significa que a criação deveria dar frutos, gerar a vida e os propósitos de Deus. Mas então houve a queda da criação. Apesar da queda, a criação vai gerar os propósitos e a vida de Deus, mas agora com as contrações do parto.

— E como acontece?

— Embora tenha caído, a criação vai gerar os filhos de Deus. Rompendo a escuridão e o quebrantamento da criação, os filhos de Deus vão nascer, mas agora com as dores do parto... com as contrações do vazio, da desilusão, da frustração, do desapontamento, dos sonhos destruídos, dos anseios sem respostas, das feridas e das lágrimas. A criação geme para gerar a vida de Deus.

— Ouça — disse.

Naquele momento, ouvimos um alvoroço de gritos de alegria vindos da tenda. O bebê tinha nascido.

— E agora — disse o professor — ela vai se esquecer da dor com a alegria da nova vida. Assim também acontece com os filhos de Deus; sejam quais foram as dores e as lágrimas que conheceram na vida antiga, elas agora se transformam nas dores do parto da nova vida. Portanto, não despreze as lágrimas, mas saiba que em Deus toda lágrima vai gerar um nascimento e toda tristeza vai gerar uma nova vida. E as lágrimas deste mundo são esquecidas na alegria e no milagre de uma nova vida.

A missão: Lembre-se de como Deus usou o vazio, a dor e o quebrantamento para trazer você à vida. Então permita que cada dor desta vida se transforme nas contrações do nascimento.

Gênesis 3.16; Romanos 8.22-23

155º DIA — A CASA DO NOIVO

ESTÁVAMOS OUTRA VEZ observando um dos acampamentos, o mesmo de onde o noivo começara sua jornada até a noiva.

— Você me perguntou o que a noiva faz enquanto está separada — disse o professor —, mas nunca perguntou o que o noivo faz.

— O que o noivo faz enquanto está separado da noiva?

— Este é o acampamento dele, seu lar, o lugar para onde retorna depois de firmar a aliança com a noiva. O objetivo do tempo de separação é se preparar. Lembra-se do que a noiva faz em sua preparação?

— Ela se apronta para a vida futura com o noivo. Ela se dispõe a deixar o lar e tudo o mais para trás. Ela se prepara.

— Está certo — disse ele. — E o noivo também se prepara. Mas a preparação do noivo é diferente. Ele prepara um lugar, um lugar para a noiva, o futuro lar dos dois, um lugar para passarem a vida juntos. E esse é o mistério. O Noivo é Deus. A visita do Noivo é a visita de Deus a este mundo. Mas, assim como o noivo deve ir embora da casa da noiva, o Noivo deve então ir embora deste mundo. De acordo com o mistério, ele deve preparar um lugar para a noiva. E assim está registrado que, antes de deixar este mundo, o Messias disse: "Vou preparar lugar para vocês".

— Então agora é o tempo da separação.

— Sim — disse o professor. — Agora é o tempo da preparação. Nós nos preparamos para o Messias, e ele prepara um lugar para nós. Pense nisto: a noiva nasceu na primeira casa, mas a segunda casa é construída para ela, é construída com o amor do noivo por ela. Da mesma forma, nascemos na primeira casa, neste mundo, mas a segunda casa, a nova criação, está sendo especialmente construída para nós, com o amor do Noivo, com o amor de Deus... por você. Assim disse o Messias: "E quando eu for e preparar lugar, voltarei e os levarei para mim, para que vocês estejam onde eu estiver".

— Como é essa segunda casa, o lugar que ele está preparando?

— Vai além da nossa compreensão. Pense o que pensar, ela será melhor do que você pensou.

— É o Paraíso — eu disse. — A casa construída com o amor dele pela noiva... por nós. É o Paraíso.

A missão: Concentre-se nas bênçãos do lugar que está sendo preparado para você. Medite sobre a casa do Noivo. Concentre-se no celestial.

João 14.2-3; 1Coríntios 2.9

Jonathan **Cahn**

156º DIA — BĒRAK ĀTÂ

— O POVO JUDEU TINHA bênçãos para quase tudo, bênçãos para os alimentos, para a luz das velas, para os dias santos e para cada dia do ano. E o início mais típico de uma bênção hebraica são as palavras *Bērak Ātâ*.
— *Bērak Ātâ* — repeti. — O que significa?
— Significa muito — disse o professor. — *Ātâ* significa "Você". As bênçãos se concentram na palavra "Você". Assim, a primeira revelação é esta: você não pode se referir a Deus usando apenas "ele". Antes, deve se referir a ele como *Ātâ*, como Você. Antes, você deve se relacionar com ele direta e pessoalmente, de forma particular, de coração para coração, não apenas falando *a respeito* dele, mas falando do seu coração diretamente *a* ele.
— Tudo isso por causa de uma palavra?
— Tem mais — ele disse. — A bênção deve *começar* com Deus. Deus vem em primeiro lugar, todo o resto vem depois. Isso é crucial. Quando você orar, não permita que seus problemas nem que suas súplicas se tornem a primeira coisa, seu foco. O início e o foco da bênção hebraica é a palavra *Ātâ*, Você. A bênção não é centrada em mim, mas em *Ātâ*. Assim, uma vida de bênçãos é também uma vida centrada em *Ātâ*. Se quiser viver uma vida abençoada, você deve seguir o modelo da bênção hebraica. Viva uma vida centrada em *Ātâ*. Faça do seu coração um coração centrado em *Ātâ*. Deixe-se de lado. Coloque Deus em primeiro lugar, a vontade dele, os desejos dele, a glória dele em primeiro lugar. E, para viver uma vida centrada em *Ātâ*, você deve se concentrar em outros *atâs*, todos os outros "vocês" de sua vida, colocando-os acima de você também. Uma vida de amor é uma vida de bênçãos. "Ame o Senhor, o seu Deus [...]. Ame o seu próximo como a si mesmo".
— E o *Bērak* de *Bērak Ātâ*?
— *Bērak* significa "abençoar". Portanto, você não deve apenas viver uma vida centrada em você, mas faça que ela tenha o objetivo específico de abençoar o Você da sua vida. Faça disso o propósito da sua vida, acima de tudo, acima de qualquer outro objetivo e propósito, para abençoar a Deus. E depois faça que seja seu propósito abençoar todas as outras pessoas em sua vida. Duas palavras simples, *bērak* e *ātâ*, mas são as palavras que começam a bênção... todo tipo de bênção. Torne isso simples. Faça que o propósito da sua vida seja *Bērak* o *Ātâ*. Abençoar o Você. Viva uma vida de *Bērak Ātâ*... e a sua vida se tornará uma bênção.

A missão: Coloque seu coração hoje em duas palavras: *bērak* e *ātâ*. Proponha-se ser uma bênção. Viva não para você mesmo, mas para o *Ātâ*, o "Você".

Salmos 103; Mateus 22.36-40

157º DIA — O RESPONSÁVEL

O PROFESSOR TIROU UM pergaminho da arca na Câmara dos Pergaminhos, colocou-o em cima da mesa e o desenrolou.

— Já falamos do José de Gênesis — disse o professor —, de como ele foi uma sombra do Messias e que até mesmo os rabinos enxergaram isso.

— Sim — respondi —, o redentor que é desprezado e rejeitado pelos homens.

— E preso — disse ele. — Algumas traduções dizem que José ficou encarregado dos prisioneiros e do trabalho desses prisioneiros. E a interpretação é bem precisa. Mas o original hebraico diz algo mais, e cada palavra das Escrituras é crucial. Diz assim: "O carcereiro encarregou José de todos os que estavam na prisão, e ele se tornou *responsável* por tudo o que lá sucedia". Pode-se interpretar que José estava no comando ou era o responsável pelo trabalho. Mas o que diz literalmente é que José tornou-se responsável por tudo que acontecia lá.

— E por que seria uma sombra do Messias?

— O Messias também estava entre os pecadores, entre os que seriam julgados, e também passaria pelo julgamento. E, por todos os atos dos pecadores, tudo que eles faziam… tudo que nós fizemos, ele, o Messias, tornou-se *o responsável*. Ele foi tomado como o responsável pelos nossos pecados, como Aquele que cometeu nossos erros, que fracassou nos nossos fracassos, que transgrediu nas nossas transgressões. Então, se ele se torna o responsável pelos nossos pecados, não somos mais os responsáveis pelos nossos pecados, não somos mais os que pecaram, que fracassaram, que transgrediram e caíram. Na graça de Deus, fomos libertos da responsabilidade dos nossos atos, para que pudéssemos nos tornar os executores dos feitos do Messias.

— Como assim, executores dos feitos do Messias?

— Da mesma forma que ele se associou às nossas obras, nós agora nos associamos às boas obras dele. Somos considerados executores do que ele fez. Tornamo-nos os executores das obras dele, das obras da justiça perfeita. E por tudo que agora fazemos, por tudo que é bom, ele é o responsável, aquele que faz isso em nós. Esse é o segredo. Viva de maneira que por tudo que fizer seja ele o responsável.

A missão: Permita que Deus se torne o responsável por suas obras e que você se torne o executor das obras dele. Faça o que fizer, deixe que Deus o faça em você.

Gênesis 39.22; Isaías 53.12; Filipenses 2.13-14; 4.13

158º DIA — **O MISTÉRIO DA 'ĀFÎQÔMĀN**

— EM TODO O MUNDO — disse o professor —, os fiéis têm participado do pão da ceia do Senhor, porém a maioria não sabe que essa tradição vem da Páscoa judaica. Ao mesmo tempo, os judeus participam da Páscoa sem ter ideia do quanto ela está profundamente relacionada à ceia do Senhor. A maioria nem percebe as ramificações de seu mistério. Durante a ceia de Páscoa, um prato de pães sem fermento é montado com três pedaços de *matsá*, uns sobre os outros.

— Por que três? — perguntei.

— Ninguém sabe — disse ele. — É um mistério, mas são sempre três, uma trindade de pães. E então o pão do meio é retirado, removido dos demais.

— O segundo da trindade.

— E em seguida é partido em dois.

— Como o Messias partiu o pão e disse: "Isto é o meu corpo".

— E à *matsá* partida dá-se um nome: *'āfîqômān*. Em seguida, ela é embrulhada em um pano.

— Assim como o corpo sem vida... o segundo da Trindade... também foi envolvido em um pano, em sua mortalha.

— E então — ele disse — a *matsá* partida fica escondida em outro lugar.

— Como o corpo enrolado na mortalha foi escondido em uma tumba.

— Sim, e como o próprio Messias ficou escondido de seu povo por milênios. Mas sem a *'āfîqômān* o *Sēder* da Páscoa não pode ser concluído.

— E, sem o Messias, a nação de Israel não pode ser concluída.

— Então começa uma busca pelo pão que está faltando. Quando ele é encontrado, o pano é removido, a *'āfîqômān* é revelada... e partilhada. Só então a Páscoa pode chegar ao seu desfecho.

— Então — eu disse — no fim o povo judeu vai procurar o Messias desaparecido, e ele lhes será revelado e recebido por eles, e o destino desse povo estará cumprido.

— E você sabe o que significa *'āfîqômān*? É um termo grego que significa "o que vem depois". O Messias é o *'Āfîqômān*. Ele não está agora entre seu povo, mas vai estar. Ele é o que vem depois, que ainda está para vir ao seu povo. E, assim como acontece com a Páscoa, também acontece com todos para os quais ele vem... só com a vinda dele é que você pode encontrar a sua completude. Ele é o *'Āfîqômān* da sua vida.

A missão: O que ainda está incompleto na sua vida? Em vez de tentar preenchê-lo, encontre a sua completude no Messias e permita que a plenitude dele preencha o que está vazio.

Zacarias 12.10; Lucas 22.19; Romanos 11.25-26

159º DIA — YERÛSHÂLAIM

— LÁ ADIANTE — disse o professor —, além daquelas montanhas, bem depois delas, está a cidade de Jerusalém. É nessa direção que o povo judeu faz orações há milênios... na direção da Cidade Santa.

— Nunca estive lá — disse. — Já ouvi dizer que não se parece com nenhum outro lugar.

— É uma cidade feita de pedras à beira de um deserto. Mesmo assim há algo ali, uma beleza, uma glória, algo tão impressionante que ninguém consegue traduzir em palavras, nem comparar a nenhum outro lugar. E existe um mistério nesse nome.

— No nome de Jerusalém?

— No nome verdadeiro da cidade... *Yerûshālaim*. Reparou em como termina?

— Em *-im*. Então é uma palavra plural.

— Sim. Então *Yerushaláyim* não significa "Jerusalém". Significa "as Jerusaléns". E o mistério vai mais fundo. Não existe apenas um *im* no final, mas um *-ayim*. *-Ayim* é um final único que fala especificamente de dualidade, do que existe em dois. Em outras palavras, *Yerûshālaim* significa "as duas Jerusaléns".

— E quais são as duas Jerusaléns?

— A Jerusalém que você vê e a Jerusalém que não vê, a Jerusalém que existe e a Jerusalém que ainda vai existir, a Jerusalém terrena e a Jerusalém celestial, a Jerusalém do tempo e do espaço e a Jerusalém do Eterno, a Jerusalém defeituosa e imperfeita e a Jerusalém perfeita, bela e gloriosa. E o mistério tem tudo a ver com você, pois, se pertence a Deus, você é filho de Jerusalém, um filho de *Yerûshālaim*. Portanto, você compartilha da natureza dela.

— Como?

— Sua vida é como Jerusalém. Sua vida é um *-ayim*. Sempre existe mais do que você enxerga com os olhos. Existem dois reinos, duas vidas, a vida que você vê e a vida que não vê, a pessoa que você é e a pessoa que ainda vai ser, sua vida terrena e sua vida celestial, o você imperfeito e defeituoso e o você perfeito, belo e glorioso. Então não importa o que você pensa da sua vida, pois em Deus a verdade é sempre maior e melhor. Mesmo em suas vilezas, haverá uma glória além do que você vê, sente ou compreende, um *-aim*, uma dualidade e, portanto, uma escolha. Escolha então viver não pelo terrestre, mas pelo celestial. Acredite não no que existe, mas no que ainda vai ser. Viva não no defeituoso, mas no perfeito. Pois você é a Jerusalém de Deus, você é a *Yerûshālaim* de Deus.

A missão: Você é um filho de *Yerûshālaim*. Portanto, escolha viver este dia não como você é, mas como ainda vai ser, perfeito e celestial.

Salmos 122; 147.2-3; Apocalipse 21.1-2

YERUSHALAYIM: THE MYSTERY

Jonathan **Cahn**

160° DIA — A CONFISSÃO CÓSMICA

— ESTIVE PENSANDO — disse. — Quando os sacerdotes realizavam a *Sēmîkâ*, colocando os pecados das pessoas na oferta do sacrifício, eles tinham de colocar as mãos sobre a oferta do sacrifício, mas também tinham de confessar os próprios pecados sobre ele. Precisavam fazer as duas coisas, senão o animal a ser sacrificado não podia morrer por aqueles pecados. Quando, porém, o Messias foi levado aos sacerdotes na noite anterior à sua morte, os sacerdotes colocaram as mãos nele, mas não houve confissão de pecado.

— Venha — disse o professor. — Vamos ver o que encontramos.

Ele me levou até a Câmara dos Pergaminhos, onde retirou de uma prateleira no alto um pergaminho de tamanho mediano. Então colocou o pergaminho na mesa de madeira, abriu-o na passagem que estava procurando e começou a traduzi-la em voz alta.

— "O sumo sacerdote, rasgando as próprias vestes, perguntou: 'Por que precisamos de mais testemunhas? Vocês ouviram a blasfêmia. Que acham?' Todos o julgaram digno de morte".

— Eles o condenaram à morte por acusações falsas.

— Na *Sēmîkâ*, o sacerdote confessa os pecados sobre o animal a ser sacrificado, mas ele é culpado desses pecados?

— Não, o animal só poderia morrer por esses pecados se *não fosse* culpado deles.

— Certo. Portanto, para que a *Sēmîkâ* fosse realizada sobre a oferta sacrificial, sobre o Messias, o sumo sacerdote tinha de pronunciar sobre ele os pecados *dos quais ele não era culpado*. Então de qual pecado o Messias foi acusado? Do pecado da blasfêmia. Mas o pecado falado sobre a oferta sacrificial *não* é o pecado dela. É o pecado daqueles que o proferem. Portanto, a blasfêmia não era o pecado do Messias, e sim o pecado do sumo sacerdote e do sacerdócio. Eles julgaram Deus de blasfemar contra Deus. E julgar Deus de blasfêmia é a blasfêmia em si. Os sacerdotes estavam confessando o próprio pecado. Mas não apenas deles. Os sacerdotes representavam Israel, e Israel representava o mundo. Então os sacerdotes estavam confessando o pecado do homem, o pecado do mundo, na *Sēmîkâ* do sacrifício pelo homem, o primeiro pecado e o princípio de todos os pecados: "Vocês serão como Deus"... blasfêmia.

— Então o pecado era confessado sobre a oferta sacrificial pelo sumo sacerdote, e os sacerdotes tocavam na cabeça do animal com as mãos, realizando a *Sēmîkâ* pelos pecados do homem.

— E não só os sacerdotes a realizavam — disse o professor. — Era Deus quem estava realizando a *Sēmîkâ* enquanto lançava os pecados sobre o Messias. Como está escrito: "Deus tornou pecado por nós aquele que não tinha pecado, para que nele nos tornássemos justiça de Deus".

A missão: Ele se tornou pecado, seu pecado, para que você pudesse se tornar justiça de Deus. Viva este dia como a justiça de Deus.

Gênesis 3.5; Levítico 16.21; Marcos 14.63-64; 2Coríntios 5.21

THE MYSTERY OF THE SEMIKHAH

161º DIA — O MISTÉRIO DO SEGUNDO PERGAMINHO

ERA UMA TARDE QUENTE, mas havia brisa. Estávamos sentados no chão ao ar livre, e o professor lia um pergaminho pequeno.

— Este é um dos ḥamēsh mēgîlôt, os cinco pergaminhos. Cada um deles é lido em público durante o ano. E este, o segundo pergaminho, é o livro de Rute.

— Do que fala esse livro?

— É uma história de amor entre um judeu e uma gentia. Mas por trás da história há uma revelação profética que envolve o mundo todo, o mistério de Israel, a Igreja e a própria era. O livro de Rute começa com uma mulher judia chamada Noemi, que representa a nação de Israel. Noemi é casada com um homem chamado Elimeleque. "Elimeleque" significa "meu Deus é Rei". Então Israel está unida em uma aliança de casamento com Deus, o Rei dela. Ao longo da história, Noemi se vê sem marido e vivendo longe da terra natal, uma estranha em terras estrangeiras, uma existência de dor e sofrimento. Assim também o povo judeu, nos últimos dois mil anos, se viu morando no exílio, longe da terra natal, estranhos em terras estrangeiras, cheios de dor e de sofrimento. Na época do exílio de Noemi, porém, uma mulher gentia chamada Rute se torna, por meio de Noemi, parte da nação de Israel e é levada a conhecer Deus. Assim, na época do exílio de Israel em outras nações, aqueles que não são de Israel, os gentios, são levados ao Deus de Israel por meio do povo judeu e estão espiritualmente unidos à sua nação.

— A Igreja — eu disse —, aqueles que renascem. Eles são Rute.

— Rute se torna a filha adotiva de Noemi.

— Assim como aqueles da nova aliança se tornam filhos adotivos de Israel. Israel é a mãe deles, e a Igreja é filha de Israel.

— No fim da história, Rute dá à luz uma criança que se torna a bênção da vida de Noemi. Então por meio de Noemi vem a redenção de Rute e, por meio de Rute, vem a bênção de Noemi.

— E é assim, por meio do povo judeu — eu disse —, que a bênção chegou aos gentios… e será por meio dos gentios que a bênção voltará ao povo judeu.

— Sim — disse o professor. — Então os que são abençoados com a salvação são abençoados por meio de Israel e se tornam parte de Israel. Eles são Rute, e Israel é a Noemi deles. E é só quando Rute abençoa Noemi… e Noemi abençoa Rute… que o círculo e a história vão estar completos.

A missão: Seja Rute hoje. Ore e abençoe sua Noemi. Ore e abençoe Israel e o povo judeu. Ajude a concluir a história deles.

Rute 1.16-17; 4.13-17; Isaías 40.1-2; Romanos 11.11; 15.26-27

THE BETHLEHEM ALLEGORY

Jonathan **Cahn**

O PRESENTE DO *LĀMED*

— PROFESSOR — eu disse —, você me falou que no hebraico o verbo "ter" não existe de fato, para que assim não se pudesse de fato ter alguma coisa neste mundo. Mas então deve haver uma forma de contornar isso. Deve existir um modo de falar sobre as posses de alguém. A Bíblia usa o verbo "ter".

— Em suas traduções — ele respondeu —, sim, mas no original não.

— Então o que diz o original, o que traduzimos por "ter"?

Em vez de me responder, o professor pegou um pauzinho e começou a desenhar um símbolo na areia.

— O que é? — perguntei.

— É um *lāmed* — ele respondeu. — A décima segunda letra do alfabeto hebraico. É do *lāmed* que derivou a letra *L*. Para transmitir a ideia do que entendemos como "ter", você usaria o *lāmed*. Então para dizer "eu tenho" ou "meu", você usaria o termo hebraico *li*. Para dizer "ele tem" ou "dele", você usaria o termo *lo*. E, para dizer "você tem" ou "seu", usaria o termo *l'cha*. Mas, embora não se possa de fato ter em hebraico, o que você concluiu como "ter" é melhor do que o ter. O *lāmed* significa "para". Então, em vez de dizer "eu tenho", você está dizendo "é *para* mim". E, em vez de dizer "ele tem" ou "dele", na verdade você está dizendo "é *para* ele". E em Deus você deve viver de acordo com a língua sagrada, o que significa que deve desistir da ideia de que você "tem" neste mundo. Ao fazer isso, porém, quando você desistir de ter, então algo milagroso vai acontecer.

— O quê?

— Tudo se torna *para você*. Quando você "tem", então o que você tem não pode ser dado a você. Mas, quando você não "tem", quando deixa de "ter", então o que você não tem fica disponível para ser dado. Quando desiste do "eu tenho", você transforma em "para você". Quando não toma como certas as coisas boas, então todas as coisas boas se tornam um presente *para você*, seus recursos, seus pertences, seus amigos, seus entes queridos, seus talentos, seu tempo, todos os dias, cada momento, toda respiração, sua vida em si, sua salvação, tudo se torna presentes de graça, bênção e amor. Desista de ter o "ter", e tudo neste mundo se tornará *l'cha*, uma bênção de Deus para você... o presente do *lāmed*.

A missão: Desista do "ter". Não tome como certas as coisas boas, as bênçãos ou mesmo sua vida. E receba tudo como um presente de Deus.

2Coríntios 6.10; Efésios 5.20; Tiago 1.17

163° DIA — O ESCOLHIDO

ESTÁVAMOS SENTADOS DO lado de fora, não muito longe do poço. O professor lia uma passagem de um dos pergaminhos.

— "Alguns levitas estavam encarregados dos utensílios utilizados no culto no templo". Essa passagem fala dos levitas, os que foram escolhidos por Deus para serem ministros no templo de Jerusalém, a quem foi ordenado cumprir um propósito sagrado. Jonas também foi um profeta escolhido por Deus para transmitir uma mensagem a Nínive, mas tentou escapar do chamado. Está escrito que Deus fez que um grande peixe engolisse Jonas para o levar de volta à praia. Depois Deus fez uma planta crescer sobre Jonas para fazer sombra, depois fez uma lagarta atacar essa mesma planta e uma rajada de vento desértico soprar do leste. Só depois de tudo isso Jonas conheceu o coração de Deus.

— Não estou entendendo. Primeiro você falou dos levitas, os ministros de Deus, e agora está falando de lagartas e peixes. Não entendo a relação — eu disse.

— No livro de Jonas, na língua original, não está escrito que Deus fez um peixe engolir Jonas; em vez disso, lê-se que Deus *escolheu* o peixe que engoliria Jonas. É o mesmo termo hebraico usado para dizer que Deus escolheu os levitas para ministrar no santuário.

— E a planta?

— O mesmo termo. Deus *escolheu* a planta e *escolheu* a lagarta, assim como também *escolheu* a rajada de vento do leste. O mesmo termo usado para dizer que Deus escolheu os levitas, que eram os ministros sagrados, também foi usado para designar o peixe, a planta, a lagarta e o vento. Veja, essas coisas também serviram como ministros sagrados, igualmente escolhidos para realizar os propósitos de Deus e levar o profeta até o lugar de destino.

— É que eu nunca pensei que uma lagarta fosse um...

— Não — disse o professor —, assim como você provavelmente também nunca pensou que os problemas que enfrenta também são ministros escolhidos por Deus. Para os filhos de Deus, no entanto, tudo, tanto o bem quanto o mal, a alegria, a tristeza, os problemas, as vitórias, as derrotas, as feridas, as rejeições, as perdas, o passado, o vento e a lagarta... absolutamente tudo é escolhido. Cada coisa dessas é um ministro escolhido e ordenado a realizar o propósito divino, a conceder a bênção de Deus, a atender ao chamado dele e a cumprir o destino dos Céus na sua vida. Entenda que você é abençoado e que aquilo que você pensou que era um problema irá se revelar, no fim das contas, um santo ministro de Deus, cuja ordem é levar você até o lugar escolhido por Deus para sua vida.

A missão: Veja os problemas e desafios de outra forma: enxergue-os como ministros escolhidos por Deus para levar você até o lugar escolhido pela vontade de Deus.

1Crônicas 9.28; Jonas 1.17; 4.6-8; Salmos 139.16; 2Tessalonicenses 1.11

THE BOOK OF JONAS I-VII

Jonathan **Cahn**

164º DIA — ZACARIAS: DEUS SE LEMBROU

— NOS RIOS DA BABILÔNIA, os filhos de Israel choraram no exílio quando se lembraram de Sião, sua terra natal, que agora estava em ruínas. Eles tinham se afastado de Deus, tinham quebrado a aliança, rejeitado o caminho divino, perseguido os profetas, celebrado o que era maligno e oferecido os próprios filhos em sacrifício nos altares de deuses estrangeiros. Os israelitas tinham todos os motivos para crer que seus dias como nação tinham terminado e que se tornariam um povo esquecido por Deus. Não obstante, depois de muitos anos um pequeno resquício de exilados retornou para a terra natal e encontrou um lugar desolado e arrasado, a Cidade Santa não passava de um monte de ruínas. Esses exilados tentaram reconstruir a nação, mas tudo atrapalhava. O tempo todo uma pergunta ecoava: "Será que Deus se esqueceu de nós?".

O professor parou por um instante antes de continuar.

— Então apareceu um profeta entre eles de nome Zacarias. Ele tinha vindo com uma mensagem: aquelas pessoas precisavam reconstruir Jerusalém, e seria àquela Jerusalém que viria o Messias. Mas quem era Zacarias?

— Um profeta enviado por Deus — respondi.

— "Zacarias" é só outra forma de dizer o nome hebraico verdadeiro dele: *Zekareyâ*. O que significa? *Yah*, do início do tetragrama YHWH, que significa "Deus", e *Zekar* significa "lembrou". Naqueles dias de julgamento e exílio, quando pensavam que Deus tinha se esquecido de seu povo, que Deus os havia abandonado, nasceu um bebê que recebeu o nome de "Deus lembrou". Aquele bebê cresceria e se tornaria o profeta que Deus enviou nos dias de maior desolação. Deus enviou um mensageiro: "Deus lembrou".

— Então não foi só o que *Zekareyâ* disse, mas quem ele próprio era.

— Sim. Cada palavra de incentivo veio dele, "Deus lembrou". Ele era um sinal em carne e osso de que mesmo durante a pior queda, mesmo em meio aos piores pecados, mesmo quando o povo escolhido devia ser abandonado e esquecido para sempre, Deus não se esqueceu deles. Mesmo que eles tivessem se esquecido de Deus, Deus não se esquecera deles: Deus se lembrou da promessa, do amor e da misericórdia. Assim, Deus não desistiu do seu povo, e eles se refizeram. Para todos os que estão perdidos, para todos os que se perguntam: "Será que Deus se esqueceu de mim?", lembrem-se desse homem e do nome dele: *Zekareyâ*. O que esse nome diz é que Deus nunca se esquecerá de você, nunca abandonará a fidelidade a você e sempre será maior que seus pecados.

A missão: Lembre-se dos momentos em que você caiu, mas que Deus não abandonou você. Dedique sua vida para louvar a Deus ainda mais por isso.

Salmos 98.3; Isaías 49.14-16; Zacarias 8.3-9

165º DIA — A *LÛLĀV*

ESTÁVAMOS SENTADOS EM uma planície do deserto cercada de montanhas. Em uma das mãos, o professor segurava uma fruta e na outra um conjunto de três galhos.

— Isto — disse ele, erguendo os galhos — chama-se *lûlāv*. O nome vem de um mandamento bíblico para louvar a Deus com galhos na festa das cabanas. Durante essa festa, o povo de Israel se lembrava de como Deus o conduziu através do deserto com o balançar dos galhos.

— Como assim? — perguntei.

— Este, o maior, é um galho de palmeira. As palmeiras crescem nos vales. Então o galho da palmeira lembrava aos israelitas das viagens pelos vales, em que Deus estava com eles. Este aqui — disse o professor, apontando para um galho menor com folhas verde-escuras — é um galho de murta, uma árvore que cresce nas montanhas. O galho de murta lembrava os israelitas das viagens pelas montanhas, em que Deus também os acompanhava. E este outro — disse o professor, apontando para um ramo pendente verde-claro — é o salgueiro. O salgueiro é uma árvore ribeirinha, que lembrava os israelitas das viagens por terras áridas em que Deus estava com eles e lhes deu água para beberem no deserto. Agora, qual o mistério da *lûlāv*?

— Não tenho ideia.

— O deserto é o mundo, e a viagem é esta vida. Para os filhos de Deus, esta é a mensagem da *lûlāv*: a palmeira diz que não importa o vale que você atravesse na vida, não importa quão profundo e escuro ele seja, você nunca estará sozinho, pois Deus sempre estará com você. A murta diz que, quando você estiver atravessando as fases mais montanhosas da sua vida, Deus irá acompanhar a jornada, impedindo que você caia. Já o salgueiro diz que, mesmo nos lugares mais áridos e vazios da sua vida, Deus jamais o abandonará, ele estará sempre perto e dará rios a você, mesmo no deserto.

— E quanto à fruta? — perguntei.

— A fruta representa a terra prometida e sua mensagem é esta: não importa o que aconteça na sua vida, nada é o fim, mas apenas uma viagem até seu destino final. Quando chegar lá, você agradecerá por ter feito uma viagem abençoada, por nunca ter ficado sozinho e por Deus o ter acompanhado em todos os momentos, certificando-se de que você suportaria tudo até chegar à terra prometida.

A missão: Junte sua *lûlāv*. Lembre-se e agradeça por Deus ter acompanhado sua viagem pelos vales, pelas montanhas e pelos desertos. Ele sempre irá acompanhar você.

Salmos 23; Isaías 43.1-2; Judas 24-25

Jonathan **Cahn**

166° DIA — O SEGREDO DA VIDA ABENÇOADA

— O QUE É UMA VIDA ABENÇOADA? — perguntou o professor. — E como você a vive?

— É uma vida dotada com a generosidade e as bênçãos de Deus.

— Mas, se Deus abençoa todos os seus filhos, por que alguns são abençoados e outros não? Por que alguns dos filhos de Deus parecem ser especialmente abençoados e outros parecem ser desprovidos?

O professor levou-me até o poço no meio do pátio quadrangular em que os alunos costumavam se reunir. Na borda de pedras circular do poço, ele apoiou dois copos, um com a boca para baixo e outro com a boca virada para cima. Depois recolheu um balde cheio de água do poço e o segurou acima dos dois copos.

— Aqui vai a bênção — ele disse, despejando a água sobre os dois copos.

O professor então ergueu o copo cuja boca estava virada para baixo e o apoiou da forma correta. O copo estava vazio, como era de esperar.

— A bênção se derramou sobre os dois copos, mas apenas um está cheio da bênção. O outro copo está vazio, apesar de ambos terem sido abençoados. Veja, há *dois lados* no segredo de ser abençoado e viver uma vida abençoada.

A conversa continuou enquanto nos afastávamos do poço.

— Isaque estava se preparando para dar uma bênção a Esaú, seu primogênito, mas foi Jacó, o outro filho, que acabou recebendo a bênção. Jacó foi quem recebeu porque, mais que o irmão, tinha coração disposto a receber.

— Mas Jacó fez as coisas do jeito errado — disse.

— Ele fez mesmo — disse o professor. — Contudo, o desejo de receber a bênção e a disposição de fazer o necessário para receber não estavam errados. Veja, não é só a concessão da bênção que é essencial; a recepção também é. Assim, existem dois lados para se viver uma vida abençoada. A maioria das pessoas só se concentra em um dos lados: todos querem que as bênçãos lhes sejam dadas. Mas muitos se esquecem do outro lado: a bênção já foi dada, ela já está aqui, está sendo colhida dos poços da salvação, dos poços da redenção do Messias. Mas qual vida é *especialmente* abençoada? A vida que recebe a bênção de forma *especial*, aquela que valoriza tanto a bênção que faz qualquer coisa para recebê-la. Se você quer viver uma vida especialmente abençoada, tenha como objetivo se tornar especialmente dedicado a receber as bênçãos de Deus, fazendo o que tiver de ser feito para recebê-las. Uma vida abençoada não é apenas aquela que foi abençoada, mas a vida que recebeu a bênção.

A missão: As bênçãos de Deus estão sendo derramadas: abra seu coração e sua vida para recebê-las. Concentre-se em receber aquilo que já nos foi dado.

Gênesis 27.15-29; Efésios 1.3-12,18-20

167° DIA — OS TEMPLOS DE PROFANAÇÃO

ERA QUASE NOITE. Eu e vários outros alunos estávamos sentados ao redor da fogueira ouvindo o professor falar.

— Quem foi a pessoa mais famosa — perguntou o professor — a celebrar o festival do Ḥānûkâ?

Ele esperou uma resposta, mas ninguém disse nada.

— Jesus — disse ele —, *Yeshû'â*. A maioria das pessoas não tem ideia de que ele celebrava esse festival nem que o Ḥānûkâ é encontrado no Novo Testamento. Mas está escrito: "Celebrava-se a festa da Dedicação, em Jerusalém. Era inverno, e Jesus estava no templo, caminhando pelo Pórtico de Salomão". Vocês sabem qual é o termo para "dedicação" em hebraico?

Mais uma vez, não houve resposta.

— É Ḥānûkâ. A festa da Dedicação é o Ḥānûkâ. Vocês sabem por que ela leva esse nome? — Mais uma vez, apenas silêncio. O professor continuou: — Na Antiguidade, o templo de Jerusalém foi profanado por invasores pagãos. Nos pátios, foram colocados ídolos, transformando o lugar em um verdadeiro templo pagão repleto de sacrilégios. No fim, o povo judeu expulsou os invasores, mas encontraram o templo desolado e aviltado. Os ídolos foram removidos, os pátios foram limpos, as câmaras foram restauradas, bem como seus recipientes, o candelabro foi consertado e consagrado novamente a Deus. A rededicação do templo foi chamada Ḥānûkâ. Mas Deus tem outro templo, outra morada santa criada de forma semelhante para a presença dele.

— Mas o templo de Deus só podia ser construído em Jerusalém — observou um dos alunos.

— Existe outro templo — disse o professor —, muitos outros templos: *vocês* são os templos. Cada um de vocês foi criado para ser a morada da presença de Deus, um templo sagrado para a glória divina. O homem foi criado para ser o templo de Deus, mas agora o mundo está cheio de templos de profanação.

— O que isso quer dizer? — perguntou outro aluno.

— Toda vida foi criada para ser um templo cheio da presença de Deus. Sem a presença divina, no entanto, nós nos tornamos templos de profanação, de aviltamento, da escuridão, cheios de ídolos: tornamo-nos templos feitos para serem sagrados que foram desviados de seu propósito.

— O que alguém pode fazer se for esse o caso? — perguntei.

— Abra as portas da sua vida e deixe Deus entrar. Deixe Deus tirar seus ídolos, limpar suas impurezas, restaurar seu propósito, acender seu coração e preencher sua vida com a presença divina. Todo templo dedicado a Deus é preenchido com a glória divina: quando você se torna um templo de Deus, sua vida se torna Ḥānûkâ.

A missão: Comemore seu próprio Ḥānûkâ: remova os ídolos, limpe suas câmaras, dedique e consagre novamente seu templo a Deus.

Ezequiel 36.25-27; João 10.22-23; 1Coríntios 3.16; 2Coríntios 6.16—7.1

REDEDICATING THE TEMPLE

Jonathan **Cahn**

168º DIA — A LEI CÓSMICA DO MOVIMENTO

ERA UMA TARDE quente de um dia ensolarado. O professor e eu estávamos sentados à sombra de uma árvore próxima.

— A primeira lei da mecânica de Newton — disse ele. — Um objeto em movimento permanece em movimento com a mesma velocidade e na mesma direção até que seja impedido por outra força aplicada sobre ele.

Então o professor atirou uma pedrinha para cima e a apanhou de volta quando ela caiu.

— Quando joguei a pedra, ela era um objeto em movimento que foi parando gradualmente de se mover. Ela passou a sofrer a ação de outra força, a força da gravidade. A lei de Newton se aplica a forças que *pertencem* ao mundo natural. O que aconteceria se extrapolássemos esse conceito? O que dizer em relação ao movimento do mundo em si?

— O que você quer dizer?

— O mundo caiu. A queda é o movimento, o movimento do pecado e do mal. Como é possível parar esse movimento, o movimento da queda? Como você extingue o pecado e o mal?

— Muitas religiões e ideologias recomendariam se afastar do mal e buscar o bem.

— Como? — disse o professor. — Um objeto em movimento permanece em movimento...

— Na ausência de outras forças — completei.

— Isso mesmo. Então só seria possível por meio de outra força. Que outra força é essa? Ela não pode *pertencer* ao mundo; ela precisa ser *externa* a ele, precisa estar além dele. Mas o que é *externo* ao mundo, o que está *além* do Universo?

— Deus.

— Exatamente. Então a resposta só pode vir de Deus. Mas como?

— "Na ausência de outras forças". A outra força deve atuar sobre o objeto.

— Então a força precisa entrar em contato com o objeto em movimento. Quer dizer que a presença de Deus precisa entrar em contato com o mundo caído para atuar sobre ele. O que é a cruz? É Deus tomando todo movimento do pecado e do mal e dando a ele um fim. O que é a ressurreição? É Deus dando ao mundo um novo movimento: o movimento da vida; é Deus dando ao que caiu o movimento da ascensão. É por isso que o único modo de verdadeiramente mudar o movimento da sua vida é por meio do movimento de Deus, do movimento da *vida* dele. Ao contrário desta pedra, no entanto, é da sua escolha permitir que isso aconteça. O segredo é deixar que Deus atue sobre você, é receber a presença de Deus e deixar a força da vida dele e o poder do amor divino atuarem e modificarem a trajetória da sua vida. Pois uma vida em movimento permanece em movimento se não entrar em contato com a força do movimento de Deus.

A missão: Busque receber o movimento cósmico do amor de Deus, da vida dele e da salvação divina. Deixe que isso mude o movimento e a trajetória da sua vida.

Efésios 2.1-9; 1Pedro 2.9-10; 1João 3.16

169º DIA — A NOIVA LUNAR

O Livro dos Mistérios

A NOITE ESTAVA começando quando o professor me chamou. Saindo da escola, vi a lua cheia, cuja luz iluminava, de forma que seria possível até tomar notas no caderno, caso eu quisesse.

— Lembra-se do que trata o Cântico dos Cânticos? — perguntou o professor.
— É uma história de amor entre uma noiva e um noivo.
— E no sentido mais profundo?
— Uma alegoria de Deus e seu povo, do Senhor e de Israel, do Messias e da noiva, de Deus e nós.
— Nós somos a noiva. Em um dos versículos do Cântico dos Cânticos, a noiva é descrita como bela "como a Lua". Você considera a Lua bela?
— Acho que, se você olhar para a superfície dela, não verá tanta beleza.
— Não mesmo, pois a superfície está cheia de imperfeições, de marcas, de irregularidades, de manchas escuras e de crateras. Não obstante, ela é chamada "bela" e relacionada à beleza da noiva. Isso é bastante adequado: assim como a Lua é cheia de imperfeições, irregularidades e de escuridão, o mesmo acontece com a noiva. Assim como a Lua é cheia de cicatrizes do passado, nós também somos.
— Então como pode a noiva ser chamada "bela"?
— A beleza da noiva é como a beleza da Lua, que não é bela por si só, como nós também não somos. A beleza da Lua, no entanto, é algo que vai além dela mesma: a beleza dela está na iluminação, na luz que não é dela, que provém do Sol. A Lua é bela na medida em que reflete a luz do Sol. Se ela pudesse se ver no espelho, veria apenas imperfeições, cicatrizes e escuridão, mas, se esquecer de si mesma e olhar para a face do Sol, então brilhará com intensa luminosidade. Esse também é o segredo da beleza da noiva.
— Nós não somos belos por nós mesmos; nossa beleza está naquilo que vai além de nós.
— Nós somos como a Lua, e Deus é o Sol. Assim como a luz e a beleza da Lua vêm do Sol, também nossa luz e nossa beleza vêm de Deus. Se olhar para si mesmo, você enxergará apenas imperfeições, cicatrizes e escuridão, mas, caso se esqueça de olhar para si e se concentre na beleza do brilho de Deus, então irá brilhar com a luz dele, e essa luz irá encobrir suas imperfeições, tornando você belo. Não cometa o erro de viver focado em você mesmo; esqueça seu ego e volte-se para Deus. Habite na beleza da presença divina, e sua vida será um reflexo da vida dele: você brilhará com a luz intensa de Deus.

A missão: Tire o foco de você mesmo e concentre-se em Deus. Deixe que suas imperfeições sejam encobertas pelo brilho dele e permita que sua vida brilhe com a luz da beleza de Deus.

Êxodo 34.29; Cântico dos Cânticos 6.10; João 3.2; 2Coríntios 3.18

SHE LIKE THE MOON

Jonathan **Cahn**

170° DIA — A COBRA E O MURO

ESTÁVAMOS CAMINHANDO EM volta de um jardim cercado por uma sebe: uma barreira baixa feita de galhos entremeados e arbustos espinhosos. O professor apanhou um galho e bateu em um lugar da sebe, o que fez uma cobra sair rastejando dali.

— Sabe, existe uma passagem das Escrituras que diz respeito a isto aqui, a muros e cobras. Está no livro de Eclesiastes: "Quem derruba um muro será picado por uma cobra". Faz muito sentido, se pensarmos na natureza: as cobras habitam espaços escondidos, como em sebes. Portanto, se quebrar uma sebe, você corre o risco de ser picado por uma cobra.

— Vou me lembrar disso.

— Você não acha que isso se aplica a você, não é?

— Acho que não — respondi.

— Ah, mas se aplica e muito, e é crucial que você entenda porque, pois esse mistério pode acabar salvando sua vida. Muros e cercas são o que se constrói ao redor de jardins e de tudo o mais que precisa de proteção; constroem-se cercas ao redor daquilo que está vivo e que é precioso. Você também vai precisar construir muros em torno do que está vivo e é precioso em sua vida: ao redor da sua família, do seu casamento, dos seus filhos, do seu relacionamento e da sua caminhada com Deus, da sua integridade, da sua pureza e do seu chamado; tudo isso precisa ser protegido.

— Como e com que cercas?

— Com cercas que não são feitas de galhos e espinhos, mas de parâmetros celestiais, de limites santos; cercas feitas de salvaguardas, de decisões, diretrizes, princípios e padrões; cercas de parâmetros a respeito do que você deve ou não permitir; linhas que você não se permitirá cruzar: tudo que você precisar fazer para proteger do perigo o que lhe é precioso.

— Mas e as cobras?

— No reino espiritual, a cobra representa o mal, o Inimigo e o que é satânico. "Quem derruba um muro será picado por uma cobra". A cobra é o mal, a tentação, o pecado, o perigo; tudo que espera para avançar por uma cerca quebrada. Construa as cercas que você precisa para proteger o que é precioso em sua vida; construa muros sólidos e firmes. Depois de construir, lembre-se de jamais quebrá-los: você ficará a salvo das cobras, e seu jardim dará muitos frutos.

A missão: O que é precioso na sua vida e precisa de proteção? Construa cercas fortes ao redor e, depois de fazê-lo, não quebre essas cercas.

Provérbios 22.5; Eclesiastes 10.8; 1Pedro 2.11; 5.8-9

171° DIA — A SEPARAÇÃO DO SACERDOTE

— SANTO — DISSE O PROFESSOR — é o que foi separado, que foi destinado aos propósitos de Deus. Israel foi chamado a ser uma nação santa. Para poder ser uma nação santa, teve de ser uma nação separada. Dentro de Israel, viviam os levitas: como ministros de Deus, o chamado deles era ainda mais santo, por isso eles deviam ser separados do resto de Israel. Dentro do grupo dos levitas, Deus deu aos *kohănîm*, os sacerdotes, um chamado ainda mais santo: por isso, os *kohănîm* precisavam ser separados dos levitas. Entre os sacerdotes, Deus deu ao sumo sacerdote um chamado ainda mais santo: o sumo sacerdote precisava ser separado dos sacerdotes. Cada grau de santidade exigia um grau equivalente de separação. O sagrado precisa ser separado; e isso tem tudo a ver com você.

— Como? — perguntei.

— Pois está escrito: "Vocês [...] são geração eleita, sacerdócio real, nação santa, povo exclusivo de Deus". Assim, se você pertence a Deus, é um sacerdote, um dos *kohănîm*; e cada sacerdote e cada utensílio santo devem ser separados de todo o resto, reservados para Deus.

— Mas o tempo em que as pessoas viviam separadas já passou.

— Sim, mas Deus ainda separa seus sacerdotes, porém com outros métodos: agora ele usa as circunstâncias desta vida para separá-los do mundo e trazê-los para si. Agora ele usa as decepções da sua vida, as rejeições, as desilusões, as crises da sua vida; ele usa as feridas, as tristezas, as frustrações, os problemas, os fracassos e os rompimentos. Ele usa o que for necessário para separar você para ele, para fazer de você um sacerdote.

— Então ele usa de tudo, seja bom, seja ruim, para o propósito divino.

— É mais que isso — disse o professor. — Tudo que acontece é, no fim das contas e desde o começo, santo e sagrado. Não importa o que aconteceu ou o que você sentiu, nem o que envolveu: tudo isso, por causa do propósito divino, foi sagrado; tudo isso serviu de instrumento na separação sagrada dos sacerdotes. Deus continuará usando essas coisas na sua vida, tanto quanto for necessário, para trazer seu sacerdote de volta para ele, para aproximar você dele e elevar você a reinos ainda mais santos. Pois tudo que é separado para Deus é santo.

A missão: Agradeça por todas as coisas que Deus lhe trouxe, boas e ruins, por causa da sagrada separação do sacerdote.

Êxodo 28.1-2; Ezequiel 44.16; 2Timóteo 1.9; 1Pedro 2.9

172° DIA — O NOME DA PROFECIA

O PROFESSOR LEVOU-ME até uma das salas usadas pelos alunos para estudar os pergaminhos. Não havia ninguém lá, mas um pergaminho fora deixado sobre o suporte de madeira e estava aberto no início. O professor começou a ler.

— *"Wayōmer 'Ĕlōhîm yehî 'ōr wāyehî 'ōr"*: "Disse Deus: 'Haja luz', e houve luz". Repare no que Deus fez. Neste mundo, falamos daquilo que existe, mas Deus fala daquilo que ainda não existe. Ele falou da luz quando ela ainda não existia, não depois de a luz existir. Esse é o caminho de Deus, não só com a luz, mas também com as pessoas.

— O que você quer dizer?

— Havia certo homem idoso cuja esposa passara da idade de ter filhos havia muito tempo. Mas Deus deu a ele o nome *Avrāhām* ou Abraão, que em hebraico significa "pai de multidões". Deus deu um nome que não existia e que passou a existir. Abraão viria a se tornar o pai das nações; o nome dele era uma profecia. Também houve um homem que foi rejeitado pela família, acusado injustamente e lançado na prisão. Mas Deus fez que ele recebesse o nome *Yôsēf* ao nascer, e *Yôsēf* significa "ele aumentará". Esse homem aumentou tanto que se tornou governante do Egito.

— José — concluí.

— Também houve o homem que vivia com medo dos inimigos, mas Deus fez ele nascer sob o nome de *Give'ôn*. Esse nome significa "aquele que abate". Ele acabaria se tornando um herói que, por mais improvável, veio a abater os inimigos de Israel.

— Gideão.

— Pois ele também ganhou um nome que não existia até acontecer. Há também a história do homem que tinha grande paixão, mas pouca estabilidade: Deus deu a ele o nome *Kēyfā'*, que significa "rocha". No fim da vida, foi exatamente o que o homem se tornou: uma rocha de solidez.

O professor enrolou o pergaminho e continuou:

— Nós nos enxergamos pelo que somos, mas Deus não faz isso: Deus nos enxerga pelo que ele espera que sejamos. Ele dá uma identidade que não é baseada no seu passado, mas no seu futuro, no que você deve se tornar. O segredo consiste em receber essa identidade e nela acreditar antes de poder vê-la: viva como se já fosse. Pois seu nome não é mais Rejeitado, mas Amado; não é mais Fraco, mas Poderoso; não é Derrotado, e sim Vitorioso. Deus lhe deu um nome que ainda não existe. Receba o que não existe, e isso passará a existir. Viva de acordo com seu nome profético. É simples como esta lição: "Haja luz".

A missão: Qual é seu nome profético? Viva de acordo com ele. Comece pelo que a Palavra declara a seu respeito: seja Amado, Real, Santo e Vitorioso.

Gênesis 1.3; 17.5; Mateus 6.18; Apocalipse 2.17

173º DIA — OS PERUŚÎM

ESTÁVAMOS SENTADOS EM um dos jardins quando o professor apanhou um galho, chamando minha atenção. O galho tinha folhas ainda verdes.

— Parece com os outros galhos, mas com uma diferença: ele não está mais ligado à árvore. Ele ainda tem a aparência de vida por fora, mas o interior está seco e em breve murchará.

O professor devolveu o galho para o lugar onde o encontrara.

— Certa vez, existiu um povo que buscava a todo custo ser santo. Eles queriam se afastar do pecado, da mundanidade, da condescendência e da impureza; por isso, decidiram se separar. Eles se chamavam *peruśîm*, que significa "os separados". No entanto, conforme se concentravam mais e mais na própria santidade, os *peruśîm* acabaram se tornando orgulhosos e arrogantes. A santidade deles passou a ser um exterior de aparências, um substituto para o que já não havia mais dentro do coração.

— Então "os separados" acabaram se separando de Deus como um galho que se solta da árvore da vida.

— Exatamente — disse o professor. — Eles mantiveram a aparência exterior, as folhas, as flores do passado e restos do que tinham sido quando estavam junto de Deus; o interior, no entanto, estava morto. Foi então que o Deus que eles antes buscavam foi até eles. Sabe o que eles fizeram?

— Não — respondi.

— Eles o mataram.

— Quem eram os *peruśîm*?

— *Peruśîm* é o nome original deles, mas nós os conhecemos como "fariseus". Nunca esqueça o exemplo dos *peruśîm*: é muito fácil passar da retidão para a arrogância, da realidade interior para a aparência exterior, da santidade para as exterioridades.

— O que fazer para evitar isso?

— Habite sempre no coração, não na aparência. Não importa quanto você conhece, permaneça com espírito da criança que nada tem e que ainda tem tudo para aprender e receber. Jamais confie no que você aprendeu ou fez, vá até Deus em novidade, todos os dias, como se fosse a primeira vez. Acima de tudo, fique perto de Deus, coração com coração, conectado como o galho que rende frutos e sempre recebe da árvore. Assim, você nunca fará parte dos separados, e sim dos juntados.

A missão: Vá até Deus como uma criancinha que não sabe nada e precisa aprender tudo, que não tem nada e precisa receber tudo.

Isaías 57.15; Mateus 16.6; 23.2-3; Lucas 7.37-48

Jonathan **Cahn**

174° DIA — O EVANGELHO EM ATO CONTÍNUO

O PROFESSOR LEVOU-ME a uma pequena sala dentro da Câmara dos Pergaminhos onde havia uns 30 rolos, na maioria pequenos. Um deles, porém, era maior, mais longo que os demais. Era o que estava desenrolado no suporte de madeira diante das prateleiras.

— O que você está vendo? — perguntou o professor.

— Textos em duas colunas — disse. — E a coluna da direita começa com algo que parece um título.

— A coluna da esquerda é o encerramento do Evangelho de João, na parte final dos evangelhos, os relatos da obra de salvação do Messias. A coluna da direita é o começo do livro de Atos. Esta é a revelação.

— A revelação? Mas você nem leu nada.

— A revelação é o fim dos evangelhos e o começo de Atos.

— O que isso quer dizer?

— A ordem dos livros, essa é a revelação. Veja, o Evangelho poderia ter sido o fim, mas não é; ele é o começo. O Evangelho leva a Atos; o Evangelho deve *sempre* levar a atos. Perceba que não é suficiente ouvir a mensagem do Evangelho; é preciso produzir mudanças, é preciso agir. O Evangelho deve sempre produzir atos. Portanto, toda vez que você ouvir as Boas Novas e elas entrarem no seu coração, você precisa transformá-las em atos, ou então as Boas Novas não se realizarão. O Evangelho leva a atos; este é um lado da revelação.

— E o outro lado?

— O livro de Atos começa com os evangelhos; ele jamais existiria por si só. Os atos devem *sempre* começar com o Evangelho: é impossível produzir os atos de Deus ou atos de santidade por si mesmo. Seus atos devem sempre começar com as Boas Novas, devem sempre nascer do Evangelho e do fluxo natural que dele advém. O Evangelho fluirá se você permitir: o evangelho da misericórdia produzirá atos misericordiosos; o evangelho da ressurreição produzirá atos ressuscitadores. Permita que o Evangelho produza os atos da sua vida e permita que os atos da sua vida nasçam do Evangelho: pois o Evangelho deve sempre produzir atos.

A missão: Deixe o Evangelho produzir os atos de Deus na sua vida e deixe que todos os seus atos procedam das Boas Novas. Mergulhe inteiramente no Evangelho e você entrará no livro de Atos.

Isaías 61.1; João 21.25—Atos 2; Tiago 2.17-26

175° DIA — O MISTÉRIO DO VERÃO

O DIA FOI QUENTE e marcado pelas rajadas de vento causticantes do deserto. Estávamos em um monte observando um campo que pertencia a uma das comunidades agrícolas. A plantação estava cheia de trabalhadores colhendo os grãos.

— A era se desdobrou de acordo com o mistério do calendário hebraico, onde cada evento profético é precedido de um feriado judaico. Mas onde nesta era estamos agora?

— Onde foi mesmo que paramos? — perguntei.

— Qual foi o último feriado judaico que aconteceu?

— Foi o *Shāvu'ôt*, a festa de Pentecoste.

— Portanto, quando quiser saber em que altura da era estamos, é preciso olhar para o que aconteceu no ano hebraico depois do *Shāvu'ôt*, do Pentecoste. No fim do *Shāvu'ôt*, os hebreus partiram de Jerusalém de volta para seus campos e vinhas, a fim de colher a longa safra do verão. Eles trabalhavam durante os meses de verão até o retorno dos dias santos do outono, quando, mais uma vez, encerravam a colheita e tornavam a se reunir diante do Senhor em Jerusalém.

— Então, se o Pentecoste, o *Shavuot*, foi o último feriado que aconteceu...

— Então agora estamos no verão da era, agora é o tempo da colheita de verão. Assim como o *Shāvu'ôt*, indicava a partida de Jerusalém de volta para os campos e para as colheitas, também aconteceu no *Shāvu'ôt*, no Pentecoste de dois mil anos atrás, de os apóstolos partirem de Jerusalém para levar a salvação até os confins da Terra. Os campos são o mundo, a estação é a era santa e a colheita é a salvação, a reunião em uma vida nova. O que disse o Messias da era atual?

— Que era chegada a hora da colheita, a hora de partir para colher.

— Você sabia que, em hebraico, a palavra "colheita" é representada pelo termo *qāyits*, que também significa "verão"? Portanto, estamos no verão da era santa, na colheita do verão. Isso quer dizer que sua prioridade deve ser colher a vida eterna, espalhar a palavra da salvação, percorrer o mundo para salvar os perdidos. Assuma esse compromisso porque os dias da colheita são numerados e o tempo de colher vida nova e salvar os que estão perdidos só acontece uma vez. Por isso, vá e colha tudo que puder no tempo que você tem: até que todos nós nos encontremos em Jerusalém, no fim do verão.

A missão: Estamos no verão da era santa. Tenha como objetivo colher nos campos à sua volta. Leve a salvação e traga a vida eterna.

Provérbios 10.5; João 4.35-36; Mateus 9.37-38

Jonathan **Cahn**

176º DIA — HĀ MĀQÔM: O LUGAR

— HÁ UM LUGAR NA TERRA — disse o professor — que tem carregado o Nome de Deus e uma mensagem profética há quase quatro mil anos, bem antes da maioria das grandes cidades ou nações do mundo levar qualquer outro nome.

— Que lugar? — perguntei.

— No começo, ele era conhecido como *Hā Māqôm*, O Lugar; depois ele ganhou um nome específico: *YHWH Yire'eh*. *YHWH* é o sagrado Nome de Deus, e *Yire'eh* significa "fazer aparecer", "tornar visível", "apresentar", "prover", "revelar". Portanto, *YHWH Yire'eh* significa "o Senhor vai fazer aparecer, vai tornar visível, vai apresentar, vai prover e vai revelar". Foi Abraão quem deu o nome ao lugar, e Moisés foi quem registrou o nome, acrescentando as palavras: "No monte do Senhor se proverá, se revelará, será apresentado, tornar-se-á visível".

— Mas o que seria revelado ou se tornaria visível?

— A resposta está no que aconteceu naquele lugar: foi lá que Abraão intentou oferecer Isaque em sacrifício. Quando Isaque perguntou para o pai: "Onde está o cordeiro [...]?", Abraão respondeu: "Deus mesmo há de *prover* o cordeiro". Nas Escrituras hebraicas, no entanto, lê-se: "Deus mesmo há de *yire'eh* o cordeiro". Aqui *yire'eh* é o mesmo nome que o lugar acabou recebendo, de modo que o nome *YHWH Yire'eh* identifica o lugar onde Deus proveria e revelaria o cordeiro; o cordeiro se tornaria visível especificamente naquele lugar. Sabe onde fica o lugar chamado *YHWH Yire'eh*? No monte Moriá.

— Então o monte Moriá tem alguma relação com a revelação de algum cordeiro?

— Eu diria que sim — disse o professor. — Foi lá no monte Moriá que aconteceu o evento mais central de toda a história humana: a crucificação. Foi lá que o Messias foi crucificado como o Cordeiro.

— Então o Messias foi revelado como o Cordeiro no lugar chamado "Deus revelará o cordeiro"!

— No lugar chamado "Deus há de *yire'eh* o cordeiro". Tudo aconteceu no lugar da aparição do Cordeiro, onde o Cordeiro havia de se tornar visível.

— Também no local onde se proveria — acrescentei.

— Sim. Portanto, o que apareceu naquele monte foi a provisão de Deus, a provisão para cada necessidade, cada vazio e cada anseio do coração.

— O Messias é o Cordeiro, e o Cordeiro é a provisão: o Messias é a provisão de todos os homens.

— Isso mesmo. Tudo nos foi provido e revelado naquele lugar.

A missão: Leve toda pergunta não respondida, toda necessidade não atendida e todo anseio não aplacado até o Calvário, até o monte Moriá, o lugar onde Deus proverá.

Gênesis 22.7-8,14; Lucas 23.33; João 1.29

177° DIA — O HOMEM ALFA-ÔMEGA

ESTÁVAMOS SENTADOS NA planície arenosa logo adiante do terreno da escola. Usando um pauzinho, o professor começou a desenhar símbolos na areia. O primeiro parecia ser a letra A maiúscula. O segundo parecia um pouco com uma ferradura.

— Em Isaías 44 — ele disse —, está escrito: "Eu sou o primeiro e eu sou o último; além de mim não há Deus". Deus é o Começo da existência e também o Fim. Este — disse o professor, apontando para o primeiro símbolo — é o *alfa*, a primeira letra do alfabeto grego. E este — ele disse, apontando para o segundo símbolo — é a última letra do alfabeto grego, o *ômega*. São os símbolos de Deus: Deus é o Alfa, o Começo de todas as coisas, e o Ômega, o Fim de todas as coisas. O Alfa e o Ômega, a fonte de toda a existência, o objeto de toda a existência. Assim, no último capítulo do último livro da Bíblia, o livro de Apocalipse, está escrito: "Eu sou o Alfa e o Ômega, o Primeiro e o Último, o Princípio e o Fim".

— Como também está escrito em Isaías.

— Sim, mas no livro de Apocalipse as palavras se referem especificamente ao Messias. Ele é o Começo e o Fim, o Primeiro e o Último, o Alfa e o Ômega.

— Creio que assim haveria de ser.

— O que aconteceria se o Alfa e o Ômega viessem ao mundo?

— Ele se tornaria o Alfa e o Ômega do mundo?

— Ele se tornaria o Alfa e o Ômega de toda a história, de todo o tempo. A presença dele faria o tempo se dividir e a história ser partida ao meio. Ele se tornaria o Ômega, o Fim de uma era, e o Alfa, o Começo de outra: a.C. e d.C., o Ômega do a.C. e o Alfa do d.C. Ele se tornaria o Alfa e o Ômega da história e o Alfa e o Ômega de todos que a ele fossem: do mesmo modo, ele dividiria a história da sua vida, tornando-se o Ômega, o Fim da vida antiga, o a.C. pessoal, e o Alfa, o Começo, o começo do seu d.C. que vem com o novo nascimento.

O professor então desenhou uma linha na areia ligando o Alfa e o Ômega.

— Todo o tempo passa do Alfa ao Ômega. O segredo consiste em receber cada momento da sua vida das mãos *dele*, do Alfa, e viver cada um desses momentos *para* ele, o Ômega. Pois ele é o Alfa e o Ômega da existência e o Alfa e o Ômega da sua vida.

A missão: Faça de Deus o seu Alfa: receba cada momento da sua vida das mãos dele e viva cada um desses momentos para ele, seu Ômega.

Isaías 44.6; Apocalipse 22.13

THE ALPHA STONE

Jonathan **Cahn**

178° DIA — O ALTAR FORA DO LUGAR SANTO

— EIS UMA PERGUNTA: a salvação é a reconciliação entre Deus e o homem, entre o Céu e a Terra. Poderia, então, a crucificação ter acontecido no Céu em vez de na Terra? — disse o professor.

— Boa pergunta. Mas não faço ideia.

— O tabernáculo, a Tenda do Encontro, representava essa reconciliação no reino dos símbolos. A parte mais sagrada era o Santo dos Santos, dentro da qual ficava a arca da aliança e onde residia a glória de Deus. Do lado de fora da tenda, havia um pátio em cujo centro ficava um altar de bronze. Era nesse altar que o sacrifício era realizado. Então que parte do tabernáculo representava a morada de Deus, o Céu?

— O Santo dos Santos.

— Isso mesmo. O Santo dos Santos representava o trono de Deus no Céu. E que parte do tabernáculo representava a morada do homem, a Terra?

— O pátio?

— Sim. O pátio era o lugar mais distante do Santo dos Santos, assim como a distância entre o Céu e a Terra. O pátio era o lugar em que os sacerdotes lidavam com os pecados, o lugar do sangue e da morte, onde o sacrifício era levado até o altar para ser abatido. O pecado jamais poderia existir no Santo dos Santos: era preciso lidar com o pecado fora da tenda.

— Então essa é a resposta! A salvação jamais poderia ter acontecido no Céu, porque o Céu é o lugar santo, o santo dos santos, onde o pecado jamais habitará. O Céu é o lugar da vida eterna, portanto a morte também não pode habitá-lo. É por isso que o sacrifício só poderia ter acontecido fora do Céu: era preciso lidar com o pecado fora do Céu, no pátio externo ao Céu, que é a Terra. A Terra é o lugar do pecado e da morte, e apenas no lugar do pecado e da morte é que o sacrifício podia ser realizado para remover o pecado. É por isso que o altar ficava do lado de fora do Santo dos Santos; é por isso que os sacrifícios eram sempre realizados ao ar livre; e é também por isso que Deus precisou vir ao mundo: era apenas aqui que ele poderia tomar sobre si nossos pecados, apenas aqui ele poderia morrer por eles. A cruz, o altar, só poderia ser colocado na Terra, e o sacrifício só poderia acontecer neste mundo, no pátio externo, do lado de fora do lugar sagrado, fora do espaço celestial. Tudo isso para que nós pudéssemos deixar o lugar do pecado e da morte para atravessar os portões do Céu.

A missão: Você habita no pátio externo, no lugar do sacrifício. Portanto, a vida que você vive aqui deve ser de sacrifício, uma vida de amor. Comece hoje.

2Crônicas 7.7; Romanos 12.1; Hebreus 13.10-13

O Livro *dos Mistérios*

179° DIA — OS *BE'ĀLÎM*

O PROFESSOR LEVOU-ME até uma pequena montanha. Quando chegamos ao topo, deparamos com o que pareciam ruínas de algum tipo de lugar de encontro. Era possível deduzir isso pela forma com que as pedras estavam arranjadas, algo que a natureza claramente não poderia ter feito.

— Quando os israelitas se afastaram de Deus, eles buscaram Baal. Baal era o deus do afastamento, o deus da apostasia... os *deuses* da apostasia de Israel. Veja, não havia apenas um Baal, mas muitos, muitas manifestações desse deus. Essas manifestações eram chamadas *Be'ālîm*, plural de Baal: havia um Baal para tudo, um Baal para cada desejo, para cada indulgência, para cada pecado. Quando alguém se afasta de Deus, acaba adorando os *Be'ālîm*.

— Quem, hoje em dia, adora os *Be'ālîm*? — perguntei.

— Tudo aquilo a que você dá a máxima prioridade na vida, tudo aquilo pelo que você vive, desde que seja algo diferente de Deus, é seu Baal, e você o está adorando. Sempre que alguém se afasta de Deus, acaba, de um jeito ou de outro, se voltando para Baal. Mas existe um mistério em Baal: o nome dele. Você sabe o que significa Baal?

— Não tenho ideia.

— Baal significa mestre. Os hebreus achavam que os *Be'ālîm* estavam lá para servi-los, mas era exatamente o contrário. Por causa dos *Be'ālîm*, o povo de Israel acabava perdendo tudo que mais valorizavam. Qualquer que seja seu Baal, ele sempre vai acabar dominando você, se tornando seu mestre. Algumas pessoas são dominadas pelos *Be'ālîm* do sucesso, outras pelos *Be'ālîm* do poder, outras pelos *Be'ālîm* do prazer, da carnalidade e da luxúria, outros pelos *Be'ālîm* do dinheiro ou talvez pelos *Be'ālîm* do egoísmo. Todos eles, porém, são *Be'ālîm*, são mestres.

O professor afastou os olhos das ruínas, e seu olhar se perdeu no horizonte.

— Você sabe o que mais Baal significa? — ele perguntou.

— Não.

— Baal significa "dono". O que isso revela?

— Que você se torna posse do Baal que você adora.

— Você acaba possuído por sua posse, pelo ídolo a quem você serve.

— Quanta diferença em relação a Deus!

— Sim. Deus é o verdadeiro Mestre, o verdadeiro Dono. E, mesmo assim, aquele que se dá a você acaba se tornando *sua posse*, de modo que, quando você se entrega livremente a ele, você não mais obedece a um mestre ou a um dono, e sim ao amor divino.

A missão: Identifique seu Baal, aquilo que domina você. Submeta-se à vontade do Mestre e você terá o poder de se libertar desse Baal.

Juízes 2.11-13; 1Reis 18.20-39; Oseias 2.16-23; 1João 5.21

THE MASK OF THE GODS

Jonathan **Cahn**

180° DIA — O MISTÉRIO DO PÃO

SAÍMOS PARA UMA caminhada pelo deserto. O professor foi falando enquanto andávamos.

— Imagine como seria — disse ele — vagar pelo deserto e receber o alimento vindo do céu.

— Como o maná do céu, você quer dizer? — perguntei.

— Sim, do milagre que tem uma revelação: o verdadeiro pão da vida vem não da Terra, mas do Céu; apenas aquilo que é celestial, em vez de terreno, é capaz de nos preencher. Assim como o pão é precioso para o corpo, também a Palavra de Deus é muito rica para a alma.

— É uma imagem impressionante pensar no maná do céu.

— É mesmo. Contudo, há muito mais: você sabe qual o significado da "maná"?

— Não, o que é? — perguntei.

— Exatamente — respondeu o professor.

— O que é, exatamente? — perguntei mais uma vez.

— Exatamente o que é — ele respondeu. — É isso que significa.

— Exatamente o que é exatamente o quê?

— Está certo de novo. Significa "o que é".

— A essa altura, já não tenho ideia do que você está dizendo nem do que eu estou dizendo.

— "Maná" é uma palavra composta por dois termos hebraicos: *mā* e *nā*. Ela significa, literalmente, "o que é?".

— Então maná é uma pergunta?

— Sim. Os israelitas chamaram-no "maná" porque não faziam ideia do que aquilo era, pois não se encaixava em nada do que conheciam; por isso, chamaram a comida de *mānā*, "o que é?". Portanto, o Pão de Deus, a Palavra de Deus e as bênçãos de Deus que vêm do Céu recebem o nome de "maná". O que isso significa? Significa que você deve apenas receber as bênçãos de Deus, não recebê-las como se fosse algo que você conhecesse, que lhe fosse familiar, que você já esperava ou conhecia. Você precisa receber as bênçãos como *mānā*, como "o que é?", como se estivesse recebendo pela primeira vez, como se fosse uma criança que o tempo todo é surpreendida pelo amor de Deus, que fica boquiaberta com as maravilhas do Céu e estupefata com a graça divina. Você precisa receber as bênçãos como algo totalmente novo, e assim elas serão, de fato, algo novo: serão o pão do céu. Abra seu coração para o maná da Palavra, para o maná da graça, o maná do amor divino. Nunca deixe de viver a novidade e a maravilha de um amor tão grande que vai deixar você dizendo: *mānā*: "O que é isso?".

A missão: Hoje, partilhe do pão do Céu. Busque o *mānā* da Palavra, o *mānā* do amor divino e o "o que é?" da sua salvação.

Êxodo 16.14-18, 30-31; João 6.32-35

MANNA

181º DIA — O MĀZMERĀ

ESTÁVAMOS OBSERVANDO UM dos jardineiros que aparava os galhos de uma árvore frutífera.

— Veja o que ele está usando — disse o professor. — Nas Escrituras hebraicas, é chamado *māzmerā*, o gancho de poda. Ele está podando o galho. Você sabe por quê?

— Conte-me, por favor.

— Uma árvore tem quantidades limitadas de recursos e de energia para gerar seus galhos. Se um galho para de dar frutos, ele atrapalha a saúde da árvore e a capacidade de dar frutos, pois consome os recursos dessa árvore. Assim, o propósito da poda é remover os galhos infrutíferos que estão atrapalhando a árvore. A poda permite que a árvore redirecione os recursos para galhos mais saudáveis e eficientes, tornando a árvore cada vez mais frutífera.

— E para quem não é jardineiro, como essa verdade se aplica?

— Sua vida em Deus é um galho, um galho da vida divina, condutor das bênçãos de Deus. Assim como um jardineiro precisa podar o que é infrutífero, também Deus precisa podar seus galhos para que rendam os frutos que se espera deles.

— Como isso se traduz na vida?

— Para uma árvore que está sendo podada, a poda assume a aparência de perda. Também nesta vida todo filho de Deus irá experimentar algo que parece uma perda. Algumas coisas vão apenas passar por sua vida; outras coisas lhe serão tomadas: tudo isso terá a aparência de perda, entretanto não o será. O propósito da poda não é machucar a árvore, mas o oposto: o objetivo é permitir que a árvore dê os frutos que se esperam dela. O mesmo acontece na sua vida com Deus: quando você experimenta uma perda, esse acontecimento não tem o propósito de machucar; toda perda acaba redimida. Toda perda é usada para fazer você se tornar o que é esperado que você seja. Por isso, você não deve habitar no que não é mais, e sim naquilo que ainda será, no propósito de Deus, no fruto que ainda há de nascer. Não tema o *māzmerā*, o gancho de poda de Deus; ela tem apenas um propósito: fazer você dar os frutos pelos quais sua vida foi criada desde o começo.

A missão: Que perdas você já teve na vida? Deus as usou e usará outras para trazer o bem e uma nova vida. Faça o mesmo e use essas perdas para o bem.

Salmos 92.13-14; João 15.1-5

Jonathan **Cahn**

182° DIA — O MISTÉRIO DA *QEHÎLÂ*

ESTÁVAMOS OBSERVANDO UMA comunidade nômade se mover por um vale desértico. Com a ajuda de alguns camelos e uns poucos burricos, aquelas pessoas transportavam todos os bens terrenos que possuíam: tecidos escuros para montar as tendas, roupas multicoloridas e utensílios da vida doméstica.

— Que nome é dado ao povo do Messias como um todo? — perguntou o professor.

Eu me surpreendi com a pergunta, que não parecia ter nada a ver com a cena que observávamos.

— A Igreja — respondi.

— Esse nome é uma tradução. O verdadeiro termo que aparece nas Escrituras é *ekklēsía*, que significa "reunião", "congregação", "convocação". Portanto, a Igreja não é uma organização, um local ou uma construção física; a Igreja é a reunião do povo de Deus, é a congregação do Messias, sem importar onde as pessoas estejam. E tem mais: as raízes bíblicas do termo *ekklēsía* são ainda mais antigas.

— A Igreja é mais antiga que o Novo Testamento?

— O termo é. O termo *ekklēsía* aparece na tradução grega das Escrituras hebraicas várias vezes.

— Para se referir a que, se não havia Igreja naquela época?

— Surpreendentemente, esse termo se refere à nação de Israel.

— Então Israel era chamado *ekklēsía*, "igreja"?

— De certo modo. O termo *ekklēsía* é uma tradução dos termos hebraicos *qahal* e *qehîlâ*, usados especialmente para falar da congregação de Israel que viajou pelo deserto e habitou em tendas no caminho até a terra prometida. Na verdade, o livro de Atos fala de Israel no monte Sinai como a *ekklēsía*, a Igreja no deserto.

— Então Israel é uma *ekklēsía*, e a Igreja é Israel?

— É Israel viajando pelo deserto. Esse é o mistério: a Igreja é a *qehîlâ*, uma caravana; é um Israel em espírito, que ainda não está em casa, mas viajando, acampando, peregrinando, singrando o mundo; que está sempre se movendo, sempre se distanciando do Egito e se aproximando da terra prometida. A Igreja é a *qehîlâ*, a caravana do Messias.

A missão: Viva hoje como se estivesse em uma caravana espiritual. Seu objetivo é se mover sempre para frente, afastando-se do Egito e se aproximando da terra prometida.

Êxodo 16.10; Atos 7.38; 1Pedro 2.9-10

183º DIA — O QUIASMO

ESTÁVAMOS SENTADOS EM lados opostos de uma pequena mesa de madeira que ficava em um dos pátios da escola. O professor apanhou um saco de pano e dele tirou diversas peças de xadrez, arrumando-as na seguinte ordem: rei branco, bispo branco, cavalo branco, cavalo preto, bispo preto e, por fim, rei preto.

— Você vê um padrão aqui? — ele perguntou.

— O lado branco é o inverso do lado preto, e o contrário também é verdadeiro.

— Isso é chamado "quiasmo". É um padrão que aparece nas Escrituras: "Todo aquele que a si mesmo se exaltar será humilhado, e todo aquele que a si mesmo se humilhar será exaltado"; "Os últimos serão primeiros, e os primeiros serão últimos".

— Então Deus usou esse padrão na Palavra.

— Não só na Palavra, mas ao longo da história também — o professor acrescentou.

— Como?

— Ele ordenou que o fim fosse como o começo e que o começo fosse como o fim.

— Ainda não consegui entender.

— No começo desta era, Israel desapareceu do mundo. Mas foi profetizado nas Escrituras que, no fim da era, Israel reapareceria no mundo: eis um quiasmo. No começo da era, o povo judeu foi disperso de Israel para os confins do mundo; mas foi profetizado que no fim da era os judeus se reuniriam dos confins da Terra em Israel: outro quiasmo. No começo da era, o povo judeu foi expulso de Jerusalém; no fim da era, ele habitará Jerusalém novamente. No começo da era, os seguidores do Messias foram perseguidos por uma civilização mundial anticristã; portanto, no fim da era está profetizado que novamente haverá uma civilização mundial anticristã que perseguirá os seguidores do Messias. No começo da era, o Messias partiu deste mundo em Jerusalém; então, no fim da era ele vai retornar a este mundo e a Jerusalém. Por fim, foi no começo da era que os fiéis dos livros de Atos caminharam sobre a Terra; portanto, no fim da era...

— Eles tornarão a caminhar pela Terra. Nós devemos ser esses fiéis.

— Sim. Viva como se você fosse um deles, faça o que eles fizeram, avance como eles avançaram e supere o que eles superaram. É seu papel, nosso dever e chamado, mas no outro lado do quiasmo.

A missão: Viva hoje como se você fosse um dos fiéis no começo de tudo. Assim como eles venceram o mundo, vença o seu também.

Mateus 20.16; 23.12; 24.12-13; Atos 2.17

THE NISAN-TISHRI APOCALIPSE

Jonathan **Cahn**

184° DIA — O MISTÉRIO IDUMEU

ESTÁVAMOS OLHANDO UM antigo volume da Câmara dos Livros, estudando uma imagem em particular: uma litografia dos magos diante do rei Herodes.

— A maioria das pessoas já ouviu falar do rei Herodes e como ele massacrou as crianças de Belém na tentativa de matar o Messias. Mas a história vai além: trata-se de um mistério que começou muito tempo antes — disse o professor.

Afastando os olhos da imagem do livro, o professor parou por um instante.

— Quando Isaque abençoa Jacó, seu filho, ele diz que Jacó terá domínio sobre seus irmãos e que homens e mulheres se curvariam diante dele. Quando Isaque abençoa Esaú, no entanto, ele diz que Esaú viverá pela espada e sob o domínio de seu irmão Jacó. Esaú fica tão enfurecido que trama a morte do irmão. Mas o que aconteceu com Jacó? Quem são os descendentes dele?

— São os judeus, Israel. Mas quem descendeu de Esaú?

— Esaú também teve descendentes, chamados "edomitas" por formarem a nação de Edom. A profecia de Isaque provou-se verdadeira: os edomitas, filhos de Esaú, viviam sob o domínio de Israel, sob o domínio dos filhos de Jacó. Nos dias do Império Romano, os edomitas eram chamados "idumeus". Foi nessa época que algo estranho aconteceu: um idumeu se tornou rei de Israel; um filho de Esaú comandava os filhos de Jacó.

— E esse filho de Esaú era...?

— Herodes — disse o professor. — O rei Herodes era descendente de Esaú. Novamente, a antiga disputa acontecia, Esaú guerreando por causa do direito de nascença e da bênção, buscando ter domínio sobre Jacó. Mas aí outro fato extraordinário aconteceu: o Messias nasceu. O Messias era descendente de Jacó e, portanto, tinha o verdadeiro direito de nascença e a verdadeira bênção do domínio e da soberania. Então havia dois reis: o verdadeiro e o falso, Esaú e Jacó, Herodes e o Messias. Assim como Esaú havia tramado para matar Jacó, também Herodes, filho de Esaú, tramou para matar o Messias, filho de Jacó. Por trás de tudo isso estava o antigo mistério, e esse mistério revela como é crucial receber a bênção. Sem a bênção, você passará toda a vida tentando compensar essa ausência. Agora, no entanto, tudo que você não tenha recebido neste mundo não importa mais: você deve receber do Pai celestial a bênção e o direito de nascença. Pois, se o Messias é seu Rei, você pertence ao reino de Jacó, o reino daqueles que receberam a bênção, o reino dos abençoados.

A missão: Você já tentou compensar a falta da bênção? Pare de tentar: concentre-se hoje em receber plenamente a bênção de Deus.

Gênesis 27.27-41; Mateus 2.1-18; Efésios 5.1

185º DIA   **A IMAGEM DO SEU REI**

— O QUE É UM REI? — perguntou o professor. — Um rei é o líder e governador do povo, aquele que conduz seu povo. O povo, de um jeito ou de outro, acaba seguindo o rei. De um jeito ou de outro, o povo percorre o caminho do rei e reflete a imagem dele; ambos estão interligados. Do mesmo modo, o Messias é o Soberano de Israel, o Rei dos judeus.

— Mas isso parece ir de encontro ao que você acabou de dizer: um povo segue seu rei; mas, pelos últimos dois mil anos, o povo judeu não parece estar seguindo o Messias.

— Se o Messias é o Rei dos judeus, então o povo judeu deve, de um jeito ou de outro, seguir o Messias, ou unir-se a ele. E este é o mistério: os judeus ainda o seguem, você apenas não percebe. Dois mil anos atrás, o Messias virou um rejeitado, um pária, um homem em sofrimento. Desde aquele tempo, o que aconteceu com o povo judeu? Também os judeus se tornaram rejeitados, uma nação pária, um povo em sofrimento. O Messias foi injustamente acusado, zombado, vilipendiado, abusado e desumanizado. Da mesma forma, durante dois mil anos o povo judeu foi falsamente acusado, zombado, vilipendiado, abusado e desumanizado. O Messias teve sua dignidade roubada, foi ferido e condenado à morte. O mesmo aconteceu com o povo judeu, que várias vezes foi roubado de sua dignidade e acabou ferido e condenado à morte. O Messias foi conduzido como cordeiro à morte, foi desnudado e executado. Também o povo dele, através das eras, acabou conduzido como cordeiro à morte, sendo desnudado e executado. Veja, o Messias ainda é o Rei de Israel e, de um jeito ou de outro, um povo sempre segue seu rei. Por dois mil anos, o povo judeu tem seguido o trilhar de seu Rei, refletindo a imagem do soberano durante todo esse tempo.

— Mas o Messias ressuscitou da morte — disse.

— O mesmo aconteceu com os filhos de Israel que foram crucificados no Holocausto. Quando o Holocausto terminou, a nação de Israel ressuscitou, a única nação da Terra que passou por uma ressuscitação, que passou da morte para a vida, assim como seu Rei. Se a nação dele, sem ter a intenção, ainda segue e reflete a imagem do Rei, tanto mais nós devemos fazer o mesmo, tanto mais devemos seguir o Rei e seus passos, tanto mais devemos nos assemelhar e refletir a imagem dele perante o mundo. O povo dele faz tudo isso sem saber: já você tem conhecimento. Uma nação deve seguir seu rei.

A missão: Hoje, tenha como prioridade e foco conformar-se à imagem do seu Rei. Ande, aja, pense e reflita à semelhança do Messias.

Isaías 53.3; Romanos 8.29; 1Pedro 2.21

THE ISAÍAS 53 RABBINICAL MYSTERY I-II

Jonathan *Cahn*

186º DIA — O AGENTE

FOMOS ATÉ UM ACAMPAMENTO que eu ainda não conhecia e nos sentamos em algum lugar no chão de terra. Reparei que um homem andava pelo acampamento até uma das tendas. Ele entrou e ficou lá um tempo, depois saiu acompanhado de duas pessoas: um homem e uma mulher, ambos de meia-idade. Deduzi que os dois formavam um casal. Do lado de fora da tenda, os três conversaram até o cair da noite.

— Aquele é um agente — disse o professor. — Ele representa um casal de outro acampamento. A missão dele é tentar arranjar um casamento entre o filho dos que o enviam com a filha daqueles que o recebem. Na Antiguidade, acontecia do mesmo jeito: Abraão enviou seu servo até uma terra estrangeira para encontrar uma noiva para seu filho Isaque. O servo embarcou em uma viagem levando consigo presentes que Abraão enviara para a noiva. O servo acabou encontrando uma jovem de nome Rebeca, que, depois de aceitar a proposta de casamento, pôs-se a acompanhar o servo na viagem de volta até a tenda de Abraão, onde, pela primeira vez, ela encontraria Isaque frente a frente.

— Acho que existe um mistério aí — intuí.

— Sim. Abraão ofereceu Isaque como sacrifício. Não passou muito tempo até que Isaque conseguisse uma noiva. A que tudo isso corresponde?

— O ato de oferecer Isaque em sacrifício precedeu o sacrifício do Messias. Depois do sacrifício do Messias, veio a busca pela noiva, que é a Igreja, formada por cada um de nós.

— E quem recebeu essa missão? Quem foi enviado para buscar a noiva? — o professor perguntou.

— O Espírito de Deus. A missão do Espírito é centrada na noiva.

— Isso mesmo. O Espírito é o Agente, o Agente do Pai, o Agente de Deus. O Espírito vai até a noiva e com ela compartilha o saber do Pai e do Filho, atraindo a noiva para eles. O Espírito chega trazendo presentes que o Pai dá à noiva, os dons do Espírito; e o Espírito leva a noiva em uma viagem até o Pai e o Filho. Você sabe qual era o nome do servo de Abraão? Era Eliézer. Você sabe o que esse nome significa? Significa "meu Deus é o ajudante". Como é que o Espírito também é chamado? O Ajudante. Assim como o servo de Abraão foi real e presente durante a viagem de Rebeca, igualmente real e presente é o Servo do Pai, o Espírito, na nossa viagem. Você nunca estará sozinho, em momento algum da sua vida: você tem alguém do seu lado, o Agente de Deus. Ao seu lado, nesta viagem, está Deus, seu Ajudante.

A missão: Viva hoje com a consciência de que você não está sozinho. O próprio Deus habita com você no Espírito. Viva em união com ele, que está presente.

Gênesis 24.2-4; João 14.14,26; 15.26; 16.13

THE ISAAC REBEKAH WEDDING MYSTERY I-III

O Livro *dos Mistérios*

187° DIA — A NOITE DE ADÃO

— VOCÊ FALOU QUE O MESSIAS morreu no sexto dia — eu disse — e também que o sexto dia era o dia do homem... e que o sexto dia começou com o pôr do Sol da noite da quinta-feira que antecedeu a crucificação. Mas no hebraico o termo para "homem" é *'Ādām*, como em Adão. Então podemos dizer que ele tinha de morrer no "dia de Adão"?

— Sim, pode-se dizer isso — ele respondeu.

— Então havia algum sinal ligado a Adão na noite anterior à crucificação, quando o sexto dia começou?

— No dia da queda de Adão, assim foi dito: "Com o suor do seu rosto você comerá o seu pão, até que volte à terra". Adão precisaria trabalhar para ganhar o pão até morrer. Nessa maldição, o pão está ligado à morte. Como é que o sexto dia começou na noite anterior à morte do Messias?

— Começou com o pôr do Sol, quando começa a Última Ceia.

— E o que foi a Última Ceia? Ela foi a festa do pão, do pão sem fermento. "Você comerá o seu pão". Assim, quando a noite de Adão começou, o Messias comeu o pão, e o fez em face da morte próxima. Quando ergueu o pão durante a Última Ceia, o pão se ligou à morte, assim como na queda de Adão, onde o pão também foi ligado à morte.

— Depois daquela refeição, eles foram até o Getsêmani. Havia algo ali que estivesse ligado a Adão?

— Foi no Getsêmani que o Messias trabalhou orando e onde suou o que pareciam gotas de sangue, que caíram no chão. Na queda de Adão, também aparecem os elementos do trabalho, do suor e da terra. Onde foi que a Queda aconteceu? Em um jardim. Onde é que o Messias estava na noite de Adão? No Getsêmani. O que era o Getsêmani? Um jardim. O que aconteceu com Adão quando ele caiu? Ele foi expulso do jardim.

— Ele foi levado para o lugar fora do jardim, para o lugar da maldição e onde acabaria morrendo. Também naquela noite o Messias foi levado do jardim até um lugar onde a maldição de Adão cairia sobre ele, onde ele acabaria condenado, amaldiçoado e conduzido à morte. Tudo isso aconteceu na noite de Adão — concluí.

— Isso mesmo — disse o professor. — Tudo isso para que os filhos de Adão pudessem ser redimidos da maldição, libertos do trabalho e voltar para a bênção na presença de Deus.

A missão: O Messias tomou sobre si a maldição do homem. Pelo poder da redenção divina, viva na bênção, a despeito de todas as maldições, lutando contra elas.

Gênesis 3.19; Lucas 22.19,39-46; 1Coríntios 15.21-22

Jonathan **Cahn**

188° DIA — O PODER DE ARREMESSAR UMA FLORESTA

TIVE DE CAMINHAR UM pouco para ver o que o professor queria me mostrar. Era uma floresta, não muito longe da cidade, plantada pelo homem e cuidadosamente administrada. Enquanto caminhávamos pela floresta, ele começou a falar.

— Uma pergunta — disse o professor. — Você conseguiria arrancar todas essas árvores e depois atirá-las longe de uma vez só?

— Claro que não — respondi.

— E se você pudesse?

— É impossível.

— Não — disse o professor —, isso *é* possível, mas você precisa aprender o segredo: é apenas uma questão que envolve tempo. Se você tentar arrancar essa floresta aqui para arremessá-la, nas atuais circunstâncias seria, obviamente, impossível. Mas se você tentasse fazer isso em uma etapa anterior...

— Que etapa anterior?

— Na etapa das sementes. Se eu lhe desse um saco de sementes e essas sementes, caso fossem plantadas, se transformassem em uma floresta, bastaria que você jogasse fora o saco com as sementes para conseguir isso. Se o fizesse, você estaria arremessando toda a floresta, a mesma floresta, mas em uma etapa anterior. Se você deixar as sementes se transformarem em floresta, então jamais conseguirá arremessá-la: seria necessário usar maquinário pesado e inúmeros dias de trabalho duro para limpar apenas uma área da floresta. Ou então você poderia jogar fora o saco de sementes. Se fizer isso, terá o poder equivalente ao de todo esse maquinário pesado junto; a bem da verdade, você seria mais forte que Sansão. Seria como se você tivesse superpoderes.

— Vamos dizer que eu não queira arremessar uma floresta, mas como posso aplicar esse segredo à minha vida?

— De muitas maneiras. Quando tiver de lidar com o pecado, as tentações, os pensamentos malignos, a raiva, a fofoca, a luxúria, a preocupação, a amargura, enfim, qualquer coisa, não deixe para lidar depois que essas coisas criaram raízes e se transformaram em árvores ou floresta. Quanto mais você permitir que a raiz se aprofunde, tanto mais difícil será a remoção e muito mais energia, tempo e esforço você terá de empregar para realizar a tarefa. Em vez disso, lide com coisas ruins enquanto elas ainda são sementes, no momento em que estão colocando a cabeça para fora. Pratique esse segredo, e irá se poupar de sofrer inúmeras dores de cabeça, com vários problemas e muitas horas desperdiçadas. Você poderá viver com o equivalente a superpoderes: o poder de alguém tão forte que consegue até arremessar uma floresta.

A missão: Hoje, experimente lidar com o pecado e a tentação enquanto ainda estiverem na forma de sementes. Jogue-os fora e se alegre: você acaba de arremessar uma floresta!

Deuteronômio 29.18; Hebreus 12.14-15; Tiago 1.14-15

THE SLEDGEHAMMER PRINCIPLE

189º DIA — OS DADOS CÓSMICOS

ESTÁVAMOS SENTADOS SOBRE o círculo de pedras que serviam como assento ao redor da fogueira. Não havia fogo, pois se aproximava o meio-dia. O professor tinha nas mãos um recipiente de barro que começou a chacoalhar e virar de boca para baixo, fazendo cair ao chão o que pareciam pequenas pedras brancas.

— Um dos físicos mais famosos do mundo certa vez disse que Deus não joga dados com o Universo. O que você acha que ele quis dizer?

— Que o que acontece no mundo não ocorre por acaso?

— Isso mesmo. Essa questão é muito maior que a própria física; a maioria das pessoas faz essa reflexão ao menos uma vez na vida: será que as coisas apenas acontecem por acontecer, como por acaso, com a aleatoriedade de um jogo de dados? Ou será que existe uma razão, um plano, um destino? Será que Deus joga dados com o Universo?

— E qual é a resposta? — perguntei.

— Está vendo estas pedras brancas? No passado, elas serviam para tirar a sorte e assim orientar decisões; são o equivalente dos dados de hoje. O livro de Ester gira em torno desse tema, de tirar a sorte. Foi o que Hamã usou para determinar o dia em que destruiria o povo judeu. Esses dados eram chamados *pûrim*; é desses objetos e do gesto de tirar a sorte que advém o feriado judaico do Purim. O feriado poderia até ser chamado "festa dos dados". É a sorte nos dados que resume tudo que acontece no livro de Ester: o mal reina, e tudo parece fora de controle, aleatório, sem propósito, a sorte tirada no lançar dos dados. Mas no fim da história todos os acontecimentos que parecem estar fora de controle, todo mal que aconteceu acaba servindo para realizar os propósitos de Deus e a salvação do povo escolhido. Todos os eventos aleatórios se transformam em redenção. O simples fato de existir um feriado chamado Purim, Dados, é uma revelação e a resposta para o mistério: as duas coisas existem. Enquanto houver livre-arbítrio e o mal, existirá no mundo o princípio da aleatoriedade, daquilo que parece não ter propósito nem significado, o lançar dos dados. Não obstante, por trás dos dados estão a vontade e a mão de Deus. No fim das contas, é essa mão que faz cada dado, cada coisa que parece fora do controle, servir ao propósito divino. Pois assim está escrito: "Sabemos que Deus age em todas as coisas para o bem daqueles que o amam". Pode ser que rolem os dados e a sorte seja lançada, mas, no fim das contas, Deus faz que tudo sirva para o bem e para os propósitos dele, no destino da redenção e na celebração do Purim.

A missão: Reflita sobre os acontecimentos da sua vida que você jamais conseguiu esquecer. Aquiete-se e agradeça porque Deus operará em todas essas coisas para seu bem.

Ester 9.26-28; Romanos 8.28

THE PURIM

190° DIA — *NIGLĀTÂ*: O DESNUDADO

Jonathan **Cahn**

EU TINHA PEDIDO AO professor que me mostrasse mais da profecia de Isaías sobre o sofrimento do Messias. Por isso, ele me levou à Câmara dos Pergaminhos e, pegando um rolo, começou a ler:

— "Quem creu em nossa mensagem? E a quem foi revelado o braço do Senhor?".

— Lembro-me desse versículo — eu disse. — Você o citou quando falou do braço de Deus.

— Muito bem. Você também deve se lembrar de que o braço de Deus é o poder por meio do qual ele realiza seus propósitos, com o qual criou o Universo, o poder que libertou o povo escolhido do Egito e por meio do qual traz salvação para o mundo. Mas agora quero mostrar algo que está escondido na tradução e só é possível perceber na língua original. Trata-se da segunda pergunta: "A quem foi revelado o braço do Senhor?".

— Qual a resposta para essa pergunta?

— O braço do Senhor revela-se para quem estiver aberto a enxergar... até mesmo aqui e agora.

— O que você quer dizer com "aqui e agora"?

— O braço do Senhor está sendo revelado justamente nessa pergunta, na palavra "revelado". "Revelado" é uma tradução do hebraico *niglātâ*, que significa muito mais que revelado; *niglātâ* significa "ser feito prisioneiro". Assim, o braço do Senhor, o poder de Deus, teve de ser feito prisioneiro.

— O Messias também foi preso; ele também foi feito prisioneiro.

— *Niglātâ* também significa "envergonhar", "desgraçar". Portanto, o braço do Senhor teve de ser humilhado e desgraçado.

— Assim como o Messias foi humilhado, ridicularizado, desgraçado e condenado como blasfemador.

— *Niglātâ* também significa "desnudado", "exposto" e "descoberto". Por isso, o braço do Senhor deveria ser desnudado e exposto.

— Também aconteceu de o Messias perder as vestes e ficar exposto, desnudo na cruz.

— E essa é a imagem mais famosa do mundo, a imagem do *niglātâ*: a imagem de um ser que foi feito prisioneiro, destituído, desgraçado, envergonhado e desnudado; o braço do Senhor revelado, o poder do Todo-Poderoso. Mas como é que a morte de um homem desnudado na cruz poderia revelar o poder do Todo-Poderoso? Pois é essa a revelação, o braço de Deus desnudado: esse é o maior poder do Universo, o poder do amor de Deus.

A missão: Hoje, encare seus problemas, supere-os e vença-os não com sua força, mas pelo braço desnudado de Deus: o poder do amor divino.

Isaías 53.1; João 19.23-24; 1João 3.16

191º DIA — VENDO AS CORES DO PARAÍSO

O PROFESSOR APROVEITOU a tarde ensolarada para me levar a um dos jardins mais belos da escola, um jardim cheio de flores das mais variadas cores e formas. Lá chegando, ele me entregou um pedaço de vidro colorido que tirou do bolso.

— Olhe para o jardim através do vidro. Quantas cores você vê?

— Apenas uma. Está tudo vermelho — respondi.

— Sim. O vidro filtrou todos os raios de luz, exceto os vermelhos. Apesar de o jardim estar cheio de cores diferentes, só é possível enxergar o vermelho através do vidro. O mundo, como este jardim, também conta com uma profusão de cores: o que Deus criou é bom, mas a criação caiu, e agora é uma mistura de bem e de mal. O vidro que você usa determina o que você vê e o que recebe do mundo. O que você dá como certo se torna o filtro do seu vidro: se você vive exigindo ou esperando receber deste mundo o Céu ou a perfeição, se vive como alguém que merece ser abençoado e, portanto, já conta com as bênçãos, então ficará cego e não verá as bênçãos que receber.

— Pensei que era justamente o contrário.

— Não. O que você dá como certo é também o motivo da sua cegueira e aquilo que acabará perdendo. Se você der como certo o que é bom na sua vida, deixará de vê-lo, e a única coisa que verá é o que não é bom, o errado, imperfeito e escuro. Exigir ter o celestial nesta vida equivale a filtrá-lo, tornando sua existência infernal.

O professor me deu outro pedaço de vidro. Quando ergui o vidro na altura dos olhos, pude ver todas as outras cores, com exceção do vermelho.

— Este é o segredo, que está ligado ao Inferno: se, em vez do Céu, você der o Inferno como certo; ou seja, se considerar que merece a punição, mas ganhou a graça, fazendo que nenhuma bênção, nenhuma coisa boa seja garantida, então o que acontece? Acontece o oposto: seu coração passa a enxergar apenas o que é bom, a ver todas as graças. Então tudo se torna presente de Deus, cada momento se transforma em graça divina. Veja, comparada ao Inferno, esta vida é o Céu. Aprenda a enxergar sua vida através do segundo pedaço de vidro e você estará filtrando o Inferno. O que sobra depois disso? O Céu, uma vida celestial, uma vida cheia de cores celestiais.

A missão: Dê como certa sua condenação e o Inferno; assim, o fato de você ser salvo do castigo e todas as outras bênçãos da sua vida serão graça imerecida. Assim se vive uma vida celestial.

Romanos 5.8; 1Timóteo 1.15-17; Tiago 1.17; 1João 3.1

Jonathan **Cahn**

192º DIA — O SEGREDO DO *MAHZUR*

— EIS UM PARADOXO: o que é um Yom Kippur sem o *kippûr*? O que é um Dia da Expiação sem a expiação do dia? — perguntou o professor.

— Acho que é um dia qualquer.

— Pois este é o mistério: o dia mais sagrado do judaísmo, o centro do calendário bíblico, é o Yom Kippur, o Dia da Expiação; não obstante, durante dois mil anos os judeus celebraram o Yom Kippur, o Dia da Expiação, sem o *kippûr*, a expiação. O núcleo desse centro estava ausente. Mas o que é a expiação do Yom Kippur? Trata-se de um sacrifício; um sacrifício que ficou ausente. Dois mil anos atrás, o Messias veio à Terra como o *Kippûr*, o Sacrifício, a Expiação, bem no centro da fé judaica. Logo depois da chegada do Messias, o templo de Jerusalém foi destruído, de forma que não se podia mais oferecer sacrifícios. Desde então, o Yom Kippur acontece sem *kippûr*.

— Então um Dia da Expiação sem expiação é um testemunho com um centro ausente?

— Não totalmente ausente. Venha — disse o professor, continuando a falar enquanto caminhávamos. — Você já ouviu dizer que os judeus não aceitam crer em um Messias que morreu como sacrifício pelos pecados, nem em uma salvação proveniente de um homem que tomou sobre si as iniquidades.

O professor levou-me até a Câmara dos Livros. Lá ele apanhou um pequeno livro negro de uma das prateleiras mais altas e folheou as páginas até encontrar o que estava procurando.

— Este é um livro de oração judaico, chamado *Mahzur*. É usado em várias sinagogas espalhadas pelo mundo, particularmente nos serviços do Yom Kippur. Ouça o mistério que ele contém, as palavras escolhidas para serem lidas no dia em que o povo judeu busca perdão por seus pecados: "Nosso justo Messias separou-se de nós [...], não temos quem nos justifique. Ele carregou o grilhão de nossas iniquidades e transgressões; por nossas transgressões ele foi ferido. Nossos pecados ele carrega nos ombros para encontrarmos perdão por nossas iniquidades".

— É *Yeshû'â*! É o *Kippûr* perdido do Yom Kippur, bem aí no livro de oração do Yom Kippur! Como é que os judeus não veem?

— Do mesmo modo que não vemos e nossa vida se torna um Yom Kippur sem *Kippûr*. Do mesmo modo que já ignoramos nossa razão de ser, o centro da existência, mesmo quando esse centro esteve bem aqui, no meio de nós.

A missão: Deus está presente mesmo quando você não percebe ou não sente que ele está. Busque hoje habitar no silêncio para perceber e reconhecer a presença do Senhor.

Isaías 53.4-5; Romanos 5.11; 1Coríntios 3.11

THE RABBINIC MYSTERIES I-VI

193° DIA — A SOLUÇÃO DE EMANUEL

A NOITE AINDA ESTAVA no começo; era um pouco depois do jantar, e eu estava ao lado do professor ao redor de uma fogueira com outros alunos. O professor segurava um copo.

— Um copo vazio. Como podemos nos livrar deste vazio? Só existe um jeito: enchendo o copo.

O professor foi até a fonte e encheu o copo com água.

— E assim removemos o vazio com sucesso — ele disse, com um leve sorriso —, sem focar no vazio ou na necessidade de removê-lo. O vazio deixou de existir porque o copo foi cheio com água: uma solução simples, porém profunda; diria até revolucionária, se você souber aplicar essa lição na vida. Como foi que Deus realizou a salvação, foi removendo o mal do mundo? Não, ele fez isso por meio de sua presença, ao vir até o mundo, ao se tornar Deus no meio de nós: Emanuel.

— Foi como encher o copo com água — disse.

— Isso mesmo. Ele não extinguiu nossos problemas, não os removeu do mundo; em vez disso, fez algo ainda melhor: ele nos deu a resposta. Ele encheu o mundo com resposta. Veja, a salvação não é a ausência do pecado, mas a presença de Deus. A salvação não foi a remoção da escuridão do mundo, mas o brilho da luz de Deus na escuridão. É por meio da luz que se afasta a escuridão. A salvação foi a encarnação de Deus; a salvação é a presença divina, é *Yeshû'a*; é a Solução de Emanuel. O que isso revela?

— Não é possível superar a escuridão ao focar nela. Para superá-la, é preciso concentrar-se na luz.

— Isso mesmo. Não é possível superar o pecado habitando nele; só se supera o pecado habitando não no errado, mas em Deus. Só se supera o vazio habitando na presença divina; só se resolve um problema habitando não no problema, mas na Resposta, ao se encher da Resposta. Para superar a tristeza, é necessária a presença da alegria; para superar o ódio, é preciso amor; para vencer o mal, é necessária a presença do bem. Aplique este segredo, e sua vida se transformará: supere a ausência por meio da presença do oposto. Uma lição simples e profunda, como encher um copo com água, é a Solução de Emanuel.

A missão: Neste dia, aplique a Solução de Emanuel: supere o problema com a Resposta, a amargura com perdão, o ódio com amor e o mal com o bem.

Isaías 7.14; Lucas 6.26-36; Romanos 12.9-21

Jonathan **Cahn**

194º DIA — O *SHABĀT*: O CESSAR DE DEUS

A SEMANA TERMINAVA, e o Sol estava prestes a se pôr. Eu e o professor estávamos sentados em uma colina com vista para a escola. Muitos alunos estavam terminando suas tarefas e sua semana e se preparando para o descanso.

— Quando o *Shabāt* se aproxima — disse o professor —, os conservadores entre os filhos de Israel devem encerrar todas as tarefas. Você sabe por quê?

— Porque é *Shabāt* — respondi.

— E por que é o *Shabāt*? O *Shabāt* não se chama *Shabāt* só por causa do dia da semana, mas por conta de um acontecimento, de um ato de Deus. Assim está escrito: "No sétimo dia Deus já havia concluído a obra que realizara, e nesse dia descansou. Abençoou Deus o sétimo dia e o santificou, porque nele descansou de toda a obra que realizara na Criação". Por trás da palavra "descansou" está o verbo hebraico *shābat*, que significa "cessar". No sétimo dia, Deus cessou. Por meio desse ato, do cessamento de Deus, do *shābat* divino, é que vem o substantivo *shabbāt*, do qual deriva *Shabāt*. O *Shabāt* é o *Shabāt* por conta do cessamento de Deus.

— Mas, depois da Queda, a paz do *Shabāt* e as bênçãos de Deus foram removidas da criação e da vida humana.

— E por isso é necessário um novo *Shabāt* — disse o professor. — Mas apenas Deus pode trazer o *Shabāt*, e o Shabāt só pode existir com o cessamento de Deus. Portanto, para que Deus trouxesse um novo *Shabāt*, ele precisaria... cessar. Além disso, o tempo desse cessamento teria de estar ligado ao tempo do *Shabāt*: foi na tarde de sexta-feira, o fim do sexto dia, não da Criação, e sim da Redenção. Assim como no começo, o sexto dia foi o dia da completude da obra de Deus; também na Cruz foi completada a obra de Deus e, na Cruz, ele cessou. Na Cruz, Deus cessou sua obra e sua vida: aquele foi o *shābat*, o segundo cessamento de Deus. Assim como aconteceu no começo, o *Shabāt* veio depois do cessamento de Deus, mas agora era um *Shabāt* novo e uma paz nova, maior que o mundo, para todos que nele entrarem. Como é possível entrar no *Shabāt*? Da mesma forma que ele, cessando: entramos com o cessamento de Deus.

A missão: Aprenda o segredo do *shābat*. Junte-se a Deus e cesse seu trabalho, seus problemas e descanse. Entre no *Shabāt*, o Segundo *Shabat*.

Gênesis 2.2-3; João 19.30-31; Hebreus 4.4,9-10

195º DIA 'ĂNĀNYÂ

— ELE FOI UM BLASFEMADOR, um homem violento, um assassino, um inimigo de Deus — disse o professor. — Ele caçou os seguidores do Messias e os entregou para serem julgados: ele era Saulo de Tarso. De repente, com o clarão de uma luz na estrada para Damasco, ele foi cegado: o Senhor então falou com um fiel da cidade chamado Ananias, a quem pediu que fosse até Saulo. Ananias aproximou-se do perseguidor cego e, com o toque de suas mãos, Saulo recuperou a visão. Eis a pergunta: qual a primeira coisa que Saulo viu ao se tornar um fiel?

— Ananias?

— Sim, mas o que foi que ele viu?

— Não sei o que você quer dizer.

— Com Deus, não há acidentes: ele decidiu que o homem Ananias seria a primeira coisa que os olhos de Saulo veriam nessa nova vida. Por que Ananias? Porque essa é uma tradução do nome verdadeiro do homem, que é o nome hebraico *kena'ănî*. O que esse nome significa? Do tetragrma YHWH, o sufixo *yāh* é o Nome de Deus e *'ănān* significa "graça". Portanto, *kena'ănî* significa "a graça de Deus". Qual a primeira coisa que Saulo viu em sua salvação?

— 'Ănānyâ — respondi.

— A graça de Deus. A primeira coisa que ele viu foi a graça de Deus. Foi *'ănānyâ* que tocou Saulo e fez que a cegueira fosse removida, devolvendo-lhe a visão.

— Então foi a graça de Deus que tocou a vida de Saulo e permitiu a ele enxergar.

— Sim, e o mesmo acontece com todos nós: é a graça de Deus que toca nossa vida, que remove a cegueira e nos permite enxergar. É apenas pela graça de Deus que nós conseguimos enxergar, e a primeira coisa que vemos na salvação é *'ănānyâ*, a graça de Deus.

— Também foi *'ănānyâ* que permitiu que Saulo levantasse e caminhasse, que lhe permitiu viver como discípulo e ministro, atendendo ao chamado.

— Assim como é apenas a graça de Deus que nos dá a capacidade de levantar e andar no Messias, de nos tornar discípulos, de viver em santidade e retidão e ministrar para atender ao chamado. É por isso que *'ănānyâ* foi a primeira coisa que Saulo viu na nova vida, porque tudo é a graça de Deus; é isso que salva quem não tem motivo ou direito de ser salvo. Tudo acontece ao ver *'ănānyâ*; portanto, nunca evite ver essa graça, nunca pare de vê-la. Pois sem *'ănānyâ* ficamos cegos. Tudo de bom que fazemos provém da graça: tudo começa e se realiza em *'ănānyâ*, a graça de Deus.

A missão: Veja *'ănānyâ*, a graça de Deus, em todas as coisas hoje. Siga-a, habite-a, aja por meio dela e deixe que tudo dela flua.

Salmos 84.11; Atos 9.8-18; 20.24; 1Coríntios 15.10

196º DIA — *NEḤUŚTÂ*: A REDENÇÃO DO DUPLONEGATIVO

Jonathan **Cahn**

— A NEḤUŚTÂ — disse o professor, enquanto apontava uma litografia na parede. — A serpente de bronze. Quando os israelitas estavam morrendo no deserto por causa das picadas de serpentes venenosas, Deus disse a Moisés que fizesse uma serpente de bronze e a suspendesse em um poste. Ao olharem para aquela serpente de bronze, os moribundos ficavam curados.

— Que estranho — respondi —, curar o veneno de serpente com uma imagem de serpente.

— A negativa de uma negativa anula o efeito negativo e produz o oposto: um positivo. Assim, o poder da serpente foi anulado pelo poder da serpente: um duplo negativo. E do que a serpente é símbolo nas Escrituras?

— Do mal. Do Inimigo, da escuridão, de Satã, do pecado.

— Então o que *Neḥuśtâ* revela? Ela revela que o poder do pecado e do mal será anulado por uma redenção formada por um duplo negativo. Assim disse o Messias para Nicodemos: "Da mesma forma como Moisés levantou a serpente no deserto, assim também é necessário que o Filho do homem seja levantado, para que todo o que nele crer tenha a vida eterna". O que isso significa?

— Que *Neḥuśtâ* é a cruz. Deus fez o Messias se tornar pecado por nós. Ele tomou para si a imagem do pecado, do mal, como a imagem da serpente de bronze erguida no topo do mastro; para que todos que tivessem sido infectados pelo veneno da serpente, que é o pecado, pudessem ser curados ao olhar para essa imagem do pecado, ao acreditar naquele que morreu na cruz.

— Isso mesmo. A cruz é *Neḥuśtâ*, é a redenção do duplo negativo: a opressão da opressão, a prisão do cativeiro, a rejeição da rejeição, o abandono do abandono, o afastamento do afastamento, a invalidez da invalidez, a separação da separação, a expulsão do banimento, a maldição das maldições, a derrota da derrota, a destruição da destruição, a morte da morte... enfim, o fim de todos os fins. Perceba ainda que esse duplo negativo da condenação é igual à salvação; o duplo negativo da separação é igual à reconciliação; o da condenação equivale ao amor; e o da morte é igual à vida eterna. Esse é o poder de *Neḥuśtâ*, o poder que temos no Messias. Viva nesse poder e, por meio da negação da negativa, alcance a redenção.

A missão: Viva hoje no poder da redenção do duplo negativo. Duvide da dúvida, desafie os desafios, prenda as prisões, rejeite a rejeição, derrote as derrotas e transforme a morte em vida.

Números 21.8-9; João 3.14-15; Romanos 8.3; 1Coríntios 15.26; 2Coríntios 5.21; Efésios 4.8

197° DIA — O ARCO DE TITO

O PROFESSOR LEVOU-ME até um aposento que ficava em frente à Câmara dos Pergaminhos, um lugar parcamente iluminado pela chama de uma lamparina a óleo. Usando a chama dessa lamparina, ele acendeu a primeira vela de um candelabro de oito braços, a menorá. Uma a uma, o professor acendeu as velas até que todas estivessem acesas.

— No ano 70 d.C., os exércitos romanos, sob o comando do general Tito, destruíram a terra de Israel e a antiga nação da Judeia. Para comemorar o fim de Israel e algumas outras conquistas do império, um monumento foi construído, o Arco de Tito. Dentro do arco, foi esculpida uma imagem da destruição de Israel e a remoção dos utensílios sagrados do templo de Jerusalém. Dois mil anos depois, vemos o Império Romano em ruínas enquanto a nação de Israel milagrosamente ressuscitou dos mortos. Essa nova nação precisava de um símbolo; você sabe onde foi que encontraram esse símbolo, o selo nacional de Israel? No Arco de Tito. Quando construíram um monumento para gravar em pedra a destruição de Israel, os romanos acabaram alcançando o exato oposto: eles preservaram em pedra a imagem da menorá de sete braços dourada e sagrada de Israel durante dois mil anos. A imagem contida no arco tornou-se o selo nacional de Israel, símbolo da ressurreição; a menorá, o símbolo da luz de Deus superando a escuridão. O que o Arco de Tito revela?

— Que, no final das contas, é impossível deter a vontade de Deus — respondi.

— Isso mesmo, porém há mais. Deus não só faz sua vontade prevalecer, como também usa aquilo que é *contrário* aos seus propósitos para realizar a vontade divina. Deus não só supera o mal, como usa o mal para fazer o bem. Ele transformou a morte em vida, a destruição em renascimento, a escuridão em luz, a maldição contra seu povo em bênçãos e as lágrimas de seus filhos em alegria. Ele também há de transformar tudo na sua vida que foi feito para fazer o mal em coisas boas, e aquilo que foi feito para machucar você em coisas que o salvarão e o abençoarão. Tudo isso está na menorá do arco, que foi preservada por séculos pelos inimigos de Deus.

A missão: Identifique o "Arco de Tito" da sua vida: todo o mal que Deus converteu em bem na sua caminhada. Compartilhe da bênção de transformar o mal de hoje em bênção futura.

Gênesis 50.19-20; Salmos 30.11-12; Romanos 8.28

198° DIA — A SOLUÇÃO DO INFINITO

Jonathan **Cahn**

ESTÁVAMOS SENTADOS NA areia do deserto quando expus um dilema ao professor:

— Deus é uno e trino. Matematicamente falando, não vejo como isso pode funcionar. Um nunca equivale a três, e três nunca equivale a um só — disse.

Quando terminei de falar, apanhei um graveto e comecei a escrever na areia.

— Um mais um mais um é igual a três, não a um.

Então escrevi mais uma equação na areia:

— Um dividido por três equivale a um terço, não a uma unidade.

— Você está certo — disse o professor. — A conta não fecha. Afinal, nem poderia.

— Acho que não. Então creio que devo abandonar essas equações.

Tornei a apanhar o graveto para apagar os números quando o professor segurou minha mão.

— Não foi isso que eu disse; você só usou a equação errada. Deus é infinito. Você não pode usar o que é finito para compreender o infinito.

O professor tomou o graveto e apontou para a primeira equação. Ao lado de cada um dos números, ele escreveu um símbolo: o símbolo do infinito.

— Agora vamos tentar mais uma vez: um infinito mais um infinito mais um infinito é igual a três infinitos. Quanto vale três infinitos?

— Também é infinito.

— Então três infinitos são iguais a um infinito. Três é igual a um — disse o professor.

Ele então passou à segunda equação e repetiu o que havia feito, inserindo novamente os símbolos do infinito.

— Um infinito dividido por três é igual a um terço do infinito. Quanto vale um terço do infinito? Um terço do infinito vale infinito. Quando fala de Deus, você está tratando do infinito; e três infinitos e um infinito são iguais da mesma forma que um terço de infinito equivale a infinito. No Reino de Deus, no reino da infinitude, um *é*, sim, igual a três, e três *também* é igual a um. Você jamais conseguiria colocar o infinito dentro do finito, assim como é impossível encaixar Deus dentro da sua compreensão. Se isso fosse possível, ele não seria Deus; a sua compreensão é que seria Deus. Mas Deus, por definição, deve ser maior que sua compreensão, e esse conhecimento é libertador. Você não precisa compreender Deus. Mesmo assim, existe uma maneira de o finito compreender o infinito.

— Como?

— Crendo!

A missão: Evite viver limitado pelas limitações das circunstâncias, dos problemas, dos pensamentos e dos caminhos percorridos. Viva com uma fé que vá além disso tudo.

1Reis 8.27; Isaías 40.28; Romanos 11.33

199° DIA — A *EUCHARISTÍA*

ESTÁVAMOS SENTADOS DIANTE da fogueira, à noite, quando o professor partiu um pedaço de pão sem fermento, a *matsâ*, que tinha nas mãos e me entregou o resto.

— O pão da Páscoa que o Messias dividiu com os discípulos na Última Ceia — disse ele.

— A comunhão — respondi.

— Que advém da Páscoa. Você sabe como algumas pessoas chamam esse pão?

— "Eucaristia".

— Isso mesmo. Você sabe de onde vem essa palavra? Ela vem do termo grego *eucharistía*, que aparece nas Escrituras. No entanto, ela não significa "pão".

— O que significa então?

— *Charistía* significa agradecer a alguém ou dar graças.

— Então por que algumas pessoas pensam que o termo significa "pão"?

— Porque foi o que o Messias disse *sobre* o pão. É o que os judeus dizem sobre o pão há eras, era a bênção hebraica conhecida como *Motsî*. Disse o Messias: "*Bārûk 'atâ 'Ădonāy, 'Ĕlohîmynû melek hā'ôlām, hāmôtsî leḥem mîn hā'ārets*", que significa: "Bendito és tu, Adonai, nosso Deus, Rei do Universo, que fazes sair pão da terra".

— Quer dizer que a eucaristia não é o pão, mas a oração de agradecimento feita sobre o pão.

— Sim. O que isso revela? — perguntou o professor.

— Que a vida não é sobre objetos.

— Exatamente. Isso revela que a vida não consiste em objetos, mas em bênçãos pronunciadas sobre eles, agradecimentos que você faz pelo que tem. Veja, não importa se você tem muito ou pouco nesta Terra; o que importa é quanto você agradece por aquilo que tem. Quem é rico em bens, mas pobre em agradecimento, é, em última instância, pobre. Quem, porém, tem poucos bens, mas é rico em agradecimento, é, no fim das contas, muito rico. O que era o pão sobre o qual o Messias agradeceu? Ele era o símbolo do sofrimento e da morte do Messias. Não obstante, ele recitou uma oração e agradeceu por aquele pão. Pois quem agradece em todas as vezes tem o poder de transformar maldições em bênçãos, tristezas em alegria: é o poder da eucaristia, o poder de viver uma vida cheia de bênçãos.

A missão: Busque hoje aumentar não suas posses, mas o agradecimento sobre o que você tem. Agradeça sempre. Quanto mais você agradecer, maior será sua vida.

Salmos 136; Lucas 22.14-23; 1Timóteo 6.6-8

200º DIA — YÔVEL

Jonathan **Cahn**

O PROFESSOR LEVOU-ME a uma colina no meio de uma planície. Só quando chegamos ao topo foi que entendi por que fomos até lá. Ele pegou um chifre de carneiro, um *shôfār*, e, lá do alto, começou a tocar em todas as direções.

— "Consagrem o quinquagésimo ano e proclamem libertação por toda a terra a todos os seus moradores" — citou o professor. — Era chamado de *Yôvel*, um nome com base no *shôfār* que soava para proclamar sua chegada. No ano do *Yôvel*, os escravos e os prisioneiros eram libertos. E também foi decretado que "cada um de vocês voltará para a propriedade da sua família e para o seu próprio clã". Assim, o *Yôvel* também era o ano da restauração. Se tivesse perdido sua terra, sua herança, as posses ancestrais, no ano do *Yôvel* você iria para casa, retornaria para a sua terra, e receberia a herança, tudo que havia perdido. O *Yôvel*, porém, é conhecido por outro nome.

— Por qual nome?

— O Jubileu. A maioria das pessoas conhece essa palavra, mas poucas entendem o segredo que ela encerra. Veja que o Jubileu só podia começar em um dia específico, no Yom Kippur, o Dia da Expiação. As bênçãos só podiam vir após a expiação. Assim, à parte do Yom Kippur, não pode haver Jubileu, não pode haver libertação, nem liberdade, nem restauração. E qual é a expiação final?

— O sacrifício do Messias.

— Sim. E aí está o segredo. O Yom Kippur traz o *Yôvel*. A expiação traz o Jubileu. Portanto, se o Messias é a expiação, ele também deve trazer o Jubileu. E, quanto mais você residir na expiação, mais você pode viver no Jubileu. Assim, aprofunde-se no Messias, aprofunde-se na expiação que ele traz, e viverá no poder do Jubileu, o poder de caminhar em liberdade, o poder de voltar para casa, o poder da reconciliação, o poder da liberdade, o poder da restauração e o poder de participar da sua herança em Deus. Do Yom Kippur vem o *Yôvel*, e do Messias vem seu Jubileu.

A missão: Faça do dia de hoje seu *Yôvel*. Caminhe no poder da liberdade, da restauração, da reconciliação e da libertação. Viva o poder do Jubileu.

Levítico 25.10-11; Lucas 4.18-19; Gálatas 5.1

201º DIA — O 'ADERET

JÁ ESTÁVAMOS NO MEIO da tarde quando subimos uma montanha alta e fomos à mesma caverna em que vimos a gravura do querubim com as asas estendidas. O professor entrou sem mim e logo saiu segurando uma vestimenta larga, uma espécie de túnica, feita de um material grosso puxado para o marrom-claro.

— Um manto — ele disse —, mas diferente do que lhe mostrei antes. Este é feito de pelos de camelo, como o manto de Elias, aquele que ele jogou sobre os ombros de Eliseu, para mostrar que este seguiria seus passos como profeta do Senhor. Você consegue se imaginar na pele de Eliseu e sentir o manto de Elias jogado sobre você?

— Deve ter sido bem opressivo. Imagino que Eliseu se sentiu totalmente despreparado.

— Sem dúvida — disse o professor. — Mas a mesma sensação também ocorreu com todos os outros que receberam seus mantos. De Moisés, a Isaías, Jeremias e Pedro, todos se sentiram indignos do manto que lhes foi dado, e por uma boa razão: o manto era grande demais, não era compatível. Mas essa é a natureza do manto. Em hebraico, o manto é chamado *'aderet*, que significa "grande", "largo", "volumoso", "amplo", "imenso", "poderoso", "excelente", "nobre" e "glorioso". Veja que o manto é maior e mais importante que a pessoa que o recebe. Isso também acontece com você.

— Comigo?

— Com todos os filhos de Deus. Cada um recebe um manto, um chamado. E você receberá o seu. Mas lembre-se de que seu manto é seu *'aderet*, e o *'aderet* sempre fala de grandeza. Portanto, seu chamado será grande demais para você. Não irá se ajustar a você nem combinar com a pessoa que você é. E haverá momentos em que você lutará com ele, com a magnitude dele, em comparação a você. Ele será sempre maior, mais poderoso, mais nobre, mais excelente e mais glorioso que quem o veste e a quem foi dado.

— Por que então Deus nos dá mantos grandes demais e que não nos servem?

— O propósito do seu manto não é se encaixar em quem você é, e sim adequar-se a quem você deve ser, a quem você deve se tornar. Quando você era pequeno, seus pais compravam roupas que não lhe serviam, pois eram grandes demais. Não se destinavam a caber em quem você era, e sim em quem você se tornaria. Da mesma forma, seu manto deve estar além de você, para que possa crescer para ele, elevar-se para ele. Portanto, nunca se desestimule pela diferença de tamanho. É assim que deve ser, para que você possa se tornar maior, mais excelente, mais nobre, mais poderoso e mais glorioso do que é agora.

A missão: Hoje, receba o *'aderet*, seu manto. Aceite a grandiosidade dele, que vai muito além de você. Acredite nele e, por Deus, mostre-se à altura dele.

1Reis 19.19; 1Coríntios 1.26-31; 2Coríntios 3.5-6; Efésios 4.1

DON THE MANTLE

Jonathan **Cahn**

202º DIA — *YARDĒN*: O DESCENDENTE

O PROFESSOR LEVOU-ME à beira de um pequeno vale e apontou para um declive rochoso do outro lado, abaixo do qual um curso d'água caía em cascata.

— Veja — disse ele. — Vem de uma nascente próxima e desce a encosta até um lago no fundo do vale, semelhante ao rio que flui através da terra prometida.

— O rio Jordão?

— Sim, o Jordão flui de uma ponta a outra da terra prometida e, enquanto flui, dá vida a ela. Seu curso começa ao norte, no monte Hermom, desce até a Galileia, depois passa pelo vale do Jordão até o deserto da Judeia e, por fim, chega ao mar Morto, sua foz. Em hebraico, o Jordão chama-se *yardēn*. Você sabe o que significa?

— Não.

— Vem do termo hebraico *yārad*, que significa "ir para baixo", "descer". Então Jordão significa o descendente. Todos os rios descem — disse ele —, mas nenhum desce tanto quanto o Jordão. Ele vai tão longe que termina sua jornada no local mais baixo da Terra, o mar Morto. Contudo, é a descida do Jordão que dá vida à terra prometida. Qual a revelação do *yardēn*?

— É por meio de uma descida que a vida é concedida — respondi.

— Sim — disse o professor. — E quem é o Descendente?

— Deus. Deus é o Descendente.

— Isso mesmo — disse o professor. — Deus é o *yardēn*. O Altíssimo é que é o Descendente. Apenas ele pode descer completamente. O Descendente se humilhou, descendo das alturas para vir ao mundo, assumindo a forma de homem. E, assim como o Jordão desce até a Galileia, o Descendente chegou às terras galileias e ali deu vida aos necessitados. Da mesma forma que o Jordão desce da Galileia até o mar Morto, o ponto mais baixo da Terra, da Galileia o Descendente desceu às profundezas mais baixas, até a morte e o julgamento. Pois Deus é amor. E a natureza do amor é descer para que possa dar de si mesmo e para que nós, com sua descida, possamos encontrar vida. Aqueles que receberam a vida desse *yardēn* devem descer, da mesma forma, para dar a vida aos outros. Pois Deus é o *yardēn*, e o *Yardēn* é amor.

A missão: Assim como Deus desceu no Messias, o Descendente, para nos abençoar, desça você também hoje, vá mais abaixo, derrame sua vida para que possa abençoar as pessoas.

Efésios 4.8-10; Filipenses 2.3-9; Tiago 4.10

O Livro dos Mistérios

203º DIA — A DANÇA DOS CÍRCULOS

ERA À TARDINHA. No acampamento abaixo da colina da qual observávamos, acontecia uma celebração. O local estava iluminado pelo fogo das tochas.

— Vamos — disse o professor.

Então ele me conduziu pela colina até onde estava acontecendo a celebração. As pessoas não se incomodaram com nossa presença. Diante de nós, homens, mulheres, crianças, idosos e jovens reunidos, todos participavam de uma dança em círculo. Uma das garotas do círculo fez um gesto para que o professor se juntasse a eles. Ele foi, e fiquei satisfeito por apenas assistir.

— Venha — ele chamou. — Venha dançar também.

Assim, embora com grande relutância, fui dançar. Não tinha ideia do que estava fazendo, mas fiz o melhor que pude para acompanhar os passos do professor e das pessoas que me rodeavam. Após algum tempo, aquilo até começou a fluir e se tornar prazeroso. No fim de uma dança e antes que a próxima começasse, o professor e eu saímos do círculo e ficamos observando as pessoas que continuavam a dançar.

— Você teria visto isso no antigo Israel, a dança dos círculos — disse ele —, nos dias de suas celebrações, nas festas sagradas que Deus lhes concedeu. E você sabe como chamavam as festas e as celebrações do Senhor?

— Não.

— Ḥāg, uma festa ou um festival. E você sabe o que ḥāg realmente significa?

— Não.

— Na verdade, ḥāg significa "uma dança", mais especificamente a dança dos círculos. Deus designou seus dias sagrados, suas reuniões sagradas, depois da dança dos círculos.

— Então Deus ordenou ao seu povo que participasse da ḥāg, do festival, mas também da dança dos círculos.

— E não apenas ao seu povo — disse ele —, mas a outro.

— Que outro?

— Ao mundo — disse o professor. — Deus ordenou que a Terra também participasse da ḥāg, da dança dos círculos. E assim a Terra realiza a dança circular em torno do Sol, e todo o nosso mundo faz parte de uma ḥāg. Portanto, nossa vida inteira aconteceu e continua acontecendo no interior de uma dança cósmica circular, a ḥāg. Por essa razão, ao habitar a Terra, você deve viver sua vida como parte da ḥāg, como uma celebração do Senhor, uma manifestação de louvor, um festival de seu amor, uma expressão sagrada de alegria e agradecimento. Você deve viver sua vida como uma sagrada dança dos círculos.

A missão: Participe da ḥāg. Viva sua vida hoje como um ato de louvor, como um fluido do amor divino, uma dança de alegria.

Salmos 149.1-3; Jeremias 31.13; 1Coríntios 10.31

THE DANCE OF THE HEAVENLY CIRCLES

Jonathan **Cahn**

204º DIA — A CRISÁLIDA

ESTÁVAMOS SENTADOS AO AR LIVRE, debaixo de uma oliveira, quando a atenção do professor foi desviada para baixo, para um pequeno objeto escuro que se movia lentamente pelo chão.

— Parece uma larva — disse ele —, mas é diferente da larva, ou da lagarta, uma criatura fascinante. Um filhote de borboleta é um verme feio e rastejante que nasce de uma bela criatura alada; não tem ideia de suas origens nem de quem são seus pais; ele passa a vida rastejando pelo chão, e a única vida que conhece é uma vida de verme.

O professor pegou a lagarta e a colocou na oliveira.

— Um belo dia, porém, a lagarta sobe em uma árvore, pendura-se de cabeça para baixo e começa a formar em torno do próprio corpo uma capa dura e protetora, uma crisálida. Na crisálida, o que era a lagarta chega ao fim. Apenas na sua morte como lagarta é que a criatura pode experimentar a metamorfose. E, quando a metamorfose se completa, um novo ser emerge do casulo. A nova criatura já não tem nada parecido com um verme; ela agora é alada e bela. Nunca mais irá rastejar pelo chão, nunca mais será terrestre. Vai viver à imagem daquela que lhe deu a vida, como a criatura cujo propósito sempre foi se tornar alada.

— É um fenômeno maravilhoso — disse.

— Sim, que carrega em si uma sombra.

— Do quê?

— A lagarta recebe a vida da borboleta, da mesma forma que recebemos a vida de Deus. Como a lagarta rasteja durante a vida, presa à terra e alheia ao propósito para o qual nasceu, também o homem passa pela vida preso à Terra e inconsciente do propósito para o qual nasceu. Enxergamos com olhos de vermes, pensamos como vermes e vivemos como vermes. Mas para algumas dessas criaturas terrestres acontece um milagre: elas se permitem morrer para o velho, para a vida de verme preso à Terra. E com isso, com a morte para o eu antigo, dão início a uma metamorfose. A vida terrena morre, e o que emerge no seu lugar é uma vida diferente, uma nova criação, bela e não mais terrestre, mas agora celestial, pronta para habitar o reino do que é celestial, como sempre deveria ter sido, um ser celestial à imagem de Deus, de quem recebemos a vida originariamente.

— O novo nascimento, a nova criação.

— Sim, a metamorfose dos filhos de Deus, nascidos como criaturas terrenas, mas renascidos como filhos do Céu. O evangelho da borboleta.

A missão: Afaste-se das amarras terrenas, de tudo que está atrelado ao mundo, à carne e ao pecado. Mude-se para o reino do que é celestial e comece a voar.

Romanos 6.4-8; 2Coríntios 5.17; Gálatas 2.20; Efésios 4.22-32

205º DIA — ZEKARYÂ, ĚLÎSHEVA' E YÔḤĀNĀN

— FORAM MUITOS SÉCULOS DE SILÊNCIO — disse o professor — entre as Escrituras hebraicas e o Novo Testamento. Para muitas pessoas, parecia que Deus havia se esquecido das promessas feitas a Israel. Você sabe o que pôs fim a esse silêncio? O primeiro evento terreno registrado no Novo Testamento?

— O nascimento do Messias?

— Não — ele respondeu. — O acontecimento em questão estava relacionado a um sacerdote chamado Zacarias. Quando jovem, Zacarias casou-se com uma mulher chamada Isabel. Sem dúvida, eles sonharam em ter um filho, mas nunca puderam. Os dois já estavam velhos. O tempo roubou a juventude e o sonho de ambos. Mas, enquanto Zacarias realizava seu serviço sacerdotal no templo de Jerusalém, um anjo de Deus apareceu e disse que Isabel, já em idade avançada, daria à luz um filho. Assim, Deus atenderia às antigas expectativas de Israel ao atender às esperanças perdidas de um velho casal ter um bebê. Mas por trás disso havia um mistério. O verdadeiro nome de Zacarias era *Zekaryâ*, que significa "Deus se lembrou", e o verdadeiro nome de Isabel era *'Ělîsheva'*, que significa "juramento de Deus". *Zekaryâ* e *'Ělîsheva'* se uniram em casamento, e assim *Deus se lembrou* uniu-se ao *juramento de Deus*. A união total das duas vidas criou uma mensagem profética: *Deus se lembrou do juramento de Deus*, um sinal para Israel de que Deus não se havia esquecido da promessa; pelo contrário, estava prestes a cumpri-la. E, quando Deus se lembra do próprio juramento, esse juramento gera vida. Assim, *'Ělîsheva'* terá um filho que será conhecido como João Batista, mas seu nome verdadeiro é *Yôḥānān*.

— E o que significa *Yôḥānān*?

— "A graça de Deus": a lembrança de Deus do próprio juramento faz nascer a graça de Deus.

— A graça da salvação, a única ação que resultaria do cumprimento do juramento de Deus.

— Quando louvou a Deus, *Zekaryâ* declarou que Deus havia realizado o milagre para "*lembrar* sua santa aliança, *o juramento* que *fez* ao nosso pai Abraão". Nunca se esqueça disso — disse o professor. — Não importa quanto tempo demore, séculos ou momentos, Deus nunca vai se esquecer da promessa nem vai faltar com sua Palavra. E do alquebrado, do estéril e do impossível, a graça de Deus nascerá.

A missão: As Escrituras carregam muitas promessas para o povo de Deus. Pegue uma delas hoje, guarde-a com você, viva sob essa luz.

Levítico 26.40-42; Lucas 1.4-17,72-73

Jonathan **Cahn**

206º DIA | O MISTÉRIO DE EUROPA

O PROFESSOR LEVOU-ME a uma sala de artefatos antigos variados, onde havia uma mesa com um vaso preto em cima. Ele ergueu o vaso para me mostrar. Contra o fundo preto, havia uma gravura: uma mulher de túnica montando um grande touro branco.

— Vem da Grécia — disse ele. — É uma representação de um antigo mito pagão. A mulher era uma princesa, e o touro branco é Zeus, o deus grego, disfarçado. Segundo o mito, Zeus se enamorou da princesa e se disfarçou de touro branco. Quando viu o touro, ela ficou fascinada e subiu em seu dorso. Ele então a raptou e a seduziu.

Ele colocou o vaso de volta na mesa.

As Escrituras profetizam que no fim dos tempos haverá uma civilização mundial caracterizada pelo ateísmo e pelo mal, mas também predizem que nos últimos dias haverá uma grande queda, uma grande apostasia dos caminhos de Deus. Como ambas as coisas vão se harmonizar? O que uma apostasia requer?

— Requer que pelo menos alguém tenha conhecido Deus. De outro modo, não poderia haver uma queda.

— Então uma civilização que já conheceu a Deus acaba como uma civilização do mal. Como isso acontece? No caso da princesa, tratou-se de rapto e sedução. Isso também poderia acontecer com uma civilização? A princesa tinha um nome, chamava-se *Europa*, como a Europa. Pense nisso, todo um continente, uma civilização inteira carregando o nome de uma mulher seduzida por um deus pagão. A Europa já foi o centro de divulgação da Palavra de Deus. Mas, ao se afastar de Deus, foi seduzida por outros deuses e raptada por outros evangelhos, o evangelho do comunismo, os deuses do humanismo, do fascismo, do nazismo. No antigo mito, o deus que seduz Europa assume a forma de um touro. Isso também acontece na apostasia do antigo Israel. O deus para o qual a nação se voltou, Baal, assumiu a forma de um touro. No fim, é o mesmo deus, o mesmo principado satânico, o Inimigo, buscando a destruição. Nunca se esqueça do aviso de Europa: uma civilização que conhecia Deus, a qual, ao se afastar dele, produziu mais destruição que qualquer outra civilização na história humana. Pois, se você se afastar da luz, a escuridão o abduzirá. E, quando você se afasta de Deus, acaba seduzido pelo deus que o fez mudar. Então proteja seu coração, fique longe de todos os deuses e ídolos, ame o Senhor de todo o seu coração e com todas as suas forças, e nunca será apanhado pela sedução de Europa.

A missão: Veja que, por trás da tentação, a destruição espera. Afaste-se de todas as tentações, de todos os deuses, ídolos e pecados. Ame a Deus de todo o coração.

2Timóteo 3.1-5 12; 4.1-5

THE WOMAN, THE BEAST, AND THE SAINTS:
THE MACCABEE BLUEPRINT

207º DIA — A ESCADA DO CÉU

ESTÁVAMOS NO FUNDO de uma cisterna vazia. Eu tinha pedido ao professor para me mostrar, pois nunca tinha visto uma cisterna antes. Agora estávamos prontos para sair.

— Veja — disse o professor. — Neste momento, essa é nossa única esperança.

Ele apontava para uma escada de madeira, a mesma escada pela qual tínhamos descido para chegar onde estávamos.

— Sem essa escada — disse ele —, estaríamos presos aqui no fundo. E se ela só chegasse até a metade da subida?

— Se ela não chegasse ao topo, não nos serviria.

— E se a escada começasse de cima, mas só chegasse ao meio do caminho?

— Se ela não chegasse ao fundo, também não nos serviria. Estaríamos presos aqui de uma forma ou de outra.

— Então como entrar no Paraíso? — ele perguntou. — A que altura está o Céu da Terra? Qual a distância que separa o homem de Deus e o pecado do Santíssimo? Que altura essa escada deveria ter para você chegar ao Céu?

— Tão alta e comprida quanto a distância que separa o homem de Deus, essa seria a escada entre o Céu e a Terra.

— Foi essa escada que Jacó viu em seu sonho, uma escada do Céu até a Terra. Era a sombra do Messias, esse que une o Céu à Terra e Deus ao homem. Só pode dar certo se a escada chegar às duas extremidades, tanto na altura mais elevada quanto na profundeza mais inferior. Então o Altíssimo teve de descer às profundezas mais inferiores para que aqueles que estivessem nas profundezas mais inferiores pudessem subir até as alturas mais elevadas. O celestial teve de se tornar terreno para que os terrenos pudessem se tornar celestiais. E o Santíssimo teve de se unir ao mais ímpio, o Santo unido ao mais baixo dos pecados, o Sacratíssimo ao mais profano. E assim Deus desceu até as profundezas mais inferiores da escuridão, ao patamar mais baixo da degradação e do julgamento.

— O pé da escada de Jacó — eu disse —, a que une a Terra ao Céu...

— Por essa razão — disse o professor —, não importa quão humilhado você se encontre, quão perdido esteja, em que nível pecaminoso se ache, quão desesperado se sinta, quão longe de Deus esteja, quão no fundo do poço você se encontre, procure a escada... e ela estará lá para tirar você dali. A escada estará lá, uma ponta tocando o fundo das profundezas mais inferiores e a outra ponta tocando o Altíssimo.

A missão: Esteja onde estiver, há uma escada que liga você ao Altíssimo. Encontre o primeiro degrau da escada do Céu e suba.

Gênesis 28.10-17; João 1.51

Jonathan **Cahn**

208º DIA — 'ĂNÎ LO'

— 'ĂNÎ LO' — DISSE O PROFESSOR, enquanto caminhávamos pelo jardim. — Vem do livro de Cântico dos Cânticos. É o que a noiva diz do noivo. Esses dois termos hebraicos resumem tudo que Deus espera que sejamos e façamos, todas as boas obras, todas as orações, todo ato de arrependimento, toda superação do pecado e do mal, toda manifestação de amor, toda decisão de justiça, tudo. Tudo se resume em *'Ănî lo'*.

— O que significa isso?

— *'Ănî lo'* significa "Eu sou dele".

— E como isso resume tudo que Deus espera de nós?

— Se você vive de acordo com o preceito do *'Ănî lo'*, se você é dele, então não pode se entregar a mais nada, portanto você pode rejeitar o pecado e sua tentação. E, se você é dele, então o que significa dar de você mesmo ou daquilo que você possui? Nada. Mesmo o autossacrifício nada significa. E, se você é dele, então não tem nada com que se preocupar ou se afligir, nem irá se sentir sobrecarregado, pois seus fardos são dele, sua vida é do interesse dele. Você é livre.

— Mas você disse que, em hebraico, não há um verbo exato para ter, seja dele, seja dela. Então deve ser outra coisa que a noiva está dizendo.

— Existe, sim — disse ele. — *'Ănî lo'* significa literalmente "eu sou *para ele*". Assim, se você pertence a Deus, deve ser "para ele". Em outras palavras, não é possível apenas pertencer a Deus, como também uma noiva não apenas pertence ao noivo. A noiva só é dele se ela se entregar ao noivo, é escolha dela. Portanto, para pertencer a Deus, você precisa escolher entregar-se a ele, entregar seus desejos, seu coração e seu fardo a ele, ou seja, entregar seu tudo a ele, e é preciso fazer isso livremente e todos os dias da sua vida. É preciso viver segundo o preceito do *'Ănî lo'*, uma vida *para ele*. Em que tudo que você faz só há um foco e uma direção: Deus. Você precisa fazer isso o que a noiva faz.

— Por quê?

— A noiva não é uma teóloga. Quando diz: *'Ănî lo'*, "Eu sou dele" ou "Eu sou para ele", ela não está fazendo uma declaração doutrinária: está transbordando com a alegria do amor; a alegria dela é ser dele e entregar-se a ele. Entregar-se não é um fardo quando se está repleto de amor; é uma alegria. Viva de acordo com esse ensinamento, entregando-se em amor a Deus na alegria do *'Ănî lo'*.

A missão: Viva segundo o preceito do *'Ănî lo'*. Viva como alguém que pertence totalmente ao Amado. Tenha Deus como objetivo e propósito de tudo que você faz e se entregue a ele.

Cântico dos Cânticos 2.16; Romanos 14.7-8;
1Coríntios 6.19-20; Colossenses 3.17

209° DIA — A REDENÇÃO ESCARLATE

O PROFESSOR LEVOU-ME até a Câmara dos Livros, onde encontrou um dos grandes livros em tons de vermelho do *Talmude*, os manuscritos rabínicos. Em seguida, tirou um cordão escarlate do bolso.

— Os rabinos escreveram — disse ele — que nos dias do Segundo Templo, no Yom Kippur, o Dia da Expiação, um cordão escarlate, representando os pecados do povo, era amarrado nas portas do templo. Quando os rituais do Yom Kippur se completavam, o cordão passaria de escarlate para branco, como consta nas Escrituras: "Embora os seus pecados sejam vermelhos como escarlate, eles se tornarão brancos como a neve".

— Todo ano?

— Sim — ele respondeu —, é isso que está escrito. O fenômeno ocorreria todos os anos no Dia da Expiação para anunciar que a expiação fora terminada e aceita. Mas então algo aconteceu. Os rabinos registram que em algum momento do primeiro século surgiu um sinal no templo indicando uma mudança de proporções cósmicas. O cordão deixou de se tornar branco.

— Foi um sinal de que os sacrifícios não seriam mais aceitos?

— Ou que não seriam mais fundamentais para o perdão dos pecados.

— Por quê?

— Porque a expiação final já fora ofertada, o sacrifício final pelos pecados.

— Os rabinos dizem que isso aconteceu quando? Quando essa mudança ocorreu?

— Eles escreveram que começou cerca de quarenta anos antes da destruição do templo.

— O templo foi destruído no ano 70 d.C. — disse. — Então a mudança cósmica ocorreu por volta do ano 30 d.C.

— O que coincide com o momento da história em que o Messias chega a Jerusalém para morrer como o sacrifício final pelo pecado, como a expiação final. O livro de Hebreus também afirma que não somos mais salvos pelos sacrifícios do templo ou do Yom Kippur, e sim pela expiação do Messias. E os rabinos indicaram com precisão que o momento da mudança cósmica coincidiu com a morte do Messias, um sinal da história escrita em escarlate de que a expiação final se completara, de que os culpados se tornaram inocentes, de que Deus nos limpara do nosso passado e de que nossos pecados, que eram de cor escarlate, tornaram-se verdadeiramente brancos como a neve.

A missão: Veja como todos os pecados e erros da sua vida passam de escarlate para branco. Busque agora viver uma vida livre, que seja branca por sua purificação.

Isaías 1.18; Hebreus 10.10-14,18-22

Jonathan **Cahn**

210º DIA — A GALILEIA DOS DESVALIDOS

ESTÁVAMOS NO TOPO DE uma encosta observando o pôr do Sol.

— Você já se perguntou — disse o professor — por que o Messias apareceu primeiramente na Galileia? Por que ele fez da Galileia o centro de seu ministério?

— Pelo fato de ser improvável que isso acontecesse?

— Sim — disse o professor. — De fato, *era* improvável, mas havia outro motivo. Alguns séculos antes da vinda do Messias, o povo de Israel se afastou de Deus e desprezou seus caminhos. E então o julgamento veio quando os exércitos da Assíria saquearam as regiões do norte, ou seja, as terras da Galileia. A população sofreu grandes baixas, quase tudo ficou destruído e devastado. De todas as terras, a Galileia foi a primeira a sofrer com o julgamento de Deus. Assim, também ela seria a primeira a receber o alívio da misericórdia divina com a vinda do Messias. E foi dessa terra que Isaías profetizou: "Contudo, não haverá mais escuridão para os que estavam aflitos. No passado ele humilhou a terra de Zebulom e de Naftali, mas no futuro honrará a Galileia dos gentios, o caminho do mar, junto ao Jordão. O povo que caminhava em trevas viu uma grande luz; sobre os que viviam na terra da sombra da morte raiou uma luz".

— Então a Galileia foi a primeira terra destruída e, por isso, a primeira a ver o poder de Deus para cuidar dos desvalidos e curar os inválidos — disse.

— Isso mesmo — disse o professor. — A Galileia, a terra destruída, a terra dos desvalidos. E, na Galileia, que tipo de pessoas você vê sendo atraídas para o Messias? Os aleijados, os leprosos, os doentes, os marginalizados, os pecadores, os corruptos, os alquebrados. A Galileia é a terra onde os desvalidos encontraram Aquele que veio para eles, para que pudessem ser tocados pelas mãos dele, ser curados pelo toque dele. O povo que andava na escuridão viu uma grande luz, o Messias, e em uma terra escura a luz de Deus iluminou a vida daquelas pessoas. Qual a mensagem da Galileia? A mensagem da misericórdia e da compaixão de Deus pelo homem alquebrado e aleijado.

— E até por aqueles que se arruinaram por cair no pecado e na rebelião.

— Sim — disse ele —, até para esses, especialmente para esses.

— E isso inclui todos nós, não é?

— Sim — disse o professor. — Somos todos da Galileia.

A missão: Em sua vida, o que está quebrado ou não está inteiro? Apresente isso ao Messias da Galileia e permita que ele veja, toque e cure.

Isaías 9.1-2; Mateus 4.13-16; Marcos 2.16-17

211° DIA — O MISTÉRIO DO NONO DIA DE ABE

— O QUE É ISSO? — perguntei. — Ou melhor, o que *era* isso?

— Era um casarão — disse o professor —, um casarão dos tempos antigos.

Passamos pelos destroços, por muitas pedras, alguns pilares quebrados e fragmentos de cerâmica antiga. O professor sentou-se no meio das ruínas, e me juntei a ele. Então ele pegou um pergaminho e começou a ler:

—"Como está deserta a cidade, antes tão cheia de gente! [...] Suplicante, Sião estende as mãos, mas não há quem a console". É do livro de Lamentações. O povo judeu lia isso todos os anos para lembrar a destruição de Jerusalém, ocorrida em 586 a.C., quando os exércitos da Babilônia arrasaram o templo, no nono dia do mês hebraico de abe. Séculos depois, o Messias predisse que Jerusalém seria destruída de novo e que o povo de Israel seria levado pelo mundo como escravo. Essa profecia se cumpriu em 70 d.C., quando o templo de Jerusalém foi destruído pelos exércitos romanos, e o povo judeu foi expatriado mais uma vez. As duas destruições aconteceram no mesmo dia, no nono dia de abe. Menos de um século depois, aconteceu outro flagelo, quando os exércitos romanos sufocaram a revolta de Bar Kochba, matando mais de 100 mil judeus, uma calamidade que culminou com a destruição da cidade de Betar, também no nono dia de abe. Durante a Idade Média, as Cruzadas varreram do mapa milhares de judeus. As Cruzadas começaram em 15 de agosto de 1096, o nono dia de abe. Em 1290, os judeus foram expulsos da Inglaterra, e essa catástrofe começou com a assinatura do decreto de expulsão em 18 de julho, o nono dia de abe. Em 1492, os judeus foram expulsos da Espanha, sendo 2 de agosto a data final, o nono dia de abe. O antigo mistério se manifestou repetidas vezes desde a queda de Jerusalém, em 586 a.C., até a Solução Final da Alemanha nazista.

— Mas tudo isso não tinha sido profetizado desde os tempos da Lei no monte Sinai? — perguntei.

— Sim — disse o professor. — E o que isso revela?

— Que Deus é real — respondi. — A Palavra dele é verdadeira, e devemos prestar muita atenção.

— Está certo — disse ele. — E o Messias não apenas advertiu acerca do que aconteceria, como também chorou por causa disso, como um pastor que chora por suas ovelhas que se dispersaram. Mas as lágrimas do Messias vão secar quando as ovelhas voltarem para o Pastor, e o mistério do nono dia de abe chegar ao fim.

A missão: O Messias chorou por seu povo. Compartilhe o coração do Messias com as pessoas e ore pelo povo judeu, por sua redenção e pelo retorno ao Pastor.

Lamentações 1.1,17; Ezequiel 11.17; Lucas 19.41-44; 21.24

Jonathan **Cahn**

212º DIA — O SEGREDO DA RESISTÊNCIA

ERA DE MANHÃ BEM CEDO. O Sol ainda nem tinha se erguido, e também eu nunca teria me levantado se o professor não programasse nosso passeio para aquela hora. Conforme caminhamos pela área da escola, chegamos a um espaço aberto onde muitos estudantes faziam seus exercícios matinais.

— Observe aquele ali — disse o professor, apontando para um aluno que se exercitava com pesos e sob muita pressão. — Ele está levantando pesos. Por quê?

— Para ficar mais forte — respondi.

— O princípio da resistência. O homem resiste ao peso ao exercer a própria força contra ele, e essa resistência faz que ele fique cada vez mais forte. Com Deus também acontece isso.

— O que quer dizer?

— Deus chama cada um de nós para ficar mais forte, mais forte na fé, na justiça, no amor, na alegria, na esperança, na paciência, na paz, na perseverança e na religiosidade. Como é que você fica mais forte?

— Não é levantando pesos.

— É, sim — disse ele. — Você se torna mais forte ao fazer exatamente isso.

— Como assim?

— O que faz o halterofilista ficar mais forte? A resistência. E o que faz você ficar mais forte naquelas coisas? A resistência. Quando se exercita nas qualidades de Deus sob uma grande resistência, você se torna mais forte.

— Mas com quais pesos?

— Os pesos correspondem a tudo que vai contra o movimento do que devia se tornar mais forte. Assim, o que vai contra o amor é o peso, a resistência que capacita o amor de se tornar mais forte. Quando é muito difícil amar e mesmo assim você ama, seu amor se fortalece. Quando as circunstâncias não conduzem à alegria e mesmo assim você se alegra, sua alegria aumenta. Quando é difícil demais fazer o que é certo e você o faz mesmo assim, quando é difícil ter esperança e apesar disso você espera, quando é difícil demais ser santo e você rejeita o profano, quando você tem vontade de desistir e mesmo assim continua, quando o Inferno todo se ergue contra você e mesmo assim você brilha com a luz celestial, tudo isso o fortalece em Deus e em todas essas coisas. Portanto, não menospreze a resistência, mas agradeça por ela e aproveite ao máximo. Use todas as escalas de resistência para exercitar o bem, pois são os pesos do seu treino que podem fazer de você um dos poderosos.

A missão: Hoje, adote a resistência. Busque o que pode desafiar você, o que pode fazer você se desenvolver, crescer e se fortalecer no Senhor.

Romanos 5.3-5; Tiago 1.2-4

213º DIA — A MATRIZ

NAQUELA NOITE, estávamos lá fora, fazendo o que gostávamos de fazer: olhar as estrelas.

— Sua vida começou na escuridão — disse o professor —, na escuridão do ventre, e então aquilo era tudo que você conhecia, toda a sua vida, seu mundo inteiro. Se alguém lhe pedisse para descrever a vida naquele momento, você a descreveria como algo escuro, quente e molhado. E se alguém tentasse lhe dizer que a vida era mais que isso, que havia outra vida, outro mundo fora do ventre, com estrelas e pastos, flores e rostos, castelos de areia e paisagens ensolaradas, o que você teria pensado?

— Imagino que eu teria de acreditar, embora não fosse capaz de compreender.

— Mas haveria uma maneira de você saber que essa outra vida, esse mundo além do ventre, realmente existia? Que prova você teria, dentro do ventre, do que havia além do ventre?

— Não sei.

— Você — disse o professor. — *Você* seria a prova... você, habitando a escuridão, ainda que seus olhos tenham sido criados para ver cores e luz; sem chão para caminhar, mas com pés criados para correr; sem ar para inalar, mas com pulmões criados para inspirar o ar e uma laringe para falar expirando o ar; sem a mão de alguém para segurar, mas com duas mãos criadas para segurar e ser seguro pela mão de outrem. Você mesmo seria a prova da vida além da sua vida no ventre e do mundo além do seu mundo. Seu ser era a prova de um mundo ainda por vir, mesmo assim você estava cercado por um mundo tão menor que não conseguiria dar a resposta que estava dentro de você.

— E isso revela que...

— Quando você ouve falar de um mundo além deste mundo e de uma vida além desta vida, quando ouve falar do Céu, você está ouvindo como uma criança no ventre, pois nunca os viu nem tocou. Apesar disso, tudo que existe em você foi criado para conhecer esse mundo, para viver nele: você tem um coração criado para um amor perfeito e incondicional, uma alma que anseia o que é eterno, um espírito que almeja habitar um lugar onde não haja morte nem medo, lágrimas, trevas e maldade. No entanto, você vive em um mundo de imperfeições, de corrupção, de dor, de maldade, de escuridão e de ausência de amor. Assim como era no útero, também este mundo jamais poderá responder aos anseios do seu coração ou ao propósito para o qual foi criado. E cada lágrima, cada tristeza, cada decepção, cada anseio insatisfeito é só um lembrete de que você não está em casa, mas foi criado para algo maior, para ser um filho dos Céus, e de que esta vida é apenas o começo da vida verdadeira e a matriz do mundo que está por vir.

A missão: Pegue todos os anseios, necessidades e desejos não satisfeitos de sua vida e direcione-os do mundo terreno para o celestial.

Salmos 139.13-16; Romanos 8.22

THE MATRIX WORLD

Jonathan **Cahn**

214º DIA — A REDENÇÃO GREGA

O PROFESSOR LEVOU-ME à Câmara dos Pergaminhos e ali tirou um pergaminho da prateleira, abriu no início e me deu alguns minutos para examiná-lo.

— Lembra-se do que falei sobre a aliança abraâmica?

— Sim, que as nações ou civilizações que abençoam o povo judeu serão abençoadas e as que o amaldiçoam serão amaldiçoadas.

— É a lei da reciprocidade — disse o professor. — O que as nações ou civilizações fazem a Israel será feito a elas. Foi a civilização grega que travou uma guerra total contra Deus, a Bíblia, a lei de Moisés e a aliança e contra tudo que fosse bíblico e judeu. Os gregos colocaram estátuas de seus deuses no templo de Jerusalém e por todo o Israel e ordenaram aos judeus que os adorassem. Todo judeu que fosse pego acatando a lei de Moisés seria morto, os pergaminhos que continham a Palavra de Deus foram queimados, e parecia que a fé bíblica seria destruída. No entanto, contra todas as probabilidades, o povo judeu expulsou os invasores gregos, e o templo de Jerusalém foi restaurado.

— O Ḥănukâ — eu disse.

— Sim, o Ḥănukâ. Mas a aliança abraâmica decreta que o que você faz a Israel será feito a você. No primeiro século da nossa era, a mensagem de salvação do Messias judeu partiu de Israel para todas as nações, especialmente para os gregos. Como a civilização grega já havia tentado erradicar a civilização judaica, agora era a civilização judaica que transformava a civilização grega. Como o paganismo grego foi usado para substituir a fé bíblica, agora a fé bíblica substituiria o paganismo grego. Como os gregos deixaram o templo de Jerusalém vazio, agora eram os templos gregos e seus deuses que seriam abandonados por homens e mulheres daquela civilização que se voltavam para a fé no Deus de Israel. E como o idioma grego foi usado para apagar a revelação das Escrituras, agora a língua grega seria usada para levar a revelação das Escrituras ao mundo.

Assim dizendo, o professor começou a ler o pergaminho:

— *"Bíblos genéseōs 'Iēsoū Chistoū huioū Davíd huioû 'Abraám".*

— O que isso quer dizer?

— "Registro da genealogia de Jesus Cristo, filho de Davi, filho de Abraão". O próprio fato de as Escrituras da Nova Aliança estarem escritas em grego é um testemunho desta verdade: tudo que o Inimigo usa para o mal e para a destruição, Deus usa para o bem, para preservar e salvar, neste mundo, na história judaica e na sua vida, absolutamente tudo. Portanto, faça o mesmo.

A missão: Qual esfera da sua vida tem sido atacada pela obscuridade? Empregue essa obscuridade para os propósitos, para a salvação e para a glória de Deus.

Gênesis 12.1-3; Mateus 1.1; Romanos 8.28

O Livro *dos Misterios*

215° DIA — DEUS NA IMAGEM DE HOMEM

— NO DIA EM QUE MORREU — disse o professor —, o Messias foi preso, espancado, amarrado, açoitado, insultado, ridicularizado, humilhado, vilipendiado, despido, pregado em uma cruz, exposto publicamente como blasfemador e criminoso, amaldiçoado, julgado culpado e condenado à morte. Tudo isso aconteceu na sexta-feira, no sexto dia. Foi no sexto dia que Deus criou o homem à sua imagem. E agora isso aconteceu novamente no sexto dia, mas só que no sentido inverso.

— Por que no sentido inverso?

— No sexto dia, Deus criou o homem à sua imagem e também no sexto dia Deus foi criado segundo a imagem do *homem*.

— Como assim?

— No sexto dia, o dia da criação do homem, Deus fez que o homem carregasse a sua imagem, uma imagem de glória e perfeição. Então, no sexto dia, o dia da redenção do homem, o homem fez que Deus carregasse a imagem do homem caído, como alguém que também tivesse caído, como alguém culpado e banido. Tudo isso era a imagem da queda do homem. Então Deus foi julgado como blasfemador, porque a blasfêmia era o pecado do homem. O homem julgou Deus, porque o próprio homem estava sob julgamento. Como Deus tinha criado o homem à imagem da glória divina, o homem agora criou Deus à imagem da culpa e da degradação humana. Como Deus tinha criado Adão à sua imagem, agora Adão estava criando Deus à imagem de Adão, como alguém que transgrediu, foi julgado e condenado à morte, amaldiçoado e separado de Deus. Ao olhar para a cruz, você está contemplando Deus à imagem do homem.

— Por que Deus se permitiu ser tão maltratado e desprezado?

— Deus se permitiu carregar a imagem do homem para que o homem pudesse novamente carregar a imagem de Deus. Deus se permitiu carregar a imagem do homem caído para que o homem pudesse carregar a imagem do Deus ressuscitado. Então faça que seu objetivo seja viver uma vida que reflita a vida de Deus, que sua natureza seja um reflexo da natureza divina, que suas obras reflitam as obras dele, que seu coração seja um reflexo do coração de Deus. Permita-lhe criar e formar você à imagem dele, pois Deus carregou sua imagem na morte para que você, em vida, possa carregar a imagem dele.

A missão: O Messias, na morte, tomou para si sua imagem. Agora, aproprie-se da imagem dele. Viva hoje segundo a imagem e a natureza de Deus.

Gênesis 1.26-27; Mateus 27.27-37;
2Coríntios 5.21; Gálatas 3.13

Jonathan **Cahn**

216º DIA — *DÔDĒQÂ*: O DIVINO AMA

ESTÁVAMOS SENTADOS NA mureta de pedras que cercava o vinhedo da escola.

— No Cântico dos Cânticos — disse o professor —, a noiva compara o amor que sente por seu amado aos vinhedos. O vinho era um símbolo do prazer terreno e, quando fala com o amado, ela diz: "As suas carícias são mais agradáveis que o vinho".

— No fim das contas, Cântico dos Cânticos fala sobre Deus e nós; a noiva nos representa, e o amado representa Deus.

— Está certo — disse ele. — Então o que isso quer dizer?

— Que o amor de Deus é melhor que qualquer prazer terreno.

— Sim e mais alguma coisa: por trás da tradução há uma revelação que só pode ser encontrada no idioma original. Em hebraico, está escrito desta maneira: *Kî-ṭôvîm dōveyk mîāyin*, que pode ser traduzido por: "Seu amor é melhor que o vinho". No idioma original, porém, a noiva diz: "Seu *dôdēqâ* é melhor que o vinho".

— E o que significa *dôdēqâ*?

— Não é "seu amor". *Dôdēqâ* significa "seus amores": "*Seus amores* são melhores que o vinho". O que isso revela?

— Que o amor de Deus não é só o amor de Deus, mas os *amores* de Deus.

— *Dôdēqâ* significa que Deus o ama tanto que isso não pode ser descrito nem contido sem escapar ao idioma. Significa que a palavra "amor" não pode expressá-lo adequadamente, que Deus não só tem amor por você, mas muitos amores. Quando você precisa de misericórdia, ele o ama com um amor misericordioso; quando você precisa de forças, ele o ama com um amor encorajador; quando você é ferido, ele o ama com um amor delicado; quando você precisa do amor de um amigo, ele o ama como amigo; quando você precisa ser erguido nos braços dele, ele o ama com a compaixão de um Pai amoroso. O amor de Deus por você é grandioso. Ele o ama hoje não com o amor de ontem, mas com um amor para hoje, um amor que se renova todas as manhãs. Portanto, você deve procurar não só conhecer o amor de Deus, mas também conhecer os *amores* de Deus. Você nunca pode se apoiar no amor que conheceu ontem nem no amor já conhecido antes, mas deve procurar a cada dia conhecer os *amores* que Deus tem por você: o amor novo, o amor recente, o amor surpreendente, o amor eterno. É esse amor, o amor dele, que é melhor, muito melhor que qualquer alegria terrena, pois seus amores são melhores que o vinho.

A missão: Procure neste dia conhecer não só o amor, mas os *amores* de Deus, os sempre novos e infinitos amores do seu amado por você.

Salmos 63.3-6; Cântico dos Cânticos 1.2; Efésios 3.18-19

217º DIA — MULHER-ESTRELA

O PROFESSOR LEVOU-ME ao alto de uma colina naquela noite, em cujo cume havia uma árvore.

— É uma murta — disse o professor. — Você pode encontrá-la em montanhas e colinas, ela se dá bem em lugares altos. Agora olhe para a murta e me diga: o que você vê?

— Estrelas.

— A murta cresce sob os céus, e a estrela existe como parte dos céus. Uma estrela é certamente muito maior que uma murta.

Ele parou por um instante e depois continuou:

— Houve uma mulher certa vez que foi tirada da obscuridade e colocada em um lugar alto, como uma murta, mas ela receava perder aquela posição elevada. Olhe para as estrelas — disse ele, como se estivesse abandonando a história. — As estrelas fazem o que as murtas não conseguem fazer: elas brilham. E você sabe por que brilham? Porque elas queimam, se consomem, como uma vela; já desistiram da própria essência, e por isso brilham. Então o brilho de uma estrela é um autossacrifício, pois elas devem se sacrificar para brilhar, para se tornarem estrelas.

— E a história — eu disse —, a mulher que era como uma murta?

— Ah, sim — ele respondeu, como se tivesse esquecido o assunto. — A mulher. Ela não só se parecia com uma murta, com também era esse o nome dela, pois era chamada *Hadassa*, que coincide com o termo hebraico para murta. Hadassa, uma garota órfã, foi elevada ao trono da Pérsia, uma murta colocada em um lugar alto. Mas chegou o dia em que teve de escolher entre manter sua posição elevada ou arriscar tudo, até a vida, para fazer o certo e salvar seu povo. Ela acabou optando por fazer o certo e disse assim: "Se eu tiver que morrer, morrerei". E é nesse momento, quando ela oferece a própria vida, que sua vida se torna uma das grandezas.

— Como uma estrela — disse.

— Hadassa tinha outro nome — continuou o professor. — Chamava-se Ester. Você sabe o que esse nome significa? Significa "estrela". Ela nasceu para aquele momento, mas só quando se dispôs a sacrificar a vida para fazer o certo, a fim de salvar o povo, sua vida se tornou uma luz e ela se tornou a estrela para a qual nasceu e foi chamada a ser. Aprenda com ela — disse o professor. — E aprenda com as estrelas. Viva para preservar sua vida, e irá habitar a escuridão, mas viva para entregar sua vida, e ela se tornará uma grandeza, uma luz brilhando na escuridão, uma estrela acima das murtas.

A missão: Viva este dia como uma luz celestial, viva como um sacrifício vivo, um presente entregue aos propósitos de Deus, e irá brilhar como as estrelas.

Ester 2.7; 4.16; Daniel 12.3; Mateus 10.39; Filipenses 2.16

THE POWER OF PERISHING

Jonathan **Cahn**

218º DIA — O PIDYÔN HABĒN

O PROFESSOR LEVOU-ME à Câmara dos Receptáculos, onde encontrou uma pequena bolsa de tecido, cheia de moedas antigas. Então ele esvaziou a bolsa sobre a mesa de madeira e começou a explicar;
— Na época do templo, essas coisas eram usadas em uma cerimônia chamada *Pidyôn Habēn*.
— E o que era?
— A expressão significa "redenção do filho". Os primeiros frutos ou primogênitos do ventre eram considerados sagrados e pertencentes ao Senhor. Os cordeiros primogênitos eram oferecidos como sacrifícios, mas os primogênitos de Israel pertenciam ao templo e ao sacerdócio. Assim, eles deveriam ministrar para Deus, a menos que fossem redimidos pelo pai, que pagava o preço de um resgate em moedas de prata aos sacerdotes do templo, o *Pidyôn Habēn*. Na prática, todo filho primogênito de Israel era redimido, caso contrário pertenceria aos sacerdotes e ao ministério do templo. Há dois mil anos, quando a Páscoa se aproximava, os sacerdotes do templo conspiraram para matar o Messias, cooptando um dos discípulos a entregá-lo no momento combinado. Como? Pagando a ele 30 moedas de prata. De onde vinham essas moedas? Do tesouro do templo, o tesouro que por muito tempo recebeu as moedas de prata para o *Pidyôn Habēn*. Agora, pela primeira e única vez na história, o sacerdócio estava devolvendo o dinheiro para comprar uma vida humana. E o Messias era o filho primogênito de Israel. Os sacerdotes estavam, de fato, devolvendo o resgate do *Pidyôn Habēn*. Estavam retomando o filho primogênito e o Filho primogênito de Deus.
— E agora o Messias se torna propriedade dos sacerdotes.
— Sim. E o que mais o *Pidyôn Habēn* fez? Libertou o primogênito do ministério. Se os sacerdotes devolvessem as moedas de prata, o filho deveria assumir seu ministério, então o Filho de Deus assumiu seu sacerdócio e, consequentemente, iria oferecer o sacrifício final.
— E, se o primogênito for um cordeiro — eu disse —, então não há redenção, pois o cordeiro deve ser sacrificado. E o Messias é o Cordeiro. Por isso, o dinheiro da redenção é devolvido, e o Cordeiro de Deus é sacrificado.
— Sim — disse o professor — para o *Pidyôn*, para o resgate de todos os que serão redimidos.

A missão: O Messias é seu *Pidyôn Habēn*, a redenção e o resgate da sua vida. Viva como um resgatado, um redimido, livre e agradecido ao amor.

Números 3.44-48; Mateus 26.14-16

THE PIDYON MYSTERY

219° DIA — DOS DIAS DE SEMPRE

AMANHECIA. TÍNHAMOS PASSADO a noite no topo de uma montanha do deserto e, embora o Sol ainda não estivesse visível, já conseguíamos enxergar o brilho vermelho-alaranjado a distância.

— Alguma vez você se perguntou sobre o amor de Deus — quis saber o professor —, se esse amor por você vai durar, se vai sobreviver aos seus pecados ou se seus pecados irão exauri-lo? Já se perguntou sobre a fidelidade de Deus para com você, se ela sempre estará lá, se irá se manter com você, independentemente do que aconteça?

— Acho que já — respondi.

— Está escrito em Salmos: "A misericórdia do Senhor é desde a eternidade e até a eternidade sobre aqueles que o temem".[1] A palavra traduzida por "misericórdia" corresponde ao termo hebraico *ḥesed*, que fala não só do amor compassivo e misericordioso de Deus, mas também do amor *leal*, o amor que não abandona você. Mas o que isso diz sobre esse amor é incrível: "A misericórdia do Senhor é desde a *eternidade* e até a *eternidade* sobre aqueles que o temem". Percebe o que isso está dizendo? Que esse amor compassivo e fiel por você provém *da eternidade*. Em outras palavras, não é de agora que Deus ama você, pois ele já o amava antes de você existir.

— Como? — perguntei.

— Ele é Deus, e Deus não o conhecia antes de você existir? Um ano antes de você existir? Dez anos antes de você existir? Ele sempre conheceu você. Anos antes de você existir, ele já o conhecia. E, se ele o ama agora, não podia ter sido diferente então. Deus amou você, compassiva, misericordiosa e fielmente desde a eternidade. Há quanto tempo ele ama você? Há uma eternidade! Ele amou você desde sempre. O amor dele por você já durou uma eternidade! Já viajou uma eternidade para chegar até você.

— Mas como esse amor já podia ter chegado até mim?

— Você não pode compreender a eternidade — disse o professor — nem compreender esse amor; só pode saber que o amor de Deus por você é maior que a eternidade. Também pode saber a resposta a esta pergunta: o amor de Deus por você vai cessar ou desistir? A resposta é não. O amor de Deus por você já atravessou o caminho da eternidade, já durou para sempre, pois o amor de Deus, para você que o teme, é de eternidade a eternidade, desde sempre e para sempre.

A missão: Reflita sobre o amor que Deus tem por você, que já durou uma eternidade e que não irá cessar nem faltar a você agora, e viva segundo esse princípio.

Salmos 103.17; Jeremias 31.3; Miqueias 5.2

THE FROM FOREVER REDEMPTION

---

[1] Almeida Corrigida e Revisada Fiel.

Jonathan **Cahn**

220° DIA — O DIA DO *MATTĀN*

O PROFESSOR LEVOU-ME a uma sala enfeitada com cortinas feitas de véus que serviam de separação para dividir o espaço em várias câmaras menores. No chão, almofadas e tapetes representavam o que pareciam desenhos do Oriente Médio. Sentamos em uma das câmaras, onde havia um baú pequeno de metal, todo ornamentado. Abrindo o baú, ele tirou um objeto que parecia um colar de pedras preciosas bem coloridas, todas unidas em uma trama dourada.

— Nos tempos antigos — disse o professor —, no período do noivado, quando os noivos moravam em casas separadas, preparando-se para o casamento, o noivo podia enviar um presente à noiva. Era chamado *mattān*.

— E *mattān* significa...

— "O presente" — disse ele. — O *mattān* era um sinal do amor do noivo pela noiva e servia para animá-los naqueles dias de separação e para garantir à noiva a promessa do noivo, uma garantia de sua fidelidade, uma promessa de futuro. No caso de um *mattān* de joias, como esta, também servia para embelezá-la e prepará-la para o dia do casamento.

Ele me passou o *mattān* para que eu pudesse examiná-lo.

— Uma vez por ano no calendário bíblico, Israel celebrava a dádiva da Lei no monte Sinai. A Lei era considerada um presente de Deus para seu povo. A celebração era conhecida como o Dia do *Mattān*, ou o Dia do Presente. Qual era o dia do *Mattān*? Era a festa de *Shāvu'ôt*.

— O Pentecoste!

— Sim, o Pentecoste, o Dia do *Mattān*, o Dia da Dádiva do Presente. E assim foi em *Shāvu'ôt*, no Pentecoste, o Dia do Presente, que Deus concedeu o dom do Espírito. E não era apenas o Dia do Presente, mas, em hebraico, o Dia do *Mattān*. O que isso significa?

— Significa que o Espírito é o *Mattān* — respondi —, o presente que o Noivo dá à noiva.

— Sim — disse o professor. — O Espírito foi dado como sinal do amor do Noivo pela noiva, para nos animar durante nosso noivado e separação, para nos garantir a promessa dele, para nos abençoar, nos fortalecer e embelezar. É a garantia da fidelidade dele e a promessa de futuro. O Espírito é o *Mattān* do amor do Noivo pela noiva.

A missão: Hoje, exercite-se para viver no poder do *Mattān*, entrando no Espírito e se tornando mais belo, forte e preparado para o Dia do Casamento.

Gênesis 34.12; Lucas 11.13; Atos 2.1-4; 2Coríntios 1.22; 5.5

221º DIA — A CASA DO DESAPROPRIADO

ESTÁVAMOS OBSERVANDO OS operários darem início à construção de um prédio novo para a escola, enquanto preparavam as primeiras fundações.

— O povo judeu foi chamado para construir a casa e o Reino de Deus — disse o professor. — Os judeus são construtores de casas e reinos, pois, com Deus ou sem Deus, eles foram ungidos como construtores e desempenharam um papel central na edificação de grandes casas e reinos da humanidade. Na era moderna, a maioria das pessoas já morou em duas casas neste mundo: a casa do capitalismo e a casa do comunismo. O povo judeu teve um papel central na construção de ambas as casas, como também na construção de grandes casas e reinos da humanidade, nas residências de cada país, na economia, na cultura e nas ciências, nas moradias do próprio mundo moderno. E repetidas vezes outro mistério se manifestou. Esses construtores foram expulsos das próprias casas que construíram, desapropriados por outros povos, expulsos de seus lares em vários países, de seus lugares na casa do capitalismo e na casa do comunismo e de qualquer outra casa que tenham construído.

— Por quê? — perguntei.

— Milhares de anos atrás, o livro de Deuteronômio fez uma advertência e profetizou sobre o que aconteceria se os filhos de Israel se afastassem de Deus e de seus caminhos: "Construirá uma casa, mas não morará nela".

— Mas então em que casa eles deviam morar?

— Existe uma — disse o professor. — Eles começaram a construí-la há dois mil anos, mas depois deixaram de morar ali. E, desde que deixaram tal casa para trás, nunca mais encontraram outra.

— Qual casa?

— A casa mais universal e mais abrangente da história humana, a maior casa que o povo judeu já construiu, chamada Igreja, a *qehilâ*, a casa que Deus criou por intermédio dos judeus e na qual pessoas do mundo todo vieram morar. Quando voltarem para essa casa, eles finalmente irão se sentir em casa e estarão em uma casa de onde nunca serão expulsos. E o mesmo vale para todos nós. É a única casa em que podemos morar para sempre, da qual nunca seremos desapropriados.

A missão: Hoje, busque morar cada vez mais na vontade perfeita de Deus, da qual você não pode ser desapropriado. E ore pelos filhos de Israel.

Deuteronômio 28.30; Lucas 13.34-35;
2Coríntios 5.1

Jonathan **Cahn**

222º DIA — O MISTÉRIO DE ḤAWÂ

NO MEIO DA TARDE, eu e o professor estávamos sentados em um dos jardins da escola, onde havia uma variedade especialmente ampla de árvores frutíferas.

— Em Gênesis, está escrito que Deus falou que não era bom o homem ficar sozinho e que lhe criaria uma ajudante adequada. Então Deus fez que Adão caísse em um sono profundo. Enquanto ele dormia, Deus abriu seu peito, retirou uma costela e, dessa costela, criou a mulher.

— Eva — eu disse.

— Sim, mas o nome verdadeiro dela era Ḥawâ, e foi criada para ser a mulher de Adão, para auxiliá-lo no trabalho do jardim e para ser sua companheira. Mas Adão caiu, e o Messias veio para desfazer sua queda e trazer a redenção. E, para isso, teve de vir à semelhança de Adão, como um segundo Adão. Então uma pergunta: se o Messias é o segundo Adão, onde está a segunda Eva? Onde, na redenção, está a Ḥawâ?

— Nunca ouvir falar de nenhuma Ḥawâ nos relatos do Novo Testamento — respondi.

— Deus fez Adão cair em sono profundo. Nas Escrituras, o sono é um símbolo da morte. Então Deus fez que o segundo Adão também caísse em sono profundo, um sono de morte. E, com a morte do Messias, no sono do segundo Adão, alguém nasce. Quem nasceu no sono do segundo Adão, com a morte do Messias?

— Nós nascemos — eu disse. — Pela morte do Messias, nós nascemos de novo.

— E como Ḥawâ nasceu?

— Pela abertura do peito de Adão.

— Na morte do Messias, também o peito dele foi aberto, o coração dele foi perfurado através das costelas. E, assim como aconteceu com Ḥawâ, a Igreja também nasceu do peito de Deus. E o que é a Igreja? A noiva do Messias, sua Ḥawâ. E nisso reside o mistério. Você nasceu de novo para ser Ḥawâ, ajudante de Deus, para auxiliá-lo a executar suas obras e seus propósitos na Terra.

— E qual o significado do nome Ḥawâ?

— Esse nome vem do termo hebraico para "vida". Significa "o doador de vida", "aquele que traz vida". Foi Ḥawâ quem deu à luz os filhos de Adão, que os trouxe à vida, ao mundo. Então deve ser por meio da segunda Ḥawâ que a vida, o amor e a salvação de Deus nascerão agora para o mundo. É nosso mistério, pois somos a Ḥawâ de Deus.

A missão: Viva hoje como Ḥawâ, como ajudante de Deus para realizar seus propósitos na Terra, e como aquele que gera a vida de Deus no mundo.

Gênesis 2.18-24; Efésios 5.31-32

223º DIA — O IMPULSO-CHAVE

ESTÁVAMOS NO MEIO DE UMA pequena planície quando o professor me passou uma instrução inesperada.

— Pule — ele disse. — Não para cima nem para baixo, mas para frente. Vá o mais longe que conseguir.

Assim fiz, mas não foi nada impressionante; alcancei pouco mais de um metro. O professor, então, traçou duas linhas: a primeira onde comecei e a segunda onde aterrissei.

— Agora, recue quanto quiser, corra bem rápido e salte o mais longe possível.

Agora, sim, esse segundo salto foi bem mais impressionante que o primeiro.

— Por que o segundo salto foi melhor que o primeiro? Vou resumir em uma palavra: impulso. Para lançar uma flecha, o arqueiro deve antes puxar a flecha para trás usando o arco. Para forçar a abertura dos portões do castelo com o aríete, a turba enfurecida deve primeiro se afastar do portão para depois ir contra ele. De certa forma, todos se afastam para ganhar impulso. Sem impulso, o saltador não pula, a flecha não é lançada e os portões do castelo não se abrem. E isso vale tanto para o reino físico quanto para o reino espiritual. Se você quiser fazer progressos no reino físico, vai precisar de um impulso físico. E, se deseja progredir no reino espiritual, precisará de um impulso espiritual.

— Mas como se transporta uma lei da física para o reino espiritual?

— Para conseguir o impulso físico, você precisa de um movimento contínuo e diligente. Se parar no meio do caminho até os portões do castelo para começar de novo, a turba enfurecida perde o impulso e os portões não vão se abrir. Da mesma forma, se você não for diligente na caminhada com Deus, se ficar indo para trás e para frente, se parar e começar, parar e começar de novo, se não mantiver um movimento contínuo, perderá o impulso espiritual e não conseguirá fazer o que foi chamado a fazer nem verá as bênçãos e os progressos que deveria ver. Então faça que seu objetivo agora seja tornar-se ainda mais diligente, persistente e resoluto na sua caminhada, na sua justiça, na pureza, nas orações, no louvor, na alegria, no amor e na santidade, e assim ganhará o impulso espiritual. Depois prossiga com esse impulso e aumente-o, permita-se um impulso que leve você a um avanço maior. Então os portões se abrirão, os muros cairão e você viverá a vida de vitória, poder e progresso que foi chamado a viver.

A missão: Aplique hoje o conceito de impulso-chave, evitando a indecisão e as paradas; continue no movimento diligente para o divino e em seu progresso.

1Coríntios 9.24-27; Filipenses 3.13-14; Hebreus 12.1-2

Jonathan **Cahn**

224º DIA O PARADOXO DE JACÓ

— O PARADOXO DE JACÓ — disse o professor. — Jacó foi abençoado por fazer tudo que podia para receber a bênção. Mesmo assim, pelo modo como a recebeu, tal bênção poderia nunca ser recebida, só tempos depois. Quando estava prestes a dar a bênção a quem pensava ser Esaú, o primogênito, Isaque disse: "Quem é você?", e Jacó respondeu ao pai: "Sou Esaú". Portanto, Jacó não disse quem *era*, Jacó, mas quem *não era*, Esaú, e assim suplantou o irmão e se tornou "o suplantador".

— E por que isso é um paradoxo?

— Porque o nome Jacó, ou *Yakôv*, significa "aquele que suplanta". Então *não sendo* Jacó, o suplantador, ele *se tornou* o suplantador, Jacó; não confessando o próprio nome, ele se tornou aquilo que o nome confessava ser: o suplantador. Agora, se ele recebeu a bênção destinada a outro, como a bênção podia ser verdadeiramente recebida? Ele passaria a vida lutando, se esforçando e fugindo, até finalmente ficar frente a frente com a verdade, até a noite em que lutou com Deus e implorou que Deus lhe concedesse a bênção.

— Da mesma forma que buscou a bênção do pai anos antes.

— Sim, mas foi então que Deus lhe perguntou: "Qual é o seu nome?".

— Assim como o pai, antes de abençoá-lo, também tinha perguntado.

— Dessa vez, porém, foi diferente. Dessa vez, ele respondeu: "Jacó".

— Que significa "aquele que suplanta". Mas agora ele não era o suplantador.

— O segundo paradoxo — disse o professor —, o paradoxo reverso. Ao apresentar-se como quem era, Jacó, o suplantador, ele deixou de ser o suplantador, Jacó. Foi então que Deus disse: "Seu nome não será mais Jacó, mas sim Israel". Só depois que Jacó se apresentou como Jacó foi que pôde deixar de ser Jacó e tornar-se Israel, então a bênção se completou. Veja que você jamais pode ser abençoado apresentando-se como quem não é, mas apenas como quem é, mesmo quando o que você é não é o que deveria ser. Deus não pode abençoar um falso santo, mas *pode* abençoar um verdadeiro pecador. Então, para receber sua bênção, apresente-se a Deus como você é, com todos os seus pecados e defeitos, sem fingimento nem disfarces. E assim estará livre, não mais amarrado a quem era. E sua bênção será dada, e seu nome… bem, seu nome não será mais Jacó.

A missão: Apresente-se a Deus hoje como quem você é, sem disfarces nem fingimento, confessando o que deve confessar, e então receba sua bênção.

Gênesis 27.18-19; 32.27-28; Salmos 32.1-6;
Hebreus 4.16; Tiago 4.8

225º DIA — A *BRÎT ḤĂSĀSHÂ*

ESTÁVAMOS DE PÉ NO meio de um dos jardins quando o professor caminhou até uma árvore e tirou um fruto de um dos galhos, um fruto redondo, vermelho e com uma coroa no topo. Eu sabia que já o tinha visto, mas não consegui identificá-lo.

— É uma romã — ele disse, colocando a fruta na minha mão —, recém-colhida do pé. Você sabe de onde vem a nova aliança? Das Escrituras hebraicas, do livro de Jeremias, em que Deus diz a Israel: "Estão chegando os dias [...] quando farei uma nova aliança com a comunidade de Israel e com a comunidade de Judá". Então por que essa aliança é chamada "*nova* aliança"?

— Porque veio depois da antiga aliança e, portanto, é uma aliança recente.

— Mas isso aconteceu há muito tempo — disse ele. — Se fosse apenas nova por causa de quando chegou, então agora, milhares de anos depois, não seria mais nova aliança. Deve haver um motivo a mais para isso. A resposta está em suas mãos.

— É por causa de uma romã?

— O hebraico original não diz "nova aliança", e sim *"brît ḥădāshâ"*, e o termo *ḥădāshâ* não fala de um ponto no tempo, mas de um estado da existência, pois significa novo e fresco, como é fresca essa fruta em sua mão. Portanto, a expressão pode ser traduzida por "a aliança da renovação" ou "a aliança do frescor". A nova aliança é nova, mas não originariamente por causa de *quando ela veio*, e sim em razão do *que ela é*. Sua natureza é ser nova, é estar fresca.

— Então a nova aliança é tão nova agora quanto há milhares de anos, quando se iniciou.

— Exatamente — respondeu o professor. — Independentemente de quanto tempo você participa da nova aliança, ela nunca envelhece, continua tão nova quanto no dia em que você a aceitou pela primeira vez.

— E se não for mais algo novo para algum seguidor?

— Se não for mais algo novo, então não é a nova aliança. A única maneira de conhecer a nova aliança é conhecê-la recentemente, de forma renovada, todos os dias da sua vida. Ela deve ser sempre nova para você. Se assim for, sempre renovará sua vida, e você irá sempre caminhar na renovação da vida, sempre jovem, sempre no frescor da presença de Deus, pois a nova aliança é a aliança da renovação, a aliança sempre refrescante, a aliança da *ḥădāshâ*.

A missão: Volte para a *ḥădāshâ*. Receba de uma nova maneira o amor, a graça, a verdade e a salvação que são sempre novos, e sinta-se renovado.

Jeremias 31.31-32; Efésios 4.24;
Apocalipse 21.5

Jonathan **Cahn**

226º DIA PANELAS DO PARAÍSO

O PROFESSOR LEVOU-ME à cozinha, onde todas as refeições servidas na escola eram preparadas. Pensei que fosse apenas uma parada a caminho do local de ensino.

— Esta será nossa sala de aula hoje — disse ele. — Não parece muito apropriada, pois não se esperaria que nada de muito profundo saísse da cozinha da escola.

Assim dizendo, ele caminhou até um armário, tirou uma panela e a colocou em cima da mesa.

— É só uma panela. Mas olhe aqui.

Ele a virou para que eu pudesse ver o outro lado. Do lado de baixo, havia letras cunhadas no metal.

— É hebraico — disse o professor.

— O que está escrito?

— *Qādôsh L'YHWH*, que significa "Separado para o Senhor", as mesmas palavras inscritas na coroa dourada do sumo sacerdote.

— Não seria um sacrilégio?

— No fim das Escrituras hebraicas — disse ele —, há uma visão de como será a vida nos dias em que o Reino de Deus estiver na Terra. Está escrito: "Naquele dia, estará inscrito nas sinetas penduradas nos cavalos: 'Separado para o Senhor'. [...] Cada panela de Jerusalém e de Judá será separada para o Senhor dos Exércitos". Você percebe quanto isso é radical? Os utensílios sagrados só podiam ser encontrados no templo, pois tudo que estivesse fora dele era mundano ou profano. No Reino de Deus, porém, as palavras sagradas da coroa do sumo sacerdote serão escritas nas sinetas dos cavalos. A sagrada glória do templo estará em toda cozinha e em cada panela. Tudo será preenchido com a santidade de Deus e transbordando de glória. E nisso reside o segredo de viver uma vida celestial.

— E qual é o segredo?

— Consagrar ao Senhor todas as esferas da sua vida, do seu trabalho; o trabalho diário, execute-o como um ministério; sua casa, habite-a como se estivesse no templo. Quando puser o lixo para fora, faça isso como se você fosse um sacerdote realizando o sagrado ministério em local sagrado. E, quando se deitar para dormir, deite-se como se estivesse na sala do trono celestial, cercado pela presença de Deus... e de fato estará. Traga todas as esferas da sua vida para a presença, a santidade e a glória de Deus e permita que a presença, a santidade e a glória de Deus penetrem todas as esferas da sua vida. Assim, você viverá na glória do Reino. Até suas panelas se tornarão sagradas para o Senhor.

A missão: Viva este dia como se você estivesse no Reino, fazendo que cada ação sua seja um ato santo, sagrado, na presença e na glória de Deus.

Zacarias 14.20-21; Colossenses 3.23-24

227º DIA — TĀMÎM: O IMACULADO

— VEJA — disse o professor.

Era um cordeiro pastando sob os cuidados de seu dono, um cordeiro de um branco puro e radiante, ainda mais radiante ao ser banhado por um raio de Sol: um branco radiante.

— Podia ser o cordeiro da Páscoa — disse ele.

— Por que está dizendo isso? — perguntei. — Podia ter sido qualquer cordeiro.

— Não, só um tipo certo de cordeiro.

— De que tipo?

— Um cordeiro *tāmîm*. A Lei diz que precisa ser *tāmîm*.

— E o que significa *tāmîm*?

— Significa "sem manchas", "sem defeitos", "imaculado", "inteiro", "inocente" e "perfeito". O cordeiro pascal tinha de ser *tāmîm* para libertar os hebreus do cativeiro. E o Messias é o Cordeiro da Páscoa. Se é o Cordeiro da Páscoa, então ele também deve ser o Cordeiro *tāmîm*. Por consequência, o que ele deve ser?

— Perfeito — respondi.

— E sem manchas, sem defeito, sem impureza, inocente e inteiro. O Cordeiro da Páscoa tinha de ser *tāmîm*, sem mancha nem defeito, porque todos nós somos defeituosos e maculados. Tinha de ser sem defeito, para que os defeitos do nosso passado pudessem ser removidos. Tinha de ser sem manchas, para que as manchas do nosso passado pudessem ser apagadas. E tinha de ser inocente e puro, para remover todas as impurezas da nossa vida. Assim, é do Cordeiro da Páscoa, o Messias, que recebemos o poder do *tāmîm*, o milagre do *tāmîm*, por meio do qual o culpado pode voltar a ser inocente, para que os maculados possam viver uma vida imaculada, com um passado e uma consciência sem manchas, com lembranças puras.

— E todos deviam aplicar o sangue do Cordeiro da Páscoa à própria vida.

— Sim, você também deve pôr em prática o poder do *tāmîm*, aplicá-lo a cada vergonha e impureza do seu passado, das suas lembranças, da sua consciência e da sua vida, pois como o Messias, que é imaculado, impoluto, intocado, inocente e inteiro, agora você também tem o poder de se tornar *tāmîm*.

A missão: Hoje, aplique o poder do *tāmîm* a cada impureza da sua vida, passada ou presente. Seja completo, sem manchas e *tāmîm*, exatamente como o Messias é *tāmîm*.

Êxodo 12.5; 1Coríntios 5.7;
Efésios 5.27

228° DIA — A PROCISSÃO DOS NOIVOS

— VENHA — DISSE O PROFESSOR. — O casamento vai começar!

Fomos para uma das vilas de tendas, aonde chegamos logo depois do pôr do Sol.

— Já estivemos aqui antes — disse. — Várias vezes.

— Sim. Este é o acampamento do noivo.

— Foi daqui que seguimos com ele para encontrar a noiva.

— Aquilo era o noivado — disse ele. — Os noivos não se viram desde então. Estiveram se preparando para este dia, e agora o dia chegou. Venha.

Ele me levou para o outro lado do acampamento, onde todos estavam reunidos ao redor do noivo, que vestia uma túnica festiva e usava uma guirlanda sobre a cabeça. Então a procissão começou, o noivo e seus homens à frente, o restante do acampamento seguindo trás, muitos com tochas nas mãos. Caminhamos por algum tempo até chegar ao acampamento onde a noiva estava esperando, usando trajes cerimoniais e pedras preciosas, suas donzelas ao lado e o restante do acampamento reunido ao redor delas. Os homens do noivo ergueram o noivo em uma espécie de liteira e o carregaram em uma procissão grande e alegre, com cantos, gritos e danças. E nós seguimos o cortejo.

— O noivo está trazendo a noiva para casa — disse o professor. — Primeiro, ele veio firmar a aliança, agora vem pela segunda vez a fim de levá-la para casa, ao lugar que preparou para ela. Assim também acontece com o outro Noivo.

— Deus.

— Sim — ele disse —, o Noivo dos noivos. Primeiro ele veio firmar a aliança, e virá pela segunda vez para nos levar para casa. Da próxima vez que o virmos, será nesse dia, no dia em que encerrarmos esta vida. Ele virá para nos levar para casa, o lugar que preparou para nós, onde não há mais lágrimas nem dor, onde não há mais tristeza.

Continuamos com a procissão por mais alguns minutos e voltamos à conversa.

— Olhe para trás — disse ele. — A casa da noiva já está desaparecendo. Em breve, ela não conseguirá mais vê-la. E assim também será com a antiga criação e todas as suas dores. Mas logo a noiva, como todos nós, verá a casa do Noivo, o lugar pelo qual nosso coração anseia.

— O Céu?

— O lar.

A missão: Este mundo é só a primeira casa e está fadado a desaparecer com todos os seus problemas e preocupações. Viva este dia à luz dessa realidade.

Jeremias 33.11; Mateus 25.6; João 14.2-3; Apocalipse 19.6-9; 21.1-2

229° DIA — A CAMINHO DO TOPO DO MONTE

ERA QUASE O PÔR do Sol quando chegamos ao sopé de uma montanha alta. A subida, porém, foi bastante gradual, já que a montanha se estendia por uma vasta área e se comunicava com outras montanhas, compondo uma cadeia. Ali na base havia várias trilhas, todas divergentes.

— No topo desta montanha — disse o professor —, há uma tocha plana, branca e circular. Encontre-a. Quando chegar lá, você estará no ponto mais alto. Encontre essa rocha e depois volte para cá, onde estou.

— Mas qual desses caminhos devo seguir? — perguntei.

— Esse é o desafio — disse ele. — Vou ficar esperando aqui até você voltar.

Assim, escolhi uma das várias trilhas e segui em frente. Não demorou muito para que o céu começasse a escurecer, e se tornou evidente que eu estava no caminho errado. Escolhi outro caminho, depois outro, até que por fim percebi que estava descendo. Naquele ponto, comecei a gritar no escuro chamando pelo professor. Ele gritou de volta. Acompanhando a voz dele, voltei ao sopé.

— Então — disse o professor —, acho que você não chegou lá.

— Como eu teria conseguido? — respondi. — Não sabia qual trilha seguir.

— Você não precisava saber — ele disse. — Não precisava saber nada, exceto uma coisa. Você estava muito focado em qual caminho tomar, mas esse não era o segredo. Lembra-se de quando lhe falei sobre a palavra hebraica *'ālāh*? ? Se você a tivesse aplicado, teria conseguido. O segredo era a direção: para cima. A pedra branca está no pináculo. Tudo que você tinha de fazer era escolher o caminho mais alto, sem parar. Se o caminho para de subir, então você escolhe o solo mais alto. E o ponto em que você começou ou de que lado da montanha não faria diferença. Esse simples princípio levaria você ao local exato no pináculo. Não se esqueça disso. É um dos segredos mais importantes em sua caminhada com Deus. O pináculo da montanha representa o chamado de Deus em sua vida, a vontade específica, o propósito e o plano exatos para sua vida. Como você chega lá? Você não precisa saber onde está, pois tudo que você precisa fazer é subir continuamente e escolher sempre o caminho mais alto, o solo mais alto, o passo mais alto. E, não importa por onde tenha começado, não importa onde esteja agora, você terminará no ponto exato, específico, determinado e perfeitamente escolhido por Deus, no topo, no pináculo dos propósitos dele para sua vida.

A missão: Hoje, concentre-se apenas em um percurso, em um caminho, em uma jornada, em um destino e em uma direção: para cima. Tenha como objetivo ir cada vez mais alto a cada passo.

Salmos 24.3-6,122; Provérbios 3.6;
Filipenses 3.14

230º DIA — SYNERGÓS

ESTOU CERTO DE QUE o professor tinha planejado compartilhar algo diferente naquele dia, mas fui eu quem começou a aula.

— Tenho uma pergunta a fazer — disse. — Como alguém pode corresponder às expectativas dos padrões de Deus? Como é possível atingir padrões tão elevados?

— Não se atinge — respondeu o professor.

— O que você quer dizer?

— Não se consegue isso. Não como você pensa. Como poderia?

— Não estou entendendo.

— Quem consegue corresponder às expectativas dos padrões de Deus?

— O devoto?

— Não — disse o professor. — O único que pode alcançar os padrões de Deus é Deus. E o único que pode viver uma vida de Messias é o Messias. Então como atingir os padrões divinos? Como viver uma vida divina?

Nem respondi.

— Só existe um jeito: deixar que Deus viva, deixar que Deus satisfaça os padrões de Deus, deixar que o Messias viva uma vida de Messias por meio de você.

— Mas então será a vida dele, não a minha.

— É ele *por meio* de você. É ele vivendo a vida dele por meio de você vivendo nele. Na primeira carta aos Coríntios, está escrito: "Somos cooperadores de Deus". Mas, no idioma original, o termo para "cooperadores" é *synergós*.

— E o que quer dizer?

— *Ergón* — disse o professor — significa "agir", "trabalhar" ou "fazer". E *sýn* significa "com" ou "junto"; portanto, *synergós* significa "agir em conjunto", "trabalhar com", "movimentar-se em conjunto" ou "fazer como um todo". Esse é o segredo. É impossível para você viver a vida de Deus, mas é impossível para Deus *não* viver a vida de Deus.

Portanto, o segredo não é viver de acordo com os padrões de Deus, mas deixar que Deus *viva* por meio de você. Significa deixar Deus viver na sua vida, assim como você vive na vida dele. Significa deixar Deus amar em seu amor, assim como você ama no amor dele. É de *synergós* que recebemos a palavra "sinergia". Essa é a energia da salvação, a energia de Deus e sua energia fluindo juntas como um todo, uma única energia, um único movimento, uma única vida. Como está escrito: "Fortaleçam-se […] no seu forte poder"... *synergós*.

A missão: Hoje, descubra e exercite o *synergós*, a sinergia de Deus. Mova-se no movimento dele, aja na ação dele e viva na vida dele, como um todo.

1Coríntios 3.9; Efésios 6.10; 1João 4.9

231º DIA — OS SOLDADOS DAS TREVAS E DA LUZ

O PROFESSOR LEVOU-ME através de um grande vale em direção a uma montanha do outro lado.

— Imagine — disse ele — você tendo de atravessar este vale para chegar até a montanha o mais rápido possível. Mas o vale está cheio de soldados, metade vestidos de branco e metade de preto. Conforme tenta atravessar o vale, você descobre que os soldados de branco estão ali para ajudá-lo a chegar até a montanha o mais rápido possível. Mas você logo descobre que os soldados de preto estão ali com o objetivo oposto: lutar com os soldados de branco, opondo-se a cada avanço. Por fim, depois de uma longa e árdua batalha, você atravessa e chega ao sopé da montanha do outro lado. A batalha terminou. É então que você repara em algo estranho: os soldados de preto começam a tirar a roupa preta, e debaixo dela há roupas brancas. Na verdade, os soldados de preto eram soldados de branco. Todos os soldados estavam do mesmo lado. E o objetivo final não era trazer você até o outro lado o mais rápido possível, e sim fazer que você chegasse lá no momento certo. Para que isso acontecesse, tanto os soldados de branco quanto os soldados de preto tinham de cumprir sua missão, e, embora parecesse uma guerra, ambos os lados estavam de fato trabalhando juntos para seu bem. Então qual lado estava contra você?

— Nenhum dos dois — respondi. — Ambos estavam batalhando em meu benefício.

— Exatamente — disse o professor. — E assim está escrito no livro de Romanos: "Deus age em todas as coisas para o bem daqueles que o amam, dos que foram chamados de acordo com o seu propósito". Se você ama e pertence a Deus, ele vai agir em todas as coisas da sua vida para o bem: o bem e o mal, o belo e o feio, o alegre e o triste, os problemas e os triunfos, tudo para sua bênção e seu benefício. Agora, se tanto o bem quanto o mal estão agindo para seu bem, houve algum mal?

— Não. Se até o mal está agindo para meu bem, então, no fim das contas, é um bem.

— Portanto, para o filho de Deus, para você, existem apenas duas realidades: bênçãos e bênçãos ocultas. Às vezes, as bênçãos estão muito bem ocultas, mas continuam a ser bênçãos mesmo assim. Agarre-se a isso e aprenda a enxergar e acreditar no que está oculto. E lembre-se de que só parece um campo de batalha, mas no final você vai enxergar o que sempre foi: um campo de bênçãos, onde até os inimigos mais tenebrosos, suas maiores adversidades, eram bênçãos ocultas.

A missão: Agradeça hoje por todas as suas bênçãos e por todas as bênçãos ocultas, por aquelas do passado e pelas ainda ocultas no presente.

Jeremias 29.11; Romanos 8.28

232º DIA — Jonathan **Cahn**

A RO'SH PINNÂ

O PROFESSOR LEVOU-ME por um longo caminho até as ruínas de uma construção antiga, onde apontou para uma das pedras do alicerce.

— A pedra angular — disse ele. — A pedra que começa o prédio. Lembra-se de quando conversamos sobre isso?

— O salmo 118 — eu disse —, a canção da Páscoa: "A pedra que os construtores rejeitaram tornou-se a pedra angular". O Messias, a Pedra Angular.

— Sim — disse o professor. — A expressão hebraica para "pedra angular" é *ro'sh pinnâ*, que não significa apenas "pedra angular", mas também "pedra superior", o cume.

Ele apontou para uma pedra que coroava a entrada da construção, no pináculo.

— A pedra superior — disse ele —, a pedra final, que completa a construção, para a qual todas as outras pedras conduzem e convergem. Então o Messias não é só a Pedra Angular, mas também a Pedra Superior.

— Como assim?

— A profecia da *ro'sh pinnâ* é lida na Páscoa. E foi então, na Páscoa, em sua morte, que o Messias se tornou a Pedra Superior, a pedra que marca a finalização. Foi na cruz que o Messias se tornou a Pedra Superior de um mundo caído, da maldição, da Lei, da antiga aliança e de cada pecado. E, como todas as pedras conduzem e apontam para a Pedra Superior, tudo levou ao Messias e àquele momento: todas as profecias, todas as sombras, toda culpa e todo anseio pela redenção. E, como todas as pedras convergem para a pedra superior, também no Messias tudo convergiu, o fardo do mundo, o peso de todo pecado, o peso de todo mal e o julgamento de Deus. A pedra superior é a que finaliza o trabalho. Foi aí, no momento da sua morte, que o Messias disse: "Está consumado!". E, para toda vida que vem a ele, o Messias se torna a Pedra Superior, o fim dos pecados, a consumação do passado e a conclusão de tudo que estava faltando.

— Mas como ele pode ser tanto a Pedra Angular quanto a Pedra Superior?

— Só depois que o antigo terminar é que pode haver um novo começo. Após o evento da Pedra Superior, a morte, é que vem o evento da Pedra Angular, a ressurreição. Deixe que tudo a ser terminado encontre seu fim na Pedra Superior, e encontrará do outro lado a Pedra Angular dos novos começos.

A missão: Tudo que estiver incompleto na sua vida e precise ser completado, tudo que precise ser terminado, termine e coroe com o poder da Pedra Superior.

Salmos 118.22-23; João 19.28-30

233º DIA — ḤAṬṬĀ'T: O NOME EM SEU PECADO

— LEMBRA-SE DE QUE LHE falei sobre o *'ashām*? — perguntou o professor.

— O sacrifício que tirava a culpa, mas que também *era* a própria culpa?

— Sim — disse ele. — No entanto, havia outro sacrifício, de natureza paralela, que compreendia um mistério paralelo. Era a "oferta pelo pecado", o sacrifício que levava o pecado embora. No Dia da Expiação, era esse sacrifício que tirava os pecados de toda a nação.

— E o Messias é o sacrifício que "tira o pecado do mundo". Então a oferta pelo pecado é uma sombra do Messias.

— Sim. Mas as Escrituras que tratam da oferta pelo pecado nos foram comunicadas em hebraico. E, em hebraico, a oferta pelo pecado é chamada *ḥaṭṭā't*. Então o Messias é o *ḥaṭṭā't*. Essa palavra, porém, tem duplo significado: significa ao mesmo tempo a oferta pelo pecado e o próprio pecado.

— Como no mistério do *'āshām*, o sacrifício se transforma na mesma coisa que leva embora. Então, para tirar o pecado, o Messias precisou se *tornar* o próprio pecado.

— Sim — disse o professor —, e o mistério do *ḥaṭṭā't* aparece também no Novo Testamento: "Deus tornou pecado por nós aquele que não tinha pecado". E não fica só nisso, pois tanto o sacrifício quanto o pecado levam o mesmo nome, *ḥaṭṭā't*. Isso significa que não é só o sacrifício que leva o nome do pecado, mas também o pecado leva o nome do sacrifício que tira o pecado. Todo pecado leva o nome da oferta pelo pecado. E o Messias é a oferta pelo pecado, a *ḥaṭṭā't*. Então o que isso significa?

— Se todo pecado leva o nome do sacrifício, então todo pecado leva o nome do Messias.

— Sim — disse ele. — Na língua sagrada, cada um dos seus pecados leva o nome do sacrifício. Sobre cada um dos seus pecados está escrito o Nome dele. E o que *isso* significa?

— Não sei.

— Significa que todos os seus pecados pertencem a ele, significa que todos os seus pecados não pertencem mais a você. E guardar o que não lhe pertence é estar de posse de bens roubados, constitui crime de roubo. Então dê a ele o que pertence a ele e o que já leva o Nome dele escrito. Entregue seus pecados a ele, cada um deles, deixe-os ir, pois não pertencem mais a você; portanto, guardar seus pecados com você é um pecado.

— Sim — respondi. — E até esse pecado levaria o Nome dele.

A missão: Pegue todos os pecados, toda culpa, toda vergonha, todo fracasso, todo arrependimento e erro de sua vida e coloque o nome do Messias em cada um deles. Depois entregue a ele o que é dele.

Mateus 1.21; 2Coríntios 5.21

THE SACRIFICE MYSTERIES I-V

Jonathan **Cahn**

234° DIA SEGREDO DA CATRACA

O PROFESSOR LEVOU-ME ao que parecia ser um tipo de depósito, de onde tirou um objeto de aparência estranha de uma gaveta do armário. Parecia uma caixa de madeira decorada, mas muito fina para conter alguma coisa, e com um cabo também de madeira saindo da parte de baixo. Segurando-a pelo cabo, ele girou a caixa para um lado e para o outro, produzindo um ruído de moinho, um ranger alto e forte.

— Em hebraico — disse ele —, isto se chama *rashān*, que significa "criador de ruído", porém é mais conhecido como *catraca* e tem um propósito único e muito específico. Durante a festa de Purim, quando é lido o nome de Hamã, o homem que tentou exterminar os judeus na antiga Pérsia, a catraca é girada desta maneira.

Mais uma vez, ele girou a peça de madeira segurando pelo cabo, produzindo um ruído forte de moinho.

— Usando a catraca — continuou o professor —, as pessoas abafariam o nome de Hamã. E neste instrumento estranho e barulhento reside um princípio profundo que você deve aprender e aplicar à sua vida. Hamã é um símbolo do mal. Então como você vence o mal?

— Ao combatê-lo?

— Como? — ele perguntou. — As pessoas ferem você, e você, em contrapartida, as fere também? Alguém odeia você, e por isso você odeia esse alguém? Você só se tornaria amargo pelo que fizeram. É assim que você supera o mal? Não. Desse jeito, você só faz o mal ecoar e o perpetua, pois o que está fazendo é repetir o nome de Hamã. Mas a catraca guarda o segredo.

— Então, quando alguém pecar contra mim, uso a catraca? — perguntei de maneira petulante.

— Em certo sentido, sim — disse ele. — O segredo da catraca é lidar com o som do mal produzindo um som próprio, diferente, a fim de abafar o som do mal. Então como você supera o mal na sua vida? Produzindo um som diferente, que não é uma reação ao mal, mas tem uma origem inteiramente divergente, uma essência inteiramente diferente e um espírito inteiramente contrário. Você vence o mal produzindo seu oposto, produzindo o bem; supera o ódio ao gerar o amor; supera o desespero trazendo a esperança; supera o negativo ao criar o positivo. Você supera o som da escuridão pelo som da luz e, ao fazer isso, abafa-o. Aprenda o segredo da catraca e abafe seu Hamã.

A missão: Com qual problema, pecado ou ofensa você está tendo de lidar? Não se concentre nele, não reaja; concentre-se no contrário e supere a escuridão com a luz.

Josué 6.5; Salmos 95.1-2; Mateus 5.44; Romanos 12.21

235º DIA — O VALE DE HINOM

— TEM UMA COISA ME PREOCUPANDO — falei. — O Inferno. Se Deus é amor...
— Por que haveria Inferno? — disse o professor. — Venha.

Ele me levou à Câmara dos Pergaminhos, pegou um deles da prateleira, desenrolou-o e começou a ler.

— "Assim diz o Senhor: 'Vá [...] em direção ao vale de Ben-Hinom [...]. Proclame ali as palavras [...] do Senhor, [...] Deus de Israel: 'Sobre este lugar trarei desgraça tal' [...]". Veja as palavras escritas aqui — disse ele, apontando o texto no pergaminho.
— Deus disse a Jeremias para ir ao vale de Ben-Hinom. Por quê? Por que isso era importante? A resposta que havia no vale de Ben-Hinom era que aqueles de Israel que se afastassem de Deus sacrificariam seus filhos no fogo a deuses estranhos, a Baal e Moloque. Então o vale de Ben-Hinom era um lugar do mal, um local de derramamento de sangue e fogo. Quando falava do Inferno, o Messias muitas vezes se referia a ele como Geena. Sabe por quê? Geena faz a junção das palavras "vale" e "Hinom"; portanto, significa "vale de Hinom", que era uma revelação terrena do Inferno. E o que isso revela? O vale de Hinom representa o coração de Deus ou o coração do homem?
— O coração do homem — respondi. — O coração dos homens do mal.
— Sim — disse o professor. — E a Geena, o Inferno, não representa o coração nem a vontade de Deus, e sim o coração e a vontade dos que rejeitam o coração e a vontade de Deus, o coração e a vontade dos Céus. Deus deve julgar o mal, inevitavelmente. Mas o coração dele é a salvação, é salvar todos os que vierem para ser salvos. Se você tem um problema com o Inferno, Deus tem um problema maior ainda com ele, pois o odeia muito mais que você. Na verdade, ele o odeia tanto que deu a própria vida para salvar você do Inferno. E o que Deus disse por meio de Jeremias sobre o vale de Hinom?
— Falou que o destruiria — respondi. — Então Deus destruiria o Inferno se pudesse?
— Ele destruiria o *poder* do Inferno. E destruiu. Ele destruiu o poder do Inferno ao dar a própria vida em nosso lugar, para sofrer nosso julgamento, para suportar nosso Inferno.
— O poder do Inferno foi destruído?
— Para todos os que o recebem. O poder do Inferno foi destruído pelo poder do amor de Deus, pois esse amor é maior que o Inferno e mais profundo que o vale de Hinom.

A missão: Participe da destruição do poder do Inferno, compartilhando o amor e a salvação de Deus com aqueles que precisam ser salvos.

Jeremias 19.1-3; João 3.16; 2Pedro 3.9

Jonathan *Cahn*

236° DIA — O PROJETO DO ESPÍRITO

O PROFESSOR LEVOU-ME até a única estante que havia na Câmara dos Receptáculos. Aquelas prateleiras continham grandes volumes encadernados com planos, instruções e diagramas. Ele tirou um desses volumes, colocou-o sobre a mesa de madeira e o abriu.

— Parece um desenho mecânico — disse.

— É uma espécie de projeto — ele respondeu. — Estes são os planos que seguiram as instruções dadas por Deus para a construção do tabernáculo. Repare na precisão. Tudo precisava ser feito exatamente conforme o modelo, com as medidas e as especificações exatas. A construção realizou-se por intermédio de um homem chamado Bezalel, a quem Deus o encheu com o Espírito. E foi por meio de Bezalel que o Espírito de Deus construiu o tabernáculo. O que isso revela?

— Que o Espírito realiza os planos de Deus — respondi.

— Exatamente. A construção do tabernáculo fazia parte da lei de Moisés, e o dia que marca a dádiva da Lei é a festa de *Shavûôt*. E, no mesmo dia, na festa de *Shavûôt*, também conhecida como Pentecoste, o Espírito de Deus foi dado aos primeiros seguidores do Messias, o mesmo Espírito que transformou todos esses planos, projetos e medidas em realidade, o mesmo Espírito que foi dado ao povo de Deus, que foi dado a você. Por quê? Para realizar a mesma obra, transformar os propósitos de Deus em realidade. Conforme está escrito: "Porei o meu Espírito em vocês e os levarei a agirem segundo os meus decretos". Por trás da palavra "decretos", há um termo hebraico que fala de épocas e medidas determinadas. Veja que os propósitos de Deus, os planos e desejos de Deus para sua vida, são tão detalhados, específicos e precisos quanto os planos e as dimensões do tabernáculo. Os planos de Deus são perfeitos não apenas para sua vida, mas para todos os dias da sua vida, para cada momento. É por isso que ele lhe dá o Espírito, pois é o Espírito que concede o poder de realizar o plano de Deus, de agir segundo o desejo perfeito de Deus e caminhar nos passos exatos, nas exatas dimensões e especificações dos propósitos que ele determinou para sua vida. Faça que seu objetivo seja descobrir e realizar o plano perfeito e preciso que Deus tem para sua vida. Viva pelo Espírito, aja segundo a liderança do Espírito, e irá caminhar com os passos que lhe foram determinados, passos tão reais e exatos quanto os diagramas deste livro. Esses passos já estão ali, no projeto do Espírito.

A missão: Busque viver este dia segundo o modelo celestial. Caminhe, fale e aja pelo estímulo e pela liderança do Espírito conforme o projeto divino.

Êxodo 25.40; 31.2-5; Ezequiel 36.27;
Efésios 2.10; Hebreus 13.21

237º DIA — O MISHKĀN

ESTÁVAMOS OLHANDO PARA uma tenda parda muito solitária ao longe, assentada em meio a um espaço aberto no primeiro plano de uma cadeia de montanhas do deserto. Pensei que o professor diria algo sobre a tenda, mas não: ele falou sobre a oração.

— Como você definiria *oração*?

— *Orar* é conversar com Deus — respondi. — É apresentar suas necessidades e os seus pedidos a ele.

— Isso é só uma parte — disse ele. — Existe algo mais na oração. O tabernáculo era o local principal de oração em Israel, embora nunca tenha sido chamado assim.

— Como era chamado então?

— O *mishkān*.

— E o que é um *mishkān*?

— O termo derivada raiz hebraica *shākan*, que significa "habitar". Então *mishkān* significa "habitação". O *mishkān* era a tenda ou o tabernáculo que permitiria que Deus habitasse no meio do seu povo, assim como também era o local principal de oração. Portanto, a oração está relacionada a...

— À habitação de Deus?

— Mas o *mishkān* não era só a morada de Deus. Também era chamado *Tenda do Encontro*, onde Deus e o homem se encontravam. Veja que a oração não é apenas uma ação, mas uma reunião, um encontro. O *mishkān* não era apenas onde Deus habitava, mas também onde o homem habitava. Primariamente, a oração não consiste em dizer palavras ou realizar um ato. A oração é um *mishkān*. A oração está relacionada à habitação, é a morada de Deus e do homem juntos. Portanto, a parte mais profunda da oração é a de habitar na morada de Deus, de estar presente na presença de Deus. E habitar é mais que apenas dizer as palavras de uma oração ou de cantar as palavras de uma música e depois terminá-la. A oração é habitar na presença de Deus. E o termo *mishkān* também significa "a permanência, a continuidade, a vigilância e a morada". Qual é, então, o cerne da oração? É permanecer na permanência de Deus.

— E descansar no descanso dele.

— Continuar na continuidade de Deus.

— Morar na morada dele.

— E habitar em sua habitação. Na verdade, para saber o que é a oração, você deve ir mais fundo; você deve entrar na *mishkān*.

A missão: Hoje, exercite o segredo do *shākan*. More na morada de Deus, permaneça em sua permanência e habite sua habitação.

Êxodo 33.9-10; Salmos 16.11; 61.4

Jonathan **Cahn**

238° DIA — A IMERSÃO PASCAL

ESTÁVAMOS EM UMA das câmaras do prédio onde as refeições eram servidas aos alunos. O professor me fez sentar a uma mesa de madeira, diante de uma tigela pequena. Dentro da tigela, havia um tipo de mistura que eu nunca tinha visto.

— Isso se chama *ḥārôssēt* — disse o professor. — É um dos alimentos únicos para o *Sēder* de Páscoa. Na noite da Páscoa, os judeus comem o *ḥārôssēt* com ervas amargas para comemorar a libertação do Egito.

Ele fez uma pausa para pegar um pedaço de *matsâ*, o pão ázimo, e depois continuou.

— Na noite anterior à sua morte, o Messias participou da Última Ceia, que foi um *Sēder* de Páscoa. No meio da refeição, ele começou a falar de sua morte. "Um de vocês me trairá", disse ele e em seguida lhes deu uma pista: "Aquele que comeu comigo do mesmo prato há de me trair". Foi então que o discípulo chamado *Yehûdâ* ou Judas mergulhou a mão no prato. Por que você acha que o Messias usou esse ato em particular como o sinal da traição que o levaria à morte?

— Não sei.

— Na Páscoa, os judeus mergulham um pedaço de *matsâ* no *ḥārôssēt*. Sem dúvida, foi em uma tigela como esta, ou em um cálice, que o Messias e Judas mergulharam o pão naquela noite.

— Por que isso é significativo?

— O *ḥārôssēt* e as ervas amargas representam o cativeiro e o sofrimento. E qual foi a traição? Foi entregar o Messias ao cativeiro e ao sofrimento. Então o sinal revelava que seria Judas quem o entregaria. Mesmo assim, o Messias também mergulhou o pão no cálice. Então o sinal também revelava que o Messias é que se entregaria voluntariamente ao sofrimento e à morte. E por que mergulhar? O termo em grego está relacionado à palavra "batismo", que significa "submergir" ou "subjugar". Assim, a vida do Messias ficaria submersa em sofrimento, no *nosso* sofrimento, submersa no cálice do *nosso* julgamento. E no processo ele seria subjugado. Então ele submergiu a si mesmo no cálice do nosso julgamento, no cálice de sofrimento e da amargura, para que nosso julgamento, nossas lágrimas e nosso Inferno fossem levados embora.

O professor, então, mergulhou a *matsâ* na tigela.

— Ele sofreu nosso Inferno — disse o professor — para que nunca tivéssemos de sofrê-lo.

A missão: Reflita sobre o amor que toma para si todas as suas dores, todos os seus sofrimentos e julgamentos e viva uma vida à altura desse amor.

Êxodo 12.8; Mateus 26.20-25;
Isaías 53.4

239º DIA — O GAROTO DA PROFECIA

SENTEI-ME DIANTE DA mesa do professor enquanto ele folheava um livro antigo. Pelas fotos, eu poderia dizer que era um livro de história. Ele olhou demoradamente para uma fotografia antiga do que parecia ser um militar.

— O que é mais poderoso: um império ou as orações de um garoto? — perguntou o professor.

Eu não sabia o que responder.

— Havia um garoto inglês que terminava suas orações todas as noites com estas palavras: "Senhor, não vamos nos esquecer do seu povo antigo, Israel. Aproxima-se o dia em que Israel voltará a ser seu povo e será restaurado a seu favor e à própria terra". Na época em que o garoto fazia essas orações, o povo judeu vivia no exílio da terra natal por quase dezoito séculos. As terras de Israel estavam nas mãos do Império Otomano, um poder islâmico que as ocupava havia quase quatro séculos e não tinha a intenção de devolvê-las aos proprietários originais. Mas as Escrituras traziam uma promessa e uma profecia claras de que Deus um dia levaria seu antigo povo de volta à pátria. E era para essa finalidade que o garoto orava.

— E o que aconteceu?

— Aconteceu a Primeira Guerra Mundial, e o Império Otomano entrou em colapso. O exército britânico, sob o comando do general Edmund Allenby, conquistou as terras de Israel e a Cidade Santa de Jerusalém. O Império Britânico decretou que aquela terra voltaria a ser uma pátria para o povo judeu.

— As orações do garoto foram atendidas — disse. — E o que aconteceu com ele?

— Ele cresceu e ingressou no exército britânico. No fim das contas, foi promovido a general, o general Edmund Allenby, o homem que derrotou o Império Otomano e conquistou as terras de Israel. Deus atendeu às orações do garoto e cumpriu a antiga promessa por meio do próprio garoto. O que isso revela?

— Às vezes, Deus vai atender à sua oração usando você para isso.

— Sim — disse o professor. — E quanto à questão das orações dos garotos e dos impérios...

— Nas mãos de Deus, as orações dos garotos são mais fortes que os impérios.

— E o poder da oração — disse o professor — é maior que os reinos. Ela não só muda vidas, como também muda a própria história. A história da humanidade está repleta de relatos de nações mudadas por uma simples oração. E aquele que ora na vontade de Deus pode acabar sendo o eleito para a realização de profecias antigas e como transformador da história mundial.

A missão: O que você precisa apresentar a Deus? Apresente-o, mesmo que seja impossível, até mesmo o curso da história e das nações.

Daniel 9.1-25; Tiago 5.16; 1João 5.14

THE RESURRECTION OF ZION

Jonathan **Cahn**

240° DIA — A LEI DIVINA DOS ADJETIVOS

O PROFESSOR SEGURAVA uma romã.

— Em inglês — disse ele — e em muitas outras línguas, você chamaria isto de "vermelha fruta", pois o adjetivo vem em primeiro lugar e depois o substantivo. Mas, em outras línguas, seria descrito como uma "fruta vermelha". O substantivo vem em primeiro lugar e depois o adjetivo. Em hebraico, o idioma usado para a maior parte das Escrituras e o idioma do Messias, seria apenas uma "fruta, vermelha".

— Não estou entendendo.

— Na língua sagrada, não existe algo como um homem maligno... apenas um "homem, mal". Antes, existe um homem. O homem é uma criação de Deus. O mal é o estado em que ele está. Assim também na língua sagrada não existe algo como uma mulher pecadora. Antes, existe uma mulher, uma criação de Deus, que calhou de ser pecadora. O Messias falava dessa maneira e conhecia a Palavra de Deus dessa maneira, com o substantivo em primeiro lugar e depois o adjetivo, portanto sem homens malignos e sem mulheres pecadoras. Ele via os homens, em hebraico, à imagem de Deus, mas agora na condição de caídos. Ele via a mulher adúltera não como uma mulher adúltera, mas como uma mulher flagrada em adultério, assim ela poderia ser salva. Ele via o homem possuído como um homem que aconteceu de estar possuído e, portanto, que poderia ser liberto. Ele via os doentes não como pessoas doentes, mas como pessoas que calharam de estar doentes ou oprimidas que, portanto, poderiam ser curadas. Ele olhava através do mal, da imperfeição e da queda e via o perfeito que Deus criou, o perfeito a ser redimido. Ele morreu para separar os adjetivos dos substantivos, as pessoas dos respectivos males, da pecaminosidade e da queda.

— Associando os adjetivos delas, os pecados, a outro substantivo, ele mesmo.

— Sim. E, para associar o adjetivo dele, a santidade, a nós. Aprenda o segredo da língua sagrada. Quando você vir os pecadores, os caídos, os aleijados, os corrompidos, os quebrados, os odiosos, os perversos, os saqueadores, não veja o adjetivo em primeiro lugar. Veja primeiro o substantivo, aqueles a quem Deus criou à própria imagem, que ele criou para serem, que redimiu para se tornarem. E isso inclui você. Ao olhar para si mesmo, para sua iniquidade, para sua queda, não veja o adjetivo em primeiro lugar, e sim o substantivo. Traga os adjetivos para a cruz. Veja a si mesmo em primeiro lugar como aquele que Deus criou para ser e viva sua vida como a pessoa que ele redimiu para se tornar.

— Que nós — eu disse — possamos nos tornar pessoas... santas.

A missão: Hoje, aplique a lei divina dos adjetivos às pessoas e a você mesmo. Veja em primeiro lugar o substantivo que Deus criou e depois entregue a ele o adjetivo.

Lucas 13.11-16; Atos 9.11-15; 1Coríntios 6.11

O Livro *dos Mistérios*

241.º DIA — GERADO DE NOVO

— UMA PERGUNTA — disse o professor. — Quem foi a primeira pessoa a nascer de novo?

— Os discípulos? — disse.

— Não — respondeu ele.

— Quem então?

— O Messias.

— Isso não parece estar certo — respondi.

— Mas está — disse o professor. — Quem ele era antes da encarnação?

— O Filho de Deus.

— E como podia ser o Filho de Deus se ele não nascesse? O que Deus deu ao mundo? Seu Filho unigênito, e unigênito significa o único *gerado* e *nascido*. Então quando nasceu em Belém, foi o primeiro nascimento dele?

— Acho que não foi — eu disse. — Foi o segundo nascimento dele.

— Sim, foi o segundo nascimento. Ele já tinha sido gerado e nascido antes de Belém. A encarnação foi o segundo nascimento, a natividade foi o novo nascimento. Em Belém, ele nasceu de novo.

— Então o novo nascimento está relacionado à encarnação?

— Aquele que nasceu do espírito nasceu de novo da carne, para que nós, que nascemos da carne, possamos nascer de novo do Espírito. Aquele que nasceu do Céu nasceu de novo na Terra, para que nós, que nascemos da Terra, possamos nascer de novo no Céu. E aquele que nasceu de Deus nasceu de novo do homem, para que nós, que nascemos do homem, possamos nascer de novo de Deus.

— Ele nasceu de novo — eu disse — para participar da nossa vida, para que possamos nascer de novo e participar da vida dele.

— Sim — disse o professor. — Aquele que foi *gerado de novo* em Belém teve de aprender a viver no novo nascimento, na nova vida e na nova natureza, a de carne e osso. Ele teve de aprender a caminhar na Terra, a enxergar com os olhos do corpo e a tocar com as mãos do corpo. Pois os que são gerados de novo nascem em uma vida que não conheciam e na qual devem aprender a viver. E assim os que são renascidos por Deus devem agora aprender a viver no novo nascimento, na nova vida e na nova natureza, a do Espírito. Aprenda a enxergar no Espírito, a viver no Espírito e a caminhar no terreno celestial. Essa é a jornada e o mistério daquele que é gerado de novo.

A missão: Assim como Deus assumiu sua natureza e sua vida, assuma também hoje a natureza de Deus, viva a vida de Deus e siga os passos do celestial.

1Coríntios 15.48-49; Colossenses 3.9-10; 1Pedro 1.23

Jonathan **Cahn**

242.º DIA — ALTARES NOS LUGARES ALTOS

ESTÁVAMOS NO TOPO do que era menos uma montanha e mais uma colina, mas não exatamente nem uma nem outra. O professor levou-me até uma plataforma rochosa, ou melhor, aos restos do que um dia foi uma plataforma rochosa.

— O que é isso? — perguntei.
— São as ruínas de um altar — ele disse. — Era um dos muitos altares erguidos nos lugares altos.
— Altares a...
— A Baal, Moloque, Astarote, Zeus e uma porção de outros deuses e ídolos.
— E altares para...
— Para sacrifícios. Veja que eles não só erguiam ídolos nos lugares altos, mas também altares. Cada deus tinha um altar, e cada altar exigia um sacrifício.
— Mas a que isso está relacionado? — perguntei. — Os altares já não existem mais ou estão em ruínas.
— Não — disse ele. — São muitos os altares aqui, como também são muitos os deuses e ídolos. Lembre-se do que conversamos. Se as pessoas chamam ou não os deuses que adoram de "deuses" ou os ídolos a quem servem de "ídolos" não muda o fato de que estão adorando deuses e servindo a ídolos. Tudo que você colocar em primeiro lugar, acima de qualquer outra coisa, será seu deus. Tudo a que você servir, tudo a que dedicar sua vida, tudo que guiar seus passos, será seu ídolo. Seja seu ídolo o dinheiro, o prazer, o sucesso, a beleza, o conforto, o poder, os bens, uma carreira, um objeto, um objetivo ou você mesmo... seja lá o que você coloque em primeiro lugar e o sirva, esse será seu deus e seu ídolo. Mas o que você deve sempre lembrar é que cada deus e cada ídolo têm um altar.
— O que isso quer dizer?
— Existe sempre um custo para servi-los, existe um preço para os ídolos e deuses. Existe sempre um altar, e esse altar sempre exigirá um sacrifício. Alguns vão exigir o sacrifício da sua paz; outros exigirão o sacrifício da sua saúde, do seu casamento, do seu tempo, da sua família, da sua integridade, do seu bem-estar. E, quanto mais você servir a eles, mais deve se sacrificar.
— Mas Deus também não tem um altar e não exige um sacrifício?
— Sim — respondeu o professor —, Deus *tem* um altar, mas não um altar qualquer. Veja que em todos os outros altares deste mundo o homem se sacrifica por seus deuses. Mas no altar de Deus é ele quem se sacrifica pelo homem. O próprio Deus *é* o sacrifício. Portanto, você não deve mais se sacrificar e se entregar a qualquer desses deuses... exceto a Um, ao único Deus que se entregou como um sacrifício por você.

A missão: Existe algum ídolo ou deus em sua vida, qualquer coisa que você siga acima de Deus? Destrua os altares desses deuses. E viva livre e inteiramente para Aquele que se entregou inteiramente por você.

Jeremias 32.35; Romanos 12.1; Efésios 5.2

ALTARS ON THE HIGH PLACES

243.º DIA — TEAR DO CÉU

O PROFESSOR LEVOU-ME até um dos acampamentos de tendas dos moradores do deserto. Parece que ninguém se incomodou com nossa presença. Sentamos ao lado de uma mulher que trabalhava em um tear, formado por varetas e cordas, entrelaçando fios vermelhos, pretos, roxos e amarelos para formar um desenho que parecia antigo e elaborado ao mesmo tempo.

— Repare com que cuidado ela tece — disse ele —, quão meticulosamente ela trabalha e como o desenho é intricado.

Continuamos observando conforme o desenho surgia.

— Quando o julgamento recaiu sobre Israel, em 586 a.C., parecia que os planos que Deus tinha para o povo judeu haviam terminado. A terra prometida estava em ruínas, e o povo de Deus se encontrava no exílio. Foi então que Deus disse estas palavras ao seu povo caído e quebrado: "Sou eu que conheço os planos que tenho para vocês [...], planos de fazê-los prosperar e não de causar dano, planos de dar a vocês esperança e um futuro".

— Belas palavras — disse. — Depois de tudo, depois de todos os tropeços e pecados, depois de todas as calamidades por que passaram, deve ter sido uma coisa linda de ouvir.

— Sim — disse o professor. — Embora devesse ter encerrado o assunto com eles, Deus não havia terminado, pois seu amor era maior.

— Existe algum motivo para você estar me dizendo isso enquanto observamos a mulher no tear? — perguntei.

— Sim, existe — disse ele. — Você não veria nas traduções, mas no idioma original há um termo hebraico que aparece de uma forma ou de outra não menos de três vezes nessa promessa. O termo é *maḥāshābâ*, que foi traduzido por "planos". Mas significa muito mais que um plano. *Maḥāshābâ* fala da tecedura cuidadosa, habilidosa e intrincada de um tecido. E assim poderia ser traduzido desta forma: "Conheço os propósitos meticulosamente entrelaçados que eu estou habilidosa, cuidadosa e intricadamente tecendo para o futuro de vocês".

Veja que Deus é o Mestre Tecelão, não só do cosmos, mas da vida de seus filhos. E os planos que ele tem para essa vida não são apenas bons e belos, mas planos intricadamente tecidos, já trabalhados. E ele vai pegar cada fio da sua vida, cada alegria, cada erro, cada fracasso, cada vitória, cada derrota, cada ganho, cada perda, cada arrependimento, cada ferida e cada pergunta, todos os fios, e trançá-los com cuidado, com habilidade e meticulosamente até se transformarem em uma perfeita tapeçaria de amor entrelaçado.

A missão: Pense em como Deus entrelaçou os fios da sua vida para o bem. Confie que, com os fios do presente, ele fará a mesma coisa.

Jeremias 29.11; Efésios 1.4; 2Timóteo 1.9

I KNOW THE PLANS

Jonathan **Cahn**

244.º DIA O MISTÉRIO DO *GĀ'AL*

— UM DOS MANDAMENTOS mais singulares de Deus para com Israel — disse o professor — era relacionado ao chamado *gā'al*. Quando uma mulher ficava viúva e sem filhos, a lei do *gā'al* decretava que, se um parente próximo pudesse redimir a casa da viúva casando-se com ela, sustentando-a e lhe dando filhos, ele seria chamado de *gā'al*. A Bíblia registra o cumprimento dessa lei mais de uma vez. Tais cumprimentos ou redenções se concentraram todos em uma tribo específica, a tribo de Judá, e em uma linhagem específica, a linhagem de Davi. O homem Judá tornou-se o *gā'al* da viúva Tamar e foi pai do filho dela; dessa criança e linhagem, nasceu Boaz, que, por sua vez, tornou-se o *gā'al* da viúva Rute e gerou seu filho Obede; e de Obede veio o rei Davi.

— Então o rei Davi só existiu por causa da lei do *gā'al*.

— Sim. Ele veio de uma genealogia que viu a intervenção do *gā'al*, um pai substituto, não apenas uma vez, mas duas vezes. E seria sua linhagem que veria mais uma intervenção, outro pai substituto e mais um *gā'al*. E aconteceria no mesmo lugar onde Boaz redimiu Rute, em Belém.

— A natividade?

— Sim — respondeu o professor. — Foi na natividade que o próprio Deus se tornou o *Gā'al*. Foi o próprio Deus intervindo na mesma linhagem e se tornando o pai substituto... o nascimento virginal.

— Mas Maria não era viúva — eu disse.

— Não — disse o professor —, a viúva era Israel, a humanidade e a própria criação. A criação era estéril, separada do Criador e incapaz de gerar o fruto que deveria gerar. Então o próprio Deus se tornou o *Gā'al*, pois só a intervenção de Deus neste mundo pode fazer que o estéril gere seus frutos e seja redimido. Ouça estas palavras de Isaías: "Seu Criador é o seu marido, o Senhor dos Exércitos é o seu nome, o Santo de Israel é seu Redentor". Mas o hebraico não diz "seu Redentor", e sim "o Santo de Israel é o seu *Gā'al*". Então o mistério é este: todos nós nos tornamos estéreis, incapazes de gerar o fruto que nossa vida foi chamada para gerar, incapazes de nos tornar o que fomos criados para ser. Então Deus intervém... na nossa vida. E, se você o receber, Deus se tornará seu *Gā'al*.

A missão: O que em sua vida nunca foi gerado da promessa e do propósito que você deveria gerar? Hoje, entregue isso para Deus. Permita que ele se torne seu *Gā'al*.

Rute 3.9; Salmos 103.4; Isaías 54.5

245.º DIA — NÃO TER NEM PÃO

O PROFESSOR ESTAVA sentado no topo de uma colina com o sol por trás delineando parcialmente sua silhueta. Na frente dele, no começo da descida, os alunos se sentavam. Ele estava com um pedaço de pão na mão.

— O Messias — disse o professor — ensinou os discípulos a orar: "Dá-nos hoje o nosso pão de cada dia". Por quê?

— Porque precisamos comer — disse um dos alunos.

— Mas por que isso faria parte de uma oração a Deus? — perguntou o professor.

— Porque Deus quer que levemos a ele nossas necessidades mais básicas — disse outro aluno.

— Sim — disse o professor. — O Messias estava nos ensinando a levar nossas necessidades mais básicas a Deus. Mas quantos de vocês não têm pão para o dia a dia ou sustento para hoje? Levantem a mão.

Ninguém levantou a mão.

— Então por que ele lhes disse para pedir o pão que vocês já têm? Como ele pode dar o que já é de vocês? E como vocês podem receber o que já possuem?

— Se já temos — disse um dos alunos —, então não podemos receber.

— Então não devemos ter — disse o professor.

Nisso, ele começou a partir o pão em pedaços pequenos e passá-los para os alunos. Quando terminou, continuou com o ensinamento.

— Vocês não podem pedir o que já têm. No entanto, somos ensinados a pedir o nosso pão cotidiano. Então o que significa fazer essa oração? Para fazer essa oração, vocês devem abrir mão das suas posses, devem renunciar até ao pão de cada dia. Mas é nessa renúncia que vocês se abrem para um milagre. É só o que não têm que vocês podem receber de Deus. Senão tiverem nem o pão de cada dia, então o que vocês têm? E, se vocês não têm nada, Deus pode abençoá-los com tudo... todos os dias. Assim, as posses que vocês tomaram como certas são liberadas para passar por uma transformação, para serem transformadas em bênçãos dadas e em bênçãos recebidas pelo Céu, pois, quando vocês não entendem que há garantias de alguma bênção, tudo na vida é transformado em um presente. Aprendam o poder dessa oração e das bênçãos que resultam quando se renuncia até ao pão de cada dia. É então que a vida de vocês será preenchida com milagres e bênçãos... a herança daqueles que alcançaram a condição de *não ter nem pão*.

A missão: Exercite-se na condição de não ter nem pão. Esvazie-se de todas as suas posses, até das coisas mais básicas, e receba tudo outra vez, como um presente de Deus.

Deuteronômio 8.3; Josué 13.33; Mateus 6.9-11

OUR DAILY BREAD

Jonathan **Cahn**

246.º DIA — OS MESSIAS ESPECTRAIS

ESTÁVAMOS NA SALA do professor quando ele colocou um prisma de vidro perto da janela, fazendo surgir um arco-íris na parede do outro lado.

— O prisma faz a luz se dividir em partes distintas, nas cores do espectro.

Caminhamos até a mesa e nos sentamos.

— Você já ouviu falar dos dois Messias? — ele perguntou.

— Não — respondi —, nunca.

— Nos livros dos rabinos, há escritos que falam de dois Messias diferentes. Um deles é chamado *Māshîaḥ Bēn Dāwîd* ou Messias Filho de Davi. Esse Messias, eles escrevem, lutará e libertará seu povo, se sentará no trono de Davi e reinará sobre Israel e toda a Terra na era da paz na Terra, o Reino de Deus. O outro é chamado de *Māshîaḥ Bēn Yôsēf* ou Messias Filho de José. Esse é o Messias dos sofrimentos, aquele que sofre e morre pela redenção de seu povo.

— De onde vieram os dois Messias?

— Das profecias sobre o Messias nas Escrituras. As profecias falam apenas de um Messias, mas eles não poderiam juntar um Messias que reina vitorioso e um Messias que sofre e morre. Assim como o prisma divide a luz nas cores do espectro, os rabinos separaram o Messias em imagens diferentes. Mas o que acontece se colocarmos o *Māshîaḥ Bēn Dāwîd* e o *Māshîaḥ Bēn Yôsēf* juntos outra vez?

— Um Messias, duas obras, dois espectros... duas vindas.

— E qual obra — perguntou o professor — e qual vinda teriam de acontecer primeiro?

— Ele não poderia reinar vitoriosamente para sempre e depois sofrer e morrer. Portanto, o segundo espectro e a segunda vinda teriam de ser a do Messias reinante. E os primeiros teriam de ser os do Messias que sofreu e morreu.

— Deveria ser assim. E a paz na Terra só pode vir depois de fazer as pazes com Deus. Mas como pode o Messias morrer e depois reinar para sempre?

— Só tem um jeito — disse. — Pela ressurreição.

— Até os rabinos deduziram que o Messias sofredor ressuscitaria da morte.

— Então os dois Messias dos rabinos são mesmo duas testemunhas das duas obras e dos dois espectros do único Messias.

— O único Messias, *yeshû'a* de Nazaré... que sozinho é a verdade e tudo o mais.

A missão: O Messias é a luz na qual todas as cores do espectro se tornam uma. Leve a sua vida toda para ele, e ela se transformará em luz.

Salmos 2; Lucas 24.26-27; Apocalipse 5.11-12

O Livro *dos Mistérios*

247.º DIA — O PARADOXO DO CALENDÁRIO DUPLO

ESTÁVAMOS NA CÂMARA dos Livros. O professor colocou um livro grande sobre a mesa e o abriu no que me pareceu um diagrama antigo que ocupava duas páginas.

— É o calendário hebraico — ele disse —, que contempla todos os acontecimentos das Escrituras. Este — disse ele, indicando um ponto no calendário — é o mês de *tisri*. E aqui, no início de *tisri*, o chamado *Ro'sh Hāshānâ*, que significa "ano-novo".

— Então o ano começa com o mês de *tisri* — eu disse. — E quando é isso?

— No início do outono. Agora olhe aqui — disse ele, apontando para a outra página. — Este é o mês de nisã, na primavera. Nisã também significa o começo. Então esses dois meses são identificados como o começo. O ano hebraico tem dois começos, dois calendários.

— Como pode ser?

— O ano que começa no outono, em *tisri*, é considerado o *ano civil* ou *secular*, e o que começa na primavera, em nisã, é considerado o *ano sagrado*. Assim, o povo de Israel se baseava em dois calendários... como fazem todos os filhos de Deus.

— O que isso significa?

— Todo filho de Deus tem dois calendários e dois começos. O primeiro calendário começa na sua concepção. O segundo começa no momento do novo nascimento. O primeiro calendário é o natural, e o segundo, o sobrenatural. O segundo é o sagrado. Quando nasce de novo, você começa a viver no segundo calendário, o calendário do sagrado. E quando o calendário sagrado de Israel começa? Na primavera, na época da Páscoa. E assim é para todos os filhos de Deus. O calendário sagrado é sempre introduzido na época da Páscoa. Assim, é a morte do Messias, o Cordeiro da Páscoa, que introduz a primavera na sua vida, seu novo começo, seu segundo e sagrado calendário.

— Então como fazemos para viver com dois calendários?

— Todos os dias você terá uma escolha a fazer: viver no calendário antigo ou no novo, na identidade antiga ou na nova, na vida antiga ou na nova, no natural ou no sobrenatural. E todos os dias você deve escolher não viver no calendário antigo nem andar na vida antiga, mas viver todos os momentos da sua identidade e vida novas, no sobrenatural, na graça divina... no calendário sagrado.

A missão: Viva este dia não pelo calendário antigo nem de acordo com o antigo rumo, mas pelo calendário no qual todos os dias e todos os momentos são novos.

Isaías 43.18-19; João 3.1-8; Colossenses 3.5-10

THE MIXED UP NEW YEAR

Jonathan **Cahn**

248.º DIA — O HOMEM *ANATOLE*

EM UMA DAS menores salas da Câmara dos Pergaminhos, havia prateleiras cheias de pergaminhos de vários tamanhos e um suporte de madeira no centro. O professor pegou um deles, colocou no suporte e começou a desenrolá-lo.

— Não é hebraico — disse.

— Não — disse ele. — É grego, as Escrituras hebraicas traduzidas para o grego. É chamada de *Septuaginta*, uma tradução antiga do Antigo Testamento feita por estudiosos judeus séculos antes do Novo Testamento. E este é o livro de Zacarias e a profecia do Messias como o *Tsāmaḥ*, o Renovo. Veja isto — ele disse. — Foi o termo grego que usaram para traduzir o *tsāmaḥ*, embora não signifique ramo: *'ānāṭôlē*.

— E o que significa?

— Significa "aurora" ou "nascer do Sol". E esse mesmo termo grego aparece no Novo Testamento para falar do Messias.

— Então o Messias é a "alvorada".

— Sim — disse ele. — O Messias é a alvorada, a ressurreição.

— E assim ele podia ser chamado Alvorecer.

— Sim, e o que faz um alvorecer, se não encerrar a noite? Por que o Messias é o alvorecer? — perguntou o professor. — Porque ele encerra a noite.

— E o alvorecer — eu disse — é a luz que irrompe através da escuridão.

— Sim. A luz do Messias é aquela que rompe a escuridão deste mundo, da história e da nossa vida.

— E o nascer do Sol — eu disse — traz um novo começo... o amanhecer.

— Sim. O Messias é aquele que traz um novo começo para a história e um novo começo para toda vida que o recebe. Ele altera até o calendário mundial. Sua luz é a luz do amanhecer.

— E a luz do alvorecer se torna cada vez mais brilhante.

— Sim — disse o professor. — E tê-lo na sua vida é ter o Alvorecer na sua vida, o que significa que você deve deixar essa luz se tornar cada vez e sempre mais brilhante até iluminar todas as esferas da sua vida. Pois, para aqueles que o conhecem, ele não é apenas a Luz do mundo... ele é o Amanhecer... ele é o Nascer do Sol.

A missão: Hoje, permita que a luz do Messias brilhe cada vez mais na sua vida. Acredite no Alvorecer. Viva no poder do Alvorecer. Comece hoje.

Zacarias 3.8; Lucas 1.78; 2Pedro 3.18; Apocalipse 21.23

THE DAYSPRING

O Livro *dos Mistérios*

249.º DIA — O MISTÉRIO DE AZENATE

ESTÁVAMOS DE PÉ ao lado da mesa de madeira na Câmara dos Livros. Sobre a mesa, havia um livro muito grande e antigo, de capa âmbar. O professor abriu-o em uma página que mostrava uma imagem estilizada de uma mulher egípcia, algo semelhante ao que talvez encontrássemos na parede de uma tumba egípcia antiga.

— Você sabe quem foi Azenate? — ele perguntou.

— Não — respondi.

— Uma mulher do antigo Egito, filha de um sacerdote pagão. Acredita-se que o nome *Azenate* signifique pertencer à divindade Neith, a deusa egípcia da guerra, e adorá-la. Azenate cresceu no coração do mundo pagão, longe do Deus de Israel, mas acabaria se casando com um hebreu, José, o filho de Jacó. Por meio de José, Azenate se tornaria parte de Israel, uma mulher israelita. Ela daria à luz dois filhos, Efraim e Manassés, e dessa forma também se tornaria mãe de duas tribos de Israel... Azenate, uma egípcia pagã que se uniu para sempre à nação de Israel, à sua aliança e ao seu destino.

Ele fechou o livro

— José foi a sombra de quem?

— Do Messias — respondi. — O Redentor do Sofrimento.

— Mas, então, qual a revelação de Azenate?

— O Messias tem uma noiva egípcia? — disse.

— Quem é a noiva do Messias? A Igreja. Então o mistério de Azenate é o mistério da Igreja. Azenate era uma egípcia bem distante do Deus de Israel e de seus caminhos. E quem é a Igreja? Aqueles que já habitaram nas trevas, os forasteiros, os estrangeiros, aqueles que se distanciaram muito dos caminhos de Deus e que, predominantemente, não nasceram de Israel, mas de outras nações. Embora espiritualmente egípcios, eles se casam com um hebreu, o Messias, e por meio dele se unem a Deus. Ainda que externamente possam parecer forasteiros, eles agora, pelo casamento, se tornaram hebreus, uniram-se para sempre à nação de Israel e ao seu destino. Essa é a graça e a glória do Reino de Deus, pois o Reino de Deus pertence àqueles que são menos prováveis de pertencer a ele, aos mais afastados. Azenate é o mistério da Igreja, a noiva egípcia do Messias... e ainda secretamente hebraica. Nós somos Azenate.

A missão: Reflita sobre a graça que trouxe você de longe até o reino de Israel. E ajude os que ainda estão longe a se aproximar.

Gênesis 41.45; Gálatas 3.14; Efésios 2.12,19

Jonathan *Cahn*

250.º DIA — A DESCONHECIDA NO POÇO

ESTÁVAMOS SENTADOS NA mesma colina e observando o mesmo acampamento onde já víramos várias mulheres se encontrando junto ao poço no fim da tarde. Mas agora era meio-dia, e não havia ninguém no poço além de uma única mulher com uma vasilha de barro nas mãos. Ela estava parada ali como se estivesse perdida em seus pensamentos.

— Você já se perguntou por que Rebeca conheceu o servo de Abraão no poço? — perguntou o professor.

— Faria sentido — respondi. — As mulheres iam lá para pegar água, assim como o servo de Abraão para dar água aos camelos.

— Sim, mas Deus planejou esse encontro desde o início. E você sabia que conhecer a noiva em um poço é um tema recorrente nas Escrituras? Isaque conheceu sua esposa no poço; Jacó, filho de Isaque, encontrou sua esposa Raquel também em um poço; até Moisés encontraria sua Zípora, sua esposa, em um poço. A noiva é encontrada no poço.

— E por que isso?

— O poço é o lugar onde quem tem sede vem beber, um lugar onde as necessidades são atendidas. Lembre-se do que representava o servo de Abraão: o Espírito de Deus, o Servo do Pai. Por que em um poço? Porque o Servo do Pai sempre encontra a noiva em um poço. É ali que o Espírito de Deus nos encontra, em um poço, no nosso lugar de carência e vacuidade, aonde vamos com sede. É na nossa necessidade que estamos mais abertos. É quando a maioria das pessoas encontra Deus, recebe o Espírito e se torna a noiva. Veja que a necessidade não é uma coisa ruim, tampouco a vacuidade; ruim é o que você faz com isso. Todos têm necessidades, todos têm sede e todo coração conhece o vazio. Mas é aí que o Espírito encontrará você, no poço, no seu lugar de necessidade e vacuidade. E assim ele se torna um lugar sagrado. E o Espírito vai encontrar você lá, não só uma vez, mas todos os dias da sua vida. Portanto, não despreze suas necessidades. Não tente extinguir a sede da sua alma nem combater o vazio do seu coração. Em Deus, tais coisas se tornam sagradas. Em vez disso, deixe que elas cumpram seu propósito de aproximar você do Noivo e de satisfazer essas necessidades com as águas do Espírito. Então, da próxima vez que você estiver com sede, nostálgico e sentindo as dores do vazio, traga sua sede às águas do Espírito. E lá você encontrará um desconhecido, um Convidado sagrado e um Visitante santificado que irá satisfazer você no poço.

A missão: Afaste do mundo todas as necessidades, todas as vontades, vazios, desejos e ânsias e os direcione para o Espírito e para o celestial.

Gênesis 24.11-28; Isaías 12.3; 55.1; João 4.7-14

251.º DIA — O MUNDO MILAGROSO

ERA TARDE DA noite e estava especialmente escuro; não se via a lua em lugar nenhum. O professor e eu estávamos sentados em um espaço aberto, não muito longe da escola, enquanto todos dormiam.

— Imagine — ele disse — se vivêssemos em um mundo onde tudo fosse noite, em um mundo onde nunca pudéssemos ver o azul do céu, o amarelo do Sol, o verde dos gramados e das árvores. Imagine que mal pudéssemos ver um ao outro. Agora imagine que aconteça algo nesse mundo que nunca aconteceu... um nascer do Sol. Como seria?

— Seria quase indescritível — respondi —, um milagre.

— Sim — disse o professor —, pela primeira vez na nossa vida o céu negro começa a se transformar, mudando subitamente de cor, os primeiros clarões do alvorecer. Então surgem os primeiros raios amarelo-alaranjados da aurora, depois o círculo de luz fulgurante se levanta no horizonte como se flutuasse sobre o nada e o nosso mundo inteiro se transforma. Pela primeira vez, vemos tudo com clareza e cores vívidas. Seria um milagre, um milagre tão comovente e tão incrível para nosso mundo como foi a abertura do mar Vermelho. — O professor fez uma pausa, virou-se para mim e disse: — Mas o milagre *aconteceu*. O milagre acontece todos os dias. Não deveríamos então estar vivendo no milagre o tempo todo? E por que não vivemos? Seria como se o mar Vermelho se abrisse às 6 horas da manhã todos os dias. Não ficaríamos mais maravilhados com isso. No entanto, com todos os profetas jamais houve uma visão tão vívida, tão cheia de brilho e de detalhes quanto a que temos todos os dias deste mundo. Contudo, quando o milagre acontece todos os dias, nós não o enxergamos mais, tornamo-nos cegos e cegos para o fato de que não há nada tão sobrenatural quanto a própria existência... a existência que passou a existir e que só podia ter surgido do nada. E o mundo natural é o testemunho do sobrenatural.

— O Sol — disse. — Está começando a se levantar.

— Contemple o milagre — disse o professor. — Esta vida, este Universo, tudo que você vê e toca, tudo que você ouve e conhece... é tudo um milagre, uma visão que remete à vida. Abra os olhos e enxergue o mundo como se fosse a primeira vez, como se fosse o primeiro amanhecer e o primeiro mar Vermelho... como é o milagre. Viva o milagre, pois você já está vivendo em um mundo miraculoso.

A missão: Hoje, viva como se você estivesse em um "mundo miraculoso", como se tudo que você vê e ouve fosse um milagre, porque é um milagre. Viva no milagre.

Salmos 8; 19.1-6; Isaías 6.3

Jonathan **Cahn**

252.º DIA — O MISTÉRIO DO LOBO

OBSERVÁVAMOS UM PASTOR tangendo seu rebanho ao pôr do Sol. Por fim, ele o conduziu para dentro e saiu de vista. Foi então que vi um animal seguindo a mesma trilha.

— É um lobo — disse o professor. — Está acompanhando o rebanho, procurando uma chance para atacar. As Escrituras falam de lobos. O Messias falou deles, pois simbolizavam o mal e particularmente aqueles que buscavam destruir o povo de Deus. Em última análise, eles simbolizam aquele que busca a destruição de todo o povo de Deus... o Inimigo... o devorador.

— O demônio?

— O lobo insuperável... o predador do rebanho de Deus. O povo judeu é citado nas Escrituras como um rebanho que vagaria pela Terra e seria atacado por seus predadores.

— O que aconteceu — disse. — Essa é a história do povo judeu.

— Então quem — perguntou o professor —, dentre todos os inimigos desse povo, de todos os predadores, foi o mais demoníaco?

— Devem ter sido os nazistas... Hitler.

— E o que eles fizeram com os judeus? Eles os caçaram, os reuniram e conduziram como ovelhas para o abate. Os judeus foram conduzidos pelo mal, pelo espírito do lobo, pelo inimigo. E você sabe como chamavam o quartel-general deles?

— Não.

— *Wolfsschanze*, que significa "covil do lobo". E a outro chamavam *Wolfsschlucht*, "garganta do lobo". E ainda a outro chamavam *Lobisomem*. E o mistério vai além. Sabe como os amigos mais íntimos chamavam Hitler? De *Lobo*. E você sabe qual o primeiro nome dele?

— Adolf?

— Sim, mas você sabe o que significa *Adolf*? "O Lobo". O maior inimigo do povo judeu, o rebanho de Deus, chamava-se O Lobo. E isso é tão real quanto o Messias é real.

— Como?

— Se existem um rebanho e um lobo, também deve haver um pastor. E, se o rebanho está sem seu pastor, então deve ser um pastor do qual o rebanho foi separado. O Messias disse: "Eu sou o bom pastor [... que] dá a sua vida pelas ovelhas". Por dois mil anos, o povo judeu ficou sem seu Pastor, e o lobo o devorou. E nós também somos como ovelhas. Devemos cada vez mais caminhar o mais próximo possível do Pastor e o mais longe possível do lobo.

A missão: Hoje, fique o mais longe possível da tentação e o mais perto possível do Senhor. Longe do lobo e perto do Pastor.

Salmos 23; Ezequiel 34.6-8; Mateus 10.16; João 10.11-14

THE KINGDOM OF BROKEN CROSSES

253.º DIA — RECONSTRUINDO AS RUÍNAS

CAMINHÁVAMOS ATÉ UMA ruína que se prostrava só e abandonada na areia do deserto.

— Imagine — disse o professor — estar entre ruínas que se estendem além do que a vista alcança. Assim eram as terras de Israel depois que os exércitos de Roma a devastaram. E nas eras desde então foi dito que Deus rompera com o povo judeu. Mas as palavras dos profetas registraram uma promessa: nos últimos dias, Deus reuniria o povo judeu desde os confins da Terra de volta às terras de Israel. Também foi profetizado que, após eu retorno, "eles reconstruirão as velhas ruínas e restaurarão os antigos escombros; renovarão as cidades arruinadas que têm sido devastadas de geração em geração". E as palavras das antigas profecias se tornariam realidade. O povo judeu foi reunido dentre as nações e levado de volta para sua antiga pátria. Ali eles começaram a reconstruir as cidades assoladas e a restaurar as ruínas antigas. O que isso revela para nós?

— Que a Palavra de Deus é verdadeira.

— Sim — disse o professor — e mais uma coisa: depois de séculos de rebelião, teria sido mais fácil para Deus encerrar suas relações com esse povo e escolher outro. Mas Deus preferiu restaurar os destruídos, reconstruir as ruínas e erguer sua nação caída; escolheu curar os quebrados, recolher os cacos espalhados e reuni-los outra vez, um a um, pedaço por pedaço. Por quê? Porque, quando você ama uma coisa e essa coisa se quebra, você não a abandona, mas junta tudo de novo, pedaço por pedaço. Assim foi com a nação Israel… e assim é conosco. Israel é um sinal para todas as pessoas, uma imagem da redenção de Deus para todos aqueles que o receberem. E o que é essa redenção? É a restauração do que foi quebrado. Ele não nos abandona em nossos pecados. Ele não desiste de nós por causa da nossa condição de caídos e quebrados. Ao contrário, ele reconstrói as ruínas, pega as peças quebradas da nossa vida e dos nossos erros e torna a juntá-las, pedaço por pedaço. Assim como Deus fez por nós, também devemos fazer com aqueles que estão caídos, para com os quebrados. Pois, quando você ama algo e esse algo se quebra, você não o abandona, mas coloca tudo de volta… pedaço por pedaço.

A missão: Existe algo quebrado que você abandonou ou do qual desistiu? Ore pela redenção desse algo e, se possível, torne a juntá-lo no amor de Deus.

Isaías 61.4; Amós 9.14; Lucas 4.18; Atos 15.16-17

Jonathan **Cahn**

254.º DIA — DÔDÎ LÎ

O PROFESSOR LEVOU-ME a um dos vinhedos. Lá no meio, havia uma pedra, e nos sentamos para descansar.

— Foi em outro jardim — disse o professor — que compartilhei com você uma frase em hebraico dita pela noiva no Cântico dos Cânticos: *Ănî Lô*. Lembra-se do que significa?

— Significa "eu sou dele" ou "eu sou para ele". E está no fundamento de tudo que devemos ser e fazer em Deus, da nossa consagração, das nossas obras e dos nossos sacrifícios, do nosso ministério e chamado.

— Sim. E, para a revelação ficar completa, você precisa conhecer mais uma frase em hebraico. É esta: *Dôdî Lî*. Antes de dizer *Ănî Lô*, a noiva diz *Dôdî Lî*.

— E o que significa *Dôdî Lî*?

— "O meu amado é meu". "O meu amado é meu, [*Dôdî Lî Wa'ănî Lô*] e eu sou dele [*Ănî Lô*]" resume tudo que é exigido de você em Deus. Mas *Dôdî Lî* é o segredo para atendê-lo. Antes de dizer: *Ănî Lô* ("Eu sou dele"), a noiva deve dizer: *Dôdî Lî* ("O meu amado é meu"). Quanto mais perceber que seu amado pertence a ela, mais ela se entregará ao amado. Se receber o amor dele por ela, ela dará seu amor a ele. Quanto mais o coração dela puder compreender *Dôdî Lî*, mais sua vida se tornará *Ănî Lô*. Se ele for dela, ela será dele. E esse é o segredo da sua vida em Deus. É seu *Dôdî Lî* que faz surgir seu *Ănî Lô*.

— O que isso significa?

— Tudo que você deve ser e fazer em Deus começa com *Dôdî Lî* ("O meu amado é meu"). Quanto mais se aprofundar no significado de que Deus pertence a você, mais você irá se entregar a ele. Quanto mais receber o amor dele por você, mais você dará seu amor a ele. Quanto mais seu coração compreender que "o meu amado é meu", mais sua vida se tornará "eu sou dele". E você não terá que se esforçar para viver uma vida de justiça e santidade nem para fazer o que é bom. Você simplesmente irá fazer, livremente, continuadamente, por amor, pelo amor dele. Pois é o coração de *Dôdî Lî* que produz a vida *Ănî Lô*. Então faça com que seu objetivo seja preencher seu coração com o entendimento de *Dôdî Lî*, e sua vida se tornará *Ănî Lô*. É tão simples quanto *Dôdî Lî Wa'ănî Lô*. Meu Amado é para mim, e eu sou para ele.

— Meu Amado é meu — eu disse —, e eu sou dele.

A missão: Faça que hoje seja um dia *Dôdî Lî*. Viva como se Deus pertencesse a você, como de fato pertence. Receba a vida dele como um presente para você. E faça da sua vida um presente para ele.

Cântico dos Cânticos 2.16; Tito 2.14; 1João 4.10-19

255.º DIA — A OBRA MAGISTRAL

O PROFESSOR LEVOU-ME aos fundos de uma sala pública, onde havia uma tela em branco sobre um cavalete de madeira e, à direita dela, um segundo cavalete de madeira em que repousava o quadro de uma paisagem bela e intricada.

— A tarefa de hoje — ele disse — é copiar este quadro.

— Mas não sei pintar!

— Esse é o desafio — ele respondeu. — Voltarei daqui a algumas horas.

Passei o resto da tarde ali, tentando fazer o melhor possível para reproduzir o que via na tela ao lado. Apesar de todos os esforços, o resultado parecia algo que uma criança em idade pré-escolar teria feito. Houve um longo silêncio quando o professor voltou e enquanto nós dois olhamos minha obra.

— Você não vai se esquecer desta lição — disse ele —, pois estava tentando reproduzir a obra de um mestre. A maioria das pessoas que estão no Reino faz a mesma coisa.

— Copiam quadros?

— Tentam reproduzir a justiça de Deus. Elas sabem o que é certo, o que é bom e sagrado; sabem como é viver uma vida devotada e tentam viver. O objetivo é válido. Mas o caminho que seguem para alcançar esse objetivo é errado. Elas estão fazendo o que você acabou de fazer, testando as próprias habilidades para reproduzir a obra do Mestre. E fazer isso é competir com Deus. Então, se pudesse fazer isso, você não precisaria de Deus. Só Deus pode fazer as obras de Deus. E uma vida santa é obra de Deus.

— Então o que podemos nós, já que Deus é o único que pode fazer? — perguntei.

— Aí é que está o segredo. Deus deve fazer, e você deve permitir. Em vez de copiar o quadro, imagine-se recebendo o coração e a mente do artista, as habilidades e o espírito dele. Então não seria um trabalho difícil, muito menos uma cópia: seria como se o mestre estivesse pintando por meio de você. Nisso reside o segredo. Não tente competir com Deus copiando as obras dele. Em vez disso, aprenda o segredo de deixar Deus realizar as obras dele em tudo que você faz. Se viver com o coração de Deus, você fará as obras de Deus. Se viver pelo Espírito de Deus, você realizará a vontade de Deus. Aja nos movimentos de Deus. Ame no amor de Deus. Viva na vida de Deus e seja no ser de Deus. Quanto à pintura que você fez...

— Está um horror — eu disse. — Mas acho que vou guardá-la, como um lembrete.

— Viva pelo Espírito do Mestre — disse o professor —, e o que você fizer será uma obra-prima.

A missão: Hoje, em vez de se concentrar nas obras de Deus, busque viver no coração e no Espírito de Deus, e irá realizar as obras de Deus.

Ezequiel 36.27; Gálatas 5.16,22-25; Filipenses 1.6; Hebreus 13.21

Jonathan **Cahn**

256.º DIA — O MISTÉRIO DO ZIGOTO

ESTÁVAMOS NO MEIO de um jardim de flores de todas as cores e de todos os tipos, quando o professor tirou um objeto minúsculo do bolso e me entregou.

— É uma semente — ele disse. — E as Escrituras têm muito a dizer sobre elas. O Messias mesmo falou da própria vida como uma semente. "Chegou a hora", disse ele, "de ser glorificado o Filho do homem. Digo verdadeiramente que, se o grão de trigo não cair na terra e não morrer, continuará ele só. Mas, se morrer, dará muito fruto". Ele estava falando da sua morte e do fruto que ela geraria, a ressurreição, a salvação, a vida eterna. Mas o que o Messias mencionou quando falou da vida e da morte é chamado *zigoto*. A palavra "zigoto" literalmente significa "a junção". Um zigoto é a nova vida que vem da união de duas vidas, a dos dois pais. Então o zigoto é a união de duas naturezas em uma vida. E é isso que uma semente é. O Messias se referiu à sua vida como uma semente, um zigoto.

— E assim foi a vida dele — eu disse —, a união de duas naturezas, a junção de Deus e o homem, a unificação do Espírito e da carne, a Deidade na forma humana, a união do Céu e da Terra em uma vida, uma junção... o zigoto.

— Mas então o que acontece com a semente, o zigoto? — perguntou o professor.
— Vai cair no chão como se estivesse morrendo. E sua forma exterior vai passar por um tipo de morte, para que então a vida dentro do zigoto gere seus frutos. Assim é que a vida do Messias cai no chão e morre, e a morte dele gera uma nova vida no mundo. E assim é com os outros.

— Como poderia haver outros? — perguntei. — Apenas ele vinha de duas naturezas.

— Mas existem outros — disse o professor. — No momento em que nascemos de novo, a vida neste mundo se torna uma união de duas naturezas, Terra e Céu, a carne e o Espírito, o transitório e o eterno, Deus no homem. Todo filho de Deus é uma união, uma junção de duas naturezas, um zigoto. E, se cai no chão e morre, o zigoto produz muitos frutos, gera a própria vida.

O professor abaixou-se e enterrou a semente no chão entre nós.

— Toda vez que você morre para si mesmo, toda vez que crucifica a carne, toda vez que entrega sua vontade à vontade de Deus, o poder de Deus e da nova vida será liberto, e você irá gerar muitos frutos, sua vida vai gerar a vida que sempre esteve destinada a gerar. Faça isso, e os propósitos de Deus em sua vida vão gerar muitos frutos. É a lei do zigoto.

A missão: Aprenda o segredo do zigoto. Permita que seu velho eu morra, crucifique a carne, entregue sua vontade. E o poder da vida será liberto.

Mateus 10.39; João 12.23-24; 15.13; 2Coríntios 4.10-11

257.º DIA — PODE A SI MESMO

VOLTAMOS AO JARDIM onde tínhamos visto um homem podando as plantas.

— Lembra-se do que viu aqui? — perguntou o professor.

— Um homem aparando os galhos — respondi. — Uma poda.

— E qual o propósito da poda?

— Serve para remover os galhos que impeçam a fertilidade ou o bem-estar da árvore, para permitir que ela se torne o mais frutífera possível.

— Portanto, a poda é fundamental para viver uma vida frutífera em Deus, por isso Deus poda a vida de seus filhos. Mas, para viver uma vida frutífera, você também deve participar do processo. Você também deve aprender a podar a si mesmo.

Assim dizendo, ele me levou até uma árvore que precisava ser desbastada e me entregou duas ferramentas de jardinagem, um gancho e uma podadeira.

— Está vendo este aqui — ele disse. — É um galho doente. Se não for cortado, vai prejudicar a árvore. Qualquer ação, percurso ou hábito pecaminoso em sua vida é um galho doente que irá impedi-lo de viver uma vida frutífera em Deus. Pode-o.

Então o podei.

— E este é um galho morto, já deu frutos, mas agora vai prejudicar a saúde da árvore. Qualquer ação ou dispêndio de energia em sua vida que não produza frutos, mesmo que já tenha produzido, é um galho morto. Você deve podá-lo.

Então o podei.

— E estes galhos aqui estão atrapalhando a árvore, bloqueando a luz do Sol para os galhos mais frutíferos. Assim, na sua vida, qualquer coisa que você fizer que o impeça de receber de Deus, de habitar na presença e na Palavra dele, é um galho que só atrapalha. — Em seguida, o professor apontou para baixo. — Estes galhos aqui estão muito baixos e representam todas as buscas, indulgências e ações terrenas que só consomem seu tempo e sua energia em relação às coisas mais elevadas, para as quais Deus chamou você. Pode-os. Pode todos eles — disse ele.

— Da minha vida?

— Sim, sem dúvida. Mas os da árvore também, como uma lição prática. Corte tudo. Você não vai prejudicar a árvore, e sim ajudá-la. E assim é com sua vida. Ao desistir, você ganhará. Torne isso uma prática contínua, e se tornará espiritualmente saudável, forte, grande e frutífero. Pode a si mesmo, e dará muito fruto.

A missão: Hoje, identifique em sua vida os galhos mortos, doentes, os que atrapalham, os que geram desperdício e os mais baixos e pode-os. Pode a si mesmo.

Marcos 1.35; 10.29-30; João 15.1-5

258.º DIA — O PODER DO "COMO"

— NO LIVRO DE EFÉSIOS, está escrito: "Sejam imitadores de Deus, como filhos amados". Como você entenderia e aplicaria isso? — perguntou o professor.

— Os filhos amados vão imitar seus pais. E, ao se sentirem filhos amados, imitarão o Pai celestial, Deus.

— Está certo — disse ele. — Sejam "imitadores de Deus, como filhos amados". Você também *poderia* entender desta forma: já que são filhos amados, imitem Deus. E estaria correto, embora não seja exatamente o que diz o versículo. Onde ele diz "como", há o termo grego *hōs*, que pode ser traduzido por "da mesma forma que" ou "exatamente como". Então seria traduzido assim: "Sejam imitadores de Deus da mesma forma que filhos amados"; ou: "Sejam imitadores de Deus exatamente como filhos amados". E como você obedece a essa ordem? Em primeiro lugar, você deve ter uma ideia do que são filhos amados, como eles agem, como reagem, como vivem. Então você vive como se fosse um deles. Assim, você age da mesma forma que crê que eles agiriam. Como filho de Deus, você não está preso ao que foi nem ao que é agora. Em Deus, você tem o poder de viver como você *não* é, ou melhor, como *ainda não* é... de viver *como você ainda será*. E, para esse intento, a palavra "como" é uma coisa muito poderosa. Quando apareceu a Gideão, o anjo encontrou um homem com medo. Mesmo assim, ele disse: "O Senhor está com você, poderoso guerreiro". Gideão não era um poderoso guerreiro, mas viria a se tornar um. O anjo, porém, o cumprimentou *como se* ele já o fosse. Gideão agora teria de viver pela fé *como se* fosse desde então aquele poderoso guerreiro. E foi isso que ele se tornou. Esse é o segredo do "como". Não se prenda ao que você é. Antes, viva *como se* você fosse o que está para se tornar. Seja como Gideão, aquele cuja vida foi mudada quando um anjo o cumprimentou. E você sabe como o anjo o chamou, em hebraico? Chamou-o de *gibbōr*, que significa literalmente "campeão". Agora imagine como um campeão de Deus seria: uma presença de justiça, pureza, santidade, piedade e poder. Imagine como viveria um campeão da fé. Então viva *como* esse campeão, viva *como se* você pudesse fazer coisas grandes e poderosas para Deus, mesmo que isso vá muito além de tudo que você conhece, foi ou fez. Viva pela fé *como se* pudesse, *como se* esse campeão fosse você, e, como aconteceu com Gideão, você se tornará um campeão. Você será transformado pelo poder do "como".

A missão: Viva o agora, não de acordo com o que você é, mas como vai ser. Viva este dia do poder do "como", como um campeão vitorioso e poderoso!

Juízes 6.11-12; Efésios 5.1,21-29

THE PERFECT BOWLER

259.º DIA — A YĀD

HAVIA 20 ALUNOS reunidos em círculo, entoando um cântico de adoração. Eu nunca tinha ouvido aquilo. Era em outro idioma. Eles tiveram de aprender a música enquanto estavam na escola. Muitos levantavam as mãos enquanto cantavam. Eu só observava. Quando terminou, o professor, que estava assistindo àquele culto de fora, aproximou-se de mim.

— Isso foi estranho para você? — ele perguntou.
— É que eu nunca tinha visto cantarem desse jeito.
— Nem erguendo as mãos?
— Isso é importante?
— Você é livre aqui para cantar e adorar como quiser, e, sim, a elevação das mãos é importante. Lembra-se de quando conversamos sobre o mistério da palavra "judeu", de como ela deriva dos nomes *Yehûdîm* ou *Yehûdâ*?
— Sim.
— Pois é mais profundo que isso — ele disse. — O nome deriva do termo *yādâh*, que significa "louvar", "dar graças", "adorar". No entanto, esse termo está especificamente relacionado a erguer as mãos.
— Da forma como eles ergueram as mãos no culto?
— Sim. E *yādâh*, por sua vez, deriva do termo *yād*, que significa "mão".
— Então a palavra "judeu" vem da palavra "mão"?
— Essencialmente, sim — disse ele. — Não apenas da palavra "mão", mas também de um tipo específico de mão.
— Que tipo de mão em particular?
— Uma mão aberta. O termo fala especificamente de uma mão *aberta*, pois a mão do culto é aberta, a mão do louvor é aberta, a mão da ação de graças é aberta.
— Então viver uma vida de louvor e agradecimento — eu disse — é viver uma vida de mãos abertas.
— Sim, a mão aberta é a única mão capaz de receber as bênçãos do Céu. Então quanto mais viver uma vida de louvor, adoração e agradecimento, uma vida de *yādâh*, mais sua vida se tornará uma mão aberta para receber as bênçãos do Céu, a *yād*. Quanto mais louvar e agradecer incondicionalmente, mais terá para louvar e agradecer.

A missão: Viva este dia agradecendo e louvando por todas as situações, não importam quais. Abra sua vida para as bênçãos por meio do poder da *yād*.

Salmos 63.4-7; 150; Efésios 1.12

260.º DIA — O MANDAMENTO ALFA

— QUAL FOI O PRIMEIRO mandamento perpétuo que Deus deu à nação de Israel? — perguntou o professor.

— O primeiro dos Dez Mandamentos?

— Não — disse ele. — O primeiro mandamento contínuo dado à nação de Israel foi este: "No décimo dia deste mês todo homem deverá separar um cordeiro ou um cabrito, para a sua família, um para cada casa". Esse foi o mandamento que estabeleceu o dia 10 de *nisã* como o dia em que o cordeiro da Páscoa devia ser levado para casa... o mesmo dia em que o Messias, o Cordeiro de Deus, foi levado a Jerusalém, o dia que conhecemos como Domingo de Ramos.

— Então o primeiro mandamento que Deus deu a Israel foi pegar um cordeiro.

— Sim, mas em hebraico o termo para "pegar" é *lāqaḥ*, que também significa "trazer". Então pode ser traduzido por "trazer o cordeiro". E assim trouxeram o Cordeiro, o Messias, em um jumento até Jerusalém. Mas *lāqaḥ* também pode significar "adquirir" e, assim, "adquirir o cordeiro". Foi isso que os sacerdotes de Israel fizeram quando pagaram pela vida do Messias: compraram o Cordeiro. E *lāqaḥ* significa ainda "capturar", e eles também capturaram o cordeiro. Então o Messias seria capturado, preso e levado como prisioneiro. E tem mais uma coisa que *lāqaḥ* significa.

— O quê?

— "Receber".

— Receber o cordeiro.

— Sim — disse o professor. — Esse é o mandamento alfa, o primeiro mandamento perpétuo dado por Deus a Israel: "Receba o cordeiro"; ou: "Receba para você o cordeiro". O mandamento alfa... e o mandamento ômega.

— Por que o ômega?

— Porque toda a história judaica, toda a história mundial, está esperando que esse mandamento seja cumprido. Quando os filhos de Israel finalmente cumprirem o primeiro mandamento, quando receberem o Cordeiro, o Cordeiro virá, e então o Messias virá, o Reino virá. Assim, é o primeiro e o último mandamento, não só para Israel, mas para toda vida humana. É o mandamento que, quando cumprido, traz a salvação a todos que lhe obedecerem. Tudo começa e termina com isso. Receba o Cordeiro.

A missão: Existe algo em sua vida que Deus o chamou para realizar e você ainda não realizou? Abra-se para a bênção. Faça-o hoje.

Êxodo 12.3; Mateus 23.39; João 1.12; Colossenses 2.6-7

261.º DIA — AS UVAS DO PARAÍSO

ESTÁVAMOS EM UM dos vinhedos. O professor apanhou um cacho de uvas da parreira e o colocou na minha mão.

— Uma fruta muito importante — disse ele. — Sob elas, certa vez, pendeu o futuro de uma nação.

— Nas uvas?

— Sim — ele respondeu. — Quando os filhos de Israel chegaram ao que teria sido o fim da jornada pelo deserto, às margens da terra prometida, Moisés enviou 12 homens para espionar a terra. Eles voltaram com um cacho de uvas do vale de Escol.

As uvas foram os primeiros frutos da terra prometida, a primeira prova que tiveram de que era tudo real, o primeiro sabor do que até aquele momento só tinham ouvido falar e no qual acreditaram pela fé. Isso deveria ter sido um estímulo para que prosseguissem e tomassem a terra. Mas eles recusaram o estímulo, acreditaram nos temores que tinham em relação às uvas. E, por perder o sinal das uvas, perderam também a terra prometida... um segredo crucial — disse ele.

— Qual?

— Nunca perca as uvas de vista.

— As uvas da terra prometida?

— As uvas da *sua* terra prometida — disse ele.

— O Paraíso?

— Durante sua jornada, Deus lhe dará as uvas da terra prometida.

— O que isso quer dizer?

— Que Deus lhe dará os primeiros frutos do Céu e da vida celestial, os sinais e a prova do que você acredita pela fé, o primeiro sabor da era por vir. Toda oração respondida, toda ação da mão de Deus em sua vida, todo sussurro da voz dele, todo suprimento de suas necessidades são as uvas, os cachos da terra prometida. Todos os estímulos que você conhece vieram de Deus, cada orientação para seus passos, todas as provisões, todas as medidas de paz inexplicáveis, cada momento de alegria celestial e cada toque do Espírito são os primeiros frutos dados a você como um estímulo para que não desista nem sucumba ao medo, para que prossiga, lute a boa luta e se aproprie da sua herança. E todas essas coisas são só um gostinho das bênçãos que virão... os primeiros frutos da sua terra prometida, os cachos de uva do Paraíso.

A missão: Recolha os cachos de uva da terra prometida: toda oração respondida por Deus, toda bênção recebida de Deus. Receba a força das uvas do Paraíso e aproprie-se de novos solos para Deus.

Números 13.23-28; Romanos 8.23; Hebreus 11.1

Jonathan **Cahn**

262.º DIA — A FESTA DAS TROMBETAS

ESTÁVAMOS PARADOS NO TOPO de uma montanha alta. Em uma das mãos, o professor segurava um *ṭalît*, o manto de orações hebraico, e na outra, um *shôfār*, o chifre de carneiro. O Sol estava prestes a se pôr. Era a festa das trombetas.

— Mais tarde — ele disse —, vamos observá-la com os demais. Mas eu queria falar dela agora com você. Está escrito: "Vocês terão um dia de descanso, uma reunião sagrada, celebrada com toques de trombeta", a festa das trombetas.

— Tenho uma pergunta sobre esse assunto — disse. — Por que os dias sagrados de Israel aparecem, de uma forma ou de outra, no Novo Testamento, menos a festa das trombetas? Qual o motivo dessa ausência?

— Ela está lá — disse ele —. Você é que não viu. Quando a festa das trombetas acontece no ano sagrado hebraico, no começo ou no fim? No fim. Então o mistério não se concentra no começo da era, mas no fim. A festa das trombetas anuncia o encerramento do ciclo sagrado. E assim também anunciará o encerramento da era. E o que você encontra nas Escrituras quando observa as profecias que se referem ao fim da era? Trombetas. As trombetas de Israel anunciaram a chegada de reis e reinos, a aproximação dos exércitos. E assim é profetizado que, quando a trombeta soar, o Reino de Deus virá. As trombetas chamaram o povo de Israel para se reunir diante de Deus. E assim é profetizado que, ao som da trombeta, o povo de Deus será reunido na presença dele. O som da trombeta era um alerta. E assim é predito que, quando as trombetas soarem, os mortos no Messias serão despertados. E, por fim, era o som da trombeta que anunciava o início do reinado de um rei. Assim é predito que, quando a trombeta soar, o reinado do Rei começará, o reino deste mundo se tornará o reino do Senhor. A festa das trombetas e os dias sagrados do outono são apenas uma parte da nova aliança, assim como são os dias sagrados da primavera. Eles nos dizem que nossa fé não é apenas no que passou, mas no que está por vir... como é com o Messias. Vivemos *da* salvação e ainda *para* a redenção e somos, acima de tudo, um povo com esperança.

Assim dizendo, o professor cobriu a cabeça com o *ṭalît*, levou o *shôfār* à boca e soprou. O som ecoou por todo o deserto. Depois ele se virou para mim.

— Então viva com confiança e esperança no que está por vir e prepare-se para esse dia... o Dia das Trombetas.

A missão: Viva este dia com confiança e esperança, olhando para o futuro, sabendo que ele já está lá, o Senhor do futuro, esperando sua chegada.

Levítico 23.24; Mateus 24.31; 1Coríntios 15.52; 1Tessalonicenses 4.16

YOM TERUAH

O Livro *dos Mistérios*

263.º DIA — AS GUERRAS DO SAGRADO

O PROFESSOR ABRIU uma das gavetas do seu estúdio e tirou uma pequena caixa de madeira retangular. Dentro dela, havia uma coleção de moedas antigas, a maioria bem gasta, mas algumas ainda preservadas. Então ele me deu um tempo para examiná-las.

— De toda a superfície do Planeta — disse ele —, qual lote de terra você acha que foi o mais combatido acima de todos os outros?

— Não me especializei em história — respondi. — Portanto, não tenho ideia.

— A resposta é Jerusalém. Todas essas moedas são desse lote de terra, cada uma representando um reino ou império que se aproximou de seus muros. Jerusalém, a Cidade de Deus, a Cidade da Paz, já foi reduzida a cinzas mais de uma vez e sitiada mais de 20 vezes. Ela tem sido o território de mais de uma centena de conflitos. Da Antiguidade ao mundo moderno, nenhuma cidade sofreu tantos combates ou foi foco de tantas guerras. Por quê? Ela não tem grande valor militar nem estratégico, e não há ali grandes recursos. Se estivéssemos visitando o Planeta pela primeira vez, isso nos diria que existe algo nessa cidade que a distingue de todos os outros lugares e está além da explicação natural. Que conflito além do natural haveria para uma guerra com a Cidade da Paz?

— Um conflito no reino espiritual. O conflito do Inimigo.

— E por quê? — perguntou o professor.

— Porque Jerusalém está no centro dos propósitos de Deus?

— Sim — disse ele —, no centro dos propósitos de Deus, passados, presentes e futuros, o lugar onde os pés de Deus tocarão a Terra, o trono de onde virá o Reino de Deus. Nesse caso, esse deve ser o mais combatido dos territórios. Portanto, todo conflito, toda controvérsia e a própria hostilidade são um testemunho para Jerusalém, para o que é Jerusalém: o território central dos propósitos de Deus na Terra. E por que tanto conflito? Porque os propósitos que Deus tem para Jerusalém são muito grandes, assim como para sua vida e para a vida de todos os filhos de Deus. Quando você realiza a vontade de Deus, acontecem os conflitos, as hostilidades e os ataques. Mas nunca permita que isso o desanime. Ao contrário, anime-se. É um sinal-padrão revelador de que você está no caminho certo e que está fazendo algo que será de grande efeito, recompensador. Não pare. Prossiga. Pois a grandeza da batalha é só por causa da grandeza dos propósitos de Deus para o lugar sagrado dele: você!

A missão: Não tema as batalhas, mas abrace-as. O que é de Deus irá resistir. E vale a pena lutar pelo que é bom. Lute a boa luta. E você prevalecerá.

Isaías 52.1-2; 2Coríntios 6.4-10; 10.3-5

JERUSALEM BESIEGED

Jonathan **Cahn**

264.º DIA — O SEGREDO DO TERCEIRO PRÍNCIPE

ESTÁVAMOS CAMINHANDO POR uma grande clareira na planície onde só havia areia.

— Continue caminhando — disse o professor. — E tente andar em linha reta.

Assim, continuei caminhando enquanto ele observava, dando-me alguns minutos para prosseguir.

— Pare! — ele gritou a distância. — Agora, vire-se e olhe.

Eu tinha certeza de que caminhava em linha reta, mas as pegadas na areia revelaram que eu me desviara notadamente para a direita. O professor então se aproximou de mim.

— Deixe-me contar uma história — disse ele. — "Era uma vez um rei que propôs um desafio aos príncipes das terras vizinhas para que caminhassem em linha reta até o castelo. Entre eles, aquele que conseguisse realizar tal feito, durante uma longa jornada com paisagens variadas, teria o direito de pedir a mão de sua filha em casamento. O primeiro príncipe começou a jornada sempre olhando para a direita e para a esquerda a fim de ter certeza de que não estava se desviando para uma ou outra direção. Mas, assim como você e apesar de todos os esforços, quanto mais ele caminhava, mais se desviava de seu curso. O segundo príncipe resolveu olhar para baixo, mantendo os olhos nos próprios pés, para ter certeza de que cada passo seguisse o mesmo caminho do passo anterior. Mas esse também teve um péssimo resultado. O terceiro príncipe, porém, começou a jornada sem olhar para a direita nem para a esquerda, sem olhar para baixo a fim de conferir os próprios passos. No fim, concluíram que ele caminhara em linha reta. As pessoas não imaginavam como ele havia conseguido. Então ele lhes contou o segredo: 'Tudo que fiz foi seguir a luz no topo da torre do castelo que eu via a distância. Não olhei para o trajeto nem para a paisagem à direita e à esquerda. Só mantive os olhos naquela luz e continuei indo na direção dela até chegar aqui'".

— E esse — prosseguiu o professor — é o segredo para sua caminhada em Deus. Todos nós somos chamados a caminhar em linha reta em Deus. Mas como conseguir tal intento ao longo da vida em uma longa jornada de paisagens e circunstâncias variadas? Basta não se concentrar nas circunstâncias nem na própria caminhada, mas fixar os olhos no seu destino, a despeito do entorno, das montanhas e dos vales, dos altos e baixos, da própria caminhada e dos próprios passos. Você fixa os olhos no Eterno, sobre ele… e segue adiante, sempre em frente e cada vez se aproximando mais desse objetivo. Então você vai chegar lá. E retos serão seus passos sobre a areia.

A missão: Pratique hoje o segredo do terceiro príncipe. Em todas as coisas, em todas as situações, fixe os olhos no seu objetivo, em Deus, e continuamente vá chegando mais perto.

Salmos 25.15; Jeremias 31.9; Hebreus 12.1-2

265.º DIA — OS DIAS DE *TĒSHÛVÂ*

O PROFESSOR LEVOU-ME à Câmara das Vestes, onde havia um sortimento de mantos de oração brancos.

— Estes mantos são para os Dias de *Tēshûvâ*, o período mais sagrado do ano hebraico — disse ele.

— O que é *Tēshûvâ*? — perguntei.

— Esse termo deriva da raiz *shûv* e significa "retornar".

— Então *Tēshûvâ* significaria retorno?

— Sim — ele disse. — Os Dias de *Tēshûvâ* são os Dias do Retorno. Mas é um tipo específico de retorno, um retorno para Deus. E retornar para Deus significa se arrepender. Então *teshû'āh* também significa "arrependimento". Assim, durante os Dias de *Tēshûvâ*, o povo judeu é chamado a se afastar da transgressão, confessar seus pecados, se arrepender, retornar para o Senhor e buscar a misericórdia divina.

— E exatamente quando são os Dias de *Tēshûvâ*?

— Entre o fim do verão e o começo do outono, na época dos Dias Santíssimos, da festa das trombetas, dos Dias Terríveis e do Dia da Expiação, os dias determinados para o retorno para Deus...

O professor fez uma pausa para depois me responder com outra pergunta.

— Quando você acha que caem os Dias de *Tēshûvâ*, no começo, no meio ou no fim do ano sagrado?

— No começo? — disse.

— Não — ele respondeu. — Os Dias de *Tēshûvâ* caem no fim do ano sagrado. E nesse ponto reside um mistério profético. Todo ano, o povo judeu retorna para o Senhor, não no começo, mas no fim do ciclo sagrado. E aqui está o mistério a que isso leva: o povo judeu, como um todo, não irá retornar para o Senhor no início da era, mas no fim. A época da *Tēshûvâ* para os judeus estará no fim, e eles só irão retornar para o Senhor como nação no fim da era: o retorno deles estará ligado ao fim. Mas *teshû'āh* tem um significado ambíguo e também pode se referir a um retorno *físico*. Assim, os Dias de *Tēshûvâ* trazem outra revelação, que é esta: antes do fim da era, o povo judeu deve retornar para a terra natal, para Israel, e para a cidade de Jerusalém.

— Como retornou — disse. — E isso tudo estava lá, no calendário deles, desde a Antiguidade. Eles retornam no fim.

— Sim, eles retornarão para a terra... e para seu Deus, tudo no tempo determinado, nos Dias de *Tēshûvâ*.

A missão: O arrependimento envolve uma vida inteira. Viva sua vida nos dias de *Tēshûvâ*. Quanto maior o arrependimento, maior será o retorno.

Isaías 30.15; Jeremias 3.22; Oseias 3.4-5

THE THREE END-TIME TESHUVAHS

266.º DIA — O CENÁRIO CELESTIAL

ERA TARDE DA NOITE. O professor e eu estávamos sentados de frente para as brasas agonizantes de uma fogueira quando ouvi um barulho. Parecia que alguém ou algo caminhava sobre um monte de galhos secos.

— O que acha que era? — perguntei.
— Um animal — ele disse —, ou o vento.

Paramos de falar por um instante, esperando para ver se o ruído iria recomeçar, mas só houve silêncio.

— Qual seria o pior cenário possível? — perguntou o professor.
— Neste momento? — perguntei. — Em relação ao barulho? Seria vir de um leão ou de um urso... ou até de um assassino. Diria que qualquer um deles se qualificaria.
— E qual seria o pior cenário depois desse?
— Acabaríamos mortos.
— E se fosse um cenário menos extremo — ele disse. — Você ficar doente, por exemplo. Qual é a pior coisa que poderia acontecer?
— A doença se revelar fatal.
— E o pior cenário depois disso?
— Morrer.
— No caso de um emprego — disse ele. — Se você fosse demitido.
— Não conseguir encontrar outro emprego. Eu afundaria na pobreza e na miséria até morrer.
— Repare — disse o professor — que os piores cenários terminam no mesmo ponto: na morte. Agora, se você é filho de Deus, se está salvo, o que acontece depois do pior cenário possível?

Parei por um instante.
— Vou para o Céu.
— O Céu — disse ele —, onde não há mais dor nem sofrimento. O pior cenário possível para você... é o Paraíso! A base de todas as suas ansiedades, de todos os seus medos... no fim, está no Céu... nas ruas douradas... na paz perfeita... na alegria eterna. Precisa ter medo disso? Pense. Todos os seus temores e inquietações acabam no lugar mais belo e jubiloso que você poderia imaginar; então, já que resolveu essa questão, do que você tem de ter medo? Olhe para o fim. Olhe para o Céu. E viva uma vida de confiança que está além do medo. Pois o fato é que, para um filho de Deus, o pior cenário possível é o Paraíso!

A missão: Leve seu medo, sua preocupação e sua ansiedade ao próprio fim: o Paraíso. E, tendo o Paraíso como seu pior cenário possível, conquiste-o com uma vida livre do medo.

1Coríntios 2.9; Filipenses 1.21-23; Colossenses 1.5; 2Timóteo 4.6-8

267.º DIA — O PODER DE GERAR O PRIMEIRO FRUTO

O PROFESSOR LEVOU-ME a um jardim onde os trabalhadores estavam empenhados na colheita das oliveiras e onde havia uma mureta de pedras, em que nos sentamos. Os trabalhadores então se aproximaram do professor com um cesto cheio de azeitonas que tinham acabado de colher das árvores.

— Deus ordenou que o homem produzisse fruto — disse ele. — Além do fruto físico, deveríamos produzir os frutos do amor, da justiça, da verdade, da alegria, da paz, da piedade e outros mais. Mas, com a queda do homem e a introdução do pecado, perdemos a capacidade de gerar os frutos que fomos chamados a gerar.

Ele baixou os olhos para o cesto de azeitonas.

— Em qual dia sagrado hebraico o Messias ressuscitou da morte?

— No dia dos primeiros frutos.

— Tinha a ver com os frutos. A ressurreição tem a ver com o poder da fertilidade, para que possamos gerar os frutos que fomos criados para gerar. Mas não tinha só a ver com os frutos. E este não é só um cesto de frutos, mas um cesto de *primeiros frutos*. O Messias ressuscitou no Dia dos *Primeiros* Frutos. Portanto, a ressurreição não está ligada apenas à fertilidade, mas também aos *primeiros frutos*. Assim, o poder que ela nos dá não é só o da fertilidade, mas o poder de *gerar os primeiros frutos*.

— E o que é o poder de *gerar os primeiros frutos*? — perguntei.

— É o poder de produzir os frutos de Deus em circunstâncias tais que esses frutos nunca seriam gerados, de solos que nunca tivessem conseguido produzi-los. É o poder de produzir os primeiros frutos do amor, os primeiros frutos da alegria, da esperança, do arrependimento, do perdão e da vida. É o poder de levar esperança para onde não existe esperança, de levar amor para onde não existe amor, alegria para onde não há alegria, perdão para onde não tem havido perdão, vitória para onde não houve vitória e vida para onde não existe vida. Só um solo como esse foi que o milagre da ressurreição aconteceu… um solo de escuridão, desesperança e morte. E desse solo surgiram os primeiros frutos da nova vida, para que você também pudesse fazer igual. E agora você recebe uma nova ordem: seja não apenas fértil, mas, de agora em diante, seja o primeiro fruto.

A missão: Hoje, seja não apenas fértil, mas seja o primeiro fruto. Onde não houver o fruto do amor ou da esperança, do perdão ou da alegria, seja o primeiro a gerá-lo.

2Crônicas 31.5; Mateus 5.44; 1Coríntios 15.20

THE POWER OF THE BIKOREEM

Jonathan **Cahn**

268.º DIA — A MORTE DO *ZĒKER*

A MAIORIA DOS alunos já tinha ido dormir, e só eu e o professor estávamos sentados diante do fogo.

— O cordeiro da Páscoa — ele disse — foi o primeiro sacrifício oferecido pela nação de Israel e o arquétipo de todos os sacrifícios. O que sabemos em relação a isso?

— Que os hebreus foram instruídos a matar o cordeiro e a passar o sangue dele nas portas da casa.

— Mas que tipo de cordeiro? — ele perguntou. — O cordeiro tinha de ser perfeito, ter um ano de idade... e precisava ser macho.

— Isso é importante? — perguntei.

— Sendo o cordeiro da Páscoa — disse ele —, todo detalhe é importante. E nesse único detalhe há um mistério. O termo para "macho" em hebraico é *zēker*, que também significa "a recordação", "o memorial", "a menção" e "o registro". Então, quando o Cordeiro da Páscoa foi morto, o *zēker* foi morto. E matar o *zēker* é pôr fim à recordação, destruir o registro, apagar a memória.

O professor levantou-se para colocar mais lenha no fogo, depois se recostou e continuou.

— O Messias morreu na Páscoa como o Cordeiro da Páscoa. Assim, ele também era o *Zēker*... o *Zēker* dos nossos pecados. Quando ele morreu, foi a morte do *Zēker*. E, quando o *Zēker* morre, a lembrança dos nossos pecados também morre, o registro da nossa culpa é destruído e a memória da nossa vergonha não existe mais. No livro de Jeremias, Deus prometeu fazer uma nova aliança. Na nova aliança, ele disse: "Não me lembrarei mais dos seus pecados", ou, em hebraico: "Não *zākar* mais os seus pecados". O Messias tornou-se o *Zēker* dos nossos pecados... e depois foi morto. Então o *Zēker* não existia mais... esse *zēker* de Deus, a lembrança de Deus, dos nossos pecados não existiria mais.

— Quando o *zēker* morreu no Egito, os hebreus foram libertos do cativeiro e se tornaram livres para cumprir seu chamado.

— Sim — disse o professor. — Com a morte do Messias, o *Zēker*, é o fim da lembrança do pecado por parte de Deus, mas também é o poder de pôr fim à lembrança do próprio pecado e dos pecados dos outros. Portanto, se você acredita na morte do *Zēker*, deve pôr fim às lembranças do pecado em sua vida. É então que você será liberto, deixará o antigo e entrará na plenitude do seu chamado... quando o *Zēker* não existir mais.

A missão: Pegue todos os seus pecados e tudo que assombra você e lance-os sobre o *Zēker*. Considere-os mortos com a morte do *Zēker*. Aja da mesma forma com os pecados dos outros.

Êxodo 12.3; Jeremias 31.31-34; 1Coríntios 5.7; Hebreus 10.14-17

THE NISAN LAMB

269.º DIA — O REI-SACERDOTE

NA CÂMARA DAS VESTES, havia duas caixas de madeira. O professor colocou uma em cada mesa de madeira e depois, com cuidado, removeu o objeto que cada uma delas guardava.

— Esta era a coroa do rei, o descendente de Davi — disse ele.

Depois, na respectiva mesa, ele colocou o segundo objeto, algo que se parecia tanto com uma coroa quanto com um turbante.

— E esta era a coroa do sumo sacerdote, o descendente de Arão. Estas são as duas coroas que representam os dois poderes e as duas casas de Israel. Nenhum homem poderia usar as duas. O rei nunca poderia servir como sacerdote, e o sumo sacerdote nunca poderia reinar como rei. O templo e o palácio eram separados por um abismo intransponível.

— Por que a separação era tão importante? — perguntei.

— O verdadeiro rei de Israel não era o homem, e sim Deus; então, o rei representava a realeza de Deus. Por outro lado, o sumo sacerdote representava o povo caído e pecador, e sua função era reconciliar os pecadores com Deus, com o Rei e Juiz deles.

— Então o rei de Israel, Deus, era o Juiz. E o sumo sacerdote era uma espécie de advogado de defesa diante do Juiz. Por isso, os dois poderes tinham de permanecer separados.

— Exatamente — disse o professor. — No entanto, ao profeta Zacarias foi dito que um dia os dois se tornariam um só. O Messias seria tanto o Rei quanto o Sumo Sacerdote. *Yeshû'â*, Jesus, o Messias, nasceu da linhagem real de Davi, a linhagem dos reis, ainda que seu ministério fosse oferecer o sacrifício da expiação, um ato não do rei, mas do sacerdote. Apenas o sumo sacerdote podia oferecer o sacrifício do Messias. Além dele, o único que poderia fazê-lo era o Messias... como o Rei-Sacerdote.

— É crucial — perguntei — que ele fosse Sacerdote e Rei?

— É. Pense. O que aconteceria se o juiz responsável pelo seu caso pudesse se tornar seu advogado de defesa e ainda continuar sendo o juiz? O caso estaria encerrado. Então, se o Rei do Universo, se o Juiz de toda a existência, Deus, o Todo-Poderoso, se torna seu Sacerdote, seu Advogado de Defesa, o caso está encerrado: sua culpa é extinta, e seu julgamento termina. E não há mais condenação.

— Se o Juiz de todos se torna a própria defesa, então todo o julgamento terminou.

— Sim. É o que ele é. O Todo-Poderoso se tornou seu Advogado de Defesa, o que significa que você está livre... no milagre do Rei-Sacerdote.

A missão: O Juiz de todos se tornou seu Advogado de Defesa. Portanto, comece a viver hoje uma vida livre de julgamento e de condenação.

Salmos 110.4; Zacarias 6.12-13; Romanos 8.31-34

THE PRIEST KING

Jonathan **Cahn**

270.º DIA — A APOSTASIA

O PROFESSOR COLOCOU um livro antigo de capa marrom na mesa de madeira da Câmara dos Livros e abriu em uma página tão desbotada que mal se podiam ler as palavras à direita ou ver a ilustração à esquerda.

— A imagem está bem apagada, mas parecem ser Adão e Eva no jardim — eu disse.

— Isso mesmo — disse ele. — Mas não vamos falar agora da criação, e sim da apostasia.

— O que é apostasia?

— Na segunda carta aos Tessalonicenses, está escrito que esta era não vai terminar até que aconteça a apostasia. *Apostasia* deriva do grego e significa "afastar-se", "separar-se". Assim, antes do fim da era, haverá uma partida em massa, um afastamento da fé, da Palavra de Deus e da verdade. Portanto, o primeiro significado da apostasia tem a ver com a fé e a Palavra. Mas o segundo está relacionado à despedida do estado da existência.

— Por que isso? — perguntei. — Como os dois significados se harmonizam?

— A criação veio da Palavra, e da Palavra vem a criação. Portanto, a partida da Palavra levará a uma partida do estado da existência.

— O que isso significa?

— Veja o livro — ele disse. — De um lado, a Palavra está quase desaparecendo e, do outro, é a imagem da criação que está quase desaparecendo. Uma era que testemunha o distanciamento da fé e da Palavra também testemunhará um distanciamento da imagem da criação, do estado do ser. Isso significa que, antes do fim desta era, não haverá apenas um abandono da fé, mas um abandono do ser... a partida dos homens do estado de masculinidade, a partida das mulheres do estado de feminilidade, a partida dos pais do estado de paternidade, a partida das mães do estado de maternidade e a partida do ser humano do estado de humanidade.

— E o que fazer nos dias da apostasia?

— Na era de partida da Palavra, você deve deixar tudo mais forte. Você deve se comprometer a manter ainda mais fortes a Palavra, a fé e a firmeza. E, quanto mais você guardar a Palavra, mais encontrará a pessoa que você foi criado para ser... e ficará de pé.

A missão: Aceite a ordem do Novo Testamento e cumpra-a completamente no dia de hoje. Comprometa-se a viver uma vida ainda mais próxima da Palavra de Deus.

Efésios 6.13; Filipenses 2.15; 2Tessalonicenses 2.3; 2Timóteo 3.1-4

271.º DIA O YÔM

O PROFESSOR PEDIU-ME para encontrá-lo na Câmara dos Receptáculos. Encontrei-o diante do véu do templo usando uma túnica de linho branco.

— Essa é a túnica do sacerdote? — perguntei.

— Não — disse ele —, é uma túnica para "o *Yôm*", "o Dia", o dia mais sagrado do ano, Yôm Kippur. É o que os judeus tradicionais usam no Dia da Expiação. Chama-se *kittel* e, na verdade, é uma mortalha.

— Uma mortalha? Por que usariam isso no Yôm Kippur?

— Porque o Yôm Kippur é uma sombra do Dia do Julgamento, quando tudo é selado, quando todos nós ficaremos diante de Deus, frente a frente, além do véu, e quando todo pecado será expurgado e todo mal afastado de Deus para sempre.

O professor ficou em silêncio por alguns instantes, como se estivesse perdido em seus pensamentos. Depois continuou:

— E aqueles que escolheram as trevas e rejeitaram a salvação que lhes foi dada escolherão o afastamento de Deus, que é o Inferno. Pois, no fim, existem apenas dois destinos: o Paraíso e o Inferno... o Paraíso e a misericórdia de Deus para aqueles que escolheram a salvação. E o segredo está lá no Yôm Kippur, quando o sumo sacerdote entra na presença de Deus, trazendo consigo o sangue do sacrifício, a expiação. E isso fala do quê?

— Do sangue do Messias, do sacrifício, da expiação.

— Sim. Mas repare que o sumo sacerdote deve levar o sangue para fora do Lugar Santo, do altar no pátio, *antes* de transpor o véu e entrar na presença de Deus. Assim como está aqui, fora do lugar santo da habitação de Deus, pois cada um de nós deve participar da expiação, deste lado do véu, nesta vida e neste mundo, onde está o altar do Messias... enquanto ainda temos vida e antes de transpormos o véu para o outro lado. E o que vem depois desse dia?

— O Dia da Expiação leva à festa das cabanas.

— Sim, a última e a maior das celebrações, a sombra do Paraíso. Veja que a vontade de Deus não é o Inferno, e sim o Céu... tanto que ele até abriu mão da própria vida e suportou o Inferno e o julgamento por nós. E estou convencido de que, se fosse só você, se fosse só eu que precisasse ser salvo, se fosse apenas uma pessoa, mesmo assim ele teria feito isso. É o último mistério do Yôm Kippur, que é o próprio Deus que se torna nosso *kippûr*, nosso sacrifício no altar, e o maior amor que podemos compreender, o amor que devemos conhecer e do qual devemos participar... antes de transpor o véu naquele Dia.

A missão: Ninguém sabe quando vai transpor o derradeiro véu. Viva este dia como se fosse o último. O que você deve fazer?

Romanos 14.11-12; 2Coríntios 5.10,20—6.2; 1João 4.17-18

THE MYSTERY OF THE THREE YOM KIPPURS

Jonathan **Cahn**

272.º DIA — O SEGREDO DO *DÉSMIOS*

— VOCÊ ESTÁ DISPOSTO a participar de um experimento? — perguntou o professor.

— Está bem — respondi.

Ele me levou a uma câmara mal iluminada, embora houvesse um tênue raio de Sol que entrava por uma pequena abertura. Também havia um banquinho de madeira, no qual ele pediu que eu sentasse.

— Você precisa ficar aqui até eu voltar — disse o professor.

Fiquei sentado no escuro, tentando manter a mente ocupada com coisas que me afastassem daquele entorno. Mas acabei passando a maior parte do tempo refletindo sobre como o tempo era lento naquela sala. Por fim, o professor voltou.

— Como foi? — ele perguntou.

— Considerando as circunstâncias — eu disse —, muito ruim.

— O apóstolo Paulo também passou por isso uma boa parte de seu ministério e de sua vida, e não foi a título de experimento.

— Trancado em um lugar assim?

— Muitas vezes, trancado em um local bem pior que este. Sob tais circunstâncias, seria natural ficar irritado, frustrado, deprimido, amargurado e desanimado, obscurecer o próprio coração pela escuridão das circunstâncias. Esse, porém, não foi o caso de Paulo. Em uma das celas em que esteve preso, ele cantou louvores; em outra, ministrou o amor de Deus, na esperança de levar a salvação aos seus captores; em outra ainda, redigiu as palavras sagradas das Escrituras. Da sua prisão, surgiu a Palavra de Deus. Paulo foi chamado *désmios*, "prisioneiro". *Désmios* fala de alguém amarrado, algemado, impedido e até incapacitado. Mas o *désmios* Paulo, mesmo na prisão, nunca esteve amarrado; mesmo nas correntes, nunca esteve algemado; mesmo confinado às paredes de um calabouço, nunca esteve impedido nem incapacitado. Na verdade, foi como um *désmios* que Paulo, da prisão, ministraria a milhões de vidas ao longo dos tempos. Paulo se recusou a estar circunscrito por quaisquer circunstâncias, amarrado por quaisquer correntes, obstruído por quaisquer impedimentos ou limitado por quaisquer paredes. Ele sabia que nenhum grilhão pode impedir a vontade de Deus. Portanto, se viver uma vida inteiramente na vontade de Deus, você viverá sem algemas e sem impedimentos. Viva no segredo do *désmios*, e caminhará livre.

A missão: Nada pode parar aquele que caminha plenamente na vontade de Deus. Seja essa pessoa e rompa quaisquer correntes ou obstáculos que se opuserem.

Efésios 3.1; 4.1; 6.19; Filipenses 4.13; 2Timóteo 2.9

273.º DIA — OS *TSÎPÔRÎM*: O MISTÉRIO DOS PÁSSAROS

— NO LIVRO DE LEVÍTICO — disse o professor —, um sacrifício único é realizado no dia da cura do leproso, o sacrifício dos *tsîpôrîm*, os pássaros, mais exatamente dois pássaros. O sacerdote pega o primeiro pássaro e o sacrifica em água corrente. Depois ele mergulha o segundo pássaro na água e no sangue do primeiro pássaro. Então com esse sangue e água, o leproso é aspergido sete vezes e declarado puro. Séculos depois da entrega dessa ordem, o profeta Eliseu disse a um leproso chamado Naamã para banhar-se sete vezes nas águas correntes do rio Jordão. Naamã então obedece e fica curado da lepra. Observe o reaparecimento dos antigos elementos: o leproso, a água corrente, o banho, o número sete, a cura. A diferença é que não é um pássaro nas águas, mas um homem.

— E a outra vida — eu disse —, o sacrifício. E, se é um pássaro para um pássaro, então o sacrifício teria de ser de um homem para um homem... e teria de ser trazido para as mesmas águas correntes, para o rio Jordão.

— A outra vida surge séculos depois. O Messias, o sacrifício, vem às mesmas águas correntes, ao rio Jordão. E quem está lá esperando? João Batista, da linhagem de Arão, um sacerdote, o mesmo a quem foi dado o encargo do sacrifício pelas águas correntes. O sacrifício precisa estar junto com as águas correntes. Assim, João Batista mergulha o Messias nas águas correntes do Jordão. E o que é o batismo? O símbolo do sacrifício do Messias. Então um sacerdote realiza simbolicamente o sacrifício nas águas correntes onde o leproso foi purificado e curado.

— Mas esse sacerdote mergulhou, ou batizou, uma porção de pessoas nas mesmas águas.

— Sim, do mesmo modo que o segundo pássaro foi salvo sendo mergulhado na água e no sangue do primeiro. Eles foram batizados para o perdão dos pecados, para serem purificados. Eles eram os leprosos espirituais. Na verdade, oculto sob a antiga tradução grega da ordenança, quando o sacerdote mergulha o pássaro na água, a palavra usada é "batizar". Como está escrito: "Fomos batizados em sua morte".

Todos nós chegamos como leprosos, impuros e amaldiçoados, mas o sacrifício para os amaldiçoados já foi oferecido. Assim, não somos mais marginalizados nem impuros. Pois o impuro se torna puro, o amaldiçoado se torna abençoado e o leproso já não existe mais... no milagre do sacrifício pelas águas correntes.

A missão: Mergulhe cada esfera da sua vida no Messias. Depois caminhe no poder da liberdade, da pureza, da restauração e no rompimento das maldições.

Levítico 14.1-9; Mateus 8.1-3; Romanos 6.3-4; 1João 1.7

Jonathan **Cahn**

274.º DIA — O ESTADO DE VIABILIDADE

ESTÁVAMOS SENTADOS NA mesma planície de areia onde o professor antes havia desenhado símbolos e letras. Agora ele desenhou dois símbolos. Lembrei-me deles de uma aula anterior.

— O Alfa e o Ômega — eu disse. — Os símbolos de Deus.

— Sim — disse o professor. — Alfa é a primeira letra do alfabeto grego. Então Deus é o Alfa, o Início de todas as coisas e a Razão pela qual todas as coisas existem. Ômega é a última letra. Então Deus é o Ômega, o Fim de todas as coisas e o Propósito para o qual todas as coisas existem.

Em seguida, ele traçou uma linha horizontal ligando os dois símbolos.

— E isto — disse ele — é todo o restante... incluindo você.

— Eu?

— Se Deus é o Começo e o Fim, o que então isso faz de você?

— Imagino que isso não me faz o Começo nem o Fim.

— Mas é da natureza humana *não* saber disso. Se viver por você mesmo, você se tornou seu Alfa. Se viver como se você mesmo fosse a razão e o motivo de tudo que faz, então você se tornou seu Alfa. E, se a razão da sua vida é você mesmo, sua vida não tem mais razão. A linha se transforma em círculo. Em contrapartida — ele disse —, se viver para você mesmo, para servir você mesmo, tendo você mesmo como seu objetivo e fim, então se tornou seu Ômega, o que não tem um propósito verdadeiro... outro círculo.

— Acho que a maioria das pessoas vive como se fosse seu Alfa e seu Ômega — eu disse. — Então como devemos viver?

— Como esta linha. Você vive como aquilo que não é a Razão nem o Propósito, que não é o Começo nem o Fim, mas o meio. Sua vida então se transforma no receptáculo dos propósitos de Deus, o instrumento para o fim divino. Você vive para uma Razão e um Propósito maiores que você mesmo. E é aí que encontra a Razão e o Propósito para sua existência. Você faz de Deus seu começo e seu fim, a Razão e o Propósito para tudo que você faz. Você faz tudo *com* Deus e tudo *por* e *para* ele. Você se torna o receptáculo por meio do qual fluem o amor, o poder, os propósitos, o Espírito, a vida e as bênçãos de Deus. É o estado de *viabilidade*. Descubra-o, e sua vida será preenchida com as bênçãos do Alfa e do Ômega, do Início e do Fim.

A missão: Viva hoje no estado de viabilidade. Faça de Deus seu Alfa, a razão para tudo que você faz, e seu Ômega, Aquele para quem você vive.

2Coríntios 4.7; 2Timóteo 2.21; Apocalipse 1.8

THE OMEGA STONE

O Livro *dos Mistérios*

275.º DIA — SENHOR DE DOIS PONTOS DE FUGA

ESTÁVAMOS DIANTE DO maior espaço aberto que eu já tinha visto naquele deserto. Era o fim do dia. O céu a oeste ia ficando alaranjado conforme o Sol se punha.

— É como se você quase pudesse ver para sempre — disse o professor. — Você sabe como se diz "para sempre" em hebraico?

— Como?

— *Lē 'ôlām*. Isso significa "para sempre"... mas vai além disso. Também significa "aquilo" — disse ele, apontando para o pôr do Sol. — *Lē 'ôlām* significa literalmente "para o ponto de fuga". Deus existe para sempre. Deus é *lē 'ôlām*, para o ponto de fuga. Então se Deus tira nossos pecados na cruz, para onde ele os leva?

— Para o ponto de fuga — respondi.

— Sim, e então Deus levou nossos pecados *para* o ponto de fuga e desapareceu com eles... *lē 'ôlām*, para sempre longe, para uma eternidade de distância, e mais longe.

— Mais longe que para sempre?

— Pode ser dito assim. Veja que Deus não é apenas *para* sempre. Deus é *de* sempre, em hebraico, *m 'ôlām*. Então ele não só leva nossos pecados daqui até a eternidade, mas de eternidade a eternidade... a distância *de* sempre e *para* sempre.

— Tão longe quanto o Oriente fica do Ocidente — eu disse.

— Sim, exatamente como o bode expiatório levou embora os pecados das pessoas no dia mais sagrado do ano. Foi do oeste para o leste, o plano do infinito...

— Para o ponto de fuga.

— Qual é a distância entre Deus e nós, entre a santidade de Deus e nossa pecaminosidade? — ele perguntou.

— É infinita — respondi.

— É por isso que nunca poderíamos salvar a nós mesmos. É por isso que teve de ser o próprio Deus... assim como só ele é do ponto de fuga para o ponto de fuga, *m 'ôlām le 'ôlām*, "de sempre para sempre". É a distância de Deus... e a distância do amor dele por você. Nas orações de Israel, ele se chama *Melek la 'ôlām*, o Rei do Universo, que também significa o Rei, o Soberano do Ponto de Fuga. E, conforme está escrito: "Seja bendito o nome do Senhor, desde agora e para sempre! Do nascente ao poente, seja louvado o nome do Senhor!".

— Da eternidade a eternidade, sempre e para sempre.

A missão: Reflita sobre a extensão de Deus, sobre a amplitude de sua salvação e o amor que Deus tem por você, que atravessa de eternidade a eternidade.

Salmos 103.12; 113.2-3; Efésios 3.18-19; 1João 1.9

THE DAYS OF ETERNITY

Jonathan **Cahn**

276.º DIA — O PREÇO DO QUE NÃO TEM PREÇO

— IMAGINE QUE HOUVESSE um tesouro escondido neste campo — disse o professor. — Imagine que ele valesse cem vezes tudo que você possui. Mas o campo estava à venda e ao preço que equivalia a todos os seus bens. Então você vende tudo que tem e compra o campo. O tesouro é agora seu. Quanto lhe custou para comprar o tesouro?

— Custou tudo que eu tinha.

— Não — disse o professor. — Não lhe custou nada.

— Mas tive de pagar com tudo que eu tinha.

— Pelo campo — disse ele —, mas não pelo tesouro. O tesouro estava além da sua capacidade de compra, além até de todas as suas posses, e de fato era muito caro. No entanto, estava acessível. O que acabei de falar foi a parábola que o Messias contou sobre um homem que compra um campo para conseguir o tesouro escondido nele. O que você acha que o tesouro representa?

— A salvação? A vida eterna? As bênçãos de Deus?

— Tudo isso mesmo — disse ele. — Você nunca pode conseguir nem garantir as bênçãos de Deus, nem a salvação, nem a vida eterna. Um milhão de anos de obras perfeitas não conseguiria comprá-las, pois são inestimáveis. E, no entanto, são oferecidas de graça, separadas de qualquer obra, imerecida e unicamente pela graça de Deus. Esse é o tesouro. Mas há outro lado da história. Embora seja gratuito, o tesouro faz que o homem vá e faça tudo que puder, use tudo que tiver, se desfaça de tudo que conseguir se desfazer, dê tudo que puder dar para encontrar o tesouro. A salvação é o tesouro acima de qualquer preço, mesmo assim é oferecida de graça a todos que a receberem livremente. Mas o tesouro é tão grande que, se você o receber verdadeiramente, se perceber o que você tem, isso o levará a fazer tudo que estiver ao seu alcance, a usar tudo que você tiver e a dar tudo que puder dar para encontrar o tesouro. Se você realmente encontrou esse tesouro, então isso deve levar você a amar Deus com todo o seu coração, com toda a sua mente, com toda a sua alma e com todas as suas forças; a amar o próximo como a si mesmo; a perdoar como você foi perdoado; a dar como a você foi presenteado; a fazer da sua vida um presente de amor; a fazer tudo isso alegremente, à luz do tesouro que agora chegou à sua vida. Se você encontrou o tesouro que está acima de qualquer preço e que é dado gratuitamente, então viva uma vida que seja de extremo valor e de grande valia e faça-o sem limites. É assim que você se apodera do impagável.

A missão: Em vista do tesouro dado gratuitamente, pague o preço do que não tem preço. Dê tudo que você tem e é. Viva inteiramente. Apodere-se do campo.

Mateus 13.44; Lucas 18.22; Filipenses 3.7-8; 2Pedro 1.4

277.º DIA — ACAMPAMENTO NO CÉU

ERA *SUCOT*, A festa das cabanas. Os alunos estavam dormindo fora, em *sucás* ou *sûkôt*, uma espécie de tabernáculo erguido com galhos de árvore, madeira e frutos. Eu estava entre eles. Durante a noite, o professor me fez uma visita, e então nos sentamos e conversamos durante a noite à luz da lua cheia que permeava os galhos.

— Era assim que parecia — disse ele —, em Jerusalém, na época do templo. A Cidade Santa ficava cheia de tabernáculos, nos quais o povo de Israel morava nos sete dias do festival, porque devia morar como morou certa vez durante a travessia do deserto até a terra prometida, como uma forma de comemoração. Há algo estranho nisso?

— Eles estavam acampando na própria terra natal, vivendo na terra prometida como se ainda vivessem no deserto.

— No fim das contas, o que a terra prometida representa? O Céu. E o que o deserto representa? A viagem para o Céu... nossos dias na Terra. Então se aqueles da terra prometida estão morando em tabernáculos para lembrar como Deus os sustentou enquanto viajavam pelo deserto, nós que estaremos no Céu não vamos nos lembrar dos nossos dias na Terra e dar graças a Deus por nos sustentar durante nossa jornada até lá? Veja que na festa das cabanas os dois reinos, a terra prometida e o deserto, se reúnem. E essa reunião testemunha um mistério: o reino do Céu e o reino da Terra estão unidos. O que é feito no reino terrestre toca o reino celeste. E o que é feito no reino celeste toca o terrestre. Enquanto estiver na Terra, você deve guardar tesouros no Céu. O que você ata na Terra é atado no Céu. Ao orar, você deve orar para que seja na Terra como é no Céu. E, ao orar na Terra, você deve entrar na sala do trono de Deus no Céu. O Messias é a união do celeste e do terrestre. Então aqueles que vivem no Messias devem viver nos dois reinos, na união dos dois reinos. Veja que no reino da salvação o Céu não é apenas o lá e depois, mas o aqui e agora. Aprenda o mistério da festa das cabanas e o segredo de viver no reino celeste desde agora. Pois, se aqueles da terra prometida puderam morar nos tabernáculos do deserto, então nós que estamos na jornada pelo deserto podemos morar agora nos tabernáculos do Céu.

A missão: Aprenda o segredo de morar no reino celestial enquanto vive no reino terrestre. Viva na união dos reinos do Céu e da Terra.

Levítico 23.40-43; Efésios 2.6; Apocalipse 7.9

Jonathan **Cahn**

278.º DIA — O PASTOR E OS PESCADORES

— ERA POR UM lugar como este — disse o professor —, no meio do deserto, que um velho pastor tangia seu rebanho perto de uma montanha e de um arbusto. Ele não fazia ideia de que se tornaria o libertador de uma nação inteira.

— Moisés — disse.

— Em outro momento, os pescadores lançavam as redes na água sem fazer ideia de que um dia se tornariam algumas das pessoas mais famosas que já caminharam por esta Terra... os discípulos. Há um padrão — disse ele. — Moisés, em sua antiga vida, era um pastor que dirigia o rebanho pelo deserto, mas Deus o usaria para pastorear uma nação e liderar o rebanho de Israel pelo mesmo deserto. Os discípulos, em sua antiga vida, eram pescadores, mas Deus os usaria para se tornarem mensageiros do Messias... pescadores de homens. A antiga vida deles combinava com a vida redimida.

— Então Deus pega a antiga vida e a redime para usá-la para os propósitos dele.

— Sim — disse o professor. — Mas o mistério é mais profundo. Deus os criou e os designou desde o início para se tornarem o que se tornariam. Moisés não se tornou o pastor de Israel porque era um pastor de ovelhas, mas se tornou um pastor de ovelhas porque um dia se tornaria o pastor de Israel. E os discípulos não se tornaram pescadores de homens porque eram pescadores de peixes, mas se tornaram pescadores de peixes porque um dia se tornariam pescadores de homens. O mesmo vale para todos os filhos de Deus. E para você. Ao olhar para sua vida pregressa, você verá esse mistério oculto lá atrás. Verá um Moisés no deserto, um pescador dentro do barco. Sua vida era um mistério esperando ser redimido, um mistério já contendo as sementes dos propósitos de Deus a serem usadas para a glória divina. Não foi Deus que descobriu sua vida e resolveu usá-la para os propósitos dele, mas você era o que era porque Deus designou desde o início o que um dia você se tornaria. Sua vida era uma sombra do que você foi criado para se tornar. Portanto, envolva todas as esferas da sua vida, tudo que você tem e tudo que você é na vontade e nos propósitos divinos. E sua vida se tornará aquela de um pescador que se tornou apóstolo, de um pastor que se tornou libertador. Tudo que foi criado, chamado e formado para se tornar, tudo isso estava *esperando* para se tornar... desde o início.

A missão: Olhe para sua vida, lá atrás. O que você deveria fazer e ser? Providencie hoje o que faltar para cumprir ainda mais seu chamado.

Êxodo 3.1-8; Jeremias 1.5; Mateus 4.18-20; Gálatas 1.15; 2Timóteo 1.9

279.° DIA — ALTAR CELESTIAL

O PROFESSOR LEVOU-ME mais uma vez até a câmara que abrigava a pedra com a réplica do templo.

— Este — disse ele, apontando para a direita — é o altar de bronze, o altar em que os sacrifícios eram oferecidos para que as pessoas se reconciliassem com Deus. No Dia da Expiação, depois que o sacrifício estivesse concluído, o sumo sacerdote levava o sangue até o Lugar Santo, passando por aquelas duas portas douradas. Depois, ele passava pelo véu para chegar ao Lugar Santíssimo, onde aspergia o sangue na arca da aliança entre as asas dos querubins dourados. Tudo começa com o altar. O que o altar do sacrifício anuncia?

— A oferta do sacrifício final — respondi —, o sacrifício do Messias.

— Em qual altar? — ele perguntou.

— No altar da cruz.

— Sim — disse ele. — A cruz é o altar supremo e cósmico do sacrifício supremo e cósmico, o Cordeiro de Deus. Mas o altar do sacrifício era só uma parte do templo. E o resto?

— O que você quer dizer?

— As pessoas veem a cruz como se ela fosse o fim da salvação. O altar do sacrifício, porém, nunca foi o fim, mas o começo. É o altar do sacrifício que dá acesso, a possibilidade de entrar pelas portas do templo, à caminhada para além do véu que chegará ao Lugar Santíssimo. O altar inicia a jornada. Então o altar cósmico deve lhe dar acesso cósmico... para começar uma jornada cósmica. O altar do sacrifício do Messias lhe dá acesso para ir aonde nunca você pôde ir, para abrir portas que nunca pôde abrir, para entrar onde nunca pôde entrar e para percorrer um caminho que nunca pôde percorrer. Esse altar cósmico lhe dá o poder de entrar no reino sagrado e, no Espírito, de permanecer nos lugares celestiais, no lugar santíssimo, na verdadeira morada de Deus. Aprenda o mistério e a magnitude desse altar e vá além do véu, pois, se o altar do sacrifício abria o caminho para o Lugar Santo, o altar do sacrifício do Messias abriu o caminho para você habitar nos lugares celestiais... e nos reinos da glória.

A missão: Traga sua vida inteiramente para a cruz. Ela é uma porta de entrada. Use esse acesso para ir aonde você nunca pôde ir.

Êxodo 40.6; Levítico 16.12-14; Hebreus 4.14-16; 10.19-23

Jonathan **Cahn**

280.º DIA — O MISTÉRIO DO OUTONO

O PROFESSOR LEVOU-ME a um aposento dentro da Câmara dos Receptáculos, onde havia várias prateleiras embutidas nas paredes. Era quase idêntico ao aposento aonde ele me levara meses antes, quando falou dos dias sagrados da primavera, mas os objetos eram diferentes. Em uma das prateleiras, havia um *shofar*, o chifre do carneiro; em outra, uma bacia de lavagem em bronze; em outra, frutas; e em outra ainda três pergaminhos grandes.

— Diga-me qual o tema que une todos esses elementos — pediu o professor.

— Os dias sagrados do outono — disse.

— Muito bem. Lembra-se do que lhe falei sobre os ciclos do calendário bíblico?

— Que o sagrado ano hebraico tem dois ciclos ou grupos de dias sagrados, o ciclo da primavera e o ciclo do outono. E, em cada ciclo, os feriados são reunidos não só de acordo com o momento, mas também com os temas.

— E qual o tema do ciclo da primavera? — ele perguntou.

— O começo, a salvação, a liberdade, o renascimento, a nova vida, a Páscoa, o Cordeiro.

— E agora vamos passar para o ciclo do outono e ao mistério que ele contém. No reino natural, quando a primavera se aproxima, significa que o outono está acabando, pelo menos é assim no ano bíblico. Da mesma forma que o ciclo da primavera abre o ano sagrado, o ciclo do outono o encerra. Assim, os dias sagrados do outono estão relacionados ao fim e encerrando o que começou na primavera.

— E quais são os temas dos dias sagrados do outono? — perguntei.

— O fim — ele disse —, o fim da colheita, o retorno, o soar das trombetas, o reagrupamento, o arrependimento, o homem e Deus frente a frente, o julgamento, a redenção, o Reino de Deus e todas as coisas retornando para ele... o encerramento.

— Se o ciclo da primavera fala do começo e da primeira vinda do Messias, então o ciclo do outono falaria da segunda vinda do Messias... e do fim.

— Sim. E qual será o fim da era? Ela verá o fim da colheita, o reagrupamento e o retorno do povo de Deus, as trombetas da vinda do Messias, o homem e Deus frente a frente, o julgamento, o Reino de Deus e todas as coisas retornando para ele. O ciclo da primavera nos lembra de que o Messias é o Cordeiro. Mas o ciclo do outono nos lembra de que ele também é o Leão, o Rei, o Todo-Poderoso e o Senhor de tudo. Lembre-se disso e viva sua vida pelo mesmo critério, assim como vivemos agora entre o Leão e o Cordeiro.

A missão: Concentre-se no Leão de Judá, o Rei prometido. Viva no poder do Todo-Poderoso, firme no que é bom e corajoso como o Leão.

Daniel 7.13-14; Mateus 24.14; Apocalipse 11.15; 14.15; 19.16

THE HOLY DAY FINALE

281.º DIA — A REDENÇÃO DO DÉCIMO DIA DE ABE

O PROFESSOR LEVOU-ME novamente às ruínas do casarão antigo onde havia lido um trecho do livro das Lamentações. Ali nos sentamos. Ele enfiou a mão no bolso, tirou uma moeda e me entregou. Estava escurecida e gasta, mas pude ver uma imagem do que pareciam três torres delimitadas por um círculo ornamental.

— Ela veio deste lugar? — perguntei.

— Não — disse o professor. — Vem de um lugar bem longe daqui. É uma moeda do Império Espanhol, das moedas que mudaram a história e cumpriram um mistério antigo. Foi aqui que lhe falei sobre o dia da calamidade na história judaica, o nono dia de abe.

Ele colocou a moeda em cima de uma pedra e continuou.

— Séculos atrás, as terras da Espanha foram um dos maiores refúgios que o povo judeu conheceu. No fim do século XV, porém, tudo acabou quando os reis espanhóis determinaram o prazo de 2 de agosto para os judeus fugirem ou serem mortos. O dia 2 de agosto era o nono dia de abe, a data hebraica em que aconteceram catástrofes com o povo judeu ao longo dos tempos. Naquele dia, os portos espanhóis ficaram cheios de navios para levar os judeus fugitivos. Mas a história vai além. Dos navios ancorados nos portos da Espanha, três tinham um propósito diferente. Era o ano de 1492.

— Cristóvão Colombo!

— Dois fatos muito importantes da história mundial acontecendo no mesmo ano, na mesma terra, na mesma semana, nos mesmos portos... no intervalo de um dia.

— Por quê? — perguntei.

— O que resultaria da viagem daqueles três navios?

— A descoberta da América.

— Sim — disse o professor. — Então em meio à calamidade de 1492, quando o povo judeu perdeu seu maior refúgio, Deus estava lidando com aqueles mesmos fatos para trazer redenção. No dia seguinte à calamidade, no décimo dia de abe, das mesmas terras e portos outros três navios partiriam para descobrir o Novo Mundo. A América se tornaria o maior refúgio que o povo judeu já conheceu fora de Israel. E assim todo filho do Reino tem esta promessa: Deus transformará toda tristeza em alegria e irá operar em toda calamidade para trazer redenção. E, mesmo em meio à calamidade, as sementes da redenção já estarão lá... uma redenção que começa no décimo dia de abe.

A missão: Relembre os momentos do décimo dia de abe em sua vida, como Deus transformou seus sofrimentos em bênçãos. E saiba que, para cada nono dia de abe de sua vida, Deus sempre lhe concederá o décimo dia.

Salmos 126; Jeremias 31.1-16; Joel 2.25; Apocalipse 7.16-17

THE NINTH OF AV MYSTERY

282.º DIA — NO JARDIM

ERA DE TARDE, e estávamos sentados em um dos jardins de árvores frutíferas.

— Uma pergunta — disse o professor. — Qual o primeiro ato de Deus em relação ao homem após a criação?

— Criar a mulher?

— E antes disso?

— Não sei.

— Foi levá-lo a algum lugar.

— Ao jardim.

— "O Senhor Deus colocou o homem no jardim do Éden": o primeiro ato de Deus em relação ao homem foi levá-lo para um lugar de vida, fertilidade e bênção. Quando foi que Deus levou o homem ao jardim?

— No sexto dia.

— O Messias morreu no sexto dia, na sexta-feira. E o que aconteceu com ele naquele dia da crucificação, depois que a obra da redenção estava terminada?

— Tiraram-no da cruz e o sepultaram na tumba.

— Mas não era uma tumba qualquer — disse o professor. — O que as Escrituras dizem desse lugar? "No lugar onde Jesus foi crucificado havia um jardim; e no jardim, um sepulcro novo". Não era uma simples tumba, mas uma tumba em um *jardim*. No sexto dia, Deus levou o homem para um jardim. E também no sexto dia o homem levou Deus para um jardim, para uma tumba de jardim. Um jardim é um local de vida, mas uma tumba de jardim é um local de morte. Portanto, Deus levou o homem para um local de vida, mas o homem levou Deus para um local de morte. O jardim do Éden era um local de bênção, mas a tumba do jardim era um local de sofrimento. O jardim do Éden era o local de criação de Deus, já a tumba do jardim era o local de criação do homem. Então Deus levou o homem para o local das bênçãos divinas, mas o homem levou Deus para o local da maldição humana. Por quê? Deus se permitiu ser levado ao local da nossa maldição para nos dar o poder de deixar esse lugar, para que ele pudesse nos levar uma vez mais a um local de vida e a uma vida de bênçãos divinas.

A missão: É o caminho do sacrifício e morte do eu interior que conduz ao jardim. Opte por trilhar esse caminho e entrar nas bênçãos do jardim.

Gênesis 2.15; Cântico dos Cânticos 6.2; Lucas 23.43; João 19.41-42

O Livro **dos Misteríos**

283.º DIA — NO FIM DO PERGAMINHO

O PROFESSOR LEVOU-ME à Câmara dos Pergaminhos. Ali, em cima da mesa, estava o pergaminho da *Torá* aberto no fim.

— Lembra-se — ele disse — do que lhe falei sobre o dia mais misterioso do ano hebraico, o *Shemînî 'ătseret*, a Reunião do Oitavo Dia?

— O último dia do ano sagrado, o dia seguinte ao fim... o dia que representa o começo da Eternidade.

— Sim. E você sabe o que acontece nesse dia? O pergaminho da *Torá*, desenrolado na sequência e lido a cada *Shabāt* do ano, chega ao fim. Em seguida, começa o sagrado enrolar de tudo que foi desenrolado ao longo do ano. Uma coisa fascinante — disse o professor.

— Ao ler as profecias sobre o fim dos tempos, você encontra a imagem do pergaminho e do ato de enrolá-lo. Em Isaías, está escrito: "Os céus se enrolarão como um pergaminho". E no livro de Apocalipse a imagem reaparece: "O céu se recolheu como se enrola um pergaminho". Depois, no final de Apocalipse, referindo-se ao fim da presente ordem, está escrito que antes da Eternidade "a terra e o céu [fugirão] da sua presença". O céu e a Terra pereceram, a antiga criação já não existe. O pergaminho foi concluído, a história está terminada, e no dia seguinte ao fim começa o *Shemînî 'ătseret*, o Oitavo Dia, o dia da Eternidade.

O professor fez uma pausa para olhar o pergaminho.

— E você sabe o que é lido no fim do pergaminho, antes de ele ser enrolado?

— Não.

— As últimas palavras escritas neste pergaminho falam do fim da jornada. Moisés subiu a montanha para contemplar os primeiros vislumbres da terra prometida, para deixar sua existência terrena e estar com Deus. E os israelitas encerraram a jornada pelo deserto. Então o *Shemînî 'ătseret* fala do dia em que nossa jornada pelo deserto terminará, da conclusão da nossa existência terrena e da morte deste mundo. Ele nos diz que sempre devemos deixar o velho para poder entrar no novo. E isso nos lembra de que esta vida não é o destino, mas a jornada para o destino. Então viva sua vida e cada momento da sua vida à luz disso, à luz do fim, à luz do dia em que o velho fugirá, à luz do dia do primeiro vislumbre daquilo com que você só sonhava... enquanto o pergaminho é enrolado para fechar-se.

A missão: Em sua vida, o que você deve terminar para entrar no novo que Deus lhe preparou? Enrole o pergaminho hoje.

Deuteronômio 34; Isaías 34.4; Apocalipse 6.14; 20.11; 22

THE ALPHA AND OMEGA SCROLL

Jonathan **Cahn**

284.º DIA OS FILHOS DE LIA

ESTÁVAMOS SENTADOS NO topo de uma colina com vista para uma das aldeias de moradores do deserto e observávamos as mulheres envolvidas nas tarefas diárias, interrompendo-as para conversar e às vezes rir.

— Você sabe quem foi Lia? — perguntou o professor.

— Já ouvi falar dela — respondi. — Era uma das matriarcas de Israel?

— Sim. Lia foi casada com Jacó, embora o verdadeiro amor de Jacó fosse Raquel. No entanto, ele foi enganado e casou-se com Lia. No fim, Jacó acabou se casando com as duas. De todas as matriarcas de Israel, Lia teve a infeliz distinção de não ser amada. E sabia disso, pois era uma ferida profunda que ela carregaria para sempre, o desgosto incessante da sua vida. Não temos ideia de quantas lágrimas ela derramou por esse fato, mas é certo que foram muitas. Até que algo aconteceu... Lia tornou-se fértil, mais fértil que Raquel. Ao terceiro filho que nasceu, Lia deu o nome de Levi. De Levi veio o sacerdócio de Israel e dele também nasceu Moisés. Com Moisés, vieram a Páscoa, o Êxodo, os Dez Mandamentos, a Lei, os sacrifícios, os dias sagrados, o tabernáculo, o sacerdócio, os sumos sacerdotes e o templo. Por intermédio de Moisés, os filhos de Israel entrariam na terra prometida. E por meio de Moisés começaria a escrita da Palavra de Deus, a Bíblia.

— Quem mais Lia gerou? — perguntei.

— Judá — disse o professor. — De Judá veio Davi. E de Davi veio a casa real de Israel, os reis e os príncipes da nação de Deus. De Judá veio o reino de Israel e derivam as palavras "judeu" e "judaico". E de Judá veio *Yeshua*, Jesus, o Messias, a esperança e a salvação do mundo. Tudo isso descendeu do ventre de Lia. Deus escolhe os filhos de Lia... até hoje.

— E quem são os filhos de Lia até hoje?

— Aqueles que, por sofrimentos, feridas, rejeição, vacuidade, sonhos destruídos, coração partido, frustração, descontentamento, dor, lágrimas ou simplesmente pelo desejo de algo mais na Terra se tornam os nascidos no Reino, nascido de Deus... e escolhidos para coisas grandes e poderosas, os recipientes por meio dos quais o amor e a redenção de Deus chegam ao mundo. Pois Deus ama sobretudo os não amados, os improváveis... os filhos de Lia.

A missão: Entregue todo sofrimento, rejeição, frustração ou sonho destruído nas mãos de Deus. Creia nele para colocá-los dentre as bênçãos de Lia.

Gênesis 29.31-35; Isaías 54.1,4-8; Apocalipse 5.5

O Livro *dos Mistérios*

285.º DIA — A LEI DA MUDANÇA

O PROFESSOR ESTAVA de pé ao lado de uma grande pedra redonda perpendicular ao chão, uma espécie de roda.

— O que é isso? — perguntei.

— Uma pedra com o formato de roda — disse ele. — Na Antiguidade, podia ser usada para selar a entrada de uma tumba. Tente movê-la.

Tentei, mas a pedra nem se mexeu.

— Tente com mais força.

Não houve nenhum movimento nessa segunda tentativa.

— Só mais um pouco de força.

Eu empurrei com todas as forças que tinha. Por fim, a pedra rolou bem pouquinho.

— O que isso lhe mostrou? — perguntou o professor

— Que estou fora de forma?

— Você estava procurando mover um objeto em repouso. Era uma nova ação e exigia um novo impulso. Para desencadear esse impulso, você tinha de concentrar toda a força para mover a pedra apenas alguns centímetros. Isso é física. O Universo resiste a novos movimentos, às mudanças. Assim, com um objeto em repouso e com um novo momento linear, você precisa concentrar a energia em um espaço menor para colocar as coisas em movimento, é a lei da dinâmica.

— Então é assim que a bola continua rolando — eu disse. — Mas como é que...

— Isso se aplica a você? — disse ele. — A mesma lei se aplica ao domínio espiritual. Deus nos chama para a mudança, e *mudar* significa uma nova ação, um novo movimento e uma nova dinâmica. Mas o Universo resiste ao novo impulso, o Universo resiste à mudança. Então, para iniciar a mudança em sua vida, você deve concentrar tanto o poder e a energia quanto a decisão, o pensamento, o foco e a resolução no menor dos movimentos. Quanto maior a mudança, mais concentração de energia é necessária. É por isso que, ao lidar com a mudança, é sábio primeiro dar um pequeno passo, mas colocar tudo nele e depois no próximo passo e no seguinte. Quando foi chamado por Deus, a primeira coisa que Moisés fez foi tirar as sandálias, o primeiro passo e o menor dos movimentos, mas isso mudou o mundo. A primeira coisa que os apóstolos tinham de fazer era largar as redes de pesca, o primeiro passo e o menor dos movimentos, mas isso também mudaria o mundo. Aplique a lei da mudança, aplique o poder de Deus no primeiro passo, e fará a bola continuar rolando... e pode até acabar mudando o mundo.

A missão: Qual a mudança, o novo curso que Deus está indicando em sua vida? Concentre a energia no primeiro passo e aplique a lei do novo impulso.

Êxodo 3.5; Marcos 1.17-20; 2.11-12

SPIRITUAL GEAR SHIFTING & THE SECRET OF TRUE CHANGE

Jonathan **Cahn**

286.º DIA — A REVELAÇÃO DE *TISRI*

O PROFESSOR LEVOU-ME a um dos menores aposentos da Câmara dos Pergaminhos.

— Dos meses hebraicos — disse ele —, *tisri* é o mais intenso, é o mês que encerra o sagrado ano hebraico. E, se o sagrado ano hebraico guarda o mistério da era, então o mês de encerramento do ano sagrado, *tisri*, guardará o mistério até o encerramento da era. E será que *tisri* também guarda o mistério do encerramento da própria Palavra de Deus?

— O encerramento da Bíblia? O livro de Apocalipse?

— Sim, poderia o mês de *tisri* guardar o mistério de Apocalipse?

Assim dizendo, o professor pegou um dos pergaminhos e o desenrolou no suporte de madeira.

— O livro de Apocalipse — disse ele, apontando para o pergaminho. — *Tisri* é o sétimo mês do ano sagrado, sete, o número da conclusão. E o que encontramos no livro de Apocalipse? Está recheado do número sete. E como *tisri*, o sétimo mês, começa?

— Com a festa das trombetas?

— "Vi os sete anjos" — disse o professor —"que se acham em pé diante de Deus; a eles foram dadas sete trombetas". O que vemos no livro de Apocalipse? A festa das trombetas. E o que mais acontece no *tisri*? O Yom Kippur, o Dia do Julgamento. E o que vemos no Apocalipse? "Chegou a hora do seu juízo". E, como homem e Deus se encontram frente a frente no Yom Kippur, a mesma coisa acontece no livro de Apocalipse. No mês de *tisri*, Deus é proclamado Rei. E também em Apocalipse. E no *tisri* vem a festa das cabanas, a maior das celebrações, a festa do reino e o tempo de habitar o tabernáculo com Deus na Cidade Santa. Então o Apocalipse se encerra com o Reino de Deus na Terra, com a celebração e Deus habitando no tabernáculo com seu povo na Cidade Santa, como está escrito: "Agora o tabernáculo de Deus está com os homens".

— Você esqueceu uma coisa — disse. — *Tisri* termina com o *Shemînî 'åtseret*, o dia do mistério.

— Sim — disse o professor —, o dia que fala da Eternidade. E assim o Apocalipse se encerra no mesmo dia, no dia da Eternidade: "Eles reinarão para todo o sempre". Veja que os propósitos de Deus só têm finais perfeitos. E assim, para aqueles que o deixam escrever a história, o final é o mesmo... perfeito. O fim deles... é o Paraíso.

A missão: No fim, apareceremos na luz de Deus sem nada escondido. Prepare-se para esse dia. Remova toda escuridão. Viva agora na luz total.

Levítico 23.23-44; Apocalipse 8.2; 14.7; 19.16; 20.4; 21.3; 22.5

THE LION OF TISHRI

287.º DIA — O SIGNO PARADOXAL

— IMAGINE — disse o professor — QUE EXISTISSE um mundo onde as pessoas usassem joias na forma de uma cadeira elétrica... onde diferentes modelos de cadeira elétrica coroassem os pináculos dos edifícios sagrados, onde as pessoas cantassem músicas a respeito de uma cadeira elétrica em particular. Imagine um mundo onde as pessoas encontrassem esperança, misericórdia, amor, perdão, restauração, redenção e uma nova vida nessa cadeira elétrica. O que você acharia?

— Acharia uma loucura — respondi.

— Sim, mas com uma ligeira mudança, o que acabei de descrever foi *este* mundo. Basta substituir um instrumento de pena capital por outro, e você verá a Terra.

— Substituir pelo quê?

— Substitua a cadeira elétrica pela cruz. A cruz é um instrumento de execução tanto quanto a cadeira elétrica, a forca ou a guilhotina. Mas o que a torna diferente de todos os outros é que o Messias, o Filho de Deus, morreu nela. E isso muda tudo. Vivemos em um mundo onde as pessoas usam joias na forma de um instrumento de pena capital, onde os edifícios sagrados são coroados por reproduções desse instrumento de morte, onde as pessoas lhe entoam canções de louvor e no qual multidões encontram amor, esperança, misericórdia e uma vida nova. O que isso revela?

— Como é radical.

— Sim, e como é radical o poder de Deus no Messias. Pegar um instrumento de execução e transformar em objeto de amor e misericórdia, no qual as pessoas encontram esperança, graça e uma nova vida, só o Messias, somente o Filho de Deus, poderia transformar tal coisa em realidade. Um instrumento criado para levar à morte agora traz vida, agora nos torna vivos, um instrumento de punição agora nos liberta do julgamento... o objeto mais perverso de outrora agora se transforma no sinal mais poderoso de amor que o mundo já viu: esse é o poder de Deus. Assim, nesse mesmo objeto reside o poder de transformar toda escuridão da sua vida em luz, toda tristeza em alegria, todo mal em bem, todo pecado na cor tão branca quanto a neve, todo fracasso em vitória e toda morte em ressurreição. Esse é o poder milagroso e radical do poste de execução que se tornou o sinal do amor eterno.

A missão: Aplique hoje o poder mais radical de todos para transformar a escuridão em luz, para transformar a derrota em vitória e a morte em vida. Comece virando tudo de pernas para o ar.

Isaías 52.13-15; João 3.14; 1Coríntios 1.18-28; Efésios 1.6-7

THE RADICAL LOVE

288.º DIA — OS DIAS INFINITESIMAIS

— O QUE É mais valioso — perguntou o professor — o comum ou o raro?
— O raro — respondi.
— E o que é mais valioso: o raro ou o extremamente raro?
— O extremamente raro — eu disse.
— Quanto esta vida é valiosa? — ele perguntou. — Quanto seu tempo na Terra é valioso?
— Não sei.
— Esta vida é rara ou é comum? — ele perguntou.
— Diria que é comum, porque todos a têm. E é composta de inúmeros momentos, todos os dias, a cada ano.
— Então não seria especialmente valiosa — ele disse. — Agora, digamos que seu tempo na Terra é de cem anos e que o tempo fosse de mil anos. Seu tempo na Terra se tornaria raro, um décimo do total. E o que aconteceria depois de se passar um milhão de anos? Quanto durou seu tempo na Terra?
— Um milésimo.
— Um milésimo do total e, portanto, seria um tempo muito raro. Agora, o que aconteceria se considerarmos a eternidade? O que aconteceria com seu tempo na Terra em face da eternidade?
— Ele se tornaria infinitesimal diante da eternidade.
— Então sua vida na Terra se tornaria uma infinitésima parte — disse ele. — Quanto isso é raro?
— É demais — respondi.
— Infinitamente rara — disse ele. — Então quanto seu tempo na Terra se tornaria valioso?
— De um valor infinito.
— Está correto. Seus dias na Terra chegam só uma vez durante a eternidade... só uma vez. Cada momento que você tem chega apenas uma vez durante a eternidade... para nunca mais. Todo momento é de eternidade, todo momento é um momento eterno. Portanto, cada momento é de valor infinito... infinitamente inestimável. Então como você deve viver?
— Apreciando cada momento.
— Por essa razão, tire o máximo proveito de cada momento, pois ele nunca mais voltará. Seja qual for o bem que você faria, faça-o agora. Cuide de cada momento como se fosse infinitamente raro e de valor infinito... porque ele é, pois cada momento, e mesmo sua vida, surge só uma vez durante a eternidade.

A missão: Seja qual for o bem que você faria, faça-o agora. Trate este dia como se acontecesse apenas uma vez durante a eternidade, porque é assim que acontece.

Salmos 90.10-12; Romanos 13.11-14; 2Coríntios 6.1-2; Efésios 5.16

I SHALL NOT PASS THIS WAY AGAIN

289.º DIA | O MISTÉRIO PÚRPURA

O PROFESSOR SEGURAVA um tecido púrpura, passava os dedos por ele, como se o estivesse examinando. Ele então o colocou em minhas mãos.

— A cor púrpura — disse ele. — Estava em todo o tabernáculo, nos véus, nas cortinas, até nos trajes dos sacerdotes. Agora olhe para este tecido que lhe dei. É púrpura e deveria ser composto por fios na cor púrpura, mas não é. Se você olhar bem de perto, não encontrará nem um fio púrpura.

Examinei o tecido e, conforme ele havia dito, não consegui encontrar ali um único fio púrpura. Era composto de pequenos fios azuis e vermelhos lindamente trançados juntos.

— O roxo é a união do azul com o vermelho. E, se olhasse os véus do tabernáculo, você encontraria as cores azul, púrpura e vermelha. As cores aparecem repetidamente nas instruções para a construção do tabernáculo, as mesmas três cores e na mesma ordem, azul, púrpura e escarlate.

— Por quê?

— A Tenda do Encontro era o local da reunião, da reconciliação, do encontro de duas realidades, Deus e o homem.

— E então as cores representavam Deus e o homem?

— Azul é a cor do céu, do Paraíso… representando o celestial, Deus. Por isso, a cor azul é a primeira.

— E a cor vermelha… escarlate?

— Em hebraico, a palavra para "homem" é *'ādām* e está relacionada ao termo hebraico para vermelho. O vermelho é a cor da terra do Oriente Médio, da qual o homem originou. E o vermelho-escarlate é o símbolo do pecado e da culpa. O vermelho é a cor do homem. Então o que é a cor púrpura senão a união do azul com o vermelho? Assim, ela fala da união de Deus com o homem, o Céu unido à Terra. Mas, para que haja a cor púrpura, deve haver uma união total, a união de tudo que é santo com tudo que não é, de tudo que é de Deus com tudo que somos nós, com tudo que *você* é, em união tal que Deus irá aparecer como pecado. E, quando a união total se aproximou, o Celestial foi açoitado, ridicularizado e obrigado a usar uma coroa de espinhos. E ele estava coberto com um manto. Você sabe como era esse manto? Era um manto púrpura, um manto púrpura para cobrir aquele em quem o Céu e a Terra, Deus e homem, o azul e o vermelho se tornam um só… o púrpura.

A missão: Hoje, junte tudo que é vermelho com tudo que é azul. Junte tudo que seja profano com Deus, e Deus com o profano, de tal forma que se torne púrpura.

Êxodo 26.31; João 19.1-6; Filipenses 4.5-7; 1Timóteo 1.15

THE PURPLE MYSTERY I-IV

290.º DIA — A VASTIDÃO DA TERRA PROMETIDA

ESTÁVAMOS NA BEIRA de um precipício com uma linda vista para a vastidão do deserto.

— Os israelitas vagaram durante quarenta anos por um deserto como este para chegar à terra prometida. Pode-se imaginar o alívio e a alegria que sentiram quando finalmente chegaram ao destino, quando os dias no deserto acabaram. O que representa a terra prometida?

— O lugar para o qual Deus lhe traz, seu destino, o objetivo do seu chamado, o lugar da alegria, da bênção, da completude, onde as promessas divinas são cumpridas... uma sombra do Céu.

— E o que representa o deserto?

— O lugar que você atravessa para chegar até onde Deus está chamando você, o lugar da jornada que o levará aonde as promessas de Deus são cumpridas.

— Então o deserto e a terra prometida são dois lugares muito diferentes, uma terra de adversidades e uma terra de descanso e bênção. Mas eis o que você precisa saber: o deserto também *faz parte* da terra prometida. Na terra prometida, está o deserto da Judeia... o deserto de Arabá... o deserto do Neguebe, que sozinho representa mais da metade das terras de Israel. A maior parte da terra prometida é desértica. O deserto também faz parte da terra prometida. Agora ouça — disse ele.

— Na sua vida, você terá o deserto, os tempos de adversidades, de perdas, desafios, lágrimas, assim como os tempos de espera, ou simplesmente a contrariedade de não estar no lugar em que deseja. Lembre-se então desta verdade: em Deus, até o deserto pode fazer parte da terra prometida. Em outras palavras, o deserto não está à margem dos propósitos nem das promessas de Deus. É o lugar para o qual Deus trouxe você. E Deus usará isso para cumprir seus propósitos e para cumprir o chamado e a promessa da sua vida. Em Deus, até o deserto se torna um lugar de bênção. E, se Deus estiver com você, então sua jornada também faz parte do seu destino. E a vida na Terra também é parte do domínio celestial. Assim, mesmo enquanto passa pela Terra, você pode viver uma vida celestial. Portanto, não importa onde você esteja, nem em quais circunstâncias, nem em que ambiente: regozije-se, siga adiante... e escolha viver na vitória, agora mesmo. Pois, no fim, você vai ver que seu deserto fazia parte da terra prometida.

A missão: O Céu não está só depois desta vida, mas dentro dela. Viva este dia como o primórdio da vida celestial, o começo do Céu.

Isaías 35; 40.3-4; 51.3; Hebreus 11.9-10

291.º DIA — O DIA DO TEMPO E DO ETERNO

DESTA VEZ, FUI eu que levei o professor à Câmara dos Pergaminhos, isto é, ele permitiu que eu entrasse primeiro. Depois pedi que ele me levasse até o pergaminho de Isaías, pois eu tinha uma sensação sobre algo e uma pergunta a fazer. Juntos, desenrolamos o pergaminho até Isaías 53.

— Por favor, traduza isto — eu disse —, literalmente.

Então ele começou a ler a profecia sobre o Messias que morre pelos pecados das pessoas.

— "Ele crescerá diante dele como um broto tenro" — disse ele.

— No hebraico, está escrito com o verbo no futuro?

— Está — disse ele.

— Leia mais.

— "Ele é desprezado e rejeitado pelos homens, um homem de dores e familiarizado com o sofrimento".

— Qual o tempo verbal? — perguntei.

— Presente — ele respondeu e continuou a ler. — "Certamente ele suportou as nossas ofensas e levou as nossas dores".

— Qual o tempo verbal?

— Está no passado.

— Como pode ser? — perguntei. — Era uma profecia, escrita antes dos fatos terem ocorrido. Como poderia ser escrita no passado, como se já tivesse acontecido antes de acontecer? E como o mesmo acontecimento pode ser escrito nos três tempos verbais, passado, presente e futuro?

— Porque — disse o professor — é o evento da redenção de Deus, em que estão contidos o passado, o presente e o futuro, cada evento de cada pecado: no passado e abarcando todos os pecados do passado; no presente e abarcando todos os pecados do presente; no futuro e abarcando todos os pecados que ainda não aconteceram, mas que acontecerão. É o evento dos tempos verbais e das eras, do passado, presente e futuro, e nenhum pecado ou evento estão além do seu poder de tocar e redimir. Pois o amor de Deus não é determinado pelo tempo. O tempo é que é determinado pelo amor de Deus. O que aconteceu há dois mil anos em uma execução na cruz nas terras da Judeia é um mistério... o dia do tempo e do eterno e ainda contendo o tempo de todos os tempos no amor de Deus.

A missão: Seu futuro já faz parte de sua salvação e está abarcado por ela. Reflita sobre esse fato e, ao fazê-lo, fique em paz e viva em confiança.

Isaías 1.18; 53; 1João 1.7; Apocalipse 13.8

292.º DIA — O *SHABĀT* DAS ERAS

O PROFESSOR CONVIDOU-ME e a alguns alunos para ir ao alojamento dele e fazer uma refeição sabática. O Sol tinha acabado de se pôr. Sentamos ao redor de uma mesa farta enquanto um dos alunos acendia as duas velas do *Shabāt* e o professor agradecia pela refeição. Começamos a comer.

— O que é o *Shabāt* — perguntou o professor —, ou melhor, o dia do *Shabāt*?
— É o dia que se distingue de todos os outros dias da semana — disse um aluno.
— Sim — disse o professor. — E o que mais?
— É o último dia da semana — disse outro aluno. — É o que vem no final.
— E o que mais? — perguntou o professor.
— É o dia do Senhor — eu disse —, o dia do descanso, o dia santo.
— E o que os judeus fazem no *Shabāt*? — o professor perguntou.
— Eles descansam de todas as tarefas semanais — disse um dos alunos — e dedicam o dia à oração, à Palavra, ao louvor... e a Deus.
— O sábado guarda um mistério — disse o professor —, uma sombra do que está por vir. A era vindoura é a era do *Shabāt*, a era sabática. Pois, como o dia do *Shabāt* chega no fim da semana, então a era do *Shabāt* chegará ao fim da história. E, como o dia do *Shabāt* se distingue de todos os outros dias da semana, então a era do *Shabāt* se distinguirá de todas outras eras. Será o *Shabāt* das eras, a era do Senhor, a era do descanso. Será então que as nações descansarão da guerra, o povo judeu descansará de seus fardos, a paz cobrirá a Terra e o leão descansará ao lado do bezerro. E, como o *Shabāt* é o dia de Israel, então a era do *Shabāt* será a era de Israel, uma era sagrada, inteiramente consagrada a Deus e abençoada. Quando o Messias falou do *Shabāt* e do relacionamento que tinha com esse dia, o que ele disse?
— Ele disse: "O Filho do homem é Senhor até mesmo do sábado" — respondi.
— Sim — disse o professor. — E assim, com a era do *Shabāt*, o Filho do homem, o Messias, será o Senhor sobre ele. E aí está o segredo. Mesmo antes da vinda da era do *Shabāt*, vocês podem viver suas bênçãos. Se o Messias é o Senhor do *Shabāt* e se vocês o tornarem verdadeiramente o Senhor de toda a vida de vocês, então a era do *Shabāt* começará por vocês agora. Pois, onde Messias é o Senhor, está o Reino... e a era do *Shabāt*.

A missão: Torne o Senhor do *Shabāt* mais ainda o Senhor de sua vida e aprenda o segredo de viver na era do *Shabāt* mesmo agora.

Êxodo 20.8-11; Isaías 11.1-9; Marcos 2.27-28

293.º DIA — O EXEMPLO RUSSO

ESTÁVAMOS OLHANDO A esmo o céu noturno quando me lembrei de algo em que estive pensando.

— Andei refletindo a respeito da aliança abraâmica. Pense no caso da Rússia, na época da União Soviética: a União Soviética não abençoou o povo judeu; mesmo assim, foi uma das maiores potências do mundo.

— Não se trata de uma fórmula mecânica — disse o professor —, de uma fórmula em que toda repercussão se manifesta de forma imediata. Mas vamos investigar com atenção: no fim do século 19 os czares russos e o governo czarista embarcaram em uma guerra aberta contra o povo judeu que vivia em terras russas. Eles instigaram levantes populares violentos, chamados *pogroms*. Esses movimentos pretendiam expulsar os judeus ou matá-los em caso de recusa; mas a aliança abraâmica diz que aquilo que for feito ao povo judeu será feito a quem o fizer. Assim como foi feito com o povo judeu, os levantes populares começaram a acontecer contra o czar e o regime czarista, o que acabou derrubando o poder estabelecido. A Rússia passou a ser comunista sob a forma da União Soviética. Mesmo assim, o antissemitismo continuou sob a égide soviética, e os judeus da Rússia foram oprimidos e tratados como prisioneiros. Da mesma forma, a União Soviética era, em si, uma civilização prisioneira. Durante a Segunda Guerra Mundial, a União Soviética entrou em guerra com Hitler, o inimigo e dizimador do povo judeu, e exerceu um papel crítico na derrota do Eixo e na libertação dos judeus dos campos de concentração. Como os soviéticos abençoaram militarmente os judeus...

— Eles acabaram abençoados militarmente, tornando-se uma superpotência.

— Sim. Dentro das fronteiras soviéticas, porém, os judeus continuaram sendo oprimidos...

— Então, de acordo com a aliança abraâmica, eles seriam abençoados militarmente, mas amaldiçoados e oprimidos no âmbito doméstico.

— E foi exatamente o que aconteceu. No fim da década de 1980, a União Soviética encerrou a opressão ao povo judeu e lhe concedeu a liberdade para partir. Na mesma época, a Rússia e a Europa Oriental foram libertas da opressão comunista. "Abençoarei os que o abençoarem e amaldiçoarei os que o amaldiçoarem".

— Incrível. Uma promessa feita a um habitante de uma tenda no Oriente Médio determinando a ascensão e a queda de superpotências.

— Isso porque o Deus daquele habitante de tenda é real e fiel. Quando ele dá sua Palavra, você pode acreditar: ela é mais forte, muito mais forte, que reis e superpotências.

A missão: Reflita acerca do seguinte fato: a Palavra de Deus é mais forte que potências, mais até que superpotências. Viva de acordo com esse ensinamento e use esse poder para alcançar a vitória.

Gênesis 12.3; Deuteronômio 7.9; Jeremias 16.15

THE CHALDEAN SECRET OF WORLD HISTORY I-III

294.º DIA O X DO MILAGRE

O PROFESSOR COMEÇOU a rabiscar letras e símbolos na areia com um graveto: primeiro um zero, depois um sinal de adição, depois um X seguido de um símbolo de igualdade e uma letra A: $0 + X = A$.

— É uma equação. O zero representa uma vida e um movimento reduzidos ao nada, o do rabino judeu *Yeshua* e seus discípulos. Os seguidores dele acreditavam que o líder era o Messias. Mas tudo acabou em um fim trágico com a execução pública daquele líder na cruz. Os discípulos ficaram desmoralizados, traumatizados, enlutados, abatidos e temendo por sua vida. Se houve algum movimento tão esmagadoramente acabado, foi esse. Mas então algo aconteceu: os seguidores esmagados e abatidos do rabino crucificado transformaram-se no povo mais confiante, aprumado e destemido que o mundo já testemunhou. O desespero deu lugar à esperança, e o pranto foi trocado por uma alegria incontrolável. O medo da perseguição desapareceu por completo, assim como o medo da morte. Eles se tornaram incansáveis e transformaram o rumo da história mundial.

O professor apontou para a letra A e continuou:

— O A representa tudo que aconteceu depois dessa transformação, um Alfa, um novo começo. O que foi que aconteceu? Como você passa do 0 ao A, da morte e da destruição completa para a conquista do mundo, do lamento para a alegria? 0 mais X é igual a A: é o X que muda tudo. Portanto, o que é o X?

Ele parou esperando minha resposta. Permaneci em silêncio, então o professor prosseguiu:

— Vamos fazer as contas: X deve ser o oposto de 0. 0 é a morte, e o poder de X deve ser maior que o poder de 0; então o poder de X deve ser maior que a morte. Assim como o 0 foi um acontecimento real e histórico, também o X deve ser um acontecimento real e histórico. É o X que transforma o lamento em alegria e anula o medo da morte. Também é o X que representa a superação do 0. Portanto, o X deve ser igual a nada menos que a superação da morte. Então o que é o X?

— A ressurreição — respondi.

— Isso mesmo, o X só pode ser igual à ressurreição. Apenas a ressurreição pode levar do 0 ao A, da morte e da tumba a um novo começo tão poderoso que é capaz de transformar a história do mundo. Só pode haver uma resposta: o X é igual à tumba vazia, ao Messias ressuscitado. Se você está no Messias, então essa mesma equação tem poder na sua vida, e esse poder é o poder de transformar o fim em começo, a morte em vida, o desespero em esperança, o lamento em alegria. Quando você estiver cansado e perto do fim, será com esse poder que irá se reerguer e vencer o mundo. É esse poder sozinho que explica a equação da sua vida e sintetiza a equação da sua vitória: o poder do X.

A missão: Use o poder do X. Faça o que você não conseguiria fazer e viva de uma forma que não conseguiria viver se não fosse pelo poder do X.

Atos 4.7-33; Romanos 8.10-15; 1Coríntios 15.3-8; 1João 1.1-4

O Livro *dos Mistérios*

295.º DIA O NOME SECRETO DE DEUS

ESTÁVAMOS SENTADOS NO parapeito da minha janela olhando para o céu noturno forrado de estrelas.

— Deus tem um nome, um nome que tem a ver com você e apenas com você, um nome que só você conhece o significado — disse o professor.

— Não compreendo.

— Quando Jacó querelou com Deus, Deus perguntou o nome dele. Quando Jacó disse seu nome, Deus mudou o nome dele de Jacó para Israel. Mas você sabia que Jacó também perguntou qual era o nome *de Deus* naquela noite?

— E qual foi a resposta?

— Não sei. Logo depois daquele encontro, Jacó revelaria o Nome de Deus. Ele construiu um altar e o chamou *'Ēl 'Ĕlōhēy Yisrā'ēl*. *'Ēl 'Ĕlōhēy Yisrā'ēl* quer dizer "Deus, o Deus de Israel". O que ele queria dizer com isso?

— Israel era o nome do próprio Jacó. Então quando Jacó chamou Deus de "o Deus de Israel", ele estava dizendo "o Deus de mim".

— Isso mesmo. Ao longo das Escrituras, Deus refere-se a si mesmo como o Deus de Israel. Veja, é a vontade de Deus unir o nome dele ao nome de seu povo, e as Escrituras dizem que, se você nascer de novo, também será Israel. Você precisa unir seu nome ao Nome de Deus. Significa que não é suficiente chamá-lo de Deus: você precisa dar um novo nome a ele.

— Como posso dar um nome a Deus?

— Ele precisa se tornar o Deus de você, o Deus de... — o professor parou por um instante — você. Quem se chama João deve conhecê-lo como o Deus de João; quem se chama Maria deve conhecê-lo como o Deus de Maria. É a vontade divina que seu nome seja o Nome dele e que o Nome dele se una ao seu, assim como a vida dele se uniu à sua e a identidade dele se uniu à sua identidade. O Nome secreto de Deus é tão sagrado quanto todos os outros nomes dele: significa que ele é o Deus da sua existência, da sua vida; o Deus do seu passado, o Deus das suas necessidades; o Deus das suas feridas, o Deus do seu coração. Significa que ele é seu Deus e de tudo que você é. Portanto, é o Nome que apenas você e ele conhecem o significado pleno. Jacó perguntou qual era o Nome de Deus e descobriu. Para quem conhece Deus de verdade, este é o nome que acabam descobrindo, o Nome sagrado: o Deus de você.

O professor saiu do meu quarto, e fiquei sozinho olhando pela janela o céu cheio de estrelas e refletindo sobre o amor daquele que tem um Nome secreto: o Deus de mim.

A missão: Diga o nome secreto de Deus: o Deus de você, o Deus do seu nome. Reflita sobre o que isso significa: ele é o Deus de tudo que você é e escolheu seu nome para ser o dele.

Gênesis 32.29—33.20; Salmos 18.2; Isaías 48.1

YESHUATI

Jonathan **Cahn**

296.º DIA — O MISTÉRIO DE ISMAEL

ESTÁVAMOS OBSERVANDO UM dos acampamentos onde um grupo de crianças estava brincando, correndo para dentro e para fora das tendas, se escondendo, rindo e correndo atrás umas das outras.

— Foi em um acampamento como esse, um acampamento com crianças, que aconteceu algo que decidiu a paz do mundo inteiro. É um mistério de duas crianças em uma tenda no meio do deserto — disse o professor.

— De que acampamento você está falando?

— Do acampamento de Abraão. Foi lá que Ismael, o primogênito de Abraão e filho de Agar, por conta de um problema, acabou exilado do resto da família. Isaque, que era filho de Abraão com sua esposa Sara, permaneceu no acampamento. Imagine-se no lugar de Ismael: para ele, o exílio foi o fim do mundo, a perda de tudo que ele conhecia, de seu pai, da família, da herança, das promessas de Deus, do pacto, da terra de Israel, tudo. Seria motivo suficiente para o menino crescer repleto de amargura, de inveja e de raiva. Não obstante, Deus abençoou Ismael e fez que ele gerasse uma grande nação: os descendentes dele acabariam sendo mais numerosos que os de Isaque, e com mais terra. Mas o conflito entre Ismael e Isaque prosseguiria com o passar do tempo: de Isaque surgiria a nação de Israel e o povo judeu, a quem foi dada a terra de Israel e a aliança.

— E quem eram os filhos de Ismael? — perguntei.

— Eles eram chamados "ismaelitas" e, desde a Antiguidade, se identificaram com os árabes, ainda no tempo das tribos antigas dos árabes pré-islâmicos. O próprio Maomé declarava ser descendente direto de Ismael, a quem exaltou no *Alcorão*. O sangue de Ismael flui, sem dúvida, no mundo árabe, e é lá que a identidade e o manto de Ismael foram assumidos. A fúria de Ismael conseguiu, por mais de uma vez, abalar o mundo, e continua a vociferar contra seu irmão Isaque, a nação de Israel. Por quê? Por conta do direito de nascença, por causa da terra, por causa do legado de Abraão e por causa da herança de Isaque. O destino do mundo depende desse antigo mistério que começou nas tendas de Abraão. O que o mistério de Ismael revela? Nunca deixe a amargura criar raiz. Nunca se permita viver como vítima. Nunca habite nas bênçãos que você não tem, ignorando as que tem. O mais abençoado não é quem recebeu mais, e sim aquele que recebeu melhor e que habita mais profundamente nas bênçãos recebidas.

A missão: Viva com foco nas bênçãos que você tem, em vez de nas bênçãos que você não tem.

Gênesis 17.20-21; 21.12-21; Efésios 4.30—5.21

297.º DIA — AS ESTAÇÕES DA COLHEITA

ESTÁVAMOS SENTADOS DEBAIXO de uma oliveira de um dos jardins da escola quando o professor se inclinou e apanhou uma oliva que havia caído no chão.

— A colheita é imensa, mas poucos são os trabalhadores. Foi o que disse o Messias aos discípulos a respeito da colheita da salvação, uma colheita que todo filho de Deus deve realizar. Em que colheita ele estava baseando esse pensamento?

— Na colheita de Israel, acredito.

— Está certo. Mas em Israel não havia apenas uma colheita, mas muitas. A colheita da nação era composta de muitas colheitas: primeiramente, a colheita da cevada na primavera; depois a colheita da romã, a colheita das olivas e a colheita da uva no outono. Cada colheita correspondia a uma estação: caso não fosse colhida no tempo devido, a oportunidade estava perdida.

Ao dizer isso, o professor deixou a oliva cair no chão.

— O mesmo acontece com a colheita da salvação: ela não é uma só, mas várias; a colheita da salvação é composta de muitas colheitas. Mas cada colheita tem seu tempo e estação devidos; se a colheita não é realizada nesse tempo, a estação passará, e o tempo de espera e a oportunidade de colher serão perdidos.

— Mas que colheitas são essas?

— A colheita daqueles que você ama. Você tem um tempo finito para compartilhar o amor de Deus com quem você ama; se não colher, a estação passará. A colheita dos seus amigos; a colheita dos que estão em outras nações e necessitam ouvir a palavra da salvação; a colheita dos conhecidos e das pessoas que você vê por pouco tempo. Cada pessoa na sua vida tem um tempo e uma estação específica para realizar a colheita. Muita gente não vai estar por muito tempo na sua vida, assim como você não vai estar na vida dessas pessoas por muito tempo. Toda estação passa; as pessoas vêm e vão na sua vida e também deste mundo, e assim a estação passa. Haverá o momento em que também você passará deste mundo, e tudo que você não tiver colhido estará perdido para sempre. Portanto, aproveite ao máximo seu tempo no mundo: erga os olhos e veja os campos ao seu redor. Não perca as colheitas que lhe são oferecidas nem o tempo devido em que você deve colher. Não espere para entregar a palavra da salvação a quem necessita ouvi-la; não demore a demonstrar seu amor ou perdoar, ou a pedir perdão; não espere para render o fruto reservado para sua vida. Toda estação acaba passando, e apenas o que é colhido na devida estação permanece para sempre. Assim são as estações da sua colheita.

A missão: Hoje é o dia da colheita: espalhe as boas-novas, mostre seu amor, perdoe, abençoe. Não espere, pois o tempo da colheita é agora.

Eclesiastes 3.1; Jeremias 8.20; Mateus 9.37; Lucas 10.2

SEASONS OF THE HARVEST

Jonathan **Cahn**

298.º DIA — AS FACES DE DEUS

O DIA ESTAVA ENSOLARADO. Eu acompanhava o professor quando paramos diante de uma poça d'água formada pela chuva do deserto. Eu estava olhando meu reflexo quando notei outro rosto: era o professor. O rosto dele apareceu por sobre meu ombro.

— Imagine ver o rosto de Deus — disse o professor, enquanto eu olhava seu reflexo na água. — Em hebraico, a palavra "face" é representada pelo termo *pānîm*. Você vê algo diferente nisso?

— O termo termina em *im*, o que indica o plural, certo?

— Isso mesmo. Portanto a palavra "face" não é exatamente face, mas *faces*. Assim, falar sobre o rosto de Deus, em hebraico, significa falar das faces de Deus. O que é um rosto? Não é a essência da pessoa ou do ser, mas a aparência; é como se reconhece alguém. Como é possível ver a face de Deus? Por meio do *pānîm*, das muitas faces divinas. Essas faces você pode encontrar nas bênçãos do Céu, nas provisões divinas, em tudo de bom que tem abençoado sua vida, no amor que ele incutiu nas pessoas que se importam com você, em toda gentileza direcionada a você nos momentos de necessidade, em toda bondade a seu favor praticada pelo povo escolhido: quando essas pessoas amaram você, era Deus quem o estava amando. Quando ajudaram você, era Deus quem o estava ajudando. Quando incentivaram você, era Deus quem o estava incentivando. No *pānîm* dessas pessoas, nos rostos delas, estava o *pānîm*, a face de Deus. Assim como Maria Madalena viu a face de Deus sem perceber que se tratava do rosto divino, também na sua vida você teve a oportunidade de ver a mesma face sem perceber que se tratava do rosto de Deus. Não obstante, se procurar, você acabará encontrando: porque são "bem-aventurados os puros de coração, pois verão a Deus". Procure sempre o bem, o santo e o belo e encontrará. Você verá a face de Deus.

O professor afastou-se da poça, e fiz o mesmo. Agora estávamos frente a frente.

— Mais uma coisa — ele disse. — Quando você permitir que sua vida seja usada como veículo do amor divino e que seu coração seja guiado pelo Espírito, então quando olharem para você as pessoas verão o rosto de Deus. Olhe para a água mais uma vez: você sabe o que está vendo?

— O quê?

— Um rosto. Você está olhando para uma das faces de Deus.

A missão: Tenha como objetivo ver as faces de Deus em todas as diferentes aparências. Seja uma das faces.

Gênesis 32.30; Números 6.24-27; Mateus 5.8; 2Coríntios 3.7,13,18

299.º DIA — BA'AL ZEBÛB

O PROFESSOR LEVOU-ME até uma caverna que ficava na metade do caminho subindo uma montanha relativamente baixa. Dentro da caverna, havia uma câmara que parecia um depósito de vários artefatos arqueológicos. O professor agachou-se, pegou um dos objetos e o levou até a entrada da caverna, onde pudemos examiná-lo na luz. Tratava-se de uma estranha estatueta de metal: um homem trajando um longo chapéu em forma de cone, com o braço levantado como se fosse jogar algo.

— Este é Baal, um ídolo de Baal — disse o professor.
— E sacrificaram crianças a ele... — acrescentei.
— Baal foi o deus substituto de Israel, o antideus, o deus que fez que se afastassem de Deus. Sempre que os hebreus se afastavam, Baal estava lá para acolher e preencher o vazio. Baal era o deus do que quer que fosse escolhido para ocupar o lugar de Deus e, por isso, aparecia de muitas formas e com muitos nomes diferentes. Baal era o deus da apostasia: a ele, as pessoas sacrificavam crianças, e, por causa dele, povos eram destruídos. Um dos nomes pelo qual ele era conhecido era *Ba'al zebûb*.
— O que significa? — perguntei.
— *Ba'al zebûb* significa "moscas"; portanto, *Ba'al zebûb* era o Senhor das Moscas. Mais tarde, o nome *Ba'al zebûb* foi traduzido para o grego e virou um nome mais familiar para você.
— Que nome é esse?
— Belzebu.
— Belzebu? Esse não é o nome do Diabo?
— É.
— Baal é o Diabo?
— O Diabo tem muitas máscaras; Baal é uma delas. Baal é o deus substituto, e o Diabo é Baal. Quando alguém se afasta de Deus, o Diabo se aproxima para preencher o vazio. Ele é o deus de quem se afasta de Deus. O que quer que seja escolhido no lugar de Deus, tal é a forma que Baal assume. É por isso que, quando uma nação se afasta de Deus, ela não passa a ser neutra, mas satânica. O Baal da Rússia foi o comunismo; o Baal da Alemanha foi o nazismo. Duas manifestações diferentes que tiveram o mesmo fim. O inimigo destrói quem o idolatra, e isso acontece com quem idolatra Baal. Atenção com ídolos: tenha o cuidado de não servir a outros deuses, nem mesmo aos deuses dos seus desejos. Guarde seu coração para que Deus seja o único Deus: no fim das contas, todos os outros são *Ba'al zebûb*, e *Ba'al zebûb* é Belzebu.

A missão: Existe algo pelo qual você está vivendo, servindo ou priorizando antes de Deus? Enxergue a verdade: isso é *Ba'al zebûb*. Fuja disso como se fosse o Diabo.

1Reis 18.21; 1Tessalonicenses 1.9; Tiago 4.7; 1João 2.15-17; 5.21

300.º DIA — O DIA DO NEOGÊNESIS

O PROFESSOR HAVIA apanhado a *Torá* do baú e, abrindo, procurou o começo.

— Veja — disse o professor —, a primeira palavra das Escrituras: *Berē'shît*. Em hebraico, todo este livro recebe o nome desta palavra: é o livro de *Berē'shît*.

O professor fez uma pausa para ler o pergaminho antes de continuar.

— A ressurreição aconteceu em um dia sagrado para os hebreus.

— O Dia dos Primeiros Frutos — acrescentei.

— Isso mesmo. Do mesmo modo, a ressurreição foi como os primeiros frutos da nova criação.

Ele voltou a atenção para o pergaminho.

— O *B* em *Berē'shît* é apenas uma preposição que significa "em". A primeira palavra da Bíblia é *Rē'shît*. Quando os antigos rabinos traduziram a Bíblia para o grego, a palavra *Rē'shît* virou uma palavra conhecida no mundo inteiro.

— Que palavra é essa?

— "Gênesis". É a tradução de *Rē'shît*, e o livro é conhecido como livro de Gênesis. Lembra-se de como é chamado o Dia dos Primeiros Frutos em hebraico?

— *Yôm Rē'shît*, o Dia do Rē'shît... é a mesma palavra! — exclamei. — Então o Messias não só ressuscitou durante um dia sagrado para os hebreus, mas o fez no dia sagrado chamado de Dia do Começo!

— Isso mesmo — disse o professor. — O dia da ressurreição do Messias contém a mesma palavra com que começam as Escrituras, o Universo e a criação. Em grego, o dia em que o Messias ressuscitou é o...

— O Dia do Gênesis! A ressurreição é o novo Gênesis!

— É o Neogênesis. O que aconteceu no primeiro dia da Criação? Tudo era sem forma e vazio. Então Deus disse: "Haja luz", e houve luz. Também no Dia do Neogênesis tudo estava escuro, sem forma e vazio na tumba, quando Deus disse: "Haja luz!", e houve luz e vida nova. Daquela tumba vazia surgiu o poder do Gênesis, o poder do Neogênesis para todos que desejarem recebê-lo. Na mais profunda escuridão deste mundo e desta vida, existe o poder do "Haja luz", e há luz. Em todo fim, existe o poder de invocar um novo começo, o poder do Gênesis, o poder de uma nova criação. Para todos os que o aceitam é o poder de nascer de novo, pois o Messias é nosso Neogênesis.

A missão: Em que aspecto de sua vida você precisa de um Gênesis? Tome o poder da ressurreição, do *Rē'shît*, e declare em sua vida: "Haja luz".

Gênesis 1.1-3; Lucas 24.4-7; 2Coríntios 4.6; 5.17

301.º DIA — VIVENDO NO FUTURO

ESTÁVAMOS EM PÉ em uma planície do deserto. Ao longe, via-se um conjunto de palmeiras.

— Imagine que seu objetivo é chegar àquelas árvores. Então você se concentra em ir daqui para lá. E se você fizesse o contrário? E se você se concentrasse em vir de lá para cá? E se você fizesse o contrário, saindo não da linha de partida, mas da linha de chegada? — perguntou o professor.

— Não estou conseguindo entender.

— Se você entender isso, sua vida pode mudar. O Messias disse: "Assim na terra como no céu"; é o princípio do Céu para a Terra. Lembra-se desse princípio?

— A direção de Deus e das bênçãos é sempre do Céu para a Terra; portanto, é preciso viver do Céu para a Terra.

— Sim. Mas o que acontece se transportarmos esse princípio da esfera do espaço para a esfera do tempo? O Céu não é apenas o que está acima de nós, mas também o que está no porvir. O Céu, em um sentido, é aquilo que vem depois do fim, ao final da história terrena e da vida na Terra. Portanto, o Céu também é o que está por vir, é o futuro. Para viver do Céu para a Terra, é preciso também aprender o segredo de viver não no passado nem no presente, *mas no futuro*, no futuro de Deus.

— E como é que se vive no futuro?

— Todo problema que você tem será respondido: seja no Céu, seja antes dele. Então o segredo é viver não no problema, mas da perspectiva do problema resolvido, da resposta antes da resposta. Você precisa escolher viver não na crise presente, mas na superação futura; não no obstáculo atual, mas na resolução futura. Você está lutando, e no futuro essa batalha será vencida; portanto, não viva da batalha, mas da sua vitória futura. Como está escrito, quando você pedir em oração, acredite já ter recebido e, após pedir, agradeça a Deus. Viva da perspectiva do Céu, do reino por vir, da vida que você irá viver, do *você* em que você se tornará. Lute a batalha vencida, corra a corrida terminada, realize a obra concluída, parta da linha de chegada, comece da vitória, alegre-se agora com a felicidade do fim. Viva hoje como tudo será um dia e você viverá uma vida de bênçãos e de vitória, assim na Terra como no Céu.

A missão: Aprenda o segredo de viver no futuro: lute a batalha vencida, realize a obra completada e viva como o futuro *você*.

Mateus 6.10; 16.18; Marcos 11.24; Efésios 4.1

Jonathan **Cahn**

302.º DIA — O PERGAMINHO MISTERIOSO

ESTÁVAMOS NA CÂMARA dos Pergaminhos quando o professor me passou uma tarefa.

— Nesta câmara, há um pergaminho diferente de todos os outros.
— Diferente como?
— Ele não se parece com os outros pergaminhos; a bem da verdade, nem parece um pergaminho.
— O que está escrito nele?
— As Escrituras, a Palavra de Deus, a revelação divina. Ele é, em essência, como os outros pergaminhos, mas tem propriedades únicas: ele foi feito para ser lido por aqueles que jamais estudarão e que jamais leram outros pergaminhos. Até quem não tem interesse em ler coisa alguma acabará lendo esse pergaminho, pois ele será lido sem que percebam que estão lendo.
— Parece um pergaminho impressionante — disse.
— E é, e esta é sua tarefa: encontre esse pergaminho — pediu o professor.
— Com o que ele se parece?
— Ele está coberto de tecido azul, marrom e branco.

Comecei a procurar por toda a Câmara dos Pergaminhos tentando achar o pergaminho misterioso, vasculhando todas as prateleiras, todos os cantos e aberturas, todas as estantes e todos os armários. Mesmo assim, não consegui encontrar nada que se encaixasse na descrição feita pelo professor.

— Tem certeza de que está nesta câmara? — perguntei.
— Certeza absoluta — respondeu o professor, bastante seguro.

Então tornei a procurar, mas, como da primeira vez, não tive sucesso.

— Desisto — eu disse. — Tenho certeza de que o pergaminho não está aqui. Se estava antes, não está mais.
— Mas ele *está* aqui sim. Estou olhando para ele agora mesmo.
— Onde?
— Bem na minha frente. O pergaminho é você: você é o pergaminho de Deus; você é o meio que ele usou para escrever a Palavra, a mensagem da salvação, a revelação divina. Sua vida é a tradução da Palavra, a tradução do amor divino, a tradução da natureza e da salvação de Deus. É a melhor tradução a que muitas pessoas terão acesso, provavelmente a única tradução que muita gente irá ler. Sempre que virem a obra de Deus em sua vida, a graça divina em suas ações e o amor de Deus no seu amor, as pessoas lerão o pergaminho misterioso. Agora que você sabe onde ele está, nunca mais o perderá de vista. Faça que sua vida seja o pergaminho de Deus, e a Palavra conseguirá alcançar os que se perderam.

A missão: Traduza as Escrituras em pensamentos, ações, realidade e vida. Transforme sua vida em um pergaminho, uma tradução viva da Palavra de Deus.

Jeremias 31.33; Mateus 5.16; 2Coríntios 3.2-3

303.º DIA — O *LÓGOS* CRUCIFICADO

ERA MAIS UMA noite fria no deserto, e o céu acima de nós estava incrivelmente limpo. A profunda escuridão revelava uma infinidade de estrelas que, em algumas partes, eram tão pequenas e numerosas que se amontoavam em uma mancha branca.

O professor estava admirando o céu quando disse:

— "No princípio era aquele que é a Palavra. Ele estava com Deus e era Deus. Ele estava com Deus no princípio. Todas as coisas foram feitas por intermédio dele; sem ele, nada do que existe teria sido feito". Você consegue imaginar isso? Tudo veio à existência por meio da Palavra: a terra, os oceanos, a Lua, o Sol, as estrelas, as galáxias e todo o Universo. Tudo isso ganhou existência por meio da Palavra. Mas o que é a Palavra?

— É a Palavra de Deus — respondi.

— Sim, mas na língua original a palavra "palavra" é representada pelo termo *lógos*, que também significa "a causa".

— Tudo passou a existir por meio de Deus, a Causa de todas as coisas.

— O *Lógos* fez o Universo existir; portanto, a existência do Universo depende da existência do *Lógos*.

O professor voltou os olhos para o chão e depois de novo para o céu.

— Mas o cosmos caiu. O mundo se deixou escurecer pelo mal, e a vida, pelo pecado. "Aquele que é o *Lógos* tornou-se carne e viveu entre nós": o *Lógos* tornou-se carne e osso. Por quê? Porque só o que é feito de carne poderia morrer por nossos pecados. Quem foi que morreu na cruz?

— O Messias.

— O Messias é o *Lógos*, e foi o *Lógos* que morreu na cruz: o *Lógos* foi crucificado. Significa dizer que a Palavra foi crucificada, que a Causa de tudo foi crucificada. Mas, se a Causa foi crucificada, nulificada, então também seus efeitos o foram: os efeitos da Causa se anularam, desapareceram. Se o *Lógos* morre, o cosmos se anula: o antigo mundo morre, a antiga vida morre, o passado caído morre, o antigo você morre. Se a Causa da existência é removida, então todos os pecados da sua vida somem da existência, como se jamais tivessem existido. Portanto, para todos os que habitam no Messias, o antigo morre e o novo surge, assim como está escrito: "Se alguém está em Cristo, é nova criação. As coisas antigas já passaram; eis que surgiram coisas novas!". Tudo porque o *Lógos* foi crucificado.

A missão: O *Lógos* morreu e, com ele, sua antiga vida. Pare de deixar o passado afetar sua vida e viva livremente na novidade de não ter mais passado.

Isaías 43.18-19; 44.22-23; João 1.1-14; 2Coríntios 5.14-17; Apocalipse 21.1-5

Jonathan **Cahn**

304.º DIA — O PODER DO *APOLÝŌ*

FOI UM APRENDIZADO difícil, mas também difícil de esquecer. O professor me fizera passar o dia todo carregando nas costas uma mochila de tecido cheia de pedras. Tudo que eu fazia virava um fardo e exigia grande esforço. No fim do dia, ele me abordou e perguntou:

— Você gostaria de continuar carregando isso ou quer se livrar disso?

— É sério o que está perguntando? — respondi.

— Solte a mochila — ele disse.

E foi o que fiz.

— Sei que não foi uma experiência prazerosa para você — falou o professor. — Mas é assim que muitos passam pela vida, durante anos. No Evangelho de Lucas, o Messias disse aos discípulos para perdoar. Por trás da palavra "perdoar", porém, está o termo grego *apolýō*. Quando Pilatos resolveu libertar Barrabás da prisão, por atrás da palavra "libertar" estava o mesmo termo, *apolýō*. Quando encontrou uma mulher que sofria de uma doença que a deixou encurvada por dezoito anos, o Messias disse a ela: "Mulher, você está livre da sua doença". Em seguida, ele tocou nela e, depois de dezoito anos, ela estava curada. Mas quando ele disse à mulher: "Você está livre", era novamente o mesmo termo: *apolýō*. Quando os cristãos de Antioquia enviaram Barnabé e Paulo para dar início ao seu ministério no mundo, por atrás da palavra "enviaram" estava mais uma vez o termo *apolýō*.

— Quantos significados para uma palavra! — exclamei. — Qual a ligação?

— A ligação e o segredo é este: *apolýō* significa "perdoar", mas também significa "estar livre". Se não perdoar, você não será livre. Você ficará amarrado e prisioneiro. Mas o mesmo termo fala de cura. Portanto, perdoar está relacionado à cura, e a falta de perdão, à ausência da cura. As pessoas que não conseguem perdoar incapacitam a si mesmas. O mesmo termo fala de seguir adiante e de ser enviado para os propósitos de Deus. Se você não perdoar, não será capaz de seguir adiante nem de se libertar do passado; da mesma forma, você não será capaz de ser enviado e realizar o chamado de Deus para sua vida. Está escrito: "Perdoem e serão perdoados". O termo, porém, é *apolýō*. Assim, também poderia ser traduzido por: "Perdoem e serão libertos"; "Perdoem e serão curados".

— Deixe partir — eu disse —, e você estará livre.

— Sim — respondeu o professor. — Liberte, e você mesmo será liberto. E então estará livre para seguir em frente com sua vida, livre para cumprir o chamado para o qual nasceu.

A missão: Aplique o poder do *apolýō*. Liberte, e será liberto, desprendido, desimpedido, íntegro e poderá ser enviado.

Levítico 25.10; Mateus 27.26; Lucas 6.37; 13.12; Gálatas 5.1

NOTES ON FORGIVENESS

O Livro *dos Mistérios*

305.º DIA — SOB A *CHUPÁ*

O PROFESSOR LEVOU-ME para um campo de oliveiras onde havia, entre as árvores, uma espécie de baldaquino, um amplo tecido branco ornado com enfeites que se erguia sobre quatro varas.

— Isto é chamado *chupá* — disse o professor.

— O que é uma *chupá*?

— A *chupá* ou *ḥûppâ* é um pálio matrimonial. No casamento hebraico, a noiva e o noivo fazem seus votos e promessas sob a *ḥûppâ*. E sob a *ḥûppâ* eles se tornam marido e mulher.

— O que isso significa?

— É a cobertura, a proteção do noivo sobre a noiva e a proteção de Deus sobre os dois. O capítulo 4 de Isaías fala dos últimos dias e da vinda do Reino de Deus à Terra; também descreve Jerusalém como preenchida pela glória de Deus e diz: "Sobre toda a glória se estenderá um dossel".[1] Imagine uma proteção do céu sobre a glória de Jerusalém. Mas o que a está cobrindo? — ele perguntou. — O mistério é revelado no idioma original. A palavra traduzida por "dossel" ou "cobertura" ou "proteção" é muito mais que isso: é o termo hebraico *ḥûppâ*. Dizendo de outra forma, nos dias do Reino, a Cidade Santa de Jerusalém será coberta por um...

— Um dossel matrimonial!

— Sim, um dossel matrimonial, uma *ḥûppâ* sobre toda a cidade de Jerusalém. Qual o significado disso? Significa que Jerusalém estará casada com Deus, e, por meio de Jerusalém, o próprio mundo estará casado com Deus. Nesse dia, tudo estará unido a Deus, toda porção de vida, todas as coisas terrenas, tudo estará casado com o celestial. E aqui há um segredo.

— Que é...

— Você não precisa esperar pelo Reino que está por vir para viver as bênçãos do Reino agora mesmo. O segredo para viver no Reino é viver sob a *ḥûppâ*, sob o pálio matrimonial. Estenda a *ḥûppâ* da proteção divina sobre sua vida toda, reúna tudo que faz parte de sua vida sob a *ḥûppâ* de Deus, faça o matrimônio da sua vida com Deus. E tudo em sua vida se tornará santo e glorioso. Sob a *ḥûppâ*.

A missão: Estenda a *ḥûppâ* de Deus sobre sua vida. Reúna tudo sob a proteção divina e declare que sua vida agora está "casada".

Salmos 91.1-4; Cântico dos Cânticos 2.3-4; Isaías 4.2-6

UNDER THE HUPPAH

---

[1] Versão Almeida Revisada, de acordo com os Melhores Textos em Hebraico e Grego, Imprensa Bíblica Brasileira.

Jonathan **Cahn**

306.º DIA 'ADONĀY

O PROFESSOR COMEÇOU a desenhar letras na areia.
— O que é isso? — perguntei.
— É ''Ādôn, o termo hebraico para "senhor", mas também significa "o governante", "o possuidor", "o mestre" e "o que está no comando".
— Então ''Ādôn é o Nome de Deus como Senhor do Universo.
— Sim e não — respondeu o professor. — O termo ''Ādôn pode ser usado para *qualquer* governante ou mestre.
Ele ergueu sua vareta e acrescentou uma pequena marca no fim da palavra.
— Agora — disse o professor — é o Nome de Deus, 'Ădonāy.
— Qual a diferença?
—''Ādôn significa "senhor", mas 'Ădonāy significa "meu Senhor". E o nome específico e sagrado de Deus é 'Ădonāy, "meu Senhor". Então para pronunciar seu Nome, não se pode simplesmente dizer "Senhor", mas deve-se dizer "meu Senhor". Significa que a única maneira de conhecer Deus é conhecê-lo pessoalmente, conhecê-lo como seu Deus.
— Então "meu Senhor" não é só Aquele que governa, e sim Aquele que governa sobre mim.
— Exatamente. 'Ădonāy é Aquele a quem você submete sua vida, sua vontade e seu coração; significa que é Aquele que está no comando da sua vida. Se chamá-lo de 'Ădonāy, "meu Senhor", então você terá de obedecer à vontade dele antes da sua. Há mais uma coisa em relação a 'Ădonāy. Dizer "meu Senhor" em hebraico deveria ser *Adoni*. Mas o nome de Deus é 'Ădonāy.
— Qual a diferença entre os dois?
— 'Ădonāy é "meu Senhor" no plural. Literalmente, dizer 'Ădonāy é dizer: "meus Senhores". Significa que a realidade por trás do Nome 'Ădonāy é tão grande que o Nome não pode contê-la. Assim, 'Ădonāy significa que "meu Senhor" é seguido por um grande número de pontos de exclamação, significa que ele é meu Senhor!!!!!! Portanto, usar o Nome sagrado significa que você não apenas o segue e se submete a ele, mas também o segue e se submete a ele com um grande número de pontos de exclamação, com todo o seu coração e zelo. O coração de 'Ădonāy é este: meu Senhor é tão incrível que nem dizer 'Ădonāy, "meu Senhor", pode começar a descrever quem ele é. Deixe seu coração aprender o que essa verdade realmente significa. Depois viva à luz dela, com pontos de exclamação, pois ele é seu 'Ădonāy!

A missão: Reflita e viva o mistério de 'Ădonāy, faça do Senhor seu "meu Senhor", a quem você segue e se submete com infinitos pontos de exclamação.

Ezequiel 36.22-23; Daniel 9.4; Zacarias 13.9; João 20.28

YHVH

307.º DIA — OS FILHOS DO OITAVO DIA

ERA UMA MANHÃ quente, mas havia brisa. Estávamos sentados na encosta de uma das colinas das quais avistávamos a escola.
— Creio que fiz uma descoberta — eu disse.
— Adoraria ouvir a respeito — respondeu o professor.
— *Shemini Atseret* é o Oitavo Dia, mas há outro Oitavo Dia.
— E que dia é esse?
— A ressurreição — respondi. — O dia da ressurreição. A ressurreição aconteceu no primeiro dia da semana. Portanto, aconteceu no oitavo dia.
— *Foi* no oitavo dia. Mas o que isso significa?
— O Oitavo Dia está relacionado a deixar a antiga criação...
— Sim, e a ressurreição também está relacionada a deixar a antiga vida.
— O Oitavo Dia — eu disse — é o dia de transcender, de romper as limitações do finito e irromper no reino do infinito.
— A ressurreição é também o dia de transcender o antigo, de superar a limitação última, a morte, e assim todas as limitações.
— E o Oitavo Dia é o dia seguinte ao fim...
— Como é a ressurreição, o dia seguinte ao fim da antiga vida, da antiga existência e do poder de viver além dela.
— Então os dois dias — eu disse —, o dia da ressurreição e o dia da Eternidade, estão relacionados.
— E em qual dia sagrado hebraico aconteceu a ressurreição? — o professor perguntou.
— No Dia dos Primeiros Frutos.
— Sim — disse o professor. — A ressurreição é o primeiro fruto da era por vir, a primeira manifestação do Oitavo Dia, o Céu. E quando, na semana, a maioria do povo do Messias se reúne?
— No primeiro dia.
— O que significa que essas pessoas se reúnem no Oitavo Dia. E elas se reúnem no Oitavo Dia porque são *do* Oitavo Dia. Todos os que são do Messias recebem o poder do Oitavo Dia, o poder de deixar a vida antiga, de transcender esta criação, de superar todas as limitações, de viver depois do fim e no reino do celestial. Então não fique preso a esta era, viva além dela, pois não somos deste mundo: somos filhos do Oitavo Dia.

A missão: Aprenda o segredo de viver no Oitavo Dia, de viver além da carne, além do mundo, além de você mesmo, além do antigo e no além do agora.

João 20.1; Atos 20.7; Romanos 6.5-11; 12.2; 1João 4.4

Jonathan *Cahn*

308.º DIA DESPERTE A ALVORADA

ELE TINHA EM mãos um pergaminho e estava estudando o texto.

— É do livro de Salmos — disse o professor. — Algumas traduções interpretam essa passagem como se ela estivesse falando sobre acordar cedo. Mas, literalmente, ela pode ser traduzida da seguinte forma: "Vou despertar a alvorada". Imagine isso! Imagine se você tivesse o poder de despertar a alvorada! Gostaria de saber como?

— De despertar a alvorada? — perguntei.

— Diga-me — disse o professor —, por que está escuro?

— Porque é noite — respondi.

— Na verdade, não — respondeu o professor. — Não tem nada a ver com a hora do dia. Pensamos na noite como um período de tempo, e, claro, em certo sentido ela é. Mas a noite não é tanto um período de tempo, mas um estado de ser. Não está escuro porque é noite, mas é noite porque está escuro. A noite é o efeito do afastamento da Terra da luz do Sol. A noite é a Terra morando na própria sombra. Deus é Luz. Assim, quando se afasta de Deus, você cria a noite; quando você se afasta da presença dele, a noite entra em sua vida; quando você se afasta da verdade e do amor de Deus, a escuridão chega ao seu coração. E você acaba morando na própria sombra, na sombra do seu afastamento.

O professor parou por alguns minutos antes de continuar a falar.

— Assim é a noite — disse ele. — E quanto à alvorada? O que é a alvorada?

— A alvorada é quando a Terra se afasta da escuridão e se vira para o Sol.

— Então como você faz surgir a alvorada? Como você faz surgir um nascer do Sol? Afastando-se da escuridão. Você se afasta de seus pecados, dos substitutos, das distrações e dos ídolos; você se afasta até de se concentrar em si mesmo e em sua sombra; e você se volta para a Luz. Você não precisa esperar pela alvorada, pois pode fazer que a alvorada surja, pode fazer que o Sol se levante. Afaste-se da escuridão, afaste-se de *toda* a escuridão e volte-se para a Luz. E assim a Luz irromperá através da sua escuridão. Então o nascer do Sol iluminará sua vida, e a alegria da manhã substituirá as lágrimas da noite. Imagine se você tivesse o poder de fazer surgir um nascer do Sol! Em Deus, você tem. Agora, desperte a alvorada!

A missão: Desvie os olhos da escuridão, volte-os para a Luz, faça surgir o Sol, desperte a alvorada!

Salmos 57.8; 112.4; Atos 26.18; Romanos 13.12

O Livro *dos Mistérios*

309.º DIA — O FATOR DA CENTRALIDADE

O PROFESSOR LEVOU-ME a um monumento antigo que, de tão mal conservado, não se podia dizer o que era.

— O que é? — perguntei. — Ou melhor, o que *era* isto?

— Foi um testamento — respondeu o professor —, um monumento, um tributo a uma civilização que se acreditava inconquistável e eterna, mas que agora só pode ser encontrada em ruínas e livros de história. Se procurássemos esses reinos e poderes que antes se encontravam no centro da história mundial ao longo dos séculos, o que descobriríamos? Milhares de anos atrás, teríamos constatado que o centro da história se situava no Egito e na Babilônia; depois na Assíria, na Pérsia, na Grécia, em Roma, em Bizâncio; posteriormente, ainda, nos grandes impérios europeus; e, mais recentemente, na Rússia e nos Estados Unidos. Agora, se tivéssemos vindo de outro planeta e soubéssemos que Deus interviera na história do nosso mundo, onde presumiríamos que a intervenção divina tivesse ocorrido: na periferia distante ou no centro da história?

— No centro da história — respondi. — E, se ele agisse na periferia distante, isso acabaria, pelo fato da própria ação de Deus, no centro da história.

— Sim — disse o professor. — Mas, se olharmos para o centro da história mundial desde os dias dos faraós até a era dos superpoderes, não há um ponto em comum, um reino ou um poder em comum. Os que se encontravam no centro da história no mundo antigo estão na periferia do mundo moderno. Não existe uma nação ou um povo em comum, com uma exceção: a nação de Israel, o povo judeu. Quando a antiga Babilônia era o centro do mundo, eles estavam lá. Quando era Roma, eles estavam lá. Do Império Egípcio ao Império Britânico, eles estavam lá. Do Império Persa à União Soviética, eles estavam lá. Das ruas de Ur da Caldeia às ruas da cidade de Nova York, apenas uma nação sempre esteve lá, no centro. Se Deus usasse um povo por meio do qual trouxesse sua Palavra e sua redenção ao mundo, essas pessoas permaneceriam no centro da história. E assim permaneceram. E são exatamente as mesmas pessoas por meio das quais surgiram o Livro dos livros, a Palavra de salvação e Aquele que é conhecido em todo o mundo como a Salvação. Se Deus fosse intervir no curso deste mundo...

— Mas ele já interveio.

— E seu Nome está esculpido no testemunho da história: o Deus de todas as nações, o Deus de Israel.

A missão: Independentemente de Deus estar no centro, coloque as coisas de Deus no centro deste dia e torne Deus o centro em torno do qual sua vida orbita.

Deuteronômio 4.34-35; 32.8; Zacarias 8.23; Isaías 2.3

THE D328 SECRET OF WORLD HISTORY I-II

Jonathan **Cahn**

310.º DIA — O PRINCÍPIO DE JOSIAS

ESTÁVAMOS SENTADOS À sombra de uma oliveira naquela tarde de brisa fresca.

— Josias — disse o professor — foi um dos reis mais justos que já se sentaram no trono de Davi. Na diligência à vontade de Deus, ele subiu ao local mais alto de Betel para quebrar os altares dos deuses pagãos. Enquanto fazia isso, algo lhe chamou a atenção: uma sepultura. Foi então que um mistério de séculos foi revelado. Era a sepultura de um profeta que, séculos antes, havia chegado a Betel com uma profecia: um dia, um homem chamado Josias chegaria ao mesmo lugar e faria exatamente o que Josias acabara de fazer. Josias, porém, não tinha ideia dessa profecia. Ele chegou aonde chegou naquele dia simplesmente para fazer a vontade de Deus. No entanto, fez exatamente o que foi profetizado séculos antes de ele existir: a obra do destino.

— Como ele fez isso? — perguntei. — Sem saber da profecia, ele a cumpriu. Como realizar o plano de Deus para sua vida, seu destino?

— Eu chamaria isso "o princípio de Josias" — respondeu o professor.

— O que é isso?

— Como Josias, sem saber da profecia, acabou por cumpri-la?

— Ao seguir o caminho da justiça?

— Sim — disse o professor. — Ao seguir a vontade de Deus, que ele conhecia por meio da Palavra de Deus.

— Mas, excluindo a profecia, que Josias não conhecia — eu disse —, a Palavra de Deus não lhe teria dito exatamente aonde ir nem quando ir, para que ele acabar no lugar e no momento certos.

— Mas foi o que aconteceu — respondeu o professor. — E acontecerá na sua vida também. A Palavra de Deus lhe dará a orientação e a condução total para sua vida. Ao seguir a orientação da Palavra, você será levado a caminhar na vontade exata e específica de Deus, que é seu destino. Veja que as Escrituras não estão tão concentradas em encontrar a vontade de Deus que você não conhece, e sim em obedecer à vontade de Deus que você conhece. Obedeça à vontade de Deus que você conhece, e isso o conduzirá à vontade de Deus que você não conhece. Siga, de todo o coração, o que está revelado, e isso o conduzirá ao que não está revelado. Como aconteceu com Josias, você se encontrará em um local alto no lugar exato e na hora exata, e isso foi designado para sua vida antes da criação do mundo.

A missão: Tome a Palavra de Deus e obedeça a ela. Ao obedecer à vontade de Deus revelada, você será conduzido à vontade de Deus não revelada: seu destino.

2Reis 23.15-17; Salmos 37.23; Provérbios 2.20-21; 3.5-6; Efésios 2.10

ENTERING YOUR PROPHETIC DESTINY

311.º DIA — A VELA DA NOITE

O PROFESSOR LEVOU-ME até a varanda da sua sala de estar, onde nos sentamos a uma mesa, sobre a qual havia uma vela acesa. O céu começava a escurecer.

— Quando nos sentamos aqui — disse o professor —, o Sol ainda estava brilhando, assim como a vela. A luz da vela se misturava com a luz do dia, e ambas as luzes estavam em harmonia. Mas depois o que aconteceu?

— Escureceu — respondi.

— Agora, a luz da vela não está mais em harmonia com o ambiente, pois já não se mistura. Conforme o céu foi escurecendo, a vela se destacou substancialmente cada vez mais. Não foi a vela que mudou, mas tudo ao redor dela. E neste momento ela brilha em um contraste marcante com o ambiente e a escuridão.

— E o que isso revela? — perguntei.

— A vela durante o dia representa o cristão que brilha em meio a uma civilização cristã — respondeu o professor. — A luz do cristão se mistura com a cultura que a cerca, e essa cultura está em harmonia com a luz, pelo menos externamente, e parece apoiá-la. À noite, porém, a vela representa o cristão que brilha no meio de uma civilização pós-cristã, de uma civilização apóstata, uma civilização anticristã, antibíblica e oposta a Deus. Nesse contexto, as bases culturais e os suportes externos são removidos, e a luz do evangelho já não está em harmonia com a cultura reinante, pois tal cultura agora se opõe progressivamente à luz. A luz não consegue mais se misturar e passa a contrastar cada vez mais com o ambiente e a brilhar cada vez mais em sua trajetória. Então, se você pudesse escolher, qual vela iria preferir ser: a vela do dia ou a vela da noite?

— A vela do dia.

— Mas é a vela da noite que muda o mundo. A vela que brilha à luz do dia mal pode ser vista, mas a vela que brilha na escuridão é vista de longe. É exatamente no momento mais difícil de a luz brilhar que é mais crucial que você brilhe, pois é nesse momento que a luz é mais necessária. É também quando a luz se torna mais poderosa. Portanto, nunca tema a escuridão. Você é uma luz; brilhe nessa luz, sobretudo na noite. E você iluminará o mundo.

A missão: Seja uma vela da noite, não tema a escuridão nem se intimide por ela; pelo contrário, brilhe ainda mais na noite.

Mateus 5.14-16; 13.43; João 1.5; Filipenses 2.15; 1Pedro 4.14

Jonathan **Cahn**

312.º DIA — A REDENÇÃO DO EU SOU

— LEMBRA-SE, LOGO NO início, quando eu lhe disse que, ao falar da sua existência, você deve citar o Nome de Deus? — perguntou o professor.

— Eu Sou — respondi.

— Sim — disse o professor. — Mas há outro aspecto. Todos nós caímos e, quando falamos da nossa existência, falamos de uma existência caída. Mas como o Nome de Deus pode estar ligado ao que é caído, pecador, ao que está corrompido, quebrado e arruinado? Se você diz: "Eu sou pecador", está dizendo a verdade, mas está se associando ao sagrado nome de Eu Sou para pecar. E se afirma: "Eu sou profano", você está se associando a Eu Sou para profanar, na corrupção, produzindo assim um testemunho contra Deus. E isso poderia ser considerado blasfêmia: o Eu Sou de Deus e o eu sou dos homens agora infinitamente separados um do outro.

— Então qual é a resposta?

— Quando morreu por nossos pecados, o Messias era o Eu Sou, era o Eu Sou incorporando a si mesmo, reincorporando-se ao nosso eu sou caído, pecador e profano. Era o Eu Sou se associando aos nossos pecados, se transformando em pecado, se juntando a tudo que não é Eu Sou. E, ao fazer isso, todas as separações se encerraram de uma vez por todas. Então quando você se pegar dizendo: "Eu sou condenado", olhe para a cruz. O que verá ali? O Eu Sou condenado. Quando você se pegar dizendo: "Eu sou culpado", olhe para a cruz, e verá o Eu Sou culpado. Quando estiver magoado, você verá ali o Eu Sou magoado. Quando estiver arrasado, verá o Eu Sou arrasado. Quando for rejeitado, você verá na cruz o Eu Sou rejeitado. E, quando você se considerar acabado, verá o Eu Sou no fim, o Eu Sou acabado. O que aconteceu ali é um mistério: o Santo unindo o próprio Eu Sou ao seu eu sou, de modo que nada, pecado nenhum, vergonha nenhuma, escuridão nenhuma, nem mesmo a morte, jamais conseguirá separá-lo dele outra vez, nem mesmo naquelas coisas em que ele está com você. O Eu Sou uniu o Eu Sou dele ao seu eu sou para que o seu eu sou se unisse ao Eu Sou dele. E este é o outro aspecto desse mistério: após a morte dele, vem a ressurreição, e é na ressurreição que encontramos nosso novo eu sou. O que encontramos ali? Descobrimos o Eu Sou vivo, o Eu Sou vitorioso... e descobrimos o Eu Sou ressuscitado!

A missão: Permita que seu eu sou caído se encerre com a morte dele, permita que o Eu Sou ressuscitado e vitorioso se torne o eu sou de sua vida.

Êxodo 3.14; João 8.58; Colossenses 2.9-12

313.º DIA — MONTANHAS E PEDRAS SUPERIORES

— QUANDO O REMANESCENTE de Israel voltou para a própria terra depois do exílio na Babilônia, o povo entendeu que era a vontade de Deus que o templo fosse reconstruído — disse o professor. — O homem encarregado da reconstrução foi Zorobabel, descendente do rei Davi. Quando deram início ao empreendimento, porém, encontraram resistência e conflito e, por causa disso, o trabalho foi paralisado. Então Deus falou por meio do profeta Zacarias: "'Não por força nem por violência, mas pelo meu Espírito'[...]. Quem você pensa que é, ó montanha majestosa? Diante de Zorobabel você se tornará uma planície. Ele colocará a pedra principal aos gritos de 'Deus abençoe! Deus abençoe!'". O que Deus estava dizendo a Zorobabel?

— Deus removeria os obstáculos e faria que o templo fosse reconstruído, e o próprio Zorobabel terminaria o trabalho, colocando a pedra principal.

— Está certo — disse o professor. — E a profecia se tornaria realidade. Nessa passagem, qual era o símbolo dos obstáculos aos propósitos de Deus?

— A montanha — respondi.

— E qual era o símbolo da realização dos propósitos de Deus?

— A pedra superior.

— Você consegue perceber alguma coisa aí?

— Ambos são pedra.

— Sim — disse o professor. — Tanto o obstáculo para os propósitos de Deus quanto a realização dos propósitos de Deus são constituídos da mesma substância, do mesmo material. Mas tem outra coisa. De onde você acha que veio a pedra superior?

— De uma montanha?

— Sim, a pedra superior veio de uma montanha — respondeu o professor. — O que isso revela? Deus jamais promete que nossa vida estará isenta de obstáculos, de problemas, crises e adversidades. Mas promete algo melhor: ele usará todos os obstáculos da sua vida para realizar os verdadeiros propósitos que planejou para sua vida. Todo problema, toda crise, cada adversidade, cada empecilho e sofrimento serão convertidos em grande progresso, bênção e triunfo. Em Deus, todas as montanhas, todos os obstáculos que atrapalharam os propósitos divinos para sua vida serão, no fim, transformados e se tornarão uma pedra superior para a realização desses mesmos propósitos.

A missão: Enxergue cada problema, cada obstáculo, conflito e adversidade como uma montanha a ser transformada em pedra superior. Participe dessa transformação.

Gênesis 50.15-21; Isaías 60; Zacarias 4.6-9; Tiago 1.2-4

314.º DIA — A GLÓRIA DENTRO DA TENDA

Jonathan **Cahn**

DIANTE DE NÓS, ao longe, havia um acampamento de moradores do deserto. As tendas eram escuras, predominantemente pretas, mas algumas de um tom de marrom bem escuro.

— Como você acha que era a Tenda do Encontro? — perguntou o professor.

— Acho que devia ser bem impressionante — respondi.

— Na verdade, não era — disse o professor. — É bem provável que se parecesse com uma dessas. Maior, mas de aparência semelhante. A cobertura externa era de pele de texugo, por isso sua aparência devia ser sombria, simplória, sem atrativos. Mas, se você pudesse entrar, tudo mudava. A primeira das câmaras era chamada Lugar Santo, onde ficavam a mesa da presença, o altar do incenso e a menorá, com seus sete braços, todos de ouro e cada um deles um tesouro de valor inestimável. E, se você se aventurasse a entrar ainda mais, se veria no Lugar Santíssimo, ao lado da arca da aliança, dentro da qual estavam os Dez Mandamentos e sobre a qual repousava a glória de Deus. Todas essas coisas ficavam ocultas aos de fora e só podiam ser vistas lá dentro. Então o que parecia simplório, sombrio, sem atrativos e de pouco valor por fora continha o maior dos tesouros em seu interior. O que isso revela?

— Que não se pode julgar uma tenda pelo seu exterior?

— Sim, e muito mais que isso. A maioria das coisas mundanas parece mais impressionante e atraente no exterior e na superfície que no interior. A realidade é inferior à aparência. Mas, com Deus e os caminhos da justiça, acontece o contrário. No exterior e na superfície, tendem a parecer difíceis e pouco atraentes. Assim, o caminho da cruz e do sacrifício, por fora, parece difícil; quanto mais para o interior, porém, mais bonito ele se torna; quanto mais se adentrar nele, mais tesouros irá encontrar. Da mesma forma, quanto mais você se aprofundar na oração e na adoração, mais impressionante isso se torna. Quanto mais você se aprofundar na presença divina, mais gloriosa ela se torna. E, quanto mais você se aprofundar no amor de Deus, mais precioso ele se torna. Portanto, vá adiante, mais fundo, aprofunde-se ainda mais, cada vez mais; vá além da superfície, além da aparência, além das peles que recobrem a tenda. Vá aos tesouros e à glória que aguardam apenas aqueles que entram.

A missão: Vá além das cortinas; entre cada vez mais fundo na tenda do encontro, até chegar ao lugar sagrado mais oculto, até encontrar a glória de Deus.

Êxodo 40.34-36; Salmos 27.4; Ezequiel 44.16; Hebreus 4.16

315.º DIA — AS PROFECIAS HEBRAICAS SECRETAS

O PROFESSOR ESTAVA dando uma aula a um grupo de alunos na tenda aberta. Lendo um pergaminho dos profetas, ele falava das profecias hebraicas sobre a vinda do Messias: a profecia de Miqueias, dizendo que o Messias nasceria em Belém; a de Zacarias, que ele entraria em Jerusalém montado em um jumento; a de Isaías, que ele seria desprezado e rejeitado pelos homens, morreria pelo pecado e mesmo assim se tornaria a luz dos gentios. No fim da aula, ele saiu da tenda e me convidou a acompanhá-lo em uma caminhada.

— Reflita sobre as profecias messiânicas — disse o professor. — Cada uma delas foi criada por Deus, cada uma é única, e todas contêm um fragmento diferente do mistério, uma promessa diferente sobre a vinda do Messias. Todas subsistiram por séculos à espera do dia do seu cumprimento. Muitas dessas profecias são mencionadas no Novo Testamento acompanhadas de um termo grego específico usado para falar de sua realização. O termo é *pleróō* e está relacionado ao preenchimento do que estava vazio, ao enchimento de um copo. Está registrado várias vezes que algo aconteceu "para cumprir o que fora dito pelo profeta" ou, mais propriamente, "para que pudesse ser *pleróō* o que fora dito pelo profeta".

— Então uma profecia é como um copo vazio a ser enchido na hora marcada.

— Sim — disse o professor. — Há algo mais, porém. No capítulo 2 de Colossenses, está escrito: "Por estarem nele, [...] vocês receberam a plenitude". Mas, subjacente ao que foi traduzido por "plenitude", está o termo grego *pleróō*. Então a palavra empregada quando o Messias cumpre as antigas profecias hebraicas é a mesma quando ele preenche sua vida.

Ele parou de caminhar, virou-se para mim e disse:

— Você entende? Sua vida é como uma profecia hebraica. Você veio a existir pela ordenação de Deus. Da mesma forma que uma profecia fica irrealizada e vazia até seu cumprimento, sua vida não estava completa até o dia em que você encontrou o Messias. Sua vida era uma sombra do que foi criada para se tornar, e assim toda vida existe para encontrar seu *pleróō*. Mas só no Messias o *pleróō* pode ser encontrado. Sua vida é como uma profecia à espera, uma profecia do Messias, única dentre todas as pessoas, uma promessa à espera da sua realização, e só pode ser cumprida pela chegada do Messias à sua vida. O Messias é seu *Pleróō*. Então faça dele o objetivo e o propósito de tudo que você é e faz. Ele preencherá cada parte do seu ser, pois ele é o *Pleróō* da sua vida, e sua vida é a profecia dele.

A missão: Viva como se sua vida fosse uma profecia, que existe unicamente para ser preenchida pela presença do Messias e, nessa realização, para glorificá-lo.

Filipenses 1.6; Colossenses 2.9-10; 1Tessalonicenses 5.24; 2Tessalonicenses 1.11

FINDING YOUR DESTINY

316.º DIA — SUA VIDA APÓS A MORTE NO PRESENTE

ESTÁVAMOS SENTADOS NO topo de uma montanha alta, em uma posição privilegiada, da qual conseguíamos ver uma imensidão de outros picos altos de montanhas ao longe, no horizonte cada vez mais alaranjado do pôr do Sol.

— Como você entra no Céu? — o professor perguntou.

— Sendo salvo — respondi. — Você se torna um renascido.

— Sim — ele disse —, mas, supondo que já esteja salvo, como você de fato entra no Céu?

— Você morre — disse. — Você morre e vai para o Céu.

— Então esse é o único jeito? — ele perguntou. — Você precisa morrer para entrar no Céu?

— Não? Não é o único jeito?

— Esse *é* o único jeito — disse ele —, porém há algo mais. No Novo Testamento, o Reino dos Céus é descrito como o que está no mundo vindouro, não aqui, e mesmo assim como o que está aqui e agora, em nosso meio.

— Mas o Céu é a vida após a morte — eu disse.

— O Céu é a vida após a morte — repetiu o professor. — Tem de ser. É preciso deixar o mundo velho para entrar no novo, e o que é da carne para entrar no que é do Espírito. É preciso deixar o imperfeito do mundo terreno para entrar no perfeito do celestial. Então o Céu deve ser a vida após a morte. Mas...

— Então existe um "mas"?

— Para o filho de Deus, a vida celestial não pode estar limitada à vida após a morte. É muito bom pertencer ao que não é agora nem aqui. Para o filho de Deus, o Céu também deve ser conhecido e vivido nesta vida.

— Então como entrar nele?

— Você precisa morrer para chegar ao Céu.

— Mas achei que você tivesse acabado de dizer...

— Você precisa morrer para ir para o Céu — ele repetiu. — Então o segredo é morrer. Mas o mistério é não esperar até que você de fato morra. Se esperar, você nunca conhecerá a vida celestial até que esta vida acabe. Mas há um jeito de morrer agora, mesmo enquanto você vive. No Messias, você tem esse poder, o poder de se afastar deste reino, do velho e do terreno, agora mesmo. Morra para sua vida antiga, e entrará na vida nova. Morra na carne, e viverá no Espírito. Morra para a Terra, e entrará no Céu. Aprenda o segredo de viver agora sua vida após a morte. É tão simples quanto morrer e ir para o Céu.

A missão: Viva como se sua vida tivesse acabado. Então entre na sua vida após a morte, que está além da carne e do terreno, para viver no Espírito, no celestial.

Romanos 6.4-11; 8.10-14; Gálatas 2.20; Colossenses 3.1-9

317.º DIA — O GUARDIÃO

— VENHA — disse o professor. — Vamos fazer um passeio de camelo.
— Para onde? — perguntei.
— A nenhum lugar em especial — disse ele. — É só pelo passeio.

Assim, embarcamos em uma jornada pelo deserto em direção a lugar nenhum em particular. Já era tarde quando partimos. Cavalgamos lado a lado, lenta e suficientemente próximos para dar andamento a uma conversa sem interrupções.

— Muitas viagens bíblicas foram feitas em camelos. Foi assim com Rebeca. Quando ela aceitou casar-se com Isaque, o empregado de Abraão preparou-se imediatamente para acompanhar Rebeca e suas criadas em uma longa jornada pelo deserto do Oriente Médio. Era a missão para a qual ele fora enviado: encontrar uma noiva para Isaque e levá-la ao noivo. Imagine a cena: uma caravana de camelos carregando nas costas uma noiva, suas damas e todos os seus bens e atravessando a paisagem desértica. Rebeca estava sendo conduzida por um homem que ela nunca vira, um estranho, o servo de Abraão. Ela estava aos cuidados dele, era agora responsabilidade dele, do homem que seria seu guardião durante a viagem. Era responsabilidade dele levá-la em segurança pelo deserto e protegê-la nas tendas de Abraão. Só ele sabia o caminho que Rebeca desconhecia completamente. Então o que ela devia fazer? Precisava apenas confiar... confiar nas intenções daquele homem, nos conhecimentos, na liderança e no compromisso dele em levá-la até onde ela devia ir. E Rebeca teve de permitir que ele a conduzisse até lá.

O professor continuou:

— Agora vamos desvendar o mistério. Rebeca representa a noiva, e o empregado de Abraão, o servo do pai, representa o Espírito Santo. A missão do empregado é levar a noiva até o Noivo. Assim é a missão e a responsabilidade do Espírito: conduzir, guardar, proteger você, cuidar para que não se desvie do caminho e levá-lo em segurança para casa. E, como só ele conhece o caminho, o que você precisa fazer?

— Confiar que ele me levará aonde preciso ir. E deixá-lo liderar.

— Sim — disse o professor. — A noiva deve ser guiada pela liderança do Espírito todos os dias da sua vida. Todos os dias, ela deve permitir que ele a guie e conduza para onde deve ir. Ela não precisa saber todos os detalhes da jornada nem do caminho; basta conhecer Aquele que viaja com ela, basta permitir ser orientada por ele. E, ao permanecer perto dele e seguir sua condução, ela por fim habitará as tendas do Pai.

A missão: Viva na liderança do Espírito. Vá apenas aonde ele for. Oriente-se pelas orientações dele. Permita que cada passo seu seja guiado por ele.

Gênesis 24.51-61; João 16.13; Romanos 8.14

Jonathan **Cahn**

318.º DIA — O PARADIGMA DE MOISÉS

ERA UMA TARDE de brisa quente. Estávamos sentados a uma mesa na sombra, do lado de fora da Câmara dos Livros.

— Chamo isso "o paradigma de Moisés" — disse o professor. — É um dos segredos mais importantes do seu chamado. Moisés conduziu os filhos de Israel para fora do Egito. Mas o que aconteceu antes disso? Anos antes do Êxodo, Deus fez que Moisés empreendesse seu êxodo particular do Egito. Foi só depois do próprio êxodo que Moisés conduziu o êxodo dos israelitas do Egito, levando Israel ao monte Sinai. Anos antes desse acontecimento, porém, Deus levou Moisés à mesma montanha, o monte Sinai. Quando fugiu do Egito, Moisés chegou às terras de Midiã e ali participou de uma aliança de casamento. Quarenta anos depois, ele conduziria Israel à mesma terra para fazer uma aliança de casamento com Deus. Consegue ver o padrão?

— Tudo que aconteceu com Moisés antes aconteceu depois com Israel.

— Sim. Mas voltemos um pouco mais no tempo. Quando Moisés era bebê, Deus fez que a filha do faraó o retirasse do rio Nilo e assim salvasse sua vida. Foi por isso que ele recebeu o nome de Moisés, que significa "tirado das águas". E qual foi o chamado, o destino de Moisés? *Tirar* seu povo das terras e do governo do Egito. Então a vida inteira, o chamado, o destino de Moisés era fazer o que lhe fora feito: salvar as pessoas tirando-as de algum lugar. Este é o paradigma de Moisés: o segredo do seu chamado e de sua vida está no que Deus fez por você. Da mesma forma que tocou sua vida, Deus toca a vida das pessoas. Os discípulos cumpriram o chamado quando fizeram outros discípulos, assim como eles mesmos foram feitos discípulos pelo Messias. Paulo cumpriu seu chamado quando contou às pessoas as revelações que Deus lhe fizera e quando abasteceu de graça a vida das pessoas, como Deus antes ministrara essa graça a ele. Como Deus se entregou a você, assim também se entregue aos outros. Como Deus salvou você, assim também salve os outros. E, mais importante, ame as pessoas não só *como* Deus o amou, mas com o mesmo amor com o qual ele amou você. Tudo para o qual Deus o convocou a fazer e a cumprir você já recebeu. Deus já fez por você antes. Agora vá e faça o mesmo.

A missão: Como Deus o salvou, o amou e tocou em sua vida? Use sua vida para fazer o mesmo com os outros, começando hoje.

Êxodo 2.1-10; Mateus 10.8; João 15.9; Efésios 3.7-8

O Livro *dos Mistérios*

319.º DIA O MISTÉRIO DE MELQUISEDEQUE

O PROFESSOR LEVOU-ME até a Câmara dos Livros e pegou um volume de capa marrom bem velha e gasta, mas ainda toda enfeitada. Colocou o livro sobre a mesa de madeira e abriu em uma página onde havia, dentre o que parecia um manuscrito hebraico, a litografia de um homem com aparência mística que colocava as mãos sobre outro homem como para abençoá-lo.

— Este é um dos personagens mais misteriosos das Escrituras — disse o professor. — Melquisedeque, rei e sacerdote do Deus Altíssimo, uma imagem vaga daquele que estava por vir.

— Melquisedeque — repeti.

— *Melquisedeque* é um nome composto por dois termos hebraicos, *Malkky* e *tsedeq*. *Sedeque* ou *Tsedeq* vem de *mālāk* ou *mēlēk*, que significa "governar" ou "dominar como rei". E *tsedeq*, ou *tsedeq*, no hebraico significa "justiça" e vem de *tsādāq*, para legitimar, ou justificar, o ministério do sacerdote. Ou seja, rei e sacerdote.

— Mas pensei que ninguém poderia ser as duas coisas.

— Segundo a Lei — ele respondeu. — Melquisedeque, porém, surgiu antes da Lei, nos tempos de Abraão. Nesta ilustração, Melquisedeque dá sua bênção a Abraão, e de Abraão viriam a realeza e o sacerdócio, a casa de Davi e a casa de Arão, os *Malkky* e os *tsedeq*. De acordo com a Lei, os dois tiveram de se separar, mas foi profetizado que um dia voltariam a ser um só, no Messias.

— Mas o Messias não podia nascer das duas casas — respondi —; apenas da casa de Davi.

— Então ele precisaria receber a bênção do sacerdócio da casa de Arão.

— Do sacerdócio… ele a recebeu de João Batista! A transferência do sacerdócio para o sacerdócio do Messias, o rei-sacerdote, o sacerdócio de Melquisedeque.

— Sim — disse o professor. — Quando o Messias veio ao Jordão, foi como se Melquisedeque tivesse retornado para receber a bênção dada a Abraão e à casa de Arão: o *Malkky-tsedeq*, o rei, recebendo o *Tsedeq*, o sacerdócio. E está escrito que isso aconteceu para "cumprir toda a *justiça*". E qual o termo hebraico para justiça?

— *Tsedeq*! — respondi. — Tinha de ser feito para cumprir *Tsedeq*, como em *Malkky-tsedeq*.

— Assim, no Messias, os *Malkky* e os *tsedeq* se unem, o rei que expia os pecados, como foi profetizado, para que ele possa justificar a muitos, para que possa *tsādāq* a muitos.

— O *Malkky-tsedeq*, o Rei Sacerdotal e o Sacerdote Real, o Messias.

— Como está escrito nos Salmos: um "sacerdote para sempre, segundo a ordem de Melquisedeque".

A missão: Aqueles que são do *Malkky-tsedeq*, do Messias, do Sacerdote Real, são sacerdotes reais. Aprenda o que isso significa e viva como um deles, em justiça, santidade, realeza e poder.

Gênesis 14.18-20; Salmos 110; Isaías 53.11; Hebreus 7.1-21

THE MELCHIZEDEK MYSTERY

320.º DIA O KĀRAT

ERA TARDINHA, E nos sentamos nas extremidades opostas de uma pequena mesa de madeira no centro de uma câmara quase vazia. Repousando sobre a mesa, diante do professor, havia dois pergaminhos pequenos.

— Este — disse ele, apontando para um dos pergaminhos — é do livro de Jeremias, a promessa da nova aliança. A profecia começa assim: "'Estão chegando os dias', declara o Senhor, 'quando farei uma nova aliança com a comunidade de Israel e com a comunidade de Judá'". E termina com estas palavras: "Porque eu lhes perdoarei a maldade e não me lembrarei mais dos seus pecados".

Ele virou o pergaminho e o empurrou ao longo da mesa para que eu pudesse ver o texto.

— Mas o hebraico — continuou o professor, apontando para a parte inferior do pergaminho — não diz "farei uma nova aliança". O termo é *kārat* e significa "cortar", como em oferecer um sacrifício. A profecia literalmente diz: "Cortarei uma nova aliança"; ou: "Farei uma nova aliança por meio do corte de um sacrifício". Assim, de acordo com as profecias hebraicas, a nova aliança tem de começar com um sacrifício. Só depois o pecado pode ser perdoado.

Então o professor ergueu o segundo pergaminho.

— Este vem do livro de Daniel, a profecia do acontecimento que irá "acabar com a transgressão, dar fim ao pecado, expiar as culpas", ou seja, a mesma coisa prometida na nova aliança. Mas a profecia de Daniel revela a natureza do sacrifício e determinar seu momento.

Então ele passou o pergaminho pela mesa para que eu pudesse vê-lo.

— Você sabe o que diz aí? — perguntou o professor. — Ele diz que "o Ungido [o Messias] será morto". E você sabe como é dito em hebraico? *Kārat*. É a mesma palavra. Isso significa que a nova aliança começará com o corte de um sacrifício, e o Messias seria o sacrifício oferecido para o início da nova aliança. A profecia de Daniel continua, para revelar o momento. O Messias será morto, e então Jerusalém será destruída. Jerusalém foi destruída em 70 d.C. Isso significa...

— Que certamente o Messias veio. O sacrifício certamente foi oferecido. E a nova aliança foi *cortada* e certamente começou.

— Sim — disse o professor. — Da mesma forma que significa que suas iniquidades certamente estão perdoadas e que seus pecados, de maneira absoluta e defintiva, não serão mais lembrados.

A missão: O *kārat* é o sinal e a garantia de que seus pecados não serão mais lembrados. Viva na confiança e nas repercussões desse fato.

Jeremias 31.31-34; Daniel 9.24-26; Hebreus 9.14; 13.20-21

A MOST HOLY VERSE

321.º DIA — O NOME EM QUE VOCÊ ESTÁ

ESTÁVAMOS SENTADOS NA planície arenosa, no mesmo lugar onde o professor uma vez desenhara símbolos na areia. Dessa vez, porém, ele me entregou a vara e pediu para eu desenhar. E assim fiz, devagar, enquanto ele me orientava. Quando terminei, o professor falou o que eu tinha escrito ali.

— Cada um dos símbolos que você desenhou é uma letra hebraica — disse ele. — A primeira é *yod*; a segunda, *shin*; a terceira, *waw*; e a última é *'ayin*. Você reconhece isso? — ele perguntou. — É assim que se parece o nome *Yeshû'â* em hebraico, que foi então transliterado para "Jesus".

— *Yeshû'â* — respondi. — O verdadeiro nome do Messias.

— Sim — disse o professor. — Mas pense nisto: ele nem sempre foi *Yeshû'â* ou Jesus.

— O que você quer dizer?

— Antes da criação, o *Filho* estava com o Pai, e a Palavra estava com Deus. Ele era o Filho. E ele era a Palavra. Mas não se chamava *Yeshû'â*. Em razão da eternidade, ele apenas carregou o nome de *Yeshû'â* por um tempo muito curto. Por que recebeu esse nome?

— Porque ele estava para salvar o povo de seus pecados.

— Lembra-se do que *Yeshû'â* significa realmente?

— Deus é salvação.

— Sim. Portanto, esse não era seu nome inerente desde o início. No começo, não havia pecados, nem trevas, nem queda, nem crise, nem quebrantamento, nem julgamento, nem morte, nem necessidade de salvação. Por isso, não fazia sentido o nome ser *Yeshû'â* desde o início. Pense. O nome dele é *Yeshû'â* por nossa causa, dada *nossa* necessidade de sermos salvos. Então toda vez que o nome dele é dito, isso declara que ele está unido a nós. E ele escolheu carregar esse nome para sempre. Você sabe o que mais esse nome significa? Significa que estamos realmente *em* Seu Nome. É a nossa salvação que Seu Nome está declarando, é *sua* salvação. Seu Nome declara a salvação da sua pessoa. *Você está* em Seu Nome. E, quando você recebe *Yeshû'â*, quando ele se torna sua salvação, então tudo está completo.

— É como se Seu Nome fosse uma profecia, uma profecia que se torna verdadeira quando você a recebe.

— Seu Nome é um mistério do qual fazemos parte. E, quando você recebe o nome, o nome é cumprido. Deus se torna sua salvação. E todos os que recebem o nome já estão nele: *Yeshû'â*.

A missão: Pense neste mistério: você está em Seu Nome. Ele foi chamado assim por você, e vocês se uniram para sempre. Busque entender o que isso significa e viva nessa união.

Isaías 12.1-3; Jeremias 23.5-7; 33.16; Mateus 1.21; João 1.1-2

322.º DIA — O CETRO DE JUDÁ

O PROFESSOR TIROU o pergaminho da arca e leu no livro de Gênesis:

— "O cetro não se arredará de Judá, nem o legislador dentre seus pés, até que venha Siló".[1] Essa foi uma profecia apresentada pelo patriarca Jacó à tribo de Judá. O que era Siló?

— Não faço a menor ideia.

— Ouça — disse o professor — o que os rabinos escreveram no Livro do Sinédrio, no *Talmude*, sobre a profecia de Jacó: "Qual o nome do Messias? [...] Seu Nome é Siló, pois está escrito: 'Até que venha Siló'". O que eles estão dizendo?

— Estão identificando Siló como o Messias — respondi. — Então o cetro não se arredará de Judá até que o Messias venha. E o que, afinal, é o cetro?

— Cetro é o que o rei carrega e denota poder, governo, domínio e soberania. Assim, os rabinos entenderam desta maneira: o poder do domínio não seria tirado de Judá, nem do povo judeu, até a vinda do Messias. E o ponto principal desse domínio, conforme disseram, era o poder sobre a vida e a morte, o poder de decidir casos que envolvessem a pena capital.

— Então o Messias teria de vir antes que o poder sobre a vida e a morte, a pena capital, fosse tirado de Judá.

— Sim, e os rabinos foram além. Na verdade, identificaram o momento em que isso aconteceria. Eles escreveram que, quando se vissem privados dos direitos sobre a vida e a morte, os membros do Sinédrio gritariam: "Ai de nós, pois o cetro se arredou de Judá, e o Messias não veio". Quando isso aconteceu? O Livro do Sinédrio dá a resposta: o cetro partiu de Judá quarenta anos antes da destruição do templo e, portanto, quarenta anos antes do ano 70 d.C. Assim, de acordo com os rabinos, o ano em que o cetro se afastou de Judá e, portanto, o ano em que o Messias teria de ter vindo era 30 d.C. Você percebe o que isso significa? De todos os anos da história judaica, de todos os anos da história humana, o próprio Livro do Sinédrio marca o ano em que o Messias teria de aparecer como 30 d.C. Isso simplesmente aconteceu no mesmo período da história humana em que apareceu em Israel um homem que mudaria o curso da história da humanidade e seria conhecido em toda a Terra como o Messias, *Yeshû'â*, Jesus de Nazaré!

— Então, segundo os rabinos, o ano da vinda do Messias é 30 d.C.

A missão: Até o Livro do Sinédrio dá testemunho de que o Messias já veio. Viva, portanto, sua vida de forma que manifeste esse fato.

Gênesis 49.10; Mateus 26.63-64; 1Coríntios 15.24-28; Efésios 1.20-22

THE SCEPTER OF JUDAH

[1] Almeida Revista e Corrigida.

323.º DIA — O JARDIM DOS MILAGRES

DURANTE UM DOS nossos passeios pelos jardins, fiz uma pergunta ao professor sobre o que estivera pensando.

— Você me contou como, no dia da criação do homem, no sexto dia, Deus trouxe o homem para um jardim da vida. Depois, no dia da redenção do homem, no sexto dia, o homem trouxe Deus para um jardim da morte, uma tumba no jardim.

— Está certo — respondeu o professor.

— Mas, quando Deus colocou o homem no jardim, não foi o fim da história, e sim o começo. Deus colocou o homem ali para trabalhar o jardim, para administrá-lo. O jardim tinha um funcionamento real, era uma obra em andamento. Então quando o homem colocou Deus no jardim da morte, não seria também uma obra em andamento? E, se for, qual é a obra em andamento na tumba do jardim?

— Uma tumba no jardim é um lugar muito radical — disse o professor. — Uma tumba é um local de fim, mas o jardim é um local de inícios. As tumbas existem onde a vida termina, mas os jardins são onde a vida começa. Então uma tumba de jardim é um local de morte e de vida, o fim e o início.

— Um local de vida após a morte — disse. — De ressurreição.

— Sim. E como a vida começa em um jardim? — ele perguntou. — Ela se ergue, se levanta da terra.

— A ascensão do Messias sobre a Terra.

— O que se levanta em um jardim? O que desceu à terra: a semente. E com o que o Messias comparou sua morte?

— Com uma semente caindo na terra e morrendo.

— E o que aconteceu com a semente da vida do Messias quando foi enterrada na tumba do jardim?

— Veio à vida. Brotou.

— Portanto — disse o professor —, é uma obra em andamento, exatamente como o jardim do Éden deveria ser. O que quer que seja trazido para *esse* jardim, tudo que for plantado na tumba do jardim carregará um milagre. Seja o que você plantar aqui, seu passado, seus sonhos destruídos, sua vida antiga, seus fracassos, suas perdas, suas lágrimas; seja o que for que você largar aqui, seus tesouros, sua vida; seja o que for que você plantar nesse jardim ganhará vida outra vez, irá florescer e gerar vida, um milagre mais bonito do que o que você plantou. Pois essa tumba é agora o jardim de Deus, o solo dos milagres.

A missão: Pegue tudo em sua vida que fracassou, que foi tirado ou perdido, tudo que se quebrou ou chegou ao fim, todos os sofrimentos. Venha para a tumba e plante tudo isso no jardim dos milagres.

Gênesis 1.27-29; Isaías 61.3; João 19.31—20.16; 1Coríntios 15.36-37,42-44

THE GARDENER

Jonathan **Cahn**

324.º DIA — O RETORNO DO PROTÓTIPO

— FOI NO INÍCIO dos tempos que a fé na nova aliança esteve em seu estado original e mais natural — disse o professor.

— E qual era seu estado original e mais natural?

— Revolucionário — disse ele —, comparado ao *status quo* do mundo, subversivo, milagroso, contracultural, distinto, radical, poderoso, desafiador e que mudaria o mundo. E tem outra coisa.

— O quê?

— Judaico. O que o mundo conhece como cristianismo, na sua forma original e prototípica, é uma fé judaica. Mas algo aconteceu naqueles primeiros séculos. Quanto mais entranhada e estabelecida a fé se tornava na cultura predominante da civilização ocidental, mais perdia sua identidade original e natural. O que era uma fé contracultural transformou-se em uma fé cultural, o que era uma fé radical transformou-se em uma fé estabelecida, o que era uma fé revolucionária transformou-se na fé do *status quo*, o que era uma fé judaica tornou-se uma fé não judaica. Na medida em que a fé se uniu a uma cultura ocidental não judaica, seus discípulos, mensageiros e apóstolos judeus começaram a desaparecer.

O professor fez uma pausa nesse ponto como se fosse para delinear uma mudança.

— Mas agora chegamos ao outro lado do fenômeno. Agora estamos testemunhando a separação, o desalojamento e a desestabilização da fé da civilização ocidental.

— Isso não é bom — disse.

— Em certo sentido, ainda é. O reverso do fenômeno significa que a fé vai retornar ao seu estado original e natural. De uma fé cultural a uma fé contracultural, de uma fé estabelecida a outra mais radical, de uma fé do *status quo* a uma fé revolucionária.

— Mas então deve haver mais uma transformação — disse. — A fé deve mudar de sua identidade e forma não judaica e retornar à sua forma e identidade judaicas originais.

— Sim — disse o professor. — Também podemos esperar o retorno dos discípulos judeus. Assim, observe o que isso revela: quanto mais estabelecida e pertencente ao mundo essa fé se tornar, mais fraco será seu poder espiritual; quanto mais distanciada do mundo, porém, maior será seu poder espiritual. Aplique isso à sua vida. Livre-se de todos os compromissos, de todo materialismo e do *status quo*, e se fortalecerá no poder espiritual. Lembre-se de que essa fé, na sua forma mais verdadeira e natural, é sempre radical e revolucionária. Viva sua vida segundo o mesmo critério.

A missão: Desfaça-se dos apegos mundanos para que possa ganhar o poder espiritual. Troque uma caminhada cômoda por uma revolucionária.

Zacarias 8.3-8; Mateus 23.37-39; Atos 2.16-18,39; Romanos 11

THE MYSTERY OF THE RAINS

O Livro *dos Mistérios*

325.º DIA MONTANHA ABAIXO

O PROFESSOR LEVOU-ME a uma das montanhas altas do deserto. Só depois que chegamos ao topo ele me contou por que fomos lá.

— Não temos outro propósito vindo aqui senão passarmos um tempo na presença divina — disse o professor.

Passamos horas naquela montanha, cada um de nós sozinho com Deus, em oração, na Palavra, em adoração, em silêncio. A experiência foi arrebatadora. Eu poderia ter ficado a noite inteira ali, mas não esse era o plano.

— Precisamos descer agora — ele disse.

Quando iniciamos a descida, eu disse:

— Pensei que tivesse me trazido à montanha para me oferecer uma revelação.

— Foi o que fiz — disse o professor.

— Então por que não a ofereceu?

— Porque não está relacionada ao topo da montanha, e sim a deixar o topo da montanha.

Continuamos a descida.

— Os discípulos passaram mais de três anos na presença do Messias, até que ele os enviou de Jerusalém para o mundo. Em qual direção ele os enviou?

— Para fora de Jerusalém.

— Para baixo — disse o professor. — Jerusalém é uma cidade construída nas montanhas. Assim, para sair de Jerusalém, eles tiveram de descer. Eles tiveram de descer a montanha. Então enviá-los de Jerusalém era enviá-los *abaixo* de Jerusalém. Tão importante quanto subir é descer a montanha. Na verdade, essa é a direção do ministério: descer a montanha.

— O que você quer dizer?

— Quando você recebe de Deus suas bênçãos, seu amor, suas revelações, seu Espírito, sua alegria e sua salvação, você está no topo da montanha. Mas você não pode ficar no topo da montanha. Nem as bênçãos de Deus podem continuar no topo da montanha. Você precisa descer a montanha. Pois seu ministério está na base da montanha, onde estão as capitais, as cidades e seus mercados, onde há campos e o resto do mundo. É aí que eles estão, no pé da montanha. Então você precisa descer. Você precisa levar o amor de Deus aos não amados, levar as bênçãos divinas aos amaldiçoados, as riquezas aos pobres, a presença divina aos ímpios e a salvação aos perdidos. Seu chamado foi dado na Grande Comissão. E a Grande Comissão começa no topo da montanha; portanto, só há uma maneira de cumpri-la: descendo a montanha.

A missão: Passe um tempo com Deus no topo da montanha, receba suas bênçãos e traga-as ao pé da montanha para tocar seu mundo.

Êxodo 34.28-31; Salmos 96.1-3; Isaías 58.5-11; Atos 1.8

DOWN THE MOUNTAIN

326.º DIA — A CAUSA SEM CAUSA

— LEMBRA-SE DE QUANDO falamos da necessidade da Causa sem Causa?
— Deus.
— Sim — disse o professor. — E o que significa Deus ser a Causa sem Causa?
— Significa que nada causou a sua existência, mas ele é a causa de toda existência.
— Sim, e o que mais ele é? Ele é amor. Deus é amor. Junte os dois. Se Deus é amor e se Deus não tem causa, então...
— O amor não tem causa?
— O amor, puro, absoluto, o amor divino, não tem causa. Ele existe como Deus existe, por si só. E entender o que isso significa pode mudar sua vida.
— Como?
— Uma coisa é acreditar no amor de Deus quando você acredita que lhe deu causa e motivo para ele amar você. Outra coisa, totalmente diferente, é quando você não lhe deu nenhuma causa e nenhum motivo. O amor, porém, não precisa de causa nem de motivo. E Deus não precisa de motivo algum para amar você. Ele o ama porque ele existe e porque o amor existe. Você não pode fazer que Deus o ame mais do que poderia fazer o próprio Deus. O amor ama sem causa, exceto por causa do amor. Assim, em seu buraco mais sombrio, em seu estado mais indigno, desmerecedor, pecador e profano, quando você não deu absolutamente nenhuma causa nem motivo para Deus o amar, ele ainda o amará. Então quando você receber esse amor sem causa, essa graça maravilhosa, é que sua vida mudará... e permitirá que você manifeste o milagre às pessoas.
— Como?
— Quando as pessoas não lhe dão causa nem motivo para amá-las e mesmo assim você as ama, você está manifestando o milagre. Quando você ama quem não ama e quem não é amado, está manifestando o milagre do amor divino sem causa.
— Então o amor não é apenas sem origem, e sim a Causa sem Causa.
— Sim — disse o professor. — O amor é o que não precisa de motivo, mas dá motivo a todas as coisas. Assim, quando você recebe o amor de Deus, quando não há razão para o amor de Deus ou para que você o receba, o amor de Deus dará razão à sua vida. Pois é o amor de Deus, sem causa e sem sentido, que uma vez recebido faz que nossa vida tenha sentido. Porque Deus é a Causa sem Causa, porque Deus é amor. Então a Causa sem Causa é amor.

A missão: Tenha como objetivo receber o amor de Deus sem motivo, sem razão. E ame as pessoas da mesma forma, sem motivo e sem razão.

Lucas 6.27-36; 23.33-34; 1Coríntios 13; 1João 4.7-12

O Livro *dos Mistérios*

327.º DIA OS SETE MISTÉRIOS DE UMA ERA

O PROFESSOR LEVOU-ME a uma das câmaras do prédio principal, onde havia sete pilares de pedra num tom dourado claro. Cada pilar era coroado por uma lajota de pedra quadrada, em cima da qual descansava um objeto ou um grupo de objetos.

— Os sete mistérios de uma era — disse ele. — Já os examinamos isoladamente, mas agora reunimos todos aqui para ver o mistério de uma era como um todo.

Ele me levou ao primeiro pilar, onde havia um copo e um pedaço de *mātsā'*.

— Deus criou a presente era de acordo com o padrão do sagrado ano hebraico. O ano sagrado começa com a Páscoa. Seu mistério prenuncia a morte do Cordeiro que inicia a era com a salvação.

Ele me levou ao segundo pilar, onde havia um feixe de cevada.

— O segundo mistério — disse o professor —, *Yôm rē'shît*, o dia dos primeiros frutos da colheita da primavera que é erguida a Deus. Seu mistério prenuncia o segundo evento marcado, o Dia dos Primeiros Frutos. O Messias é erguido dos mortos, a elevação dos primeiros frutos da nova vida, a ressurreição.

No terceiro pilar, havia feixes de trigo e dois pães.

— O terceiro mistério, a festa de *Shāvu'ôt*, o início da colheita de verão. Seu mistério prenuncia o terceiro evento marcado, a festa de Pentecoste, *Shāvu'ôt*, o dom do Espírito, iniciando a colheita da era.

Sobre o quarto pilar, havia grãos, figos, uvas e azeitonas.

— O quarto mistério, a grande colheita de verão, o tempo de ceifar os campos. O mistério fala da colheita das nações, do tempo do evangelho, da semeadura e da ceifa, e vai até os confins da Terra com a palavra da salvação, do momento presente.

No quinto pilar, havia um *shôfār*.

— O quinto mistério, a festa das trombetas, o que está por vir. Seu mistério pressagia o som das trombetas no fim da era para anunciar a vinda do Rei.

No sexto pilar, havia um pano, um pedaço de véu, bordado com querubins.

— O sexto mistério, Yom Kippur, o Dia da Expiação, homem e Deus, cara a cara. Seu mistério prevê o Dia do Juízo e a salvação, o homem e Deus encontrando-se frente a frente.

No sétimo pilar, havia galhos de *lûlāv* ["folhagem de tamareira", Levítico 23.40] e uma fruta cítrica.

— O sétimo mistério, a festa das cabanas. Seu mistério prevê a era do Reino, quando Deus se abrigará entre nós, e nós com ele. E o mistério de uma era estará cumprido.

A missão: O tempo é formado pelos dias sagrados de Deus. Viva o presente como um dia santo, um dia sagrado, centrado na presença de Deus. E assim será.

Levítico 23

THE SEVEN MYSTERIES OF THE AGE I-VII

Jonathan *Cahn*

328.º DIA — A REDENÇÃO DO NASCER DO SOL

O PROFESSOR CHAMOU-ME para dormir ao ar livre, na areia de uma pequena planície da qual se podia ver um panorama amplo que incluía a escola. Ainda era noite quando ele me acordou. Assim que me dei conta de onde estava, ele começou a falar.

— Lembra-se do que falei sobre o pôr do Sol e a morte do Messias?

— De como ele morreu e foi sepultado enquanto o Sol se punha — respondi.

— E por quê? — perguntou o professor.

— Durante o pôr do Sol, vemos a luz do mundo descendo à Terra. Ao mesmo tempo, o Messias, a Luz do mundo, estava descendo à Terra.

— Então o pôr do Sol — disse ele — foi um sinal, uma imagem na esfera física do que estava acontecendo na esfera espiritual: a Luz do mundo estava descendo à Terra, um pôr do Sol cósmico. Assim, da mesma forma que desce à Terra, o Messias se torna o Pôr do Sol sobre nossa vida antiga, o Pôr do Sol sobre nossos pecados, sobre nosso passado e sobre o velho. E, quando um pôr do Sol chega ao fim, tudo flui para o escuro e desaparece. No Pôr do Sol do Messias, o passado esvanece para o escuro, a antiga vida desaparece e a antiga criação é levada da existência para o nada. Mas o que aconteceu depois?

— A ressurreição.

— Cada um dos quatro relatos sobre a ressurreição do Messias traz uma palavra que fala do amanhecer, do nascer do Sol. E o que é um nascer do Sol?

— É quando o Sol, a luz do mundo, se ergue da Terra.

— E o que é a ressurreição?

— É a Luz do mundo se erguendo da Terra.

Por algum tempo, ficamos sentados em silêncio, quando então começou a amanhecer.

— O que você está vendo? — perguntou o professor.

— Saindo da escuridão, tudo começa a aparecer.

— Assim, o poder do Nascer do Sol é o poder de *fazer surgir a existência* que não existia, de gerar, do nada, uma nova criação, um novo ser, uma nova identidade; é o poder de trazer esperança da desesperança, o amor da falta de amor, a vida da morte, um caminho onde não havia caminho, a luz da escuridão. É por isso que a ressurreição do Messias está ligada ao nascer do Sol, porque é o que foi, o Nascer do Sol da nova criação. É o milagre de trazer à existência o que não era, uma nova vida do nada. E esse é o poder dado e a ser recebido por aqueles que vivem na luz do amanhecer cósmico.

A missão: Acredite no poder divino de trazer à existência o que não existe. Viva nesse poder. Fale do que não é como se fosse.

Isaías 60.1; Mateus 27.57-60; 28.1-6; Efésios 5.14; 1Tessalonicenses 5.5

329.º DIA — REALIZANDO SUA *SEMÎKÂ*

— VAMOS VOLTAR UMA última vez à *Semîkâ*. Conte-me o que era isso.

— Era a colocação do pecado no sacrifício, tocando a cabeça dele com as mãos e confessando os pecados sobre ele, o que os sacerdotes de Israel fizeram com o Messias antes de o entregarem à morte.

— Está certo — disse o professor. — Mas não foram apenas os sacerdotes que realizaram a *Semîkâ*. Ela foi realizada por quem precisava ser perdoado dos próprios pecados. Para fazer uma oferta pelo pecado, você precisava realizar a *Semîkâ* sobre a oferta, precisava tocá-la com as mãos e confessar seus pecados sobre ela. Assim fazendo, você e o sacrifício se tornavam um só. Apenas com essa identificação total, o sacrifício podia morrer pelos seus pecados. Agora, se todos nós pecamos e o Messias é a oferta pelos nossos pecados, o que precisa haver também?

— A *Semîkâ*.

— Sim. Aquele que precisa que seus pecados sejam perdoados deve realizar a *Semîkâ*. Então como alguém a realiza? Da mesma forma que era realizada nos tempos antigos. Você deve tocar o sacrifício e se tornar um com ele.

— Mas como? — perguntei. — O sacrifício do Messias aconteceu há muito tempo.

— Lembre-se, porém, de que é o único sacrifício que transcende o tempo, que toca no tempo como um todo: passado, presente e futuro. Então o tempo não importa, pois a *Semîkâ* ainda pode ser realizada. Você ergue as mãos através do tempo e do espaço para tocar no Messias na cruz, para confessar seus pecados sobre ele, para se tornar um com ele ali, da mesma forma que ele era um com você no sacrifício dele. E é aí que o sacrifício está completo, quando os dois momentos são unidos. É quando seus pecados são perdoados e lavados.

— Parece a salvação.

— É a salvação — disse o professor. — Como você se tornou salvo? Você confessa seus pecados, leva-os ao sacrifício e se torna um com o sacrifício, da mesma forma que o sacrifício se tornou um com você no altar. O que é isso? É a *Semîkâ*. O ato de salvação é o ato da *Semîkâ*. Você está realizando uma *Semîkâ* cósmica através do tempo e do espaço. Realize sua *Semîkâ*, não apenas uma vez. Toque a cabeça do sacrifício, coloque seus pecados sobre ele, seus fardos, seus medos, sua vergonha, suas preocupações; reúna todas as esferas da sua vida ao sacrifício, reúna o sacrifício a todas as esferas da sua vida, para que os dois momentos e as duas vidas sejam vividas como uma só.

A missão: Realize a *Semîkâ* sagrada, colocando as mãos na cabeça do Messias, assentando sua vida na vida dele, libertando o que deve ser liberto. E sinta-se liberto.

Levítico 16.21; Gálatas 2.20; 1Pedro 5.7; 1João 1.8-9

THE MYSTERY OF THE SEMIKHAH

Jonathan **Cahn**

330.º DIA — NOSTALGIA CELESTIAL

ESTÁVAMOS SENTADOS NO cume de uma das montanhas mais altas do deserto, com uma vista panorâmica de outras montanhas e planícies distantes e de onde observávamos mais de um acampamento, a escola e alguns pastores cuidando dos rebanhos.

— Imagine que sua vida acabou — disse o professor. — Você está no Céu, no Paraíso, vendo e experimentando coisas que nunca pôde nem começar a imaginar. Se isso fosse possível, você voltaria para a Terra?

— Não.

— Mas há coisas que você nunca mais será capaz de fazer, mesmo no Céu, coisas que você só poderia ter feito no tempo que esteve na Terra.

— Como o quê?

— Fé. Você nunca mais será capaz de viver pela fé.

— Mas no Céu...

— No Céu, você verá aquilo em que acreditou. Nunca mais, porém, será capaz de permanecer na fé ou fazer a escolha de acreditar em Deus. A Terra, não o Céu, é o lugar da fé. E no Céu você nunca mais será capaz de escolher ficar com Deus diante da contrariedade, pois isso também só pode ser feito na Terra. No Céu, você nunca mais será capaz de se arrepender ou de bendizer a Deus por rejeitar o pecado. No Céu você nunca mais terá a chance de compartilhar a salvação com os não salvos nem de tirar vidas da escuridão para trazê-las à luz, porque ali todos conhecem Deus. No Céu você nunca mais será capaz de ajudar alguém em necessidade nem bendizer a Deus por fazê-lo, pois o Céu não tem necessidade.

No Céu, você nunca mais terá a honra de estar com Deus quando houver um preço para isso, nunca mais terá a honra de compartilhar a reprovação dele. No Céu, você nunca mais será capaz de fazer sacrifícios por Deus, pois não há perdas lá. E no Céu você nunca mais será capaz de conquistar ou de se tornar vitorioso, porque não há nada a ser conquistado. O lugar da vitória é aqui. O lugar para todas essas coisas não é o Paraíso, e sim a Terra. E o momento para essas coisas não é aquele, mas agora. Veja como a Terra é um lugar maravilhoso. E cada momento que você vive aqui é um presente muito precioso, um presente que você nunca mais terá, nem na eternidade do Céu.

— Vamos descer — eu disse.

— Por quê? — perguntou o professor.

— Há muitas coisas que ainda quero fazer. Não estou pronto para ir para o Céu.

A missão: Viva como se sua vida tivesse acabado e uma segunda chance para voltar lhe fosse dada. Faça agora o que no Céu você nunca mais faria.

Salmos 90.9-12; João 4.35-36; 1Tessalonicenses 5.16-18; Tiago 1.17

331.º DIA — O HOMEM-JUBILEU

O PROFESSOR ESTAVA segurando um pequeno *shôfār*.

— O sinal e o som do Jubileu, o ano da restauração — disse ele. — O que você lembra dele?

— Era o ano em que a terra retornaria aos seus proprietários originais — eu disse. — Se as pessoas da sua família tivessem perdido a terra ancestral, elas agora retornariam ao lar.

— Sim — disse o professor. — Agora pense no seguinte: há dois mil anos, os judeus perderam sua terra natal e a Cidade Santa, Israel e Jerusalém, suas propriedades ancestrais. No entanto, foi profetizado que eles retornariam. Em outras palavras, seria um jubileu profético, uma restauração de sua antiga possessão. Então o Jubileu poderia guardar o segredo para o mistério dessa restauração?

Ele colocou o *shôfār* em minhas mãos.

— Em 1917, enquanto acontecia a Primeira Guerra Mundial, o Império Britânico publicou a *Declaração de Balfour*, que dava a terra de Israel ao povo judeu — continuou o professor. — Assim, a terra seria restituída aos seus proprietários originais. Mas ainda faltava a reintegração da Cidade Santa, Jerusalém. O Jubileu acontece a cada cinquenta anos. Se avançarmos ao quinquagésimo ano da primeira reintegração, chegaremos a 1967. Em 1967, Jerusalém, a Cidade Santa, foi restituída ao povo judeu, aos proprietários originais, o Jubileu. E, no mesmo momento em que Israel teve restituída sua antiga cidade, o sinal do Jubileu se manifestou: o rabino que acompanhava os soldados ao monte do Templo soou o *shôfār*. Você sabe o que era o monte do Templo quando Israel foi conquistado, três mil anos antes? Uma eira, ou um *gôrēn*, em hebraico. E o homem que soou o *shôfār* ali no dia da reintegração chamava-se Goren, rabino Goren. E sabe quando ele nasceu? Em 1917, no ano da primeira reintegração, o primeiro Jubileu. Então aquele que soou o *shôfār* no Jubileu de Israel, no quinquagésimo ano, tinha 50 anos, o sinal vivo do Jubileu. Tudo aconteceu no local exato e no momento exato. Veja que Deus é o Deus da restauração. E, àqueles que são dele, ele restaurará todas as coisas, tudo que foi perdido será encontrado de novo, na sua Jerusalém e no tempo determinado, no Jubileu.

A missão: Se você pertence ao Messias, tem o poder do Jubileu, o poder de restaurar o perdido e o quebrado. Portanto, viva, fale e use esse poder.

Levítico 25.10-11; Joel 2.25-27; Zacarias 8.7-8; Lucas 4.18-19; Atos 1.6

Jonathan *Cahn*

332.º DIA — OS QUATRO CANTOS DO ALTAR

O PROFESSOR LEVOU-ME a um vale escondido, pequeno, cercado e sombreado por montanhas baixas em todos os lados. No meio do vale, havia um objeto retangular, medindo aproximadamente 2 metros de largura por pouco mais de 1 metro de altura.

— O que é isso? — perguntei.

— É um altar — ele respondeu. — Um altar de sacrifício, uma cópia do altar de bronze que ficava nos pátios do templo. Observe os chifres nos cantos. O sacrifício seria atado aos chifres, amarrado nas quatro direções dos quatro cantos do altar, como está escrito em Salmos 118: "Ata a vítima com cordas até os chifres do altar".[1] Isso faz parte do hino que o Messias e seus discípulos cantaram ao fim da Última Ceia.

— Então eles cantaram uma música sobre o sacrifício no altar na noite anterior à que ele seria oferecido como um sacrifício, mas não no altar.

— Mas era um altar — disse o professor. — Em hebraico, a palavra "altar" é *mizbēā* e indica um instrumento de abate por meio do qual um sacrifício era oferecido. Venha!

Ele me levou para o outro lado do vale, onde havia outro objeto atrás de uma fenda da montanha que o obscurecia. Era uma grande cruz de madeira, que parecia mais um instrumento de execução que um objeto religioso.

— Outro altar, de outro sacrifício — disse o professor. — O altar do templo era um objeto de quatro direções, como também era o altar do Messias um objeto de quatro direções.

— Mas o altar tinha quatro cantos, e não vejo canto nenhum na cruz.

— Sim — ele respondeu. — O altar do sacrifício deve ter quatro cantos. E tem. Você só não está vendo, pois está procurando quatro cantos que apontem para fora e emoldurem o espaço interno, como no retângulo do altar de bronze. Mas este é o sacrifício do Céu e o altar do Céu. Os quatro cantos deste altar são opostos, pois apontam para dentro e emolduram o espaço externo.

Foi então que entendi, enquanto olhava as vigas.

— Agora estou vendo! Os quatro cantos são os de um retângulo virado para dentro, convergindo para o Messias. E o espaço que emolduram é o céu.

— Os quatro cantos do altar do templo encerravam um espaço finito. Mas o espaço emoldurado por esses quatro cantos é infinito, pois enquadra o Universo, para abranger cada território, cada circunstância, cada pecado, cada fardo, cada problema, cada culpa, cada dor, cada lágrima, cada vergonha, cada coração e cada momento de cada vida, exatamente como a vida que ele derrama e o amor que carrega, que são infinitos. É o altar do infinito.

A missão: Pense nesta verdade: o amor de Deus é maior que o Universo, mais forte que o mal e mais longo que o tempo. Supere nele tudo que você precisa superar.

Êxodo 40.6; Salmos 118.27; Gálatas 6.14; Hebreus 13.10

THE LAMB AND THE ALTAR

---

[1] Tradução Brasileira, Sociedade Bíblica do Brasil.

O Livro *dos Mistérios*

333.º DIA ENTRANDO NA DIMENSÃO CELESTIAL

O PROFESSOR LEVOU-ME a um setor da Câmara dos Receptáculos, onde havia uma grande reprodução do véu do templo, que sinalizava a entrada do Lugar Santíssimo.

— O que você está vendo no véu? — ele perguntou.

— Os querubins.

— Uma *imagem* dos querubins bordada no véu, uma representação bidimensional dos querubins, com altura e largura, mas falta uma dimensão: a profundidade. A realidade representada pela imagem por certo tem mais de duas dimensões. Mas em um véu alguém se limita a representar realidades tridimensionais em um plano bidimensional. Agora, atravessemos o véu!

Assim, passamos pelo véu e deparamos com uma reprodução do Lugar Santíssimo.

— O que você está vendo?

— A arca da aliança — respondi.

— E o que está vendo no topo da arca da aliança?

— Imagens dos querubins em ouro.

— E quantas dimensões eles têm?

— Três.

— Então do lado de fora do véu vemos os querubins em duas dimensões. Mas do lado de dentro os vemos em três dimensões. Assim que passamos pelo véu, acrescentamos outra dimensão. E onde você está quando passa pelo véu?

— No Lugar Santíssimo.

— Que representa a morada de Deus, os Céus e o lugar secreto, o lugar que você habita em oração e adoração diante da presença de Deus. Fora desse lugar, você vê os querubins em duas dimensões, mas dentro encontra outra dimensão — disse o professor. — Existem realidades que você não pode conhecer até que vá além do véu e habite na presença de Deus, realidades à espera na profundidade da presença de Deus, na profundidade da fé e na profundidade da oração e adoração. Comparado ao que se encontra na presença de Deus, tudo que você conheceu no mundo é como um desenho bidimensional em um pedaço de pergaminho, e todas as suas concepções em relação a Deus são como imagens bidimensionais bordadas em um véu. Tenha como objetivo ir além do véu, ao local secreto, ao Lugar Santíssimo, para habitar na presença de Deus, além das imagens tecidas dos querubins, na realidade do Altíssimo.

A missão: Vá além do véu, aos locais mais profundos da presença de Deus, para habitar na dimensão celestial.

Salmos 100; Hebreus 9.3-5; 10.19-20; 2Coríntios 12.1-4

ENTERING THE HEAVENLY DIMENSION

Jonathan **Cahn**

334.° DIA ESPECIFICIDADE

DO LOCAL PRIVILEGIADO em que estávamos na pequena colina perto da escola, observávamos uma jovem família que morava em uma tenda: pai, mãe e um bebê recém-nascido, sentados do lado de fora de uma tenda solitária no meio de uma grande planície na noite do deserto.

— Uma família pobre, embalando seu recém-nascido ao sabor da natureza, sob as estrelas — disse o professor. — Quase podia ser uma cena das Escrituras, em Belém. Você consegue compreender o milagre disso? O Deus que criou o Universo é agora um bebê desamparado dentro do Universo que ele criou, o Todo-Poderoso se torna o mais fraco dos seres; as mãos que espalharam os céus agora estão fracas demais para segurar a mão de sua mãe, os olhos que tudo veem agora mal podem se focar, a boca que ordenou a existência do Universo só consegue balbuciar o choro de um bebê indefeso. Como é impressionante! É o milagre do amor, a humildade do amor, o milagre da especificidade.

— Especificidade?

— Deus é onipresente, está em todos os lugares ao mesmo tempo. Na encarnação, porém, ele se torna específico para o tempo e o espaço, apenas um ponto no espaço e um momento no tempo. Deus é universal, a Luz do mundo, a primavera de toda a existência. Agora mesmo, ele se torna específico para uma cultura, um povo, uma tribo, uma casa, uma genealogia, uma família e uma vida. O Deus universal de toda a existência se torna um bebê judeu, um menino judeu e depois um rabino judeu, caminhando de sandálias sobre o solo e o pó da Judeia do primeiro século. Tudo que ele faz agora está restrito a um lugar específico e a um momento específico no tempo. Ele perdoa pecadores específicos, abraça párias específicos, multiplica pães específicos e toca em pessoas específicas para curá-las de suas enfermidades.

— Mas como aplicamos isso? — perguntei.

— Para conhecer o poder do amor de Deus, você deve recebê-lo em sua especificidade, como sendo especificamente dele e especificamente para você, o sacrifício dele como se fosse especificamente oferecido por você, a Palavra dele especificamente dirigida à sua vida, o sangue e o perdão derramados especificamente por seus pecados específicos. Da mesma forma, você deve viver a vida na especificidade de Deus. Seu amor deve se manifestar em especificidade, em ações específicas a pessoas específicas que estão aqui e agora na sua vida. Você deve amar, abençoar e viver sua fé na Terra, em especificidade.

A missão: Manifeste o amor de Deus em especificidade. Abençoe pessoas específicas com ações específicas de amor. Especificamente hoje.

Mateus 25.31-46; Lucas 2.1-20; Gálatas 4.4-5; 1João 4.20-21

335.º DIA — AS CHUVAS DO DESERTO

FORAM CHUVOSOS OS últimos dias, sobretudo as noites. A última noite não foi exceção. Pela manhã, porém, o Sol saiu, e o professor me convidou para me juntar a ele em uma caminhada pelo deserto, que aceitei. Ele me levou a uma cordilheira de onde se avistava uma grande extensão de vales, colinas e outras montanhas.

— Lembra-se deste lugar? — perguntou o professor. — Eu já o trouxe aqui uma vez.

— Mas parece completamente diferente agora — respondi.

— O que está diferente?

— Da última vez que estivemos aqui — eu disse —, com exceção de algumas plantas de deserto aqui e ali, tudo era seco e árido. Mas agora os vales estão verdejantes, as colinas estão verdejantes e há plantas por todos os lugares. Ali na frente, era um leito seco de rio. Agora é um rio. Parece um milagre.

— E é — disse o professor. — É o que acontece quando a chuva chega ao deserto. Deus assim falou ao profeta Isaías: "O deserto e a terra ressequida se regozijarão; o ermo exultará e florescerá como a tulipa; irromperá em flores, mostrará grande regozijo e cantará de alegria. [...] Águas irromperão no ermo e riachos no deserto. A areia abrasadora se tornará um lago; a terra seca, fontes borbulhantes. Nos antros onde outrora havia chacais, crescerão a relva, o junco e o papiro". É uma profecia do que aconteceria quando o povo judeu retornasse para a terra de Israel: a terra estéril floresceria. E foi exatamente o que aconteceu. Quando as pessoas voltaram para Israel, quase tudo era árido. Mas depois a terra estéril floresceu como uma tulipa.

— Como aconteceu com este deserto — respondi.

— Você sabe por que o deserto floresceu tão rapidamente? Porque tudo estava à espera para florescer: as sementes, os leitos secos de rio; o potencial estava lá esperando. Lembre-se do que você está vendo aqui, pois é uma imagem de redenção. O deserto estéril representa nossa vida sem Deus, a chuva é seu Espírito, o derramamento da graça e do amor divino em nossa vida. O florescimento do deserto nos diz isto: não importa quanto nossa vida se torne estéril nem qualquer situação sem esperança que surja; não importa quanto esteja seco e inerte, tudo de que precisamos são as chuvas do céu, para que floresça de novo o que está dormente, morto, sem esperança. Assim, as sementes que Deus plantou irão brotar, nossos vales voltarão a verdejar, nossos rios vão fluir de novo como rios de águas vivas. O mais estéril dos desertos é apenas um milagre à espera de acontecer sob o jorro das chuvas do deserto.

A missão: Sua vida inteira é como um deserto à espera das chuvas para florescer, para fluir e produzir milagres. Busque as chuvas do deserto hoje.

Isaías 35.1-2,6-7; 43.19; 44.3-4

THE ARABAH

Jonathan **Cahn**

336.º DIA — O *KALLÂ*

FIZEMOS UM PASSEIO até uma das aldeias formadas por tendas no deserto com as quais o professor estava muito familiarizado, mas onde eu nunca tinha estado.

— Está vendo aquela mulher ali — disse o professor —, com cabelos longos e ondulados, vestida de marrom e preto? Ela é a noiva.

— Mas não é igual à outra.

— Há mais de uma noiva entre essas aldeias. E essa chegou ao fim de sua espera. Logo será o dia do casamento. Lembra-se de como se diz "noiva" em hebraico?

— *Kallâ* — respondi.

— Sim — disse o professor. — No entanto, eu nunca lhe disse o que isso significava. O termo *kallâ* encerra um mistério, pois não significa apenas "noiva".

— O que mais significa?

— *Kallâ* também significa "o perfeito".

— O perfeito? Mas se, no mistério, somos a noiva e o Noivo é Deus, não seria o Noivo o perfeito?

— Essa é a questão — disse o professor. — Nascemos *para ser* a noiva, mas não nascemos *como* a noiva. Nascemos imperfeitos e sujeitos a imperfeições ao longo da nossa vida. Mas devemos nos tornar o *kallâ*, o perfeito, quando dizemos sim ao Noivo, no novo nascimento.

— E nos tornamos perfeitos?

— Para tornar-se uma noiva, significa unir-se a um noivo. Então tornar-se o *kallâ* é estar unido a Deus. Quanto mais unimos o nosso coração e a nossa vida a Deus, mais nos tornamos o *kallâ*, o perfeito. Nele e em nossa união com ele, é encontrada a nossa perfeição. E você sabe o que mais *kallâ* significa? Significa "o completo". Estar completo é ser perfeito.

— Então como podemos ser perfeitos, se só estaremos completos no final?

— O Noivo olha para a noiva e a vê como ela será. Deus olha para você e vê o que ele fez você se tornar e como vai se tornar. A noiva deve enxergar-se nos olhos do Noivo. Da mesma forma, você deve enxergar-se nos olhos de Deus e então permitir que ele complete seu trabalho perfeito. Porque as obras de Deus são perfeitas, até o *kallâ*.

A missão: Faça o casamento de todas as esferas imperfeitas da sua vida com o Noivo. Permita que ele preencha tudo que está faltando. Enxergue-se nos olhos do amor divino: como o *kallâ*, o perfeito.

Isaías 62.5; Mateus 5.48; Efésios 5.25-27; Apocalipse 19.7-8

O Livro **dos Mistérios**

337.º DIA | DEUS NO PLANETA AZUL

ANOITECEU, E NOS sentamos em uma colina com vista para a escola. As estrelas pareciam particularmente claras e brilhantes naquela noite.

— Imagine que viemos de algum lugar do Universo — disse o professor. — E ouvimos que o Deus do Universo tinha visitado este planeta em particular, este planeta azul... a Terra. Imagine que ouvimos o relato de que ele andava entre as pessoas como uma delas. Como poderíamos identificar tal pessoa?

— Essa pessoa teria a natureza de Deus — respondi. — Seria o epítome da bondade, seria sagrado, justo, amoroso. E seria humilde, porque a humildade faz parte do bem. Ele existiria para *fazer* o bem. A vida dele seria dar de si mesmo, a vida dele seria um presente, o que atenderia às necessidades dos homens e daria vida a todos que o tocassem.

— O que mais seria? — o professor perguntou.

— Deveria ser uma vida única, uma vida *muito* única, e teria o maior impacto sobre qualquer vida deste mundo. Seria como uma pedra jogada nas águas de um lago, causando reverberações no mundo todo, o tempo todo. E isso mudaria o curso da história e do mundo.

— E todo mundo amaria e louvaria essa vida? — ele perguntou.

— Não — respondi. — Como se tratava de um mundo caído, ele seria amado e odiado. As forças das trevas estariam contra ele, que se tornaria o ponto focal de todo o mal. E, sendo a encarnação do bem, ele teria de se virar contra o mal. Assim, sendo Deus, ele teria de dominar o mal. Se Deus descesse à Terra, a vida dele teria de se tornar a vida mais central que já viveu neste planeta.

— Então — disse o professor —, se Deus fosse descer a este planeta... Só que Deus já desceu a este planeta, e isso é algo a ser celebrado. É incrível como pudemos até conhecer tal pessoa e que ela nos tenha chamado de amigos! E, se devemos ter a vida dele dentro de nós, então...

— Que tipo de vida devemos viver? — completei. — Uma vida de bem e de santidade, uma vida de doação e abnegação, que atenda às necessidades dos que nos rodeiam, que vá contra a corrente deste mundo, domine o mal e faça a diferença por ter existido.

— Sim — disse o professor. — Então viva essa vida, como se a vida de Deus, por meio da sua vida, estivesse caminhando entre nós no planeta azul, e assim será.

A missão: Faça que seu objetivo do dia seja viver a vida de Deus neste mundo. Viva para abençoar, preencher, salvar, dominar e mudar o mundo.

João 15.14-16; Efésios 1.20-21; Colossenses 1.10-11; Hebreus 13.8

Jonathan **Cahn**

338.º DIA — O 'ĀTSERET

ERA A TARDINHA de um belo dia ensolarado. Observávamos as crianças do acampamento lá embaixo brincando no vento quente e suave.

— Tudo isso vai passar? — perguntei. — Na Eternidade, tudo terá ido, tanto o bem quanto o mal?

— Lembra-se do dia que prenuncia tudo isso, o fim da presente ordem e o começo da Eternidade?

— *Shemînî 'ătseret.*

— Está certo — disse o professor. — E você se lembra do que isso significa?

— O Oitavo Dia de Assembleia — respondi.

— O termo para "Assembleia" é *'ătseret*. Mas *'ătseret* é uma palavra misteriosa, que pode ser usada para falar de assembleias, mas é especialmente relacionada a esse misterioso último dia em particular do ano hebraico.

O termo *'ătseret* vem do verbo hebraico *'ătsar*, que significa "guardar", "manter", "conter", "restabelecer" e "reter". Assim, *'ătseret* significa literalmente a Guarda, a Manutenção, a Contenção, o Restabelecimento e a Retenção. Então o dia que prenuncia a passagem do céu e da Terra e a aurora da Eternidade pode ser chamado "a Guarda". O dia que fala do último dia da existência terrena é chamado *'ătseret*, "a Retenção".

— O que isso significa? — perguntei.

— Que céu e Terra passarão. As aflições deste mundo, as dores e os males desaparecerão. Mas haverá um *'ătseret*. Haverá uma Guarda, uma Retenção. Todo o bem desta vida que veio de Deus será mantido. Todo o bem que foi feito por ele e por seus propósitos será preservado. Toda obra de fé, de amor, de pureza, de redenção, de salvação, tudo será retido. Tudo que nasceu de Deus, tudo que foi sacrificado e oferecido a Deus, isso será restaurado. Todas as obras dos justos, todas as orações dos santos e todos os louvores de seus filhos, tudo que nasceu do amor divino, tudo isso será conservado e levado através do Jordão como um tesouro a ser guardado para sempre. O velho passará. Não haverá mais trevas nem lágrimas, não haverá mais luto nem morte. Mas o bem... o bem estará sob a guarda do *'ătseret* celestial.

A missão: No Céu, o bem desta vida será mantido. Não guarde nada deste dia que não seja o bem; guarde apenas o que é.

Mateus 6.20; 19.21; Apocalipse 7.9-17; 21.12-14

O Livro *dos Mistérios*

339.º DIA — A HARPA INVISÍVEL

O PROFESSOR ESTAVA sentado em um dos jardins quando me aproximei dele. Acomodada entre as pernas e o abdômen dele, havia uma harpa na qual ele estava tocando uma música suave, doce e bonita. Esperei que ele terminasse de tocar para poder falar.

— Não tinha ideia de que você sabia tocar — eu disse.

— É muito bíblico — ele respondeu. — Os louvores bíblicos são chamados "salmos". A palavra "salmo" é uma tradução do termo hebraico *mizmôr*. Um *mizmôr* é uma peça musical, nesse caso um louvor a Deus tocado com um instrumento.

— Uma peça musical tocada com *qualquer* instrumento?

— O termo está especificamente relacionado à música de uma harpa. Foi só quando os antigos estudiosos judeus traduziram as Escrituras para o grego que *mizmôr* se transformou em *psalmós*, do qual chegamos à palavra "salmo". *Mizmôr* vem do termo *mizmôr*, que fala especificamente de fazer música nas cordas de uma harpa. Assim, se você quer louvar a Deus, deve tocar um instrumento musical.

— Mas não sei tocar, nunca tive um instrumento musical.

— Mas você tem um — disse o professor. — Existe um instrumento que faz música para o Senhor, e você o possui.

— Qual?

— Está nas Escrituras: "Falando entre vocês com salmos, hinos e cânticos espirituais, cantando e louvando de coração ao Senhor". O instrumento que produz música para o Senhor é o coração; seu coração é um instrumento musical. E o que é o coração? É o centro do seu ser, a parte mais profunda da sua existência. É isso que faz a música de louvor a Deus, a parte mais profunda do seu ser. Seu coração não foi criado para produzir amargura, ódio, ansiedade ou melancolia; foi criado para ser um instrumento que faz melodia para Aquele que o criou, a melodia de louvor e de agradecimento, a música do amor, da adoração e da alegria. E, quando as Escrituras dizem "louvando de coração ao Senhor", sabe o que está por trás disso? O termo é *psállō*, que literalmente significa "tanger as cordas". Veja, você sempre teve uma harpa secreta. E, como uma harpa tem altos e baixos, assim também são sua vida e seu coração. Você deve louvá-lo em tudo isso e com tudo isso. O próprio centro de seu ser foi criado como um instrumento para louvar a Deus. Portanto, louve-o em todas as coisas, o tempo todo e de coração, e sua vida se tornará um salmo, uma canção de louvor a Deus.

A missão: Hoje, aprenda a fazer música do instrumento do seu coração, a parte mais profunda do seu ser, a melodia do louvor, da alegria e da adoração.

Salmos 33.1-5; Efésios 5.19-20

MELODY IN YOUR HEART

340.º DIA — O OUTRO VEM DO UM

O DIA ESTAVA ensolarado, mas havia uma brisa fresca à tarde. Estávamos caminhando por um jardim de oliveiras, cujas folhas farfalhavam ao vento.

— Um mistério — disse o professor. — Ouça estas palavras escritas pelo apóstolo: "Assim como a mulher proveio do homem, também o homem nasce da mulher". O que isso significa?

— "Assim como a mulher proveio do homem"... Então Eva veio de Adão. Depois disso, porém, todo homem vem ao mundo por meio de uma mulher: "Também o homem nasce da mulher".

— É um círculo de amor, um círculo de existência — ele disse. — O um vem do outro, e o outro vem do um. Cada um vem do outro. E isso encerra um mistério ainda mais profundo. Adão foi criado à imagem de Deus, o reflexo visível das realidades invisíveis de Deus. Assim, se Eva veio de Adão, se a mulher veio do homem, isso é um reflexo de quê? O que, então, veio de Deus?

— A criação veio de Deus — respondi.

— Um veio do outro — disse o professor. — Mas o mistério, o outro deve vir do um. Assim, se a criação veio de Deus, então...

— Então Deus deve passar pela criação.

— Sim — disse o professor. — Como o homem provém da mulher que veio do homem, então Deus deve passar pela criação, que proveio dele. E assim Deus nasceu entre nós. O círculo está completo.

— Israel — disse. — Israel também veio de Deus. Assim como o homem vem da mulher, então o Deus de Israel deve provir de Israel, Deus deve nascer de Israel.

O professor fez uma pausa, olhou-me nos olhos e disse:

— E o que mais vem de Deus?

— Nós viemos — respondi. — Chegamos à existência vindos de Deus.

— Um do outro e o outro do um. E quanto a você?

— Cheguei à existência vindo de Deus. Por essa razão, o círculo só estará completo se Deus vem por meio de mim.

— Você existe por meio de Deus, para que Deus possa existir por meio de você. E o que é a salvação? É exatamente isso, é esse mistério, é Deus vindo de você, que veio dele. A vida de Deus agora nasce por meio da sua vida, e esse é o propósito da sua vida. Faça então que seu objetivo seja este: que Deus venha por meio de você. Permita que o amor divino, que a bondade, a natureza, a presença e a vida de Deus venham por meio da sua vida, um vindo do outro e o outro vindo do um. Então o círculo estará completo.

A missão: Faça parte desse mistério no dia de hoje. Permita que a vida, o amor, a bondade, o poder e a presença de Deus nasçam por meio da sua vida.

Gênesis 2.21-23; 1Coríntios 11.11-12; Efésios 5.25-32

MALE AND FEMALE

O Livro *dos Mistérios*

341.º DIA O CÓDIGO DO MISTÉRIO DO *SHABĀT*

EU E O PROFESSOR voltamos para a escola depois de uma longa jornada e, perto da chegada, o Sol começava a se pôr. Era o *Shabāt*. O professor sentou-se na areia e fez um gesto para que eu me juntasse a ele.

— Lembra-se do que falei sobre o *Shabāt* das eras? — o professor perguntou.

— Que o *Shabāt* é uma sombra da era que está por vir? Lembro.

— Uma sombra do Reino, do Milênio. Mas tem algo mais em relação a esse mistério — disse ele. — A quem foi ordenado guardar o *Shabāt*?

— Ao povo judeu — respondi. — Os filhos de Israel.

— Assim, a cada semana que o povo judeu guarda o *Shabāt*, temos uma sombra profética da era do *Shabāt*. Então o que eles fazem nesse dia, na liturgia da observância do *Shabāt*, contemplaria o mistério do que vai acontecer na era por vir, na era do *Shabāt*? Conforme começa a liturgia do *Shabāt*, são feitas proclamações da vinda do Senhor: "Cantem diante do Senhor, porque ele vem, vem julgar a terra"; "O Senhor reina! Exulte a terra"; "No seu templo todos clamam: 'Glória!'". Da mesma forma, a era por vir começará com a vinda do Senhor à Terra para julgar e reinar desde o templo de Jerusalém. Depois a liturgia do *Shabāt* fala sobre a vinda da noiva, como no livro de Apocalipse. É proclamado que "de Jerusalém virá a palavra do Senhor". Assim, na era por vir, a Palavra de Deus virá de Jerusalém e alcançará toda a Terra. A liturgia segue falando de bênçãos antigas, uma das quais fala do Deus que "ressuscita os mortos". Desse modo, na era por vir veremos a ressurreição dos mortos. Em seguida, vem a proclamação de que todo joelho se dobrará e toda língua confessará que o Reino pertence ao Senhor, "o Rei dos reis".

— É exatamente o que é dito sobre o futuro no livro de Apocalipse; é incrível como tudo se alinha. A era do *Shabāt*, a era messiânica, corresponderia ao Milênio. No final do livro de Apocalipse, o Milênio termina com o começo da Eternidade. Existe algo na observância do *Shabāt* que fale disso, talvez no fim da liturgia?

— Existe — disse o professor — e está bem no final. É chamado de *'Ādôn 'ōlām*, que pode ser traduzido por "o Senhor da eternidade". Essas palavras então são proclamadas: "E depois de tudo acabado, apenas o Temido reinará. [...] Sem começo e sem fim". Assim — disse o professor —, do mesmo jeito que o povo judeu anseia pelo dia do *Shabāt* e se prepara para ele, viva sua vida ansiando e se preparando para o *Shabāt* das eras.

A missão: Em Deus, o melhor vem no fim. Viva este dia confiando totalmente nessa realidade, olhando adiante e se preparando na esperança daquele dia.

Êxodo 31.16-17; Isaías 2.1-5; 66.22-23; Mateus 12.8

Jonathan **Cahn**

342.º DIA — A TERRA DA RESSURREIÇÃO

EU ESTAVA ESTUDANDO em uma mesa quando o professor me mostrou uma moeda antiga.

— O que você está vendo aqui? — ele perguntou.

— Um homem ao lado de uma palmeira — respondi. — E debaixo da árvore há uma mulher sentada.

— O homem é um soldado romano — disse o professor. — E a mulher representa Israel chorando. É chamada de *Judaea Capta*, uma moeda comemorativa cunhada pelos romanos para comemorar a destruição de Israel. Agora, veja isto.

Ele me entregou outra moeda, de prata, não das antigas, mas da era moderna.

— O que você está vendo?

— A palmeira, a mulher e um homem, mas é diferente. A mulher está de pé segurando um bebê, e o homem está plantando uma árvore.

— Essa se chama *Israel Liberata*. É a moeda cunhada por Israel depois que ele voltou para o mundo. Tem por base a moeda romana, mas a imagem da morte e da tristeza se transformou em ressurreição e alegria. As nações nascem e crescem, mas Israel é diferente. Israel é uma ressurreição. E o que é uma ressurreição? É uma restauração ao que havia antes. Dessa forma, as moedas de Israel são as ressurreições de suas moedas antigas, assim como seu idioma é a ressurreição da língua antiga; as cidades, as ressurreições das cidades antigas. Até as árvores e as florestas são as ressurreições das árvores e florestas antigas de Israel. E muitas dessas ressurreições vieram traduzindo o que estava na Bíblia, em realidade. Por meio da Palavra, surgiu a nação. A ressurreição de Israel é um sinal, uma ilustração da salvação. Veja que nossa salvação não é só um novo nascimento. É uma ressurreição. É uma restauração.

— Mas nunca fomos nada além de caídos — disse. — Como podemos ser restaurados ou ressuscitados para uma condição em que nunca estivemos?

— Se esta é a versão caída, então tem de haver outra versão, a pessoa que Deus o criou para ser. Essa é a ressurreição da salvação. É quando você se transforma no que sempre deveria ter se transformado, a santa criação de Deus, como você seria se nunca tivesse caído. E como você participa dessa ressurreição? Fazendo como na ressurreição de Israel, traduzindo a Palavra de Deus na sua vida, em todas as esferas e domínios. Faça que seu objetivo seja a ressurreição, para que você possa se transformar naquilo que, em Deus, você é, o que foi criado para ser.

A missão: Sua vida é uma ressurreição. Siga, na Palavra de Deus, o padrão de vida e se torne quem você foi criado para ser.

Jeremias 30—31; Oseias 6.2; Amós 9.14-15; Efésios 2.6

O Livro *dos Mistérios*

343.º DIA — O FIM DA HISTÓRIA

— O QUE TORNA uma história boa ou ruim, feliz ou triste? — perguntou o professor. — E se eu lhe contasse a história de um homem odiado pela própria família, vendido como escravo, levado para uma terra estranha, jogado na prisão por um crime que não cometeu, esquecido pelos homens e, ao que parece, esquecido por Deus. Que tipo de história você diria que é essa?

— Uma história triste. Uma história de injustiça e opressão, uma tragédia.

— Essa história vem do livro de Gênesis, e o homem é José. Ele acabará liberto da prisão e receberá um cargo de grande honra, então salvará o Egito da fome e se reconciliará com a família. Mesmo assim, você diz que é uma história triste e trágica?

— Não. Nesse caso, diria que é uma história de triunfo.

— E você estaria certo — disse ele. — Os elementos de uma história não têm todos o mesmo peso. Uma história feliz com um fim trágico não é uma história feliz, e sim trágica. Uma história trágica com um fim triunfante não é uma história trágica, e sim triunfante. Nunca se pode julgar uma história pelo seu começo ou meio, nem por qualquer um de seus elementos antes do final. É o fim da história que determina tudo que se passou antes. Lembre-se sempre disso. A natureza da história é determinada pelo seu fim, e o mesmo também acontece com a história da sua vida. Você nunca pode avaliar sua história pelas circunstâncias ou pelos problemas atuais. E, enquanto você viver na Terra, não terá visto o fim da história.

— Então ninguém pode saber que tipo de história está vivendo.

— Não é bem assim — disse o professor. — Se você é filho de Deus, o fim da história é revelado.

— Que é...

— Vitória, restauração, triunfo, bênção, alegria e glória: esse é o fim que torna sua vida uma boa história, uma história maravilhosa. Portanto, quando você olhar para sua vida, veja tudo sob a luz desse fim. Cada problema, derrota, tristeza, fracasso e todo mal são apenas os elementos de uma história de triunfo e glória. Volte os olhos para o fim da história e vá em frente, em busca desse fim, pois é esse fim que torna grandes sua história e sua vida.

A missão: Independentemente do que você está passando hoje ou em sua vida, acredite, confie, viva na confiança do fim da história.

Jó 42.10-17; Lucas 24.46-53; 2Coríntios 2.14; Hebreus 12.1-2

Jonathan **Cahn**

344.º DIA O ENIGMA DO CORREDOR

— UM ENIGMA — propôs o professor. — Dois homens estão participando de uma corrida. O primeiro é um atleta perfeito, rápido, forte, habilidoso e confiante, que só executa corridas perfeitas. O segundo é lento, pesado, inadequado e inseguro, nunca participou de uma corrida sem tropeçar e cair várias vezes até chegar ao final. Os dois homens vão competir em uma maratona por terrenos bem variados e, por vezes, perigosos. O segundo corredor está muito atrás e cai o tempo todo durante o percurso. O primeiro corredor executa uma corrida de alta velocidade e com grande habilidade. No trecho mais traiçoeiro, cai apenas uma vez e, à exceção disso, corre com perfeição. No fim, quem vai ganhar a corrida?

— O primeiro corredor — respondi. — Considerando tudo que você disse, ele deve ganhar.

— Mas ele perde — disse o professor. — É o segundo corredor que ganha.

— Como assim?

— O primeiro corredor só executa corridas perfeitas e, já que ele caiu, essa não é mais uma corrida perfeita. A corrida terminou, e ele está acabado. Mas o segundo corredor não está executando uma corrida perfeita, e assim, quando ele cai, a corrida não terminou ainda.

— Mas como sabemos que ele ganha?

— Se ele continua caindo, significa que também continua se levantando durante o percurso, até cruzar a linha de chegada. Então o vencedor não é o melhor corredor, mas aquele que cruza a linha de chegada. Nunca se esqueça disso, pois você também está em uma corrida. Faça todo o possível para não cair. Mas você não vai ganhar essa corrida por executá-la com perfeição. Ninguém vai. Quando você cair, porém, lembre-se do enigma do corredor: levante-se e continue correndo. Não importa quanto sua queda seja danosa, levante-se e continue; se você cair outra vez, levante-se outra vez; se continuar caindo, continue se levantando. Assim, se você continuar caindo e se levantando, vai acabar cruzando a linha de chegada e ganhando a corrida. Essa corrida e essa fé não são para aqueles que correm com perfeição ou que nunca caem; pelo contrário, ganham aqueles que se levantam depois de terem caído, que caem e se levantam. Esses é que ganham.

A missão: Comprometa-se hoje a continuar correndo até cruzar a linha de chegada, não importando o que aconteça, mesmo que você caia. E, se caiu, faça de hoje o dia em que irá se levantar e seguir em frente.

Provérbios 24.16; 1Coríntios 9.24; Hebreus 12.1

345.º DIA — O PROJETO DOS MACABEUS

O Livro dos Mistérios

O PROFESSOR LEVOU-ME pela escuridão até a menorá dourada que se encontrava no centro da sua câmara. Ele acendeu a primeira das sete luzes.

— Já conversamos sobre o Ḥănukâ, o festival das luzes, que comemora a vitória do povo de Deus sobre o mal — disse o professor. — Mas vamos voltar ao assunto. O Ḥănukâ detém um mistério: não é só uma comemoração, mas também uma sombra profética. Começa quando um rei maligno ergue um ídolo no lugar sagrado, a profanação do templo, o "sacrilégio terrível". Além disso, o Messias fala de um sacrilégio ainda por vir nos últimos dias. Então o Ḥănukâ contém um modelo, um projeto profético sobre o que irá acontecer no fim desta era.

— Além do sacrilégio, o que ele mais prenuncia?

— O relato começa com a apostasia do povo de Deus. Os que conhecem Deus e deveriam seguir seus passos, até mesmo seus ministros, apostatam, afastam-se de Deus e abraçam os passos dos ímpios e do espírito da era atual. Assim será também nos últimos dias: haverá uma grande queda, uma grande apostasia. O relato continua a documentar o surgimento de uma cultura mundial que busca consolidar todas as culturas em uma só e obrigar todos a abandonar a fé. Qualquer cultura, fé, povo ou pessoa que se interpuser em seu caminho, ela vai reprimir. Assim será no fim da era: uma cultura global e a perseguição ao povo de Deus, uma civilização que criminaliza os caminhos de Deus, abole a Palavra, subverte a ordem divina, blasfema o Nome de Deus, profana as coisas sagradas e guerreia contra o povo de Deus. Então isso vai acontecer no fim.

— Existe alguma esperança no projeto? — perguntei.

— Sempre — disse ele. — Embora a maioria tenha apoiado a apostasia e a escuridão, houve um grupo remanescente que não a acompanhou, que se manteve forte e se transformou na resistência: os macabeus. E Deus os ungiu e capacitou para dominar a escuridão e prenunciar a luz, daí o festival das luzes. Aprenda com o Projeto dos Macabeus e siga seus segredos.

Então o professor me entregou a candeia.

— Vá em frente — ele disse, fazendo um gesto para que eu acendesse as demais luzes da menorá.

Assim eu fiz.

— É dessa forma que você domina — disse o professor. — Você luta contra a escuridão ao fazer brilhar a luz de Deus.

A missão: Viva hoje pelo Projeto dos Macabeus: fique ao lado de Deus e não saia dali, lute contra as probabilidades, lute contra a luta, ilumine a escuridão.

Daniel 11.32; Zacarias 9.13-14; Efésios 6.10-20; Apocalipse 12.11

THE MACCABEE BLUEPRINT I-IV

Jonathan **Cahn**

346.º DIA — VENTRE CELESTIAL

ESTÁVAMOS OBSERVANDO UM dos acampamentos de tendas quando de repente o silêncio foi interrompido por uma explosão de gritos agudos de emoção.

— É um nascimento — disse o professor. — Lembra-se de quando vimos aquela mulher sentada na porta da tenda, a que estava grávida? Esse é o som da comemoração do bebê dela, que acaba de nascer.

Algum tempo ainda se passou até as pessoas começarem a sair da tenda; primeiro, apareceu uma mulher de meia-idade, uma amiga ou parente da mãe, embalando o bebê recém-nascido.

— Está lembrado do que falei sobre a criança no ventre, de como essa criança nunca poderia ver sentido em sua vida no ventre, porque o ventre não era o mundo para o qual ela fora criada, mas o lugar de preparação para o mundo ao qual viria? Não se tratava só de uma revelação do Paraíso, mas de uma revelação deste mundo e da sua vida. Quando falou do que vem depois deste mundo, o Messias tratou como o dia em que "entramos na vida". Pense nisto, entrar na vida. Se vamos entrar na vida, então o que é a vida atual?

— Deve ser uma pré-vida — respondi.

— Sim — disse o professor. — Pré-vida, pré-nascimento. Na verdade, é dito nas Escrituras que "toda a natureza criada geme até agora, como em dores de parto". Esta vida inteira é um pré-natal. Você sabe o que esta vida realmente é?

— O que é?

— O ventre do Céu — disse ele. — Esta vida é o ventre do Céu. Não é ao que você está destinado, não é sua casa. É o lugar da sua preparação para o lugar ao qual você está destinado. Assim como o ventre preparou você para esta vida, esta vida prepara você para o que está por vir. Como uma criança que está para nascer não poderia nunca entender nem julgar a própria vida pelo ventre, também você não poderia nunca entender nem julgar sua vida pelas circunstâncias atuais, e sim apenas para o que essas circunstâncias estão preparando você: o Céu. E Deus irá usar tudo deste mundo, tudo da sua vida, as alegrias e os sofrimentos, as vitórias e as perdas, as montanhas e os vales, tudo isso para preparar você, fazê-lo crescer e torná-lo o filho do Céu que ainda está para se tornar. De hoje em diante, veja este mundo e sua vida como realmente são e permita que preparem você para a vida além desta, para o mundo além deste. Então estará pronto naquele dia, quando deixar este mundo e nascer para a Eternidade, pois tudo que você conheceu deste mundo e da sua vida na Terra não foi outra coisa senão o ventre celestial.

A missão: Participe de uma nova revelação: veja tudo que acontece em sua vida como uma preparação para a vida eterna, veja esta vida como o ventre do Céu, e viva segundo esse critério.

Salmos 139.13-16; Mateus 18.3; João 16.21-22; Romanos 8.22-23,29

347.º DIA — A MÁSCARA DO EGÍPCIO

O PROFESSOR LEVOU-ME à Câmara dos Livros e me mostrou um grande volume de capa azul, com aparência bem menos antiga que a maioria dos outros livros naquela sala. Era um livro de artes em catedrais que retratavam o Messias em pinturas, esculturas e vitrais.

— Você acha que ele parece judeu? — perguntou o professor.

— Nesse caso, não — respondi.

— Fale-me sobre José como a sombra do Messias.

— Ele foi desprezado e rejeitado pelos irmãos, separado da família, exilado em uma terra estrangeira, falsamente acusado e preso. José sofreu pelos pecados dos outros, mas depois foi alçado de sua masmorra, exaltado e premiado com um cargo real, por meio do qual salvou uma nação.

— O tempo todo ele esteve afastado da família dele — disse o professor. — Ele se tornou a esperança de um mundo além do mundo de sua família. Os irmãos não faziam ideia de que o salvador do Egito era José, o irmão rejeitado e desaparecido. Então eles foram até o Egito e se encontraram com ele, cara a cara, mas não o reconheceram. Por quê?

— Ele se vestia como um oficial egípcio.

— Está certo. Os irmãos não conseguiam ver além das roupas e dos adornos egípcios; viam apenas um nobre egípcio, um salvador gentio em uma terra de gentios. O que esse mistério revela?

— Nos últimos dois mil anos, o Messias se tornou o Salvador para as pessoas de todas as nações, de todas as línguas; no entanto, ele foi afastado da própria família, Israel, o povo judeu. Para os judeus, ele é o Salvador dos gentios, porque não conseguem enxergar além da roupa, dos adornos estrangeiros...

— Os vitrais, as estátuas, os ícones, as catedrais de uma cultura separada de suas raízes judaicas. Mas esse não é o fim da história. O que acontece no final?

— No fim, os irmãos percebem que o egípcio é José, o irmão desaparecido, e também a esperança para eles.

— Assim também, a história do Messias e seu povo terminará quando estiverem diante dele, cara a cara, e finalmente verão além das roupas, dos adornos e da máscara de dois mil anos. Então perceberão que o Salvador dos gentios é o irmão desaparecido, *Yeshû'â*, o José e a esperança deles. Ore por esse dia, pois quando ele chegar será a alegria do Messias, a redenção de Israel e, conforme está escrito, riqueza para o mundo.

A missão: Ore pela paz de Jerusalém e para que seu antigo povo enxergue além da máscara e veja o Messias, o irmão desaparecido, *Yeshû'â*.

Gênesis 44.18; 45.1-2; Oseias 3.4-5; Zacarias 12.10—13.1; Mateus 23.37-39

THE SHADOW MAN I-VI

Jonathan *Cahn*

348.º DIA | COMO UM PAI CARREGA SEU FILHO

DA CORDILHEIRA EM que estávamos, vimos quando uma família de nômades atravessava uma planície estéril. O pai carregava o filho pequeno nos braços.
— Veja o homem carregando seu filho — disse o professor. — Quando é que um homem carrega o filho?
— Quando o filho é bebê — respondi.
— Sim e quando mais? — ele perguntou.
— Quando o filho está cansado demais para continuar caminhando, ou quando o filho está doente ou incapacitado.
— E quando mais?
— Quando ele segura o filho para abraçá-lo.
— Você sabia que é dito nas Escrituras que Deus é para seu povo assim como esse pai para o filho pequeno? Quando os israelitas chegaram ao fim da jornada, Moisés lhes disse: "No deserto vocês viram como o Senhor, o seu Deus, os carregou, *como um pai carrega seu filho*, por todo o caminho que percorreram até chegarem a este lugar". Lembre-se desta imagem: um homem carregando seu filho. É um retrato de Deus e seu povo, é um retrato de Deus e você. A jornada inóspita é um símbolo da nossa jornada ao longo da vida. Em sua jornada por esta vida, haverá momentos em que você se verá cansado demais para prosseguir. Será então que ele o carregará nos braços. E haverá momentos em que você se verá com enfermidades, feridas, ferimentos incapacitantes, devastado e, de alguma forma, incapaz de prosseguir; então ele o carregará. E, quando você se vir em um vale, lá embaixo, nos momentos mais deprimentes da sua vida, incapaz de se levantar; então a mão dele irá agarrar a sua e levantar você. E haverá momentos em que você se sentirá sozinho e abandonado; então os braços do Pai vão segurar e abraçar você. Você não verá os braços dele com os olhos e só algumas vezes os sentirá, mas eles estarão lá, sempre se levantando, sustentando, segurando e carregando você, para levá-lo ao lugar e ao dia determinados.
O professor ficou quieto enquanto observava a família atravessando a planície.
— Existe ainda outra situação em que um homem carrega seu filho — disse ele.
— Quando o filho está morto. É quando você fecha os olhos pela última vez nesta vida que os braços do Pai mais uma vez irão segurar e carregar você desta terra inóspita para a terra prometida, tão terna e amorosamente quanto um homem carrega seu filho.

A missão: Agradeça a Deus pelas situações da vida em que você não conseguia prosseguir, mas Deus o carregou. Permita que esses mesmos braços carreguem você e seus fardos agora.

Deuteronômio 1.31; Cântico dos Cânticos 8.5; Isaías 40.11; 46.3-4; João 10.27-29

AS A MAN CARRIES HIS SON

349.º DIA — O PARADOXO DE EMANUEL

— TEM UMA COISA que não entendo. Quando estava morrendo, o Messias disse: "Meu Deus! Meu Deus! Por que me abandonaste?". Por que ele teria dito isso?

— Teria sido melhor se não tivesse dito? — perguntou o professor. — Teria sido mais apropriado ou mais glorioso se morrer na cruz fosse fácil para ele, se não fosse tão excruciante, se ele não estivesse subjugado? Essa é a questão. Aquilo lhe custou tudo. Foi o sacrifício extremo até mesmo para Deus. É tudo de mais glorioso, é o amor de Deus.

— Mas como ele podia ser abandonado?

— Lembre-se de que ele estava morrendo em nosso lugar. Ele *se transformou* em pecado, se tornou o centro de todo o julgamento e, por isso, teve de ser separado. A separação de Deus é parte do julgamento. Mas existe outra razão, uma bela razão. Já lhe ocorreu esse paradoxo?

— O que quer dizer?

— Ele disse: "Meu Deus! Meu Deus! Por que me abandonaste?". Mas quem é que está dizendo essas palavras? Aquele que diz: "Meu Deus! Meu Deus! Por que me abandonaste?" é Deus. Deus é aquele que pergunta a Deus por que Deus o abandonou.

— Deus se tornou abandonado por Deus, um paradoxo colossal.

— E ele está falando essas palavras em nosso lugar. Aquele que diz essas palavras é Emanuel, "Deus conosco". Então aquele que pergunta por que Deus não está com ele é "Deus conosco". Por que isso é impressionante? Porque significa que, quando você chegar aos momentos mais obscuros da vida, quando sentir que Deus o abandonou, mesmo assim ele estará com você. Quando você gritar: "Meu Deus! Meu Deus! Por que me abandonaste?", Deus estará lá dizendo essas palavras com você. Quando você se sentir infinitamente distante e desesperadamente separado de Deus, ele estará lá se sentindo infinitamente distante e desesperadamente separado de Deus com você. O fato de o próprio Deus estar dizendo aquelas palavras em nosso lugar significa que, mesmo que você fosse abandonado por Deus, Deus escolheria ser abandonado com você e, portanto, você nunca estará abandonado. Se Deus estava conosco mesmo quando ele estava separado de Deus, então não há nada neste mundo ou além, nada nesta era ou nos séculos vindouros, que possa separar você do amor de Deus naquele que é o amor de Deus e sempre estará com você.

A missão: Lembre-se daqueles momentos da vida em que você se sentiu muito distante de Deus. Agora, pense nisto: Deus estava se sentindo igualmente distante de Deus com você. Então nada jamais irá separar você do amor de Deus.

Isaías 43.2; Mateus 27.46; 28.19-20; Romanos 8.35-39

350.º DIA A GRANDE SUBIDA

Jonathan **Cahn**

O PROFESSOR DEU-ME um dia para eu me preparar, pois íamos fazer uma caminhada. Eu tinha de levar a comida e outras necessidades e precisava ir cedo para a cama. Como o percurso era longo, saímos antes do amanhecer. Nossa caminhada levou-nos a uma trilha quase toda plana e cercada por colinas baixas à direita e à esquerda. Em razão das colinas, durante a maior parte da jornada a visão que tínhamos da paisagem ao redor era limitada. Conversamos durante horas e paramos várias vezes para um intervalo. À noitinha, as colinas que nos flanqueavam começaram a desaparecer. Por fim, chegamos a um platô, de onde pudemos captar o primeiro vislumbre de uma paisagem mais ampla. O que vi em seguida me impressionou, não só por causa da vista de tirar o fôlego, mas pelo que revelou sobre a jornada que acabamos de fazer. Estávamos na beira de uma montanha bem alta, uma das montanhas mais altas que subi durante os dias que passei no deserto.

— Olhe ali — disse o professor. — Foi de onde viemos.

— Não fazia ideia — eu disse. — O caminho parecia tão plano.

— Parecia plano no curto prazo, mas no fim das contas, depois de todo esse tempo, foi uma subida colossal. Então como chegamos até aqui? Apenas caminhamos, continuamos caminhando e caminhamos mais um pouco. Veja — disse ele —, no longo prazo, a continuidade, a consistência e a perseverança superam tudo o mais. E os pequenos passos para cima, dados dia a dia, vão acabar levando você até o alto. Deus o chamou não só para amar, mas para continuar amando; não só para acreditar, mas para seguir acreditando; não só para fazer o bem, mas para perseverar em fazê-lo. Ao prosseguir assim, o poder do seu amor, da sua fé e da sua justiça será multiplicado. E mais uma coisa: nunca julgue sua vida ou o que Deus está fazendo em sua vida pelo que parece em determinado momento durante a jornada. Você raramente terá a visão correta. Só quando chegar a um ponto privilegiado como este e olhar para sua jornada, para uma realidade mais ampla, no longo prazo, é que você verá a magnitude do milagre que Deus fez em sua vida. Lembre-se deste dia e desta jornada. É a jornada em que você está. Caminhe nessa boa estrada e, independentemente do que acontecer, continue caminhando. Não desista nunca, continue caminhando e você vai chegar a uma altura que nunca sonhou poder alcançar. Depois olhe para trás, para a magnitude de um milagre e de uma jornada em que você nunca percebeu estar.

A missão: Reserve um momento do dia para olhar a realidade mais ampla. Veja quão longe Deus levou você. Prossiga em sua jornada, passo a passo, até o alto.

Salmos 18.36; 84.5-7; 122; Isaías 2.1-2; Filipenses 3.13-14

351.º DIA   **O JARDINEIRO**

O PROFESSOR COMBINOU que eu o encontrasse em um dos jardins de árvores frutíferas da escola. E ali o encontrei. Ele usava um grande chapéu de palha para se proteger do Sol e lidava com a terra usando uma ferramenta agrícola.

Ele pôs a ferramenta no chão, sentou-se em uma das muretas de pedra do jardim e fez um gesto para que eu me aproximasse.

— No início, Deus criou o homem à sua imagem — disse o professor. — E onde estava o homem?

— Em um jardim.

— E o que era o homem?

O professor esperou por uma resposta, mas não consegui pensar em nenhuma.

— Era um jardineiro. Deus colocou o homem no Éden para cultivar e cuidar do jardim. O homem era um jardineiro. Então o que isso significava?

Mais uma vez, não soube responder à pergunta.

— O homem foi criado à imagem de Deus — disse o professor. — E o homem foi criado especificamente para ser um jardineiro. Portanto...

— Deus é um jardineiro?

— Sim.

— Mas como? — perguntei. — Qual é o jardim de Deus?

— A criação é o jardim de Deus. Ele cuida dela, toma conta e semeia ali sua semente, semeia a Palavra na criação, sua vida em seu jardim, para que possa dar frutos. Mas o jardim não deu frutos.

— Quer dizer — eu disse — que a criação nunca gerou a vida que deveria gerar?

— Sim, e então o Jardineiro entrou no jardim, para que o jardim pudesse dar frutos.

— Deus entrou em sua criação para que a criação pudesse produzir vida.

— E quando a criação gerou os primeiros frutos da nova vida, quando ele apareceu pela primeira vez fora da tumba, de que forma ele apareceu? Com quem foi confundido?

— Com um jardineiro.

— E que tipo de tumba era aquela que gerou os primeiros frutos?

— Uma tumba do jardim.

— Ele é o jardineiro...

— E nós somos o jardim dele.

— Então deixe o Jardineiro entrar em seu jardim. Permita que ele cultive o solo, semeie sua semente e produza uma nova vida, pois todo jardim tocado pelo Jardineiro irá gerar o fruto que deveria gerar.

A missão: Hoje, deixe o Jardineiro entrar em seu jardim, em todas as esferas de sua vida, especialmente no solo intocado, para que tudo dê frutos.

Gênesis 1.29; 2.15; Cântico dos Cânticos 4.16; 5.1; 6.2; João 20.13-20

Jonathan *Cahn*

352.º DIA — O PLANETA-MISSÃO

EU TINHA IDO até a cidade com o professor para realizar algumas tarefas a serviço da escola e já estava anoitecendo quando iniciamos o caminho de volta. No entanto, em vez de viajar no escuro, preferimos passar a noite em uma montanha próxima. Conversamos até tarde enquanto fitávamos a escuridão do deserto, as luzes da cidade e as estrelas do céu.

— Todo filho de Deus recebe um chamado, uma missão para cumprir — disse o professor. — Qual você acha que é o seu?

— Não sei — respondi. — Mas não consigo me ver como missionário.

— Verdade? — disse ele. — Você sabe quem foi o maior missionário? O Messias.

— Como assim, missionário?

— A missão dele era do Céu para a Terra, de Deus para o homem; a missão dele é este planeta. No livro de Hebreus, ele é chamado Apóstolo, que significa aquele que é enviado para uma missão. O mundo para ele não era um lar nem um lugar para viver a vida, e sim um campo missionário. Por isso, a vida dele na Terra foi radicalmente diferente da vida das demais pessoas. Ele não viveu *no* mundo, mas viveu *para* o mundo. E, se o Messias está agora em você, o que isso significa?

— Que o mundo não é mais nossa Terra natal, e sim nosso campo missionário?

— Está certo.

— Isso podia valer para Deus, porque ele não é deste mundo, mas nós somos.

— Não — disse o professor. — Você *vivia* neste mundo, mas, quando nasceu de novo, você nasceu do alto. Portanto, de agora em diante você deve enxergar este mundo de uma nova maneira, não como sua casa, mas como seu local de missão. Você não está neste mundo para ser rico ou poderoso nem para viver com conforto; você não está neste mundo para conseguir algo dele; você está neste mundo para se doar a este mundo. Assim, você não deve mais viver com *suas* circunstâncias, *seus* problemas, nem mesmo *sua* vida. Agora você deve viver *para* as pessoas, com Deus e *para* o mundo. Portanto, não é uma questão de ser chamado para se tornar missionário no campo da missão, pois você já *é* um missionário e já *está* no campo da sua missão. Então continue com sua missão, traga para a Terra a Palavra, a verdade e o amor de Deus. E viva como um agente do Paraíso na Terra, em uma missão de Deus para trazer a mensagem de salvação aos nativos deste planeta: o mundo missionário.

A missão: Você já está no planeta-missão. Comece a viver hoje não como alguém em um lar, mas como um enviado em missão. Cumpra sua missão.

João 8.23; 17.16-18; Atos 13.3-5; 2Coríntios 5.20; Hebreus 3.1

353.º DIA — A RÉGUA ANGELICAL

O PROFESSOR LEVOU-ME até a Câmara das Medidas, e paramos diante de um armário de madeira preso à parede, que devia ter uns 2 metros e meio de altura.

— Abra — ele disse.

Dentro do armário, apoiados contra o fundo, havia vários objetos semelhantes a varas, quase tão compridos quanto o próprio armário. Na parte de baixo, havia cordas e fitas de comprimentos variados.

— São varas e cordas para medição — disse o professor. — Foram usados como as réguas e as fitas métricas são usadas atualmente.

O professor pegou uma delas e me deu para segurar.

— Esses instrumentos não foram usados apenas pelos homens — disse ele. — Também eram usados pelos anjos. Os profetas Ezequiel e Zacarias, cada um por sua vez, viram um anjo segurando uma vara ou uma corda de medição na mão. Em cada caso, o anjo com o instrumento de medição era um sinal dos futuros propósitos proféticos de Deus, ou seja, da reconstrução de Jerusalém e do templo. Mas os propósitos proféticos de Deus não só exigem materiais de construção, como também acontecimentos da história humana. Para que Jerusalém fosse reconstruída, os acontecimentos humanos precisavam se adequar às medidas dos anjos.

— E nos tempos modernos — eu disse — Israel foi novamente restaurado, de acordo com a profecia bíblica.

— Sim — respondeu o professor. — E, para que aquelas profecias se realizassem, a história mundial, a vida e os atos dos indivíduos no mundo todo precisavam cooperar, ou seja, agir, reagir e interagir uns com os outros no lugar certo e na hora certa, para que os planos de Deus e as medições dos anjos fossem cumpridos. Veja que existe um plano de medidas precisas não só para a construção de templos, mas para a história humana e para sua vida. E até um mundo que guerreia contra os propósitos divinos, no fim, se adequará às medidas angelicais. Ele usará todas as coisas deste mundo e de sua história, o bem, o mal, o piedoso e o ímpio, para viabilizar o cumprimento de seus propósitos. Assim, toda vez que as coisas parecerem sair de controle e você for tentado a temer, fique em paz. Basta lembrar-se desta vara, pois ela é um sinal de que, no fim, todo mal será superado, todo propósito de Deus será cumprido, todo bem prevalecerá, que a história deste mundo e da nossa vida se adequará aos planos celestiais e às exatas dimensões estabelecidas pela régua angelical.

A missão: Tome a Palavra de Deus hoje, siga suas medidas e especificações exatas, e você se ajustará às exatas dimensões da vontade de Deus para sua vida.

Isaías 46.10-13; Jeremias 21.11; Ezequiel 40.1-5; Apocalipse 11.1; 21.15

Jonathan **Cahn**

354.º DIA — O LIVRO DAS ERAS

O PROFESSOR LEVOU-ME até a Câmara dos Pergaminhos, e lá, em dois suportes de madeira, estavam dois pergaminhos abertos, lado a lado. O pergaminho da esquerda estava aberto no início, e o da direita, no fim.

— Este, à esquerda, é o livro de Gênesis — disse o professor. — E à direita está o livro de Apocalipse. O que eles têm em comum?

— Gênesis é o primeiro livro das Escrituras e Apocalipse é o último.

— O começo e o fim — disse ele — escritos no intervalo de um milênio, um em hebraico e o outro em grego. Vamos ver o começo do começo e o fim do fim, os três primeiros capítulos de Gênesis e os três últimos de Apocalipse. Aqui no início, em Gênesis, é que a maldição começa. E aqui no fim, em Apocalipse, é que está escrito: "Já não haverá maldição nenhuma". Em Gênesis, a morte começa. No fim de Apocalipse, não há mais morte. Em Gênesis, a árvore da vida é tirada do homem e desaparece. Em Apocalipse, a árvore da vida reaparece e é devolvida ao homem. Em Gênesis, o primeiro ato da Criação é Deus ordenando que exista a luz. Em Apocalipse, o próprio Deus se torna a luz. E, em Gênesis, Deus cria os Céus e a Terra. Em Apocalipse, ele cria um novo Céu e uma nova Terra. O que começa no início de Gênesis só encontra sua resolução, e perfeitamente, no fim de Apocalipse. Pense nisso. A Bíblia foi escrita com um intervalo de eras, e não por um único autor, mas por vários, cada um em uma época diferente entre essas eras. Ninguém viveu para dirigir ou coordenar essa escrita, exceto Deus. Apenas ele poderia entretecer tudo isso, de Gênesis a Apocalipse, do início ao fim. E assim tão perfeitamente ele organiza o plano da salvação, desde a criação até a Nova Jerusalém. E não menos perfeitamente ele organizará o plano e a história da sua vida. E, como está no meio da história de Deus, você não pode ver exatamente para onde tudo será conduzido, mas, no fim, tudo fará sentido. No fim, você verá tudo perfeitamente entretecido desde o início. Até lá, deve confiar no trabalho perfeito de Deus, que você não vê, e prosseguir até o fim, quando você o verá. Porque tão perfeitamente quanto escreveu a própria história de Gênesis a Apocalipse, ele está escrevendo e irá escrever sua história, do início ao fim.

A missão: Não tente entender sua vida a partir do meio, mas saiba que, ao seguir a liderança de Deus, no fim sua história se tornará perfeita.

Gênesis 1—3; Hebreus 3.14; 12.2; Apocalipse 20.1—22.3

355.º DIA — OS NOIVOS NA CÂMARA DO CASAMENTO

— ESTAVA PENSANDO NA celebração do casamento — eu disse. — Fomos embora no começo, mas a celebração prosseguiu.

— Sim, por sete dias — disse o professor.

— adoraria ter visto um pouco mais.

— Essa celebração é demorada — disse ele. — Mas havia outra noiva, aquela que você viu quando falei do *calah*, e agora ela está no meio dos seus sete dias. Você gostaria de ver?

Minha resposta foi sim, é claro. Então viajamos para o acampamento onde a celebração ainda estava em plena floração. Já era de tarde quando chegamos e seguimos o som dos risos e dos cantos, abrindo caminho até a celebração. Os noivos estavam dentro de uma tenda toda enfeitada com finos tecidos brancos. A luz no interior fazia que as sombras deles aparecessem nas cortinas da tenda. Havia outras pessoas também, família e amigos, mas apenas a silhueta dos noivos era vista através das cortinas da tenda à nossa frente.

— O que está acontecendo? — perguntei.

— Os noivos estão envolvidos pela celebração, ainda que estejam sozinhos no meio dela. Até esse momento, eles apenas se viram no meio de outras coisas, de mediadores, rituais, parentes, aldeias, damas de honra e padrinhos do noivo. Mas agora, pela primeira vez, estão sentados na presença um do outro, e tudo ao redor desaparece, vira segundo plano. É uma representação do fim.

— Do fim?

— Na celebração do casamento, quando a noiva e o Noivo habitarem na presença um do outro, quando a noiva vir o Noivo sem qualquer mediação. Até então, teremos visto Deus por meio de outras coisas, por meio das bênçãos, por meio da criação, do povo e da obra dele na nossa vida; depois, sim, nós o veremos sem qualquer mediação. Como está escrito, no Céu não haverá templo, pois o próprio Deus será o nosso templo; não haverá mais necessidade de Sol para termos luz, pois o próprio Deus será nossa luz. Então é como se fosse somente Deus e nós, só ele e você, e aí você o verá como ele é, como sempre foi, mas agora cara a cara, e tudo o mais desaparecerá, passará para segundo plano; apenas a noiva e o Noivo, você e Aquele para quem você foi trazido à existência, sozinhos e juntos, como se fosse a primeira vez, você e Deus, na câmara nupcial, e nada mais.

A missão: Hoje, entre na câmara conjugal e a habite com seu Amado, você e Deus, sozinhos, e nada mais.

Cântico dos Cânticos 1.4; 2.14; 1Coríntios 13.12; Apocalipse 22.4

UNDER THE HUPPAH

Jonathan **Cahn**

356.º DIA *SHEMĒN*

O PROFESSOR LEVOU-ME a um dos jardins de oliveiras e me mostrou uma tina de pedra cheia de um líquido acastanhado. Na parte de cima da tina, havia um jarro de barro. Ele mergulhou o jarro no líquido, levantou-o e lentamente despejou o conteúdo, que brilhava à luz do Sol da tarde.

— Uma substância sagrada — disse o professor. — Óleo, a substância da unção, ainda que a verdadeira unção venha do Espírito de Deus. O óleo é o símbolo do Espírito de Deus e guarda um mistério.

— Que mistério?

— O termo hebraico para "óleo" é *shemēn*. O termo hebraico para "oitavo" é *shemînî*. As duas palavras estão relacionadas. O óleo é o símbolo do Espírito e está ligado ao número oito. Então o poder do Espírito está ligado ao número oito.

— Não estou entendendo.

— Sete, nas Escrituras, é o número da plenitude. Então o que é o oito? O que está além da plenitude, o que excede, o que ultrapassa, o que é farto e transborda. Assim, o poder do Espírito é o poder de ir além, de exceder, superar, não apenas de completar, mas de completar a ponto de transbordar. O sétimo dia é o fim da semana. Sete significa o fim. Assim, oito significa além do fim, além do limite, além do finito, além de todas as limitações. O poder do Espírito, portanto, é o de ir além do fim, de transcender o finito e viver além de todas as limitações. E qual é o oitavo dia da semana? É o primeiro dia, o novo começo. Assim, o poder do Espírito é o poder dos novos começos, o poder da renovação. E, por fim, oito é o número do dia do mistério, *Shemînî 'ātseret*, o dia que significa o que vem depois do fim, a Eternidade, o Paraíso. O que será o Céu? Um lugar preenchido com o Espírito de Deus. Assim, o poder do Espírito é o poder da era que virá, o poder do Céu. Por essa razão, viva no Espírito, e terá o poder do *shemēn*, o poder de viver além, mais que cheio e transbordante, de exceder, superar, ir além do fim, transcender o finito, romper todas as limitações; de entrar na renovação e nos novos começos e viver agora, além deste mundo, no Reino dos Céus. Esse é o poder do Espírito e o mistério do *shemēn*.

A missão: Descubra o mistério do *shemēn*. Viva o poder do Espírito, além de suas limitações, além de tudo, excedendo, transcendendo, transbordando e habitando nos lugares celestiais.

Êxodo 30.30-31; João 7.37-39; Atos 1.8; Romanos 15.19; Gálatas 5.22-25

VIDA GERA VIDA

— ESTÁ SE APROXIMANDO o fim do nosso tempo juntos — disse o professor.
— E então? — perguntei.
— Então você vai sair daqui.
— É meio triste — disse.
— É a estrada da vida — disse o professor. — Ao crescer, você deixa a casa da sua infância. Do pai vem a criança, e da criança vem um pai. A vida se reproduz. Quando você é criança, seu objetivo é receber mais do que dar. Mas, ao se tornar adulto, seu objetivo é dar mais do que receber, dar da mesma forma que lhe foi dado quando criança. Assim, aqueles que vivem para receber deste mundo não atingiram a plenitude. Só aqueles que dão é que se tornaram completos. E, quando você dá, então o que foi dado a você também se tornou completo. E, como acontece no reino natural, também acontece no espiritual. O Messias transformou pescadores em discípulos, até que chegou a hora de eles saírem para fazer discípulos para o Messias. Então do professor vem o discípulo, e do discípulo vem o professor. É a estrada da vida, é o caminho de Deus. Tudo que você recebeu de Deus deve dar agora aos outros. Se foi amado, você deve amar. E, se foi amado sem ter merecido esse amor, então você deve amar aqueles que não merecem seu amor. Se você recebeu alegria, sua vida deve trazer alegria aos outros. Se foi salvo, então você deve salvar os outros. E, se foi abençoado, sua vida deve trazer bênçãos à vida dos outros.
— Mas Deus não apenas presenteou — eu disse. — A vida dele *era* o presente. E ele não apenas abençoou. A vida dele *era* a bênção.
— Sim, por isso, se você recebeu essa bênção, sua vida deve se *tornar* uma bênção. E, se você recebe esse presente, sua vida deve se *tornar* um presente.
— E ele não apenas salvou — eu disse —, mas se tornou a salvação. Ele se tornou *Yeshûʿâ*.
— Sim — respondeu o professor. — Portanto, se você recebeu *Yeshûʿâ*, sua vida deve se tornar *Yeshûʿâ*, e *Yeshûʿâ* deve se tornar sua vida. Vida gera vida. Amor gera amor. Então ele fez da própria vida um presente para você, a fim de que sua vida se tornasse um presente para o mundo. Só então o círculo se completa, quando sua vida se torna amor.

A missão: Vida deve gerar vida. Tudo que recebeu você também deve dar. Ame as pessoas, abençoe as pessoas, presenteie e salve as pessoas, como Deus fez com você.

Deuteronômio 3.14,23; 34.9; Mateus 10.5-8; 28.19-20; João 14.12; 2Timóteo 4.1-2

Jonathan **Cahn**

358.º DIA O *PELE'*

ESTÁVAMOS SENTADOS NA planície onde antes desenháramos palavras e letras na areia. Nesse momento, o professor desenhava de novo.

— É a palavra *Pele'* — disse ele. — Significa uma maravilha, algo tão incrível que a única coisa que você pode fazer é admirar-se com isso. É a palavra empregada na profecia de Isaías sobre o nascimento do Messias: uma criança nascerá, e seu Nome será *Pele'*, a Maravilha. O Messias é o *Pele'*, a Maravilha. O impacto do Messias no mundo desafia a explicação natural e, depois de todas as eras que já se passaram, ele ainda faz que as pessoas do mundo inteiro se admirem com ele. Mas *Pele'* também significa "o milagre". Assim, o Messias é o *Pele'*, o Milagre deste mundo. Seu nascimento foi um milagre, bem como seu ministério e sua ressurreição. Cada momento da vida dele na Terra foi um milagre. E o termo *Pele'* também significa muito alto, muito difícil, muito importante e em grande quantidade. O que isso lhe diz em relação à salvação?

— Que está acima de nós — respondi. — Está acima da nossa capacidade de obtenção, e não podemos alcançá-la.

— Mas *ele* pode, porque ele é o *Pele'*. Ele pode fazer o que é muito difícil para você, até o que é impossível. E, se ele está em você, então você tem o poder de fazer o que é muito difícil para você, de alcançar o que é alto demais para você e de viver uma vida importante demais para você. Se ele está em você, então o *Pele'* está em você e, portanto, você tem o poder do *Pele'*, o poder de viver uma vida milagrosa, uma vida que faz que as pessoas se admirem. Mas, para que isso aconteça, você nunca deve se esquecer do primeiro significado de *Pele'*.

— A maravilha?

— A maravilha. Ele deve ser aquele que sempre faz você se admirar: se admirar com a graça divina, com sua misericórdia, com o fato de que Deus ama você e com o fato de estar salvo. Nunca deixe de entendê-lo como a maravilha da sua vida, nunca deixe de se admirar com a maravilha de estar salvo e perdoado, de conhecer o amor divino, a maravilha de Deus. Se isso não fizer você se admirar, então não é o *Pele'*. Permita que ele seja o *Pele'*, a Maravilha da sua vida, então sua vida estará cheia de milagres e maravilhas e se tornará um *Pele'*.

A missão: Volte ao *Pele'*, à maravilha desse amor, ao milagre de sua salvação e ao poder de fazer o impossível.

Êxodo 15.11; Isaías 9.6; Atos 2.43; Efésios 3.19

359.º DIA — OS SETE MISTÉRIOS DA SUA VIDA

O PROFESSOR LEVOU-ME a uma das colinas com vista para a escola. Esperando por nós lá em cima, havia sete pilares de pedra, os mesmos que ele me mostrara na escola.

— Os sete pilares — disse o professor —, representando os dias e os tempos sagrados de Israel. Eles guardam o mistério da era, mas também guardam o mistério da sua vida. Veja que Deus ordenou a vida de seus filhos de acordo com o sagrado ano hebraico e de acordo com os dias sagrados de Israel.

— O que você quer dizer?

Ele me levou ao primeiro pilar, que representava a festa da Páscoa.

— A Páscoa abre o sagrado ano hebraico — disse ele. — Assim também a Páscoa abre sua vida em Deus. Sua salvação começa quando você compartilha do Cordeiro da Páscoa, e o poder do Cordeiro começa a mudar sua vida, libertando você do cativeiro, encerrando o velho e colocando você em uma jornada com Deus.

Chegamos ao segundo pilar, que representava o *Yôm rē'shît*, o Dia dos Primeiros Frutos.

— Depois vêm os Primeiros Frutos, quando você começa a produzir os primeiros frutos da salvação, os primeiros frutos do arrependimento, do amor e da religiosidade, e começa a andar no poder da ressurreição e da renovação da vida.

Ele me levou ao terceiro pilar, que representava a festa de *Shāvu'ôt*.

— Em seguida, vem o *Shāvu'ôt*, o Pentecoste, o poder e a unção do Espírito que capacita você a conquistar, a realizar as obras de Deus e a cumprir tudo que você foi chamado a fazer e se tornar.

Chegamos ao quarto pilar, que representava a colheita de verão.

— Então vem a colheita da sua salvação, quando você vai para os campos de Deus, quando colhe uma vida nova, quando abençoa e dá vida às pessoas e cumpre seu ministério e chamado.

Chegamos ao quinto pilar, que representava a festa das trombetas.

— Então chegará o tempo das trombetas, o outono da sua salvação, o término da sua colheita, a consumação da colheita, e sua preparação para se encontrar com o Senhor.

Chegamos ao sexto pilar, que representava o Dia da Expiação.

— Então virá o dia em que você estará diante dele, além do véu, frente a frente.

Ele me levou ao último pilar, que representava a festa das cabanas.

— Por fim, virá sua festa das cabanas, os dias em que você vai viver na presença de Deus, na paz, na alegria, no amor e nas bênçãos de Deus, para sempre.

A missão: Deus ordenou tempos determinados para sua vida, como também para seus dias. Neste dia, busque e encontre os tempos e os momentos determinados por Deus.

Levítico 23; Salmos 139.16

THE MOEDEEM AND THE MYSTERY OF YOUR LIFE

Jonathan *Cahn*

360.º DIA — A TERRA DO ALÉM

O PROFESSOR LEVOU-ME à Câmara dos Pergaminhos, mas dessa vez começou a falar sem desenrolar nenhum pergaminho.

— Já lhe falei sobre o mistério de *Shemînî 'ătseret* — disse ele —, o último dos dias sagrados do calendário, quando o pergaminho da *Torá* chega ao fim e suas últimas palavras são lidas. Essas últimas palavras falam do fim, do final da jornada inóspita. Isso tudo fala do quê?

— Do fim da existência terrena — respondi —, do fim desta criação.

— Claro — disse o professor —, mas *Shemînî 'ătseret* fala também do que vem depois do fim. E existe outro pergaminho. Um pergaminho termina, mas outro começa.

Foi então que ele me levou até uma das prateleiras, pegou um pergaminho, colocou-o sobre a mesa de madeira e desenrolou a primeira parte.

— Este é o outro pergaminho, o livro de Josué. Para os filhos de Deus, o que vem depois do fim? Quando a jornada inóspita termina, começa o livro de Josué. Do que trata este livro? Ele fala sobre deixar o deserto, ir para o outro lado do Jordão, até o que está além do deserto, a terra prometida. Assim, para os filhos de Deus, quando o velho acaba, um novo livro começa. Quando a antiga criação não existir mais, uma nova criação virá; quando a antiga vida acabar, uma nova vida irá começar. E vamos passar para o outro lado. Lembra-se do que o termo "hebreu" significa em hebraico?

— Aquele que atravessa.

— Então nesse dia, você vai atravessar o Jordão até o outro lado. Da mesma forma que os filhos de Israel, quando finalmente entraram na terra prometida, assim também será para você. O que por tanto tempo você esperou e ansiou e no que acreditou por meio da fé verá agora com os próprios olhos, onde caminhará com os próprios pés: a terra prometida. E quem estava com eles na terra prometida, que caminhou entre eles no deserto? Josué. Você sabe o que o nome Josué significa em hebraico?

— O quê?

— *Yeshû'â*... Jesus. Então, quando tudo tiver passado, o velho mundo e tudo que nele há, Aquele que conduziu você nesta vida o levará para a terra prometida. Aquele que apoiou e sustentou você e não o abandonou em nenhum momento da jornada terrena; que o amou antes de você existir estará ao seu lado o tempo todo, até o fim e além do fim, para sempre.

A missão: Neste dia, reflita sobre a travessia que você fará para a terra prometida. E agradeça, porque Aquele que estará com você *naquele dia* está com você *agora*.

Deuteronômio 8.7-9; 26.15; Josué 1.1-4; 1Pedro 1.3-4; Apocalipse 21.1-4

O Livro *dos Mistérios*

361.º DIA — O MISTÉRIO DAS PLURALIDADES

ESTÁVAMOS NO PAVIMENTO da cobertura de um dos edifícios da escola de onde tínhamos todo o panorama da paisagem desértica que nos cercava.

— Hoje — disse o professor — vamos reunir as pluralidades, aqueles termos misteriosos do hebraico que só podem ser expressos no plural. Diga-me o que você se lembra deles.

— 'Ĕlōhîm — eu disse —, o termo para "Deus".

— Deus, que transcende todas as coisas e tudo que pensamos que ele é.

— Ḥayîm, o termo para "vida".

— Aquela vida que é mais que esta vida e, em Deus, é interminável.

— Raḥămîm, o amor de Deus, a misericórdia e a compaixão.

— Que não há limitação para a misericórdia de Deus, que não há fim para o amor de Deus.

— Shāmayim, o termo para "céu".

— Que sempre existe mais em relação ao Céu do que você imagina.

— Jerusalém... Yerûshālayim, a Cidade de Deus.

— Que sempre há duas Jerusaléns, a que você vê e a que está além da visão, a que existe e a que está por vir. Você vê algum padrão — ele perguntou —, algo que ligue todos esses termos?

— Todos eles carregam a propriedade da transcendência.

— Sim, é verdade — disse ele. — E juntos carregam outra revelação. Ḥayyîm, vida eterna. Onde vamos passá-la? Em Shāmayim, o Céu. Onde especificamente? Em Yerûshālayim, na Nova Jerusalém, a Jerusalém de cima, a que está por vir. E o que fluirá naquela cidade? Mayim, mais uma das pluralidades, o rio de águas vivas. E o que vai preencher a Nova Jerusalém? O Pānîn, a face de Deus. E qual será a essência do Céu, o que preenche todos os seus momentos? Raḥămîm, o amor infinito, transbordante e interminável de Deus. E onde tudo isso vai se concentrar? Tudo se concentrará em 'Ĕlōhîm, Deus. Do que tratam todas as pluralidades? Do que está além. E assim todas farão parte do além. Elas nos dizem que as coisas de Deus estão além daquilo que as contém e além do fim. Deus está além de tudo que é dito de Deus, além de tudo que é pensado e imaginado, além de todos os louvores elevados a ele. Ele está até além do além, pois o amor dele por nós, o amor dele por você, não tem limites nem fim. Está além de todas as coisas, de eternidade a eternidade.

A missão: Reserve um tempo hoje para meditar sobre onde você vai habitar para sempre, para entender todas as suas intermináveis e infinitas pluralidades.

1Coríntios 2.9; Efésios 3.20-21; Apocalipse 22.1-5

Jonathan **Cahn**

362.º DIA — O TEMPO DO SABER

O PROFESSOR LEVOU-ME à Câmara dos Livros e de uma das prateleiras retirou um livro grande e antigo, de capa marrom.

— Olhe este livro.

Eu olhei.

— Quanto tempo você acha que levaria para aprender em detalhes tudo que está neste livro? — disse o professor.

— Em detalhes? Talvez uns três meses.

— E o que você diria em relação a todos os livros desta prateleira?

Havia muitos livros, mas, fazendo um cálculo de cabeça, respondi:

— Talvez uns dez anos.

— E quanto tempo levaria para aprender o que está em cada livro desta estante?

— Acho que uns oitenta anos.

— Agora, veja todas as estantes que existem nesta sala. Quanto tempo você acha que levaria para aprender tudo que está em cada um desses livros?

— Muitas vidas — respondi.

— Você sabe por que Deus nos dá a Eternidade?

— Por quê?

— Porque o propósito da nossa existência é conhecer a Deus, e assim deve ser a Eternidade, pois a eternidade é o tempo que leva para conhecer a Deus. Então nunca cometa o erro de pensar que você sabe tudo que há para saber a respeito dele, pois quando acha que sabe você deixa de saber. Se leva uma eternidade para conhecer a Deus, então o que é uma vida inteira de conhecimento comparada a quanto ainda há para saber?

— Uma eternidade infinitesimal — eu disse —, quase nada.

— Independentemente de quanto você saiba, sempre haverá mais, sempre haverá muito mais para saber. Independentemente de quanto sabe sobre Deus, você só começou. E é assim que você sempre deve proceder, como alguém que não conhece nem metade, o que sempre será matematicamente o caso. Então você deve proceder como uma criança pequena, como alguém que sabe que há muito mais para saber e para quem tudo é novo. Até o apóstolo Paulo, que sabia mais de Deus que qualquer outra pessoa, escreveu: "Quero conhecer Cristo". Se ele assim afirmava, que diremos nós? Então nunca deixe de buscá-lo, de continuar a conhecê-lo, de saber ainda mais e mais do que você já sabe, pois a eternidade é o tempo que leva para conhecê-lo, e a vida é só o começo da Eternidade.

A missão: Já que levará uma eternidade para você conhecer Deus, há muito mais a ser descoberto. Procure conhecê-lo hoje como se fosse a primeira vez.

Salmos 23.6; 27.4; 63; Mateus 18.3-4; Filipenses 3.10

O Livro **dos Mistérios**

363.º DIA A BÊNÇÃO SEM FIM

ESTÁVAMOS NO LIMITE oeste da escola, além do qual só havia o deserto. Do lado de fora daquele limite, estava um dos professores cercado de alunos. O curso deles tinha começado antes do nosso e agora chegava ao fim. Os alunos estavam se preparando para partir, e o professor lhes dava uma bênção antes de começarem sua jornada.

— Seremos nós, daqui a pouco — disse o professor. — Isso me faz lembrar de outro professor, outro curso e outra despedida.

— Um professor da escola?

— O Messias — disse ele —, e os alunos eram os discípulos. Está escrito: "Tendo-os levado até as proximidades de Betânia, Jesus ergueu as mãos e os abençoou. Estando ainda a abençoá-los, ele os deixou e foi elevado ao céu". Foi o fim de um curso e do ministério do Messias na Terra. Então o que aconteceu exatamente?

— Ele os abençoou e depois ascendeu.

— Não — disse o professor. — Não é dito assim. É dito que ele levantou as mãos e os abençoou e que enquanto os abençoava ele se apartou deles.

— Pensei que tinha dito isso.

— Não — respondeu o professor. — Você disse que ele os abençoou e depois partiu. Mas as Escrituras dizem que ele os abençoou e, *enquanto* os abençoava, ele se apartou deles.

— Por que isso é importante?

— Ele nunca terminou a bênção, não na Terra; essa bênção nunca terminou. Veja que a bênção do Messias não tem fim nem tem limite, não expira nem cessa. É uma bênção ininterrupta, que não se limita ao primeiro século, nem a Jerusalém, nem aos discípulos, nem mesmo ao livro de Atos. Ele não abençoa somente a *eles*, mas também a *você*. E a bênção que lhe dá não tem fim. Não cessa por causa das suas falhas, da queda ou dos pecados. Ela não tem fim. Existe agora da mesma forma que existiu quando ele os abençoou enquanto se apartava. A bênção nunca se esgota, nunca envelhece e nunca falha. Então a receba agora, tão renovada e poderosa quanto no dia em que ele a concedeu. E, assim como a bênção continua, faça você o mesmo. Todas as coisas deste mundo devem terminar, exceto a bênção, pois ela não tem fim.

A missão: Neste dia, receba a bênção que o Messias concedeu aos discípulos. Foi para você também. Receba tanto quanto possível, pois ela não tem fim.

Salmos 21.6; 106; Lucas 24.50-53; Apocalipse 22.21

THE UNENDED

364.º DIA — LAR

— É ESTRANHO — disse o professor. — Nascemos neste mundo e nunca fomos a outro lugar. No entanto, nunca nos sentimos em casa aqui. É o único lugar que conhecemos, e mesmo assim nunca estamos em casa. Nunca estamos em casa com as dores e as tristezas deste mundo, com seu envelhecimento e agonia, com suas perdas, sua morte, suas imperfeições, sua obscuridade, seus males; aqui nada dura e tudo desaparece. Mesmo nos melhores momentos, nas melhores circunstâncias, sempre falta algo, nunca consegue satisfazer nosso coração. E, quanto mais tempo estivermos neste mundo, menos em casa nos sentiremos.

Ele fez uma pausa para olhar por um momento o céu cheio de estrelas acima de nós.

— Onde começa a história da Páscoa?

— No Egito.

— Os israelitas cresceram no Egito. Ali era o único lar que eles conheciam. No entanto, nunca se sentiram em casa ali. E do que se tratava a salvação? De deixar o Egito e ir para a terra prometida. Os israelitas nunca estiveram na terra prometida, e mesmo assim ela era um lar para eles. A salvação trata da volta para casa, do povo judeu retornando à terra de Israel, do filho pródigo voltando para o pai. A salvação trata da volta para casa. E esse é o mistério. É por isso que nunca nos sentimos em casa neste mundo.

— Por que não nos sentimos em casa neste mundo?

— Porque não é um lar — disse ele. — Porque não é nossa casa. Nosso coração nunca pode se sentir em casa em um mundo de imperfeições e maldades, de tristezas, de agonia e morte, vendo tudo que conhecemos e amamos envelhecer e morrer. Há um lar, mas este mundo não é esse lar. Nossa salvação começa na Páscoa, mas a Páscoa não trata apenas de estar livre; trata da volta para casa, de chegar em casa para Deus, de chegar em casa para um lar.

— Então o lar é...

— O lugar para o qual nosso coração foi criado, o lugar onde não há mais sofrimentos, agonia e morte, onde não há mais maldades nem imperfeições e onde nada envelhece nem desaparece; é o eterno, a terra prometida, o Céu.

— Mas nunca estivemos lá.

— Sim — disse o professor —, mas, quando chegamos lá, pela primeira vez na vida estaremos em casa.

A missão: Você ainda não está em casa. Viva hoje sob essa luz. Afaste seu coração do que não é um lar e siga em direção ao que é.

João 17.16; Salmos 46.4-5; Hebreus 13.14; João 14.1-3

365.º DIA — OS DOIS DEVEM SER UM

O PROFESSOR LEVOU-ME de volta ao local onde o casamento havia acontecido. Agora o Sol se punha.

— Já estivemos aqui algumas vezes — disse o professor —, quando vimos o noivo sozinho e depois o casamento. Esta será a última vez que viremos aqui.

— O que aconteceu com os noivos? — perguntei.

— Está vendo aquela tenda ali adiante, a tenda marrom mais clara, com a corda dourada na entrada? — ele perguntou. — Foi onde eles estiveram desde então. Foi durante a celebração do casamento que eles seguiram juntos para aquela tenda e se tornaram um: "O homem deixará pai e mãe e se unirá à sua mulher, e eles se tornarão uma só carne". É a finalização do círculo — disse ele. — No início, na Criação, os dois foram uma só carne. E de uma só carne se tornaram dois. Agora, de dois, eles se tornam um. A mulher veio do homem. E, mais uma vez, está unida a ele, como no milagre da criação, e dessa união surge o milagre da nova criação. Os dois devem se tornar um.

— Mas você está falando de um mistério — eu disse —, de algo mais que o homem e a mulher.

— Sim — ele respondeu. — Estou falando de um mistério, de como a mulher veio do homem.

— E nós viemos de Deus.

— E de como a mulher e o homem devem novamente se tornar um.

— Então devemos nos tornar um com Aquele de quem viemos. Só podemos encontrar o propósito da nossa existência nAquele que é a razão da nossa existência. Devemos nos tornar um com Deus.

— Lembra-se do que a palavra "noivo" significa em hebraico?

— Aquele que se une a si mesmo.

— E Deus é o Noivo, aquele que se junta a nós, a você. E, se somos casados com ele, então devemos também nos tornar um com ele. Os dois se tornam um. E a respeito disso está escrito: "Este é um mistério profundo".

— É o mistério do amor, não é? Na equação do amor, um mais um é igual a um.

— Sim — disse o professor —, é o mistério do amor e o último mistério. Naquele dia, depois do casamento, o mistério de Deus com você estará completo. É que então os dois... serão um.

A missão: Junte todas as esferas de sua vida à vida dele e permita que cada parte da vida dele se junte à sua. Desvende, experimente e viva este mistério: os dois devem se tornar um.

Gênesis 2.24; 1Coríntios 6.17; Efésios 5.31-32; Cântico dos Cânticos

DEPOIS DO FIM

O ÚLTIMO MISTÉRIO foi conhecido. Era o dia seguinte, o dia seguinte ao fim, e era hora de partir. Passei a manhã fazendo as malas. O professor veio ao meu quarto e caminhou comigo até a saída da escola. Ali paramos e olhamos para a vasta extensão de planícies e montanhas da imensidão do deserto.

— Você conhece o caminho? — perguntou o professor.
— Muito bem até — respondi.
— Quero dizer, sabe atravessar o deserto?
— Sei, sim.
— Como você está se sentindo? — ele perguntou.
— Triste por ter de partir.
— Está feliz por ter vindo?
— Estou. Não consigo imaginar não ter vindo. Queria poder continuar aqui.
— Mas ir embora faz parte — ele disse. — Você esteve no topo de uma montanha e agora é hora de descer. Você deve aceitar o que aprendeu e aplicar ao mundo, à vida. O que você recebeu, agora deve dar. O discípulo deve se tornar o professor.
— O professor? — respondi. — Nunca vou conseguir ser como você.
— Mas eu já fui como você — disse ele —, um discípulo, convidado a vir aqui por outro professor. E ele, por sua vez, já foi discípulo como eu, convidado por outro professor. E assim os mistérios foram transmitidos de professor para discípulo, de geração a geração. Lembre-se do que você recebeu aqui.
— Vou me lembrar. E anotarei tudo. Todos os dias, após cada ensinamento, anotei tudo que consegui lembrar. Tenho tudo anotado em um diário, um livro.
— Um livro? — disse ele. — Um livro de mistérios. Bom. Então você sempre os terá. E, toda vez que explorar os mistérios, que refletir sobre eles e os aplicar à sua vida, descobrirá mais revelações e mais entendimento do que descobriu no início.

Houve uma pausa e um silêncio prolongado enquanto olhávamos o deserto.
— Lembra-se da fração que representa nosso tempo na Terra?
— Uma eternidade infinitesimal — respondi.
— Sim. É isso o que você sabe até agora, uma eternidade infinitesimal do que há para saber. Há muito mais para aprender. Então o curso nunca poderia ter terminado aqui. E você nunca deve deixar de procurar saber mais.
— Então o curso continua...
— Pela eternidade.
— Porque a eternidade é quanto tempo leva para conhecer a Deus.
— Sim, e para conhecer o mistério final.
— O mistério final?
— Deus — disse ele. — O mistério final é Deus, é o mistério último e máximo, o mistério de todos os mistérios, o mistério de você existir. E, quanto mais você o conhece, mais saberá a resposta para seu mistério. E assim o curso continua.

Com isso, abraçamo-nos, e eu o deixei. Caminhei em direção ao deserto, mas parei e me virei.

— Professor...

— Sim.

— Nunca lhe agradeci.

— Pelo quê?

— Por tudo. Por convidar um viajante sem destino a encontrar um destino.

— Esse *foi* seu destino — disse ele —, tudo isso. Com Deus, não há acasos. Foi ele quem o convidou, chamou e ensinou. E agora é ele quem acompanha você.

Essas foram as últimas palavras que ouvi do professor. Um pouco adiante, quando me virei para olhar para trás, ele já tinha ido. E assim terminou o ano da minha moradia no deserto, dos meus dias com o professor.

E assim, com a escrita destas palavras, termina o registro daqueles dias e dos mistérios ali contidos.

Então retomei a jornada, e o curso dos mistérios, enquanto atravessava o deserto na presença do Professor.

Que aquele que lê este livro faça isso da mesma forma.

O RECEPTOR

O RELATO A seguir aconteceu nos primeiros dias da minha temporada no deserto. Inseri aqui, não antes, porque não fazia parte dos mistérios. Mas foi tão importante quanto qualquer outra coisa que aconteceu naquele ano e, de muitas maneiras, o fato central. Deu-se no topo de uma montanha, quando o professor acabara de compartilhar um dos mistérios comigo.

— Uma coisa é aprender com os mistérios — ele disse. — Outra coisa é participar deles.

— O que quer dizer?

— Existe uma diferença entre saber sobre Deus e conhecer a Deus, ouvir a verdade e receber a verdade. Os mistérios não podem simplesmente ser aprendidos; eles devem ser compartilhados, recebidos.

— Como receber e participar dos mistérios?

— Recebendo Aquele que está por trás dos mistérios, que está por trás de todos os mistérios, pois atrás de todos os mistérios está a Verdade, e a Verdade não pode simplesmente ser percebida pela mente. A Verdade precisa ser recebida pelo coração. É como um noivo que não pode ser só conhecido, mas deve ser recebido. Como você recebe a Verdade? Como uma noiva recebe seu noivo, você recebe *ele*. Conforme está escrito: "Aos que o receberam, aos que creram em seu nome, deu-lhes o direito de se tornarem filhos de Deus".

— De nascer outra vez.

— Sim — disse o professor. — No fim, tudo converge para isso, para uma das duas eternidades: vida eterna, o Céu, ou para a eterna separação de Deus, o Inferno. E só existe uma maneira de entrar no Céu: não pelas boas obras nem pela religião, mas pelo novo nascimento. A pessoa só pode entrar no Céu se nascer do Céu, por isso você deve nascer de novo.

— Como?

— Pode começar com uma oração.

— Por qual oração? — perguntei.

— Não se trata de qual oração — disse ele. — Não existe uma fórmula, pois o que importa é a oração que vem do coração. É quando a noiva diz sim ao noivo que ela se torna dele e ele se torna dela. Então tudo que é seu, seus fardos e pecados, se tornam dele. E tudo que é dele, a salvação e as bênçãos dele, se tornam suas.

Em seguida, o professor falou mais detalhadamente do que era receber a salvação e de como recebê-la. Foi então que orei. E foi então que tudo mudou. Logo depois, comprometi-me em anotar a oração que fiz naquele dia, da melhor maneira possível, pelo que pude me lembrar dela. Eu a introduzi aqui por um motivo: para que todos que lerem os mistérios possam verdadeiramente conhecê-los e participar deles, para que todos os não salvos possam se tornar salvos, para que todos os que ainda não *o* receberam possam recebê-lo, para que todos os que ainda não nasceram de novo possam renascer. No entanto, não a incluo como uma fórmula, e sim como uma orientação, um guia para uma oração que venha do coração, uma decisão, uma consagração e um novo começo. Para você que ainda não tem certeza absoluta de onde vai passar a Eternidade, que ainda não *o* recebeu e ainda não participou do novo nascimento, é por sua causa que faço esta oração agora, para que possa encontrar a vida eterna:

> Senhor Deus, venho a ti agora e abro meu coração e minha vida ao teu chamado. Obrigado por me amares. Obrigado por teres dado tua vida, morrendo pelos meus pecados, ressuscitando e superando a morte, para que eu pudesse ser perdoado e receber a vida eterna. Perdoa-me pelos meus pecados. Lava-me, limpa-me e me torna novo. Eu me afasto dos meus pecados e me volto para ti. A partir deste momento, faço de ti o Senhor de todas as esferas da minha vida. Em ti, ponho minha fé e comprometo minha vida contigo. Eu te seguirei como teu discípulo e caminharei conforme me conduzires. Recebo teu amor, teu perdão, tua purificação, tua salvação, tua presença, teu poder e teu Espírito. Eu te recebo em meu coração e em minha vida. Tu és meu Deus, e eu sou teu discípulo. Tu és meu, e eu sou teu. Por tua Palavra e por esta oração, agora posso dizer que sou recebido. Estou perdoado. Sou novo. Sou abençoado. Estou livre. Nasci de novo. Estou salvo. E tenho a vida eterna. Conduze-me enquanto te sigo deste momento em diante e por todos os dias da minha vida. Agradeço a ti e faço esta oração em nome de todos os nomes, em nome do Messias, de *Yeshû'â*, Jesus, a Luz do mundo, a Glória de Israel, minha Esperança, meu Redentor e minha Salvação.

Para você que fez essa oração, o velho está morto e o novo começou. Desfaça-se do velho e caminhe no poder da renovação, nos passos do Professor, cada vez mais alto, até chegar ao topo da montanha.

Comece a jornada.

APROFUNDE-SE, DESCUBRA MAIS, CONTINUE A JORNADA

NO PÉ DA página de cada mistério, você encontrará um título. Esse título identifica o ensinamento ou a mensagem completa de Jonathan Cahn que se aprofunda no mistério, que oferece mais do que pode ser oferecido em uma página, ou que apresenta um ensinamento ou uma mensagem para complementar o mistério em questão.

Para receber esses ensinamentos, procure a lista de todas as mensagens de Jonathan no *site* HopeOfTheWorld.org, buscando pelo título ou pela palavra-chave.

Ou você pode escrever para Hope of the World, Box 1111, Lodi, NJ 07644, EUA, e solicitar que os títulos lhe sejam enviados.

Jonathan Cahn tem sido chamado "a voz profética da nossa geração". Ele provocou uma agitação nos Estados Unidos e no mundo com o lançamento de seu primeiro livro, *The Harbinger* [O arauto, em tradução livre], que o tornou célebre nacional e internacionalmente. Ele tem ministrado palestras na Organização das Nações Unidas e aos membros do Congresso americano, e já foi entrevistado por inúmeros programas de televisão, rádio e outros meios de comunicação.

Ele lidera os ministérios Hope of the World, uma comunidade internacional de judeus e gentios comprometidos em difundir a Palavra de Deus às nações e ajudar os mais necessitados no mundo todo. Ele também lidera o Jerusalem Center/Beth Israel, um centro de louvor formado por judeus e gentios, pessoas das mais variadas credenciais, fora da cidade de Nova York, em Wayne, Nova Jersey. É um orador muito procurado e se apresenta com frequência nos Estados Unidos e no mundo todo. Jonathan Cahn é um judeu seguidor de Jesus.

Para entrar em contato com o ministério de Jonathan Cahn, aprofundar-se nos mistérios, receber brindes, atualizações proféticas, outros ensinamentos, mensagens e comunicações especiais de Jonathan, para participar da divulgação da Palavra de Deus ajudando necessitados do mundo todo ou para participar da obra e dos propósitos divinos da hora final, faça o seguinte:

Escreva para:
Hope of the World, Box 1111, Lodi, NJ 07644, USA
Ou procure os sites <hopeoftheworld.org> e
<www.facebook.com/Jonathan-Cahn-Official-Site-255143021176055>.